RAÍZES DO RISO

ELIAS THOMÉ SALIBA

Raízes do riso

A representação humorística na história brasileira: da Belle Époque aos primeiros tempos do rádio

COMPANHIA DAS LETRAS

Capa
Ettore Bottini

Ilustração da capa
Detalhe de *Hidroterapia*, charge de J. Carlos, *Careta*, 11/8/1913
Acervo de Paula Janovitch

Índice onomástico
Tania Mano Maeta

Preparação
Beatriz de Freitas Moreira

Revisão
Maysa Monção
Carmen S. da Costa

Dados Internacionais de Catalogação na Publicação (CIP)
(Câmara Brasileira do Livro, SP, Brasil)

Saliba, Elias Thomé
Raízes do riso : a representação humorística na história brasileira : da Belle Époque aos primeiros tempos do rádio / Elias Thomé Saliba. — São Paulo : Companhia das Letras, 2002.

Bibliografia.
ISBN 85-359-0253-8

1. Brasil – História 2. Humorismo brasileiro – História e crítica I. Título. II. Título : A representação humorística na história brasileira : da Belle Époque aos primeiros tempos do rádio.

02-2715 CDD-869.9709

Índices para catálogo sistemático:
1. Caricatura : Literatura brasileira : História e crítica 869.9709
2. Humor : Literatura brasileira : História e crítica 869.9709

[2002]

EDITORA SCHWARCZ LTDA.
Rua Bandeira Paulista 702 cj. 32
04532-002 — São Paulo — SP
Telefone (11) 3167-0801
Fax (11) 3167-0814
www.companhiadasletras.com.br

À Eneida

Mas o que pode um escrevinhador de sátiras contra toda uma engrenagem, quando ainda por cima a toda hora lhe responde uma risada sarcástica vinda do inferno? Pelo menos consegue ouvi-la, enquanto todos os outros são surdos. Mas — e se ele não for ouvido? E se ele próprio tiver medo? Afunda-se no hoje, e do amanhã não tem nada a esperar, porque não há amanhã, e muito menos um amanhã para o trabalho do espírito. Quem, hoje, ainda tem um mundo, vai ter que se afundar com ele. E estamos tanto mais seguros quanto mais tempo se agüentar o mundo exterior. O verdadeiro fim do mundo é o aniquilamento do espírito; o outro depende da tentativa, indiferente, de querer saber se ainda pode haver mundo depois do aniquilamento do espírito.

Karl Kraus, "Apokalipse. Offener Brief an das Publikum",
Die Fackel, n°s 261-2, 13 de outubro de 1908. Trad. João Barrento.

Sumário

Agradecimentos

Pesquisar e escrever sobre o humor brasileiro sem perder o bom humor não foi tarefa muito fácil. Mas teria sido muito mais penoso e difícil se não contássemos com o auxílio e o incentivo de inúmeras pessoas e instituições.

Agradeço, em primeiro lugar, ao CNPq, pela concessão das bolsas de pesquisa, tanto ao projeto individual como ao projeto integrado, o que possibilitou diálogos e contatos com um maior número de pesquisadores, quebrando, pelo menos em parte, o inevitável isolamento, sem falar na condição de quase penúria crônica a que é submetida a pesquisa científica neste país.

Aos meus pais, Edna e Djalma Saliba, pelo indispensável apoio, sobretudo nos anos iniciais da minha formação. Muitos colegas e amigos do Departamento de História da USP contribuíram, em diferentes momentos, com indicações, palavras de incentivo, "cobranças amigáveis" e, não raro, partilhando ou dividindo os inúmeros encargos docentes e administrativos, especialmente Maria Helena Capelato, Maria Lígia Coelho Prado, Raquel Glezer, Modesto Florenzano, Ulpiano T. Bezerra de Meneses, Maria Luiza Tucci Carneiro, Antonio Penalves Rocha, Arnaldo Contier, Laura de Mello e Souza, Jorge Grespan, Norberto Guarinello e Maria Helena Machado. Agradeço também aos funcionários do Departamento de História, pela paciência e gentileza com que sempre acolheram as minhas solicitações. Impossível mencionar as dezenas de anônimos funcionários de bibliotecas, arquivos e instituições de pesquisa pelas quais passei, e que suportaram todos os meus pedidos impacientes.

Aos colegas do volume 3 da *História da vida privada no Brasil*, Paulo Garcez Marins, Maria Lúcia Mott, Zuleika Alvim, Maria Cristina Wissenbach, Nelson Schapochnik e Marina Maluf, que, naquela ocasião, ao discutirem o meu capítulo, indiretamente me ajudaram a consolidar algumas hipóteses. Também ao conselho editorial, que, ao discutir e sugerir modificações na primeira versão do meu capítulo sobre o humor brasileiro, permitiu-me rever algumas fontes e enfatizar certas interpretações. Meu orientando João Ernani Furtado e o repórter e radialista Marcelo Bittencourt, da Rádio USP, conseguiram-me algumas gravações importantes, que ajudaram a captar um pouco do clima humorístico radiofônico. João Cláudio de Sena e Paula Esther Janovith, engajados na produção de um filme-documentário sobre Juó Bananére, incentivaram meu trabalho de diversas maneiras, não apenas possibilitando que eu ouvisse as gravações de Bananére, como traduzindo em imagens cinematográficas muitas das minhas análises do humorismo paulista.

Também muitos foram os orientandos que, sempre solícitos, ouviram-me discorrer várias vezes sobre o tema, fizeram indicações e emprestaram livros, entabulando um fértil diálogo com suas próprias pesquisas, como Patrícia Tavares Raffaini, Cláudio Hiro Arasawa, José Geraldo Vinci de Morais, Wilson de Toledo Munhós, Letícia Coelho Squeff, Guilherme Simões Gomes Júnior, Fernando Amed e Helenice Ciampi Ribeiro Fester. As centenas de alunos que passaram pelos meus cursos nos últimos anos também me ouviram, por várias vezes, falar sobre esse tema, discutindo, comentando, sugerindo ou simplesmente... rindo. Eles constituem uma das maiores razões do meu trabalho e gostaria que tivessem aprendido aquela lição maior, a de que, em qualquer aula, o riso tem o efeito, pelo menos a curto prazo, de transformar um ouvinte frio num parceiro caloroso e solidário em busca das verdades. Merecem especial destaque os alunos de iniciação científica que trabalharam nesta pesquisa, em diferentes momentos, sempre pacientes com um professor exigente, quase sempre à procura de "livros obscuros", dificilmente encontráveis, autores bissextos ou cronistas de ocasião: Luciana Pontes de Lima, Maria Graciete P. Carneiro, Ana Karicia Machado Dourado, Maria Margareth Santos, Thais Brasil Kasseb, João Eduardo

Cesar de Vilhena e Camila Koshiba Gonçalves. Tudo que eu espero é que, além de despertar-lhes o gosto da descoberta, todos tenham seguido a famosa máxima de Montaigne — "nada faço sem alegria" — e tenham, enfim, se divertido com a leitura das fontes, aprendendo que toda pesquisa histórica é, não raro, uma aventura alegre e inteligente.

Das duas universidades nas quais passei os últimos dezoito anos, a PUC-SP e a USP, duas pessoas pelas quais nutria a maior admiração e que, no fundo, eram aquelas que eu mais desejava que rissem das anedotas deste livro — Rosely Coelho de Oliveira e Ilana Blaj — foram exemplos de abnegação, talento e generosidade, embora muito precocemente desaparecidas da nossa convivência. Onde quer que elas estejam, espero que estejam sorrindo — vou me sentir plenamente gratificado. Aproveito para expressar minha gratidão também à professora Frances Rocha, cuja saída, não só a universidade, mas também todos nós, ainda sentimos bastante. Os amigos do tai chi chuan, liderados pelo sorridente mestre Daniel Lee, tornaram-se parte daqueles necessários intervalos de concentração e descontração, sobretudo na fase de redação final.

Este livro é uma versão modificada de tese de livre-docência apresentada à Faculdade de Filosofia, Letras e Ciências Humanas da Universidade de São Paulo, sendo submetida à banca examinadora composta pelos professores doutores Maria Odila L. da Silva Dias, Raquel Glezer, Murilo Marx, Régis Duprat e Angela de Castro Gomes. Sou-lhes grato não apenas pela árdua, embora sempre simpática, convivência ao longo dos vários dias do exame, mas sobretudo pelas inúmeras sugestões, muitas delas incorporadas neste livro. Lilia Schwarcz também sugeriu modificações na versão final, que depois se revelariam importantes.

A presença amiga e solidária de Maria Inez Machado Borges Pinto foi sempre muito importante em todas as ocasiões, dividindo encargos acadêmicos, inumeráveis bancas, mas, sobretudo, o sempre fastidioso trabalho conjunto com os alunos e bolsistas do projeto integrado. Nicolau Sevcenko também foi muito importante em várias ocasiões, com sua enorme criatividade e inúmeras sugestões. Maria Odila da Silva Dias, mais do que a coordenadora do projeto integrado nestes cinco anos, mais ainda do que a grande incentivadora da minha carreira universitária, constitui, para mim, o mais alto ponto de referência intelectual e ética. Espero que este trabalho não a decepcione e que esteja à altura dos livros que ela própria escreveu.

Maria Eneida Fachini Saliba foi a presença imprescindível em todos os momentos da minha vida, nos tristes e nos alegres, e talvez tenha sido a silenciosa razão de tudo isto. Talvez porque ela seja também a única a saber que estudar o humor, para mim, não foi apenas uma escolha intelectual, mas também existencial. As inúmeras perdas de pessoas muito queridas por nós, em pouquíssimo espaço de tempo, como uma pálida compensação afetiva, levaram-me a optar pelo lado mais prosaico e alegre da pesquisa, já que o humor é a forma mais sublime de apostar na vida. Ficarei gratificado se ela reconhecer no livro as inúmeras anedotas que eu já lhe havia contado, e que, sorrindo pela segunda vez, realize o vaticínio de um certo filósofo que dizia que apenas o segundo sorriso é a única cristalização da felicidade.

Prólogo

O humor como forma de representação na história brasileira

O humor não é um estado de espírito,
mas uma visão de mundo.
L. Wittgenstein, *Aforismos*, 1949

A PROPÓSITO DE CAMELOS E DE PIADAS

Um francês, um inglês e um alemão foram encarregados de um estudo sobre o camelo.

O francês foi ao jardim botânico, lá ficou uma meia hora, interrogou o guarda, jogou pão ao camelo, atiçou-o com a ponta de seu guarda-chuva e, voltando para casa, escreveu, para seu jornal, um folhetim cheio de observações picantes e espirituosas.

O inglês, levando suas provisões e um confortável material de acampamento, instalou sua tenda nos países do Oriente e trouxe, depois de uma estada de dois ou três anos, um grosso volume repleto de fatos, sem ordem nem conclusão, mas de um real valor documental.

Quanto ao alemão, cheio de desprezo pela frivolidade do francês e pela falta de idéias gerais do inglês, trancou-se no seu quarto para redigir uma obra em vários volumes, intitulada *A idéia de camelo deduzida da concepção do Eu.*[1]

Como toda anedota sem autoria, não se sabe muito bem quando esta foi criada, embora tenha sido registrada numa revista semanal francesa no ano de 1929. A anedota, além de exemplificar alguns procedimentos utilizados para produzir o efeito cômico — a concisão, a antítese, o uso dos estereótipos —, parece-nos bastante representativa do surpreendente impacto que tais simplificações exerceram sobre a imaginação coletiva. O francês intuitivo, quase dedutivo, vagamente "cartesiano" (palavra que até virou adjetivo), o inglês empirista e naturalista, pronto para um safári, o alemão ensimesmado, idealista e abstrato.

Para chegar aos estereótipos sugeridos pela anedota, contudo, foi necessária uma concentração de significados históricos acumulados numa brutal redução — na qual todos se reconheçam. A compreensão decorre de um acordo prévio da memória coletiva, que sintetiza todo o efeito da representação nas rápidas simplificações da anedota. O estereótipo é uma espécie de *prêt-à-porter* do humorismo, que, por sua vez, se alimenta desta sua intrínseca vocação de juntar fragmentos do passado e concentrá-los naquele instante rápido e fugidio da anedota.

Os humoristas, que são os personagens deste livro, não escreveram sobre camelos nem sobre como um brasileiro reagiria se pedíssemos a ele um estudo sobre esse resistente animal. Mas, se quiserem imaginar como um brasileiro agiria diante dessa estranha incumbência, os próprios leitores podem contribuir para a continuação da anedota. Depois de lermos muitas piadas brasileiras das três décadas iniciais do século passado, e esperando contribuições posteriores, oferecemos aqui uma sugestão inicial:

> O brasileiro adia indefinidamente seu estudo, vai para a praia, se encontra com os amigos, conversa com eles sobre os camelos e, depois de vários dias de praia e conversas informais com os amigos, compõe um samba-enredo, "Eu não sou camelo não", que depois será tema de uma escola de samba no Carnaval.

Tanto a anedota como sua fictícia continuação revelam a pobreza das representações estereotipadas e dos clichês, mas também uma cultura silenciosa, tácita, um conjunto de imagens simplificadas que sempre chamaram a atenção dos historiadores, já que exercem uma potente fascinação sobre a imaginação coletiva. Mas afinal, por que um camelo, este animal tão bizarro para franceses, ingleses, alemães ou brasileiros? Um árabe não seria mais apropriado para a descrição de um camelo?

A resposta, que pode ser uma chave ou um segredo para a compreensão do humor no século XX, está numa insólita passagem de Jorge Luis Borges que, também a propósito de camelos, escreveu:

> Gibbon observa que no Alcorão, livro árabe por excelência, não há camelos; creio que se houvesse alguma dúvida sobre a autenticidade do Alcorão, bastaria esta ausência de camelos para provar que ele é árabe. Foi escrito por Maomé, e Maomé, como árabe, não tinha por que saber que os camelos eram especialmente árabes; para ele eram parte da realidade, não tinha por que distingui-los; em compensação, a primeira coisa que um falsário, um turista, um nacionalista árabe teria feito seria povoar de camelos, de caravanas de camelos, cada página; mas Maomé, como árabe, estava tranqüilo: sabia que poderia ser árabe sem camelos.[2]

Destacamos a parte mais importante da argumentação de Borges: para Maomé, *os camelos já eram parte da realidade, não havia como distingui-los*, ou seja, eram tão familiares aos seus olhos, estavam tão presentes no cenário da sua vida que não faziam nenhum contraste, não provocavam nenhuma estranheza, não geravam nenhum novo significado. Não haveria graça nenhuma em acrescentar um árabe na curiosa anedota, porque o humor brota exatamente do contraste, da estranheza e da criação de novos significados.

Contraste, estranhamento, ruptura ou criação de significados não apenas marcaram toda a variadíssima e ambivalente cultura do período conhecido como Belle Époque, como também estiveram presentes — como veremos adiante — nas explicações mais importantes sobre a natureza do humor e do cômico no século XX. Delimitada pela segunda Revolução Industrial, que alterou radicalmente o cenário científico-tecnológico, alargando, para limites imprevistos, as fronteiras do mundo capitalista a partir da década de 1870, a Belle Époque foi assim designada já com uma pontinha de ironia e humor porque, afinal, tirando as atrocidades posteriores, tristemente célebres, que viriam depois da Guerra de 1914, ela já possuía todas as características do século XX. Século da luz e da velocidade, século da síntese e da rapidez, mas também século da anedota, como definiu um dos humoristas brasileiros, em 1923:

Se um camelo não causava estranheza para Maomé, o mesmo não acontecia no Brasil, como neste caso, no qual se utiliza do inusitado e do contraste para chamar a atenção para a sátira política. Deputados e apaniguados políticos sobrecarregam um "Estado-camelo", que durante a presidência de Afonso Pena ainda financiava a "valorização do café". (K. Lixto, *"Pobre camelo!"*, Fon-fon, *31.8.1907.*)

> Vivemos no século da eletricidade. No século da síntese. Sintetizar é reduzir. O telegrama sintetiza o espaço e o telefone sintetiza o tempo. E tudo nos ajuda a sintetizar — o automóvel, a locomotiva, o aeroplano, a telegrafia sem fio... a anedota. Tudo é mais rápido e mais sintético neste século. Até os suicídios...[3]

Exceto pela brincadeira final, Benjamim Costallat, escrevendo pouco depois da Primeira Guerra, lembrava-nos o quanto o humor constituiu uma forma de representação privilegiada da história das sociedades, particularmente naquela época — de tantas novidades, de tantos contrastes e tantos estranhamentos, ocorridos num ritmo, até então, imprevisível. Época na qual este humorista tinha vivido a maior parte de sua vida, e da qual ele assistia o inglório encerramento: a Belle Époque.

Embora este livro alimente a risível ambição de ser lido também como uma coletânea de anedotas, ele é um estudo da representação humorística brasileira neste período que foi uma espécie de síntese do século XX — a Belle Époque.

DEFININDO O HUMOR NA BELLE ÉPOQUE

> O humor, que originalmente significava líquido em referência às substâncias líquidas que circulavam pelo corpo, foi definido como um tipo de estímulo que tende a desencadear aquele reflexo motor, produzido pela contração coordenada de quinze músculos faciais — acompanhado pela alteração da respiração e por certos ruídos irreprimíveis.

Esta definição, que mais parece um verbete enciclopédico, parece expressar o único e trivial consenso a que chegaram inúmeros filósofos ao definirem uma essência do humor e do riso. De Aristóteles a Hobbes, de Platão a Georges Bataille, foram inumeráveis e quase infinitas as tentativas de conceituação do humor. Nossa cultura ocidental criou um enorme patrimônio de reflexões clássicas sobre o humor e o riso, cujo único e indiscutível mérito foi o de ter mostrado o quanto se trata de uma experiência humana muito imprecisa e na qual caberia quase tudo.

> Numa tarde de verão, um padre passeia pelo campo, de cabeça descoberta, profundamente absorvido em meditações sobre as maravilhas da criação. Nisto, um pardal suja-lhe a careca. O padre junta as mãos e ergue-as para o céu, dizendo: "Rendo te graças, Senhor, por não teres dado asas às vacas".

Este chiste que desatava nós, ou piada curta que atingia abruptamente o clímax, provocando aquela leve surpresa e um certo solavanco mental, chegou a ser levemente censurado por Robert Burton no seu curioso tratado *A anatomia da melancolia*, de 1621, que começou a definir limites para as piadas e regras para a conversação espirituosa. Foi a partir dali que a cultura ocidental começou a inventar também um paradigma sobre dois tipos ou práticas do riso: o bom riso, o riso positivo, expressão da alegria lícita, e o mau riso, o riso negativo, expressão do "rir de..." ou "rir contra...".[4] O outro paradigma criado pela cultura ocidental

O familiar colocado num contexto estranho e desconhecido, produzindo não apenas um lampejo de entendimento rápido e prazeroso mas também uma degradação do objeto risível. Recurso exemplificado nesta espécie de inauguração da caricatura moderna, no qual Luís Filipe, apelidado de Rei-Pêra, transmuta-se em "Filipera". (Caricatura de Honoré Daumier sob o pseudônimo de Charles Philipon.)

foi denominado teoria da superioridade e definia o riso como aquela "repentina transformação de uma expectativa tensa em nada". De certo modo, tinha a ver também com aquela incapacidade de Maomé para falar de camelos, pois consistia na incongruência subitamente introduzida na ordem habitual ou na lógica dos fatos. Seria como se colocássemos um gorro de Papai Noel no camelo a ser apresentado aos olhos de Maomé. Aquela incongruência repentinamente introduzida na ordem corriqueira da vida implicava uma degradação do objeto risível e uma certa superioridade e distanciamento daquele que ria.

Para não estender demais este argumento, diremos, um pouco esquematicamente, que a Belle Époque representou um momento de crise e desarticulação desses dois sistemas de valores da dimensão cômica: a distinção entre o "bom" e o "mau" riso e a teoria da superioridade e do distanciamento. É por isso que não se trata aqui de apresentar o humor no sentido de suas definições clássicas, já que o período que estudamos, genericamente reconhecido pelos historiadores como Belle Époque, representou um momento de crise e de desarticulação dessas definições clássicas do humor. O próprio epíteto belle époque, na sua raiz européia, com seu intrínseco e oscilante sentido, navegando entre o sério e o irônico, já parecia confirmar a indiferenciação e a dissolução das concepções cômicas.

O contraste, o estranhamento e a ruptura de significados contidos naquela anedota do camelo tornaram-se os elementos centrais dos três mais importantes ensaios sobre a natureza do humor e do cômico escritos no início do século passado: o de Bergson (1899), o de Freud (1905) e o de Pirandello (1908). Os três autores mostraram, cada um à sua maneira, que o riso não tem essência e sim uma história, tornando todas as definições tão triviais quanto as que encontramos nos dicionários e enciclopédias.

A teoria do humor de Henri Bergson, característica daquele fin-de-siècle modernista, afirmava que a comicidade nascia, em quaisquer situações, do contraste ou da *antítese entre os elementos mecânicos e os elementos vivos.* Bergson pensou o riso no mesmo momento da intensificação da revolução tecnológica. É bom lembrar que Bergson publicou seu livro na mesma época em que o cinema de Lumière e Méliès alargavam, sob a forma pública e coletiva, através da tela, a experiência coletiva do tempo como simultaneidade — por isso, talvez, Bergson tenha colocado, como uma das condições para a fabricação do cômico, a ruptura com o tempo cronológico e o mergulho no tempo psicológico, na *duração* —, este conceito que, posteriormente, se tornará central na sua obra filosófica. A brincadeira do boneco de mola que sai da caixa de surpresas serviu de metáfora da famosa tese de Bergson: comprimimos o boneco e ele salta de novo, quanto mais o apertamos, mais alto ele pula. Bergson provavelmente já pensava, neste caso, naquelas primeiras cenas, comuns aos primeiros filmes, da pessoa que se empenha em suas pequenas ocupações cotidianas com uma regularidade mecânica e cujos objetos privados foram embaralhados e trocados de lugar:

mete a pena no tinteiro e sai cola; acredita sentar-se na cadeira sólida e cai, estatelado no chão — enfim, age sem propósito, em conseqüência de um ritmo ou hábito adquiridos.

O cômico nascia, assim, para Bergson, deste processo psicológico de inversão e sobreposição de dimensões espácio-temporais, desta rigidez quase mecânica dos nossos sentidos e da nossa inteligência, pela qual "continuamos a ver o que não mais está à vista, ouvir o que já não soa, dizer o que não convém, enfim, adaptar-se a certa situação passada e imaginária quando nos deveríamos ajustar à realidade atual". Era engraçado e fazia rir, qualquer situação, representação ou evocação, qualquer fato no qual o "aspecto mecânico fosse calcado sobre o vivo". É cômico, dizia finalmente Bergson, todo arranjo de atos e acontecimentos que nos dê, inseridas uma na outra, *a ilusão da vida e a sensação nítida de uma montagem mecânica.*[5] Não é nosso propósito discutir as concepções de Bergson em detalhes — talvez a mais famosa e conhecida das teorias cômicas —, até porque outros autores já o fizeram.[6] Gostaríamos apenas de ressaltar algumas de suas características mais notáveis. Para Bergson, não é apenas no terreno cognitivo que devemos procurar a essência do riso e do cômico, mas no terreno da sociedade:

> Para compreender o riso, impõe-se colocá-lo no seu ambiente natural, que é a sociedade; impõe-se sobretudo determinar-lhe a função útil, que é uma função social. Digamo-lo desde já: essa será a idéia diretriz de todas as nossas reflexões. O riso deve corresponder a certas exigências da vida em comum. O riso deve ter uma significação social.[7]

Desse modo, aquela conceituação do cômico resultante do "mecânico aplicado sobre o vivo" adquire sentido coletivo, o riso ganha uma função social, pois rimos para restabelecer os elementos vivos que compõem a própria sociedade. Não se trata mais, como nas teorias clássicas, de descobrir a "essência" do risível, pois, afinal, é na sociedade que se acha a resposta, e não na natureza humana.

Freud dedicou um livro inteiro ao tema, em 1905 — *O chiste e suas relações com o inconsciente*[8] —, no qual centrou sua análise nos aspectos marginais ou não legitimados do tema, observando a comicidade difusa na conversação cotidiana, no chiste, na piada ou na palavra espirituosa; analisou ainda, detalhadamente, as técnicas de produção do chiste, buscando o sentido original que estaria encoberto pelo jogo de conceitos ou palavras, ou mistificado pelo próprio efeito da linguagem.

O riso funcionava, nas suas mais diversas manifestações associativas, como um liberador das emoções reprimidas. O riso compensava, em seus efeitos, o dispêndio contínuo de energia exigido para manter as proibições que a sociedade impõe e os indivíduos internalizam. Toda a explanação de Freud, fartamente ilustrada com exemplos de sua prática psicanalítica, caminhava no sentido de rastrear as notáveis semelhanças entre o trabalho do chiste e o trabalho do sonho, inclusive com a utilização, nos dois casos, de técnicas semelhantes, como a condensação, o exagero, o deslocamento, a aliteração etc.

Caracterizando o humor como um ato de regressão, Freud também refletiu extensamente sobre os efeitos tranqüilizadores e "positivos" das técnicas humorísticas. Como muitos teóricos do riso, reconhecia que um comediante, quando conta uma anedota, começa deliberadamente com a intenção de criar nos ouvintes certa tensão, que aumenta até um desfecho do tipo "guilhotina verbal", que reverte drasticamente as expectativas da platéia. Relembrando que o móvel do riso é "a repentina transformação de uma expectativa tensa em nada", Freud descreveu o humor como uma "ruptura de determinismo", acrescentando que esta ruptura é acompanhada também por uma ruptura de previsão — só se poderá chegar ao riso se esta for uma nova previsão tranqüilizadora.[9] Evidentemente, se fui eu que escorreguei numa casca de banana, não serei eu que vou rir... Neste caso, vale mencionar um dos clássicos exemplos citados por Freud, que experiências com bebês de menos de um ano revelaram o fato, pouco surpreendente aliás, de que quando as cócegas eram feitas por suas mães, eles riam muito mais do que quando eram feitas por estranhos, e, nesta última situação, na maioria das vezes, choravam. Percebia-se, portanto, um clima de tensão no cômico, que podia ser assim resumido: "Deixe-me ficar só um pouquinho assustado, para poder saborear o alívio".

Assim, interessado em refletir sobre as relações do humor com o inconsciente e seus desdobramentos nos diversos níveis de representação cômica, Freud apontava o riso como resultado geral de uma ruptura de determinismo. Com relação a isso, e também a respeito de Heinrich Heine, ele conta uma brincadeira de mau gosto que lhe fizeram: uma conversa a bois. A ruptura do determinismo resulta do fato de que o ouvinte ou o leitor, do momento no qual as palavras foram pronunciadas, esperava encontrar conversa a dois. Já no trocadilho, Freud menciona um dos seus personagens ingleses que chamava os feriados (holidays) de Páscoa de alcoholidays.[10] O riso provém da imediata compreensão da ruptura e de seu sentido. Esta ruptura pode constituir-se num acontecimento, numa ação real ou num simples trocadilho, numa alusão involuntária ou voluntária, enfim, naquela ambigüidade irresolúvel que, como afirmava Freud, estaria no âmago daquilo que ele mesmo chamou, inspirando-se em Goethe, de piadas sérias.[11]

Piadas sérias porque, nos dois planos da elaboração dos sonhos, o do conteúdo manifesto e o das idéias latentes, Freud vai descrever um processo análogo ao que se verifica no humor, com as abreviações, as condensações e as formações paródicas. Desse modo, também Freud introduzia o cômico no paradoxal âmbito das concepções da Belle Époque, já que ele integrava, alargando, o ilimitado território do inconsciente, pelas formas mais variadas do chiste, da piada, da paródia — enfim, pelas mais variadas formas de linguagem do encoberto e do "não-dito".

Já o ponto de partida do longo ensaio sobre o humorismo de Luigi Pirandello foi, da mesma maneira que as duas reflexões anteriores, situar as causas do risível nas imprevisíveis rupturas da realidade que marcavam o cenário da época na qual vivia.[12] Para Pirandello o cômico nasce de uma percepção do contrário, como no famoso exemplo de uma velha já decrépita que se cobre de maquiagem, veste-se como uma moça e pinta os cabelos. Ao perceber que aquela senhora velha é o oposto do que uma respeitável velha senhora deveria ser, produz-se o riso, que nasce da ruptura das expectativas, mas sobretudo do sentimento de superioridade. A percepção do contrário, porém, pode transformar-se num "sentimento do contrário" — quando aquele que ri procura entender as razões pelas quais a velha se mascara na ilusão de reconquistar a juventude perdida. Neste passo, a velha da anedota não está mais distante do sujeito que percebe, porque este último pensa que também poderia estar no lugar da velha — seu riso se mistura com a compreensão piedosa e se transforma num sorriso. É aqui que Pirandello começa a diferenciar o cômico do humorístico. Para passar da atitude cômica para a atitude humorística é preciso renunciar ao distanciamento e à superioridade. Entre os inúmeros exemplos literários indicados por Pirandello o mais notável é o de Cervantes: tudo o que o Quixote faz é cômico — mas Cervantes não se limita a rir de um cavaleiro insano que confunde um moinho de

LITTLE MEN, LITTLE MEN. MUST YOU BE TAUGHT ANOTHER LESSON?

O contraste exagerado e desproporcional das escalas e o encaixe de toda uma cadeia de idéias dentro de uma imagem inventiva caracterizam a produção humorística contemporânea que, segundo Pirandello, "não vê o mundo propriamente nu, mas apenas em mangas de camisa". Caricatura de David Low, de 1933 ("Homenzinhos, homenzinhos, será que vocês precisam aprender mais uma lição?", Evening Standard, 15.5.1933).

vento com um gigante. Cervantes deixa entrever que também ele, Cervantes, poderia ser Dom Quixote. Como seu personagem, Cervantes combateu contra os turcos acreditando num ideal que depois colocou em dúvida, perdeu uma mão, sua própria liberdade e não encontrou a glória. Na concepção de Pirandello, o Quixote é o grande romance humorístico do Ocidente.[13]

O humorismo consistiria, então, no sentimento do contrário, provocado pela reflexão, que não se oculta nem se converte em forma de sentimento, mas em seu contrário, em sua negação, acompanhando o sentimento como uma sombra. Neste sentido, o humorismo seria a reflexão que se exercita antes ou depois do fato cômico, conservando a possibilidade do contrário mas eliminando o nosso distanciamento e a nossa superioridade.

Aqui, o ensaio de Pirandello se desdobra, no intuito de revelar as possibilidades cognitivas do humor: tudo aquilo que nos é familiar é colocado num contexto desconhecido ou estranho, o senso comum é rompido, o inesperado é evocado — e o humor se transforma numa estratégia de desfamiliarização. Seria como se, de forma gaiata, introduzíssemos novamente o gorro de Papai Noel naquele camelo de Maomé. Neste caso, Pirandello, mais do que Bergson ou Freud, pensava no espetáculo, visando tornar o público — ou os leitores — mais consciente de suas próprias premissas, diferenças ou preconceitos culturais. Esse procedimento notável, que Brecht chamaria mais tarde de estranhamento ou desfamiliarização, é a base da definição pirandelliana do humorismo: eu devo demonstrar o que me acontece como se não acontecesse comigo, ou como se não fosse verdade, ou como se acontecesse verdadeiramente com os outros.[14] Pirandello dava assim uma outra interpretação para o já citado paradigma cômico da superioridade e do distanciamento. Possibilitando ao sujeito representar o mundo como se estivesse representando a si próprio, o humorismo transformava-se na mais importante atitude estética, talvez a única capaz de servir de guia naquela obscura atmosfera fin-de-siècle de ruína das noções públicas da linguagem, incapazes de acompanhar o ritmo vertiginoso das mudanças.

As teorias do humor na Belle Époque também associaram o riso à ruína das noções públicas da linguagem e das formas de representação, já antecipadas nesta caricatura de Daumier, na qual o vazio e os fragmentos geram o estranhamento numa imagem literalmente anticanônica. (Ascensão de Jesus Cristo, *Honoré Daumier, 1840.*)

Embora corra o risco de nos fornecer uma conceituação demasiado vasta de humorismo ("tudo é humor, logo ele não existe"), diluindo-o numa atitude estética tão geral e disseminada que seria impossível reconhecê-la, Pirandello foi, certamente, o único a destacar, às vezes até exageradamente, as funções desmistificadoras da atitude humorística:

> O humorista não reconhece heróis: ou melhor, deixa que os outros o representem; ele, por seu turno, sabe o que é a lenda e como se forma, o que é a história e como se forma: composições todas elas, mais ou menos ideais, e talvez tanto mais ideais quanto mais pretensões de realidade mostram: composições que ele se diverte decompondo, ainda que não se possa dizer que seja uma diversão agradável.
>
> O mundo, se não propriamente nu, ele o vê, por assim dizer, em mangas de camisa: em mangas de camisa o rei, que vos causa tão bela impressão quando a gente o vê composto na majestade de um trono com o cetro e a coroa e o manto de púrpura e de arminho. [...][15]

Porque, afinal, o humorista sabe que a vida é um fluxo contínuo e todas as formas de lógica — Pirandello as chama de "maquininhas infernais"[16] — são tentativas inúteis de deter esse fluxo. A atitude humorística é desmistificadora por excelência, porque no momento mesmo que as formas lógicas tentam deter e paralisar esse fluxo, o humorista mostra que elas não se sustentam e revelam o que elas são: máscaras. Por isso, o pensamento do homem, quando humorista, "gira como uma mosca na garrafa", procura apreender todos os lados da realidade, exercitando ao máximo, e levando ao limite, a sua percepção e o seu sentimento do contrário.

Mas, se esta atitude de estranhamento possibilita ao humorista o ato desmistificador, também o conduz ao território ambíguo e instável da fragmentação e da impermanência. Pirandello exemplifica esta instabilidade do humorismo com aquela nossa inconfessável atitude cotidiana diante do espelho, procurando muitas vezes imitar gestos vazios, como quando "alçamos uma mão e o gesto nos queda suspenso", porque lembramos aquela estátua de um orador antigo "saindo pela escalinata do Quirinal". "Vemo-nos viver. Nós vemos a nós mesmos na vida e a vida em si mesma..." A mais autêntica atitude humorística revela-se neste momento fugidio: "Foi um átimo; mas dura longamente em nós a impressão disso, como da vertigem, com a qual contrasta a estabilidade, ainda que vã, das coisas: ambiciosas ou míseras aparências".[17] A atitude humorística integral revela-se apenas neste instante, neste átimo, nesta epifania da emoção e do estranhamento.

A Belle Époque produziu, entre outras,[18] essas três das mais célebres reflexões sobre o humor, as quais, por si mesmas, já constituem um indicativo notável do quanto esta dimensão foi importante naquele momento crucial da história contemporânea. Opondo-se aos "sistemas" e às grandes "teorias" do riso, os três autores procuram revelar o lado recôndito, obscuro e ambivalente do humorismo, associando-o ao inconsciente. Perceberam o quanto o humor situava-se no vértice da fragmentação da representação e da linguagem, dos seus usos e de sua destinação pública. O humor era uma espécie de espelho estilhaçado no qual a Belle Époque poderia mirar-se, para compensar a vertigem embriagadora diante de alterações tão radicais, introduzidas na ordem corriqueira da vida humana. Daí as ambigüidades dessas três teorias e, obviamente, as suas limitações.

Ao contrário das concepções "clássicas" e de todos os inúmeros filósofos que se dedicaram a explicar a "essência" do riso ou o "enigma" do risível, as três reflexões aqui apresentadas buscaram, cada uma à sua maneira, relativizar e historicizar as formas de representação humorística. Elas mostraram que toda produção humorística, assim como as atitudes em relação ao cômico, a maneira como é praticado, seus alvos e suas formas não são constantes, mas mutáveis, historicamente nômades e culturalmente inventadas.

Apesar das suas ambigüidades intrínsecas, essas reflexões sobre o humorismo nascidas na Belle Époque forneceram indicações preciosas para compreender o humor, não apenas como ele foi concebido nesta mesma época, mas também como forma de representar e expressar toda a fascinante e trágica história do século que começava. As representações humorísticas, nas suas inúmeras formas e procedimentos, forjam-se nos fluxos e refluxos da vida, no tecido histórico e social — já que cada sociedade cria e inventa seus próprios espaços de repressão e de transgressão. Além de colocar-se como uma invenção histórica e social, a atitude humorística é vista como parte indistinta dos processos cognitivos, pois ela partilha, como o jogo, a arte e o inconsciente, o espaço do indizível, do não-dito e, até, do impensado.

Fugindo dos verbetes dos dicionários, podemos caracterizar a representação humorística, portanto, como aquele esforço inaudito de desmascarar o real, de captar o indizível, de surpreender o engano ilusório dos gestos estáveis e de recolher, enfim, as rebarbas das temporalidades que a história, no seu constructo racional, foi deixando para trás. Ela é também o instante rápido da anedota, aquele ouro do instante: ela só consegue revelar o impensado, o indizível ao surpreendê-lo naquele seu momento supremo de estranhamento, que se realiza num átimo porque depois a história se movimenta novamente, o sentido do novo se esvai, o riso se esgarça e se retrai — e se ele prossegue, começa a repetir-se, a perceber-se caduco e inútil — como que espargindo cinzas sobre a pátina já cinzenta das estátuas do passado. Por tudo isso, mais do que percepção e sentimento da ruptura e da contrariedade, a representação humorística é uma epifania da emoção. Ela se dilui na vida cotidiana e só de vez em quando brilha e ilumina, como um intervalo de riso e de alegria na rotina dos ritmos repetitivos e diários.

HUMOR E NARRATIVA NACIONAL

Para alívio de alguns leitores, agora podemos voltar à anedota do camelo. As dificuldades em produzir uma identificação nacional também podem ser inferidas da curiosa anedota, já que a própria historieta só parece adquirir sentido a partir do reconhecimento das diferenças — neste caso grosseiramente simplificadas — entre os povos mencionados. Só podemos perceber a essência do comportamento de cada uma das nacionalidades mencionadas pelas reações diferentes diante da tarefa comum a cada um deles, que é o estudo do camelo. Neste ponto, a anedota parece expressar exatamente isto, que é inútil falar em nações e identidades nacionais que não sejam definidas em suas diferenças. Mas há uma condição essencial para a compreensão completa da anedota: a existência de uma espécie de cultura tácita, silenciosa, colada aos homens como uma sombra, que faz com que cada um "se imagine" como francês, inglês ou alemão — ou seja, sinta-se parte daquela "comunidade política imaginada" chamada nação.

Ernest Renan dizia, na sua famosa conferência "O que é a Nação", de 1882, que "a essência de uma nação é que os indivíduos tenham muitas coisas em comum e, também, que todos tenham esquecido muitas coisas".[19] Era uma referência à invenção e à construção cultural contidas neste fenômeno que acompanha o surgimento da modernidade: a nação. Não há talvez símbolo mais impressionante da nação como comunidade imaginada do que os famosos Túmulos de Soldados Desconhecidos, existentes em diversos países. Salvo se for algum piadista, nenhum impertinente se atreve a perguntar a respeito da "nacionalidade" do soldado desconhecido, pois é óbvio que seja francês, ou inglês ou alemão, conforme o país em que esteja edificado o monumento. Porque, para além da conceituação política, tais monumentos, assim como outros cenotáfios, constituem o retrato da nação como aquela comunidade imaginada ou inventada, que permanece, em camadas profundas, na mentalidade coletiva dos povos e resiste às agitações de superfície da história.

Benedict Anderson também foi um dos autores que procuraram compreender todo o imaginário ligado à nação colocando-a lado a lado, não com as ideologias políticas abraçadas conscientemente, mas com os sistemas culturais amplos que as precederam, a partir dos quais — bem como contra os quais — a nação passou a existir.[20] Foi este caráter transcendente da nação que gerou o que este autor chama de "a mágica do nacionalismo": sua capacidade de transformar o acaso em destino, a fatalidade em continuidade, a contingência em significado. Homi K. Bhabha levou mais longe a análise dos imaginários nacionalistas, discutindo-os na perspectiva das teorias da linguagem; neste caso, as próprias nações constituem-se como narrativas e o imaginário nacional nasceu do poder de narrar, articular ou impedir que se formassem outras narrativas.

Estes dois últimos autores exemplificam, com maior ênfase, os dilemas de representação cultural dessa ambivalência da sociedade moderna chamada nação. Pois foi particularmente no período da Belle Époque que, expressando aquela crise geral de representação, não apenas o nacionalismo avançou dramaticamente — com a conseqüente transformação do seu conteúdo político e ideológico até a Primeira Guerra Mundial — como, no mesmo período, aprofundou-se a nova tendência "para definir uma nação em termos étnicos e especialmente em termos de linguagem".

A emergência da "racionalidade" política da nação como uma forma de narrativa — estratégias textuais, deslocamentos de sentido, subtextos e artifícios figurativos — tem, portanto, sua própria história, e seu momento de maior inflexão coincide com o período histórico que escolhemos para analisar as representações humorísticas brasileiras. O estudo do surgimento dessa narrativa da nacionalidade traz enormes dificuldades, intrínsecas à própria ambivalência da imaginação nacional. Apesar da certeza com que alguns historiadores falam das "origens" da nação como signo de "modernidade", o estudo do vir-a-ser de uma nação em sua significação cultural está ligado a um conhecimento instável, ainda por constituir-se, "que contesta a autoridade tradicional dos chamados 'objetos nacionais' de conhecimento — Tradição, Povo, Razão de Estado e Alta Cultura, por exemplo, cujo valor pedagógico quase sempre se apóia em sua representação como conceitos holísticos localizados dentro de uma narrativa evolucionista", fundada na continuidade histórica.[21]

Para além dessas formas mais tradicionais de estudo do surgimento das narrativas da nacionalidade, a história cultural, acompanhando as tendências da historiografia contemporânea, busca reconstruir os espaços de ruptura, os registros de alguns silêncios e as manifestações pontuais e fragmentadas. Muitas tentativas recentes não passam de esforços em buscar as formas fragmentárias de narrativas, desprezadas pelos meios cultos, pela história literária concebida como um construto artificial, ou mesmo pela própria historiografia, que para forjar suas próprias representações da realidade precisa firmar-se no esteio de narrativas contínuas, sólidas e estáveis daquilo que pretende descrever. Se, como dissemos anteriormente, a representação humorística, mais do que mera percepção e sentimento da ruptura e da contrariedade, define-se, de forma ambígua, como uma epifania da emoção, ela também pode ser uma forma privilegiada de representar a história, pois se mostrou pouco suscetível de enquadrar-se numa narrativa. Portanto, analisar a representação humorística da nacionalidade é explorar a enorme ambivalência da linguagem, em todas as suas formas, na construção de um discurso alternativo e de outras possíveis narrativas das nacionalidades.

Cada imaginação nacional, da mesma forma que produz a sua própria narrativa, produz também sua peculiar representação humorística; cada uma forja suas peculiares línguas e falas cômicas, que se expressam, como na anedota do camelo, naqueles estereótipos concisos, sintéticos e rapidamente inteligíveis, mas também cheios de subentendidos, de omissões, de silêncios e de "não-ditos". E os humoristas tanto mais hábeis seriam quanto mais capazes de cunhar procedimentos mais próximos desses subentendidos, dessas alusões, desses silêncios e desses não-ditos. Muitos desses procedimentos, como veremos no caso dos humoristas brasileiros, instrumentaram-se nos mais diversos recursos verbais, como a concisão, a brevidade, a subitaneidade etc. Mais ainda no período da

Belle Époque, com o impacto da revolução tecnológica sobre a vida cotidiana e sobre as formas de percepção individuais. As próprias formas de representação humorística (concisão, brevidade, trucagens, rapidez, reversibilidade de significados, desfamiliarização etc.) se prestavam a servir de recurso típico de representação, dada a sua saliente afinidade com a fragmentação, a velocidade e, em termos humanos, com os deslocamentos de sentidos e a subseqüente alienação; em síntese, a afinidade dos procedimentos mais comuns à representação humorística com tudo aquilo que — segundo uma descrição famosa — "era sólido e se desmanchava no ar".[22]

Quanto aos estereótipos e às *idées reçues*, os humoristas também os utilizavam, freqüentemente até mesmo ajudaram a criá-los, mas sabiam que, no fundo, eles também paralisavam a história. Tanto foi assim que para renovar seu estoque cômico muitos humoristas serão forçados a submeter as referidas simplificações a um intenso processo de desmistificação, destruição, reciclagem e criação de novos estereótipos. Assim, conduzidas pelas próprias características intrínsecas de concisão, condensação e simultaneidade, as representações humorísticas participaram ativamente desse processo de invenção da imaginação nacional, construindo tipos, visuais ou verbais, e fomentando estereótipos. Mas, neste caso, o inverso também foi verdadeiro, pois a vocação sintética do humor também foi utilizada, na maioria das vezes, para destruir, modificar e desmistificar tipos e estereótipos. Os humoristas afiavam suas armas para atuar nas duas pontas do processo de formação simbólica dos estereótipos, mas, como se verá muitas vezes, particularmente no período aqui estudado, a missão de destruir parecia mais forte, dadas as próprias características de impermanência, de um certo descompromisso com projetos de longo prazo e a própria necessidade de renovação constante da produção humorística.

BRASIL: PAÍS SEM GRAÇA OU "PAÍS DA PIADA PRONTA"?

> O humorismo tem objeto no contraste direto entre o que é e o que deverá ser. Ora, no Brasil, como em todas as nações de sua idade mental, tudo é precisamente como não deverá ser, de modo que se torna impossível este contraste e, portanto, igualmente impossível o humorismo.

Palavras surpreendentes — ainda mais vindas de um humorista! A surpreendente observação foi feita por Mendes Fradique, quando o notável humorista brasileiro passava por um momento de "mau humor", no ano de 1935. Mais surpreendente ainda é o exemplo que ele menciona para comprovar sua tese de que no Brasil é impossível o humorismo, pois o caso, citado em seguida, *parece ilustrar exatamente o contrário*: que o Brasil, como diz um humorista contemporâneo,[23] é o "país da piada pronta":

> Se nós segredarmos ao ouvido alemão de Von Papen que na América do Sul há um país em que se construiu uma grande avenida e que, durante esta construção, o único prédio que ruiu por erro de técnica foi o do Clube de Engenharia, é claro que o fidalgo alemão sorrirá à ficção da anedota; mas aqui o caso não é para rir, nem é ficção, mas é verdade, foi o que de fato aconteceu, e contra o que a anedota não pode dar contraste e, portanto, não engendra o sorriso do sense of humour.[24]

Ora, então o humorismo seria impossível no país porque a realidade superava a anedota? Quase na mesma época, um outro humorista brasileiro, Aparício Torelly, mais conhecido como Barão de Itararé, numa rara ocasião em que falava a sério, assegurou:

> Querem ver outra coisa? Às vezes, quando estou numa fila de ônibus, chega alguém e pergunta: por que será que o ônibus que a gente espera nunca aparece? Eu respondo: porque se aparecesse, a gente não tinha de esperar. [...] A influência do humorista? Muito levemente benéfica e bastante entorpecente. Ele apenas mostra a metade das verdades. Para mim, todo mundo é humorista. Eu mesmo não me considero um humorista profissional. Sou do vale-tudo e não entro nessa história de apontar esse ou aquele.[25]

Para Fradique, o humor era impossível no Brasil pela ausência de contraste "entre o que é e o que deverá ser"; para Aparício Torelly, se não há contraste, é porque o humor está para o brasileiro assim como o camelo estava para Maomé: *faz parte da vida, portanto é indistinguível.* Como faces de uma mesma moeda, as duas observações giravam em torno de um mesmo dilema: país sem graça ou "país da piada pronta"?

A resposta pode estar no estudo das raízes do humor brasileiro na Belle Époque. O estudo da representação humorística da história brasileira se articula neste cenário histórico de uma forma peculiar, pois neste período há uma nova e renitente preocupação da cultura brasileira com as questões da identidade nacional. Na Belle Époque brasileira, que difusamente coincidia com a transição para o regime republicano, também colocava-se no imaginário coletivo uma pergunta que, a bem dizer, nos incomoda até hoje: *desde quando o Brasil é uma nação?* O início do período republicano foi um momento crucial, um autêntico ensaio de resposta a esta tormentosa questão, pois trazia à ordem do dia o debate sobre o pacto social básico que deveria fundamentar a vida do país. *Quem fala — e como fala — pelo Brasil?* Para além da organização política do regime, do processo de desestabilização e reajustamento social que lhe seguiu, esta questão atormentou toda a geração de intelectuais que viu nascer a República. Tobias Barreto, Sílvio Romero, Araripe Júnior, Joaquim Nabuco, Capistrano de Abreu, Euclides da Cunha e tantos outros representaram o esforço de toda uma geração em pensar o Brasil em suas peculiaridades. Era um esforço conjunto de "universalização"; seus projetos visavam, em última análise, colocar o país no "nível do século", superar o seu atraso cultural e acelerar "a sua marcha evolutiva", a fim de que pudesse alcançar a parcela mais avançada da humanidade.

Toda essa geração de intelectuais, jornalistas e pensadores brasileiros que viu nascer a República esforçou-se por forjar um conhecimento sobre o Brasil em todas as suas peculiaridades, pois aquele momento que se seguiu ao advento da República parecia uma rara, e talvez única, oportunidade histórica de o país colocar-se no nível do século, integrando-se de uma forma definida no mundo ocidental. O advento da República e os efeitos combinados da nova expansão européia na Belle Époque representaram uma esperança para essas gerações da intelligentsia brasileira do início do século XX. Mas, dotados de um equipamento intelectual herdado das linhagens ideológicas positivistas e evolucionistas — equipamento este já originado de uma situação de crise da racionalidade cognitiva —, acabariam oscilando entre a adoção de modelos deterministas e a reflexão sobre suas implicações, entre a exaltação de uma "modernidade nacional" e a verificação de que o país, como tal, era inviável.[26] Sem possuir propriamente uma nação, marcado por extremas diversidades regionais, convivendo com a chaga social do trabalho escravo como herança, e com um Estado praticamente reduzido ao servilismo político, o país apresentava-se aos olhos desses intelectuais de uma forma insólita e dramática: como construir uma nação se não tínhamos uma população definida ou um tipo definido? Frente àquele amálgama de passado e futuro, alimentado e realimentado pela República, quem era o *brasileiro*?

"É impossível falar a homens que dançam" — era com este desafio que Sílvio Romero começava, no ano de 1907, mais uma de suas intensas e nervosas reflexões sobre o Brasil. "Este Estado não é uma nacionalidade, este país não é uma sociedade; esta gente não é um povo. Nossos homens não são cidadãos", desabafava Alberto Torres, uma entre as inúmeras consciências excitadas com aquela dura sensação de inferioridade do Brasil.[27] "Nações são organismos. Nada de fantasias inúteis, pois ilusões não pagam dívidas. [...] E com nossa chancelaria a reboque, como prometermos viabilidade sociológica? [...] Relatam diplomatas haver no Brasil um público sem opinião pública. E com tudo isto, ainda queremos existir!", desabafava, numa carta, o impaciente Martim Francisco.[28] A dúvida e a resignação, tanto de Sílvio Romero como de Alberto Torres ou Martim Francisco, expressavam, no fundo, já com um leve toque humorístico, um dilema coletivo de representação do país: o que significava ser brasileiro naquela realidade cada vez mais paradoxal, infinitamente variada e diversificada? O que era *ser brasileiro* naquela sociedade cosmopolita e provinciana, moderna e antiquada, liberal e oligárquica — enfim, como situar-se, se não como cidadão pelo menos como indivíduo, naquela realidade cada vez mais fugidia, rarefeita e permeada de instabilidades sociais, com determinações racionais ou a partir de esquemas sérios ou repertórios cognitivos tradicionais? Como conceber aquela "comunidade imaginada" utilizando-se de sistemas "sérios" ou categorias racionais? Enfim, sem perceber que ela talvez já existisse de forma disseminada e silenciosa nas fímbrias da vida social, perguntavam com qual linguagem descrever essa experiência, reiterada na história do país, da sobreposição de tempos, da anulação dos espaços e da esterilização dos destinos individuais?[29]

No caso brasileiro, este esquema de representação humorística parece encontrar-se engastado — não raro, à margem de modelos estéticos e "escolas literárias" — nas brechas e nas mediações da cultura escrita e nos circuitos da literatura culta. Questão complexa, que ofereceu dificuldades à presente investigação, é a de verificar até que ponto este esquema de representação, engastado por entre as mediações sociais, engendrou diálogos e relações com a oralidade e com os mais variados circuitos da cultura, tidos como *populares*. Embora de difícil resolução, dado o caráter rarefeito das fontes, esta também constituiu uma preocupação desta pesquisa. Pelas peculiaridades brasileiras — a passagem de uma sociedade parcialmente analfabeta para uma sociedade na qual já proliferam os meios de comunicação de massa —, é necessário investigar ainda o trânsito destas narrativas humorísticas entre o jornalismo, a "subliteratura", além da sua ampla disseminação — conforme são incrementados os meios de comunicação urbana — nas revistas humorísticas, nas conferências, nos jornais falados, nos *réclames*, no teatro de revista, no disco, no rádio, no cinema etc.

No caso específico deste livro, projetamos *in sfumato* nossa investigação até os primeiros tempos do rádio brasileiro, procurando mostrar os caminhos peculiares que a produção humorística irá percorrer com o advento daquele novo meio de difusão da cultura. Porque, como sabemos, o incremento dos meios de comunicação também será o responsável pelas mais formidáveis agruras da produção humorística, já que, cada vez mais voltados para o público e para o mercado, os veículos de massa farão com que ela sofra o desgaste da repetição, da pasteurização e da redundância. Contudo, tais agruras e constrangimentos da produção humorística vão se revelar muito mais fortes e constantes nos momentos nos quais se criam os sistemas mais amplos e mais organizados de comunicação de massas. Esses momentos — que no caso brasileiro podem ser vagamente demarcados pelo final dos anos 40 — encontram-se fora dos limites desta pesquisa. Ao prolongar nossa investigação, pelo menos até os primeiros tempos do rádio, tivemos o intuito de ilustrar como a produção humorística, que já tinha se mostrado um tanto refratária aos circuitos da cultura culta e, especialmente, aos circuitos da cultura impressa, irá trilhar outros caminhos.

De qualquer modo, permanece a questão do papel que a representação humorística teve neste longo período. Espremida, de um lado, pelos rarefeitos circuitos da cultura do livro, e, de outro, pelos circuitos mal definidos e instáveis do periodismo semanal e dos espetáculos ligeiros do teatro de revista, resta saber por que, no período crítico da história brasileira e mundial que foram as três primeiras décadas do século, esta representação humorística ocupou um espaço que, se não foi enorme, revelou-se importante e de notável regularidade. Se tal ousadia também não provocar o riso, diríamos que este livro constitui uma modesta tentativa de resposta a esta questão.

1. Preparando o espírito para a Belle Époque

HUMOR E IMPRENSA: RASTREANDO AS PRIMEIRAS GARGALHADAS

Conta-se que, em certa época de sua vida, Camilo Castelo Branco esforçou-se por encontrar as peculiaridades lusitanas no campo humorístico. Sua tentativa foi, naturalmente, frustrada, mas seguiu procurando identificar na língua que ele tão bem conhecia palavras equivalentes ao "espírito" ou à "veia espirituosa" dos franceses. E conseguiu arrolar dezoito surpreendentes vocábulos: *chocarreiro, trejeitador, arlequim, palhaço, polichinelo, maninelo, proxeneta, truão, jogral, goliardo, histrião, farsista, folião, végete, bobo, pierrô, mono* e *bufão.* A esta vasta sinonímia bem poderíamos acrescentar, talvez, aquela *chalaça*, brilhantemente descrita em "O medalhão", de Machado de Assis. Mas, enfim, a abundância de vernáculos equivalentes para o *esprit* ou o *humour* não satisfez Camilo, talvez porque ele estivesse buscando um fundo comum peculiar às nossas representações humorísticas do mundo.[1]

Haveria um fundo comum nas criações humorísticas brasileiras? Seria possível discernir traços estruturais nesta representação humorística? Indiscernível na sua imensa e infinita variedade, certamente haveria um fundo comum à comicidade brasileira, mas, aqui, interessa-nos muito mais verificar como este substrato será ativado com a geração de intelectuais que assistem à inauguração da República brasileira, vivenciam as fortes expectativas de transformação trazidas pela abolição e pela República, e engajam-se no processo de modernização e na criação de um novo jornalismo.

É necessário considerar primeiramente que uma parte não desprezível da grande produção humorística brasileira não nasce com a República, ela já existe disseminada na produção literária rotulada, nem sempre de maneira apropriada, de "romântica" e "realista". Já no formato mais leve e fácil do folhetim, que ocupava o rodapé dos jornais semanais, a tendência era francamente pela produção de histórias cômicas que jogavam com o burlesco, com a surpresa e com o suspense. Mas esta produção de cunho humorístico aparecia sempre nas margens: primeiro nos rodapés dos jornais ou em pequenos e efêmeros pasquins semanais, depois nas margens das obras dos próprios autores e, por fim, nas margens da própria produção escrita.

O século XIX foi aquele que viu nascer as revistas humorísticas, estimuladas pelos avanços nas técnicas de impressão e reprodução que possibilitaram o aumento nas tiragens e o conseqüente aumento do público leitor. Esta associação entre humor e imprensa, especialmente destacada nos países europeus, também ocorreu nos principais centros urbanos brasileiros, embora tenha sido um pouco mais tardia, já que os processos de modernização da imprensa no Brasil foram mais lentos e concentraram-se nas três últimas décadas do século XIX. Está claro que esta representação cômica da vida nacional não nasceu nem se iniciou com a República, mas, com ela, certamente adquiriu novas dimensões. Há que se ressaltar que a partir da última década do século XIX houve um significativo incremento da imprensa, trazido pelo aperfeiçoamento tecnológico das oficinas gráficas, que praticamente acompanha a intensificação do crescimento urbano do país. Surge, afinal, o jornal mais moderno; segundo Olavo Bilac, aquele "jornal leve e barato, verdadeiro espelho da alma popular, síntese e análise das suas opiniões, das suas aspirações, das suas conquistas, do seu progresso".[2]

No período imperial chegaram a circular cerca de sessenta revistas ilustradas no Rio de Janeiro, que misturavam, de forma peculiar, a charge com uma espécie primitiva de história em quadrinhos, numa produção extremamente rica e fértil. Mas nestas publicações não existia nenhuma preocupação com a síntese gráfica, já que ainda havia o largo predomínio de uma extensa e prolixa linguagem verbal. Em 1876, a revista *Ba-Ta-Clan* e, quase dez anos depois, a revista *A Vida Fluminense*, chegam a introduzir a impressão em cores nas suas divertidas páginas, mas o processo é rudimentar: as páginas eram coloridas à mão e depois litografadas para impressão.[3]

Essa tradição da representação humorística, que já vinha do jornalismo satírico da Regência e dos folhetins cômicos do Segundo Reinado, ganha maior força e se aprofunda com o desenvolvimento da imprensa e com a proliferação das revistas ilustradas e do *réclame* publicitário no início da República. Assim, o incremento das páginas humorísticas acompanha, num primeiro momento, o desenvolvimento da grande imprensa, e, depois, principalmente no início do século, quando os jornais começam a tomar um aspecto mais "jornalístico e menos mundano", há uma grande proliferação das revistas semanais que, sobretudo pelo avanço nas técnicas das artes gráficas, começam a se separar, em termos empresariais, dos jornais.[4]

Surgem aquelas revistas fartamente ilustradas, muitas delas já incorporando a fotografia. Ultrapassando os limites da ilustração, anteriormente calcada nos demorados processos da litografia ou da xilogravura, e superando os ensaios efêmeros que ocorrem a partir de 1896, ainda na *Gazeta de Notícias*, no Rio de Janeiro, é na primeira década do século que irão aparecer as principais revistas semanais. Para comprovar isso, basta verificar que no Rio de Janeiro as revistas mais importantes foram as que conseguiram manter uma periodicidade mais regular, como a *Revista da Semana*, *O Malho* (1902), *Kosmos* (1904), *Fon-Fon!* (1907), *Careta* (1908). O mesmo pode ser dito em relação a outras capitais, como São Paulo, Recife, Curitiba, Porto Alegre e Salvador.[5] No caso específico de São Paulo, já na última década do século XIX a inexistência de uma indústria livreira favorece a proliferação dos periódicos que, afinal, acabam por ocupar o espaço deixado pelo livro. Embora inferiores aos do Rio de Janeiro na qualidade gráfica, em São Paulo concentrou-se a maior produção periodística do país. Dados de 1912 indicam que São Paulo possuía 341 periódicos, seguido pelo Rio Grande do Sul, com 124, e pelo Rio de Janeiro (Distrito Federal), com 118 periódicos.[6] Tais dados revelam o peso quantitativo da produção humorística no período, que começava a incorporar, ainda que lentamente, o ritmo empresarial da produção do jornal. Ainda no caso de São Paulo, de um total de 523 revistas publicadas no período 1870-1930, 62 delas (12%) se auto-intitulavam "humorísticas", 78 (15%), de "variedades", e 179 (34%) delas se diziam "literárias".[7]

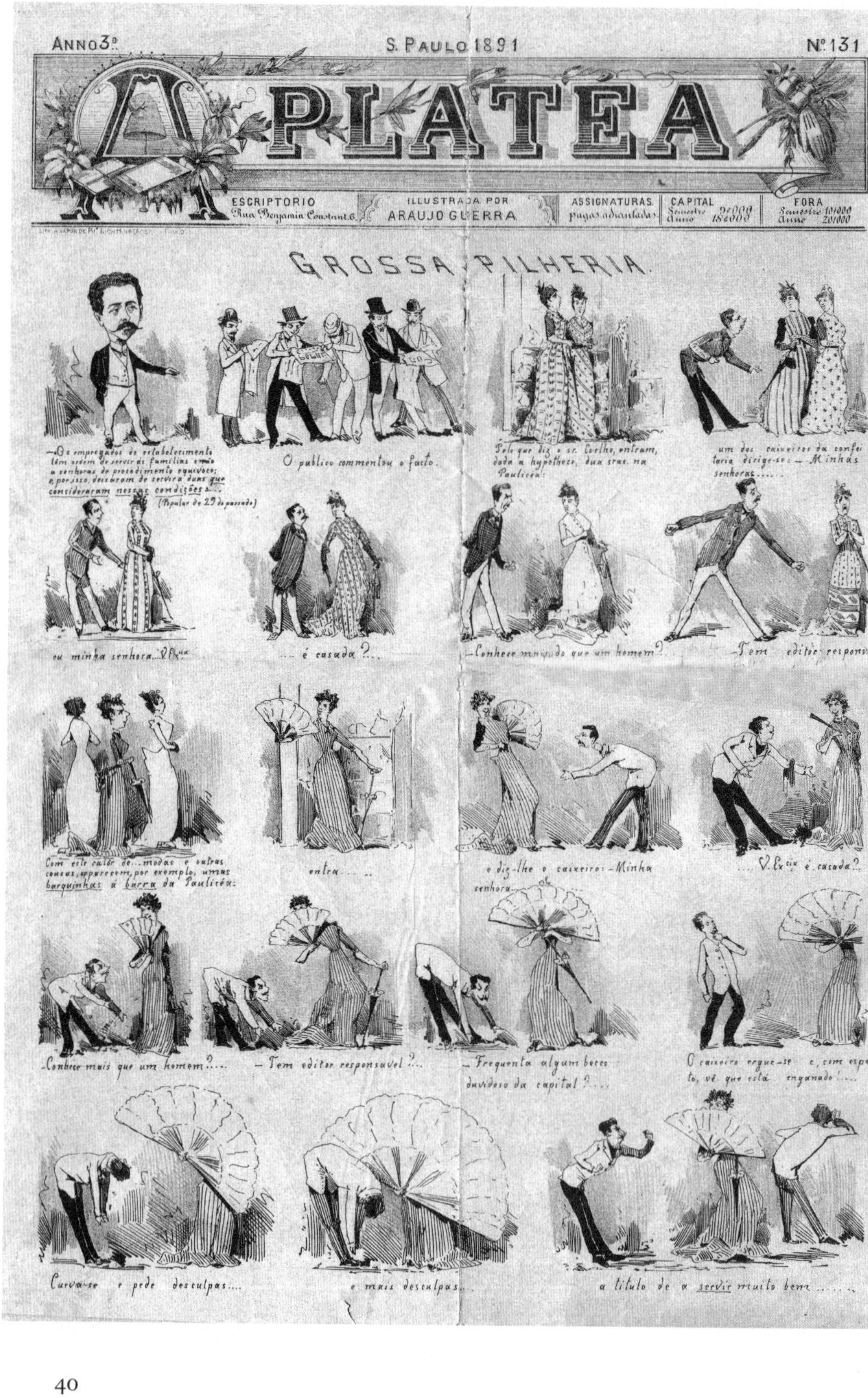

ANNO 3º
S. PAULO 1891
Nº 131
A PLATEA
ESCRIPTORIO
Rua Benjamin Constant 6
ILLUSTRADA POR
ARAUJO GUERRA
ASSIGNATURAS
pagas adiantadas
CAPITAL
Semestre 9$000
Anno 18$000
FORA
Semestre 10$000
Anno 20$000
GROSSA PILHERIA
— Os empregados do estabelecimento têm ordem de servir ás familias e não a senhoras de procedimento equivoco; e, por isso, deixaram de servir a duas que consideraram nessas condições a...
(Popular de 29 do passado)
O publico commentou o facto.
Pelo que diz o sr. Coelho, entram, dada a hypothese, duas sras. na Paulicéa:
um dos caixeiros da confeitaria dirige-se: — Minhas senhoras......
ou minha senhora... V. Ex.ª
... é casada?...
— Conhece mais do que um homem?...
— Tem editor respons
Com este calor de... modas e outras cousas, apparecem, por exemplo, umas barquinhas á barra da Paulicéa:
entra... ..
e diz-lhe o caixeiro: — Minha senhora... ...
... V. Ex.cia é casada?
— Conhece mais que um homem?...
— Tem editor responsavel?...
— Frequenta algum becco duvidoso da capital?...
O caixeiro ergue-se e, com espanto, vê que está enganado!....
Curva-se e pede desculpas....
e mais desculpas...
a titulo de a servir muito bem......

Antes do surgimento das revistas ilustradas, as técnicas mais rudimentares dificultavam a síntese gráfica da caricatura, como neste exemplo, ainda com largo predomínio da linguagem verbal. (A Platea, *1891.*)

Quando se separam dos jornais, as revistas começam a ganhar uma estrutura semi-empresarial, procurando veicular aquilo que atendia aos interesses do público leitor e, não raro, já segmentando a circulação e o consumo das publicações. O contato dessas revistas com o gosto e a demanda do público foi, em suas devidas proporções, muito mais direto e, em alguns casos, mais mercadológico do que o livro, que se colocava num circuito de consumo mais lento e pouco definido. Embora as fontes sejam omissas a respeito da estrutura das editoras desses primeiros periódicos, é necessário levar em consideração o fato óbvio de que a maioria das publicações periódicas, embora não tivesse uma estrutura empresarial estável e dependesse ainda de um mecenato difuso, era produzida com o objetivo de conquistar leitores e ser, afinal, lucrativa. Este possível contato mais direto com o "mercado", de difícil comprovação, incrementou as relações de proximidade de muitos desses humoristas com o público. Este incremento, contudo, foi de ritmo muito lento e extremamente desigual no decorrer das duas primeiras décadas do século, afetando, como veremos, alguns humoristas das gerações mais novas, e sobretudo aqueles que vivenciaram o início das primeiras gravações fonográficas, do cinema e das emissões radiofônicas. De qualquer modo — e isso será levado em conta neste trabalho —, o incremento das relações

As revistas semanais ilustradas, que se multiplicam no início do século, abriram enormes espaços para a mais variada produção humorística, que passou a ocupar um lugar fixo e rotineiro em todas as publicações. (Careta, *27.1.1912.*)

de proximidade desses cômicos com um público mais vasto e variado do que aquele ligado ao consumo do livro certamente incentivou mudanças na percepção que esses humoristas tinham do público e, por extensão, da sociedade.

Seja como for, no começo do século a expansão da caricatura e das páginas de humor esteve na razão direta de mudanças editoriais e iniciativas gráficas pioneiras. Nas duas primeiras décadas do século também a publicidade, o teatro de revista e as primeiras produções cinematográficas pareciam estreitamente vinculados. Como procuraremos mostrar, a maioria dos humoristas condensava em si mesmos as figuras do caricaturista de imprensa, do publicitário, do revistógrafo e, não raro, a de ator. Podemos dizer que aqui se retoma e se aprofunda uma longa tradição de humor brasileiro, que será ativada e realimentada no período republicano com a reiteração continuada das fortes relações entre o humor e a imprensa periódica.

Cabe ressaltar, contudo, que o recurso humorístico, de cunho ligeiro e circunstancial, só será característico da imprensa diária nas duas últimas décadas do século, e o das revistas semanais apenas na primeira década do século XX. Nas duas décadas finais do Império o recurso cômico era não apenas pouco difundido, devido à inexistência dos próprios meios de difusão, mas também havia um mal disfarçado desprezo da cultura em geral pela produção humorística, a não ser quando esta se mostrava suscetível de ser incluída — ou classificada — nos moldes estéticos consagrados do romance, do drama ou da epopéia.

Um estudo mais atento, entretanto, revelaria já a persistência desse humor na produção marginal de versos ligeiros e perversos, que confluem para as marginálias das obras ou para escritos não publicados. Talvez porque não existisse ainda um espaço propício para essa produção — como os jornais cotidianos e as revistas semanais —, mas, também, porque parecia traduzir uma intolerância dos circuitos da cultura culta em relação ao cômico, quase sempre associado ao degradante, ao agressivo, quando não ao erótico, ao obsceno ou ao escatológico. Uma sociedade fortemente hierarquizada e elitista, condicionada por espaços sociais bem demarcados como a do Império brasileiro, parecia mostrar uma forte tendência a reforçar o estereótipo ocidental do "bom riso" e do "mau riso".

Tome-se, aqui, entre muitos, alguns exemplos conhecidos, nos quais as manifestações humorísticas ou cômicas apresentam-se à margem das grandes obras e das grandes citações. À margem do trabalho dos próprios autores, como na obra satírica de Bernardo Guimarães. Os poemas "O elixir do Pajé" e "A orgia dos duendes", ao que consta, nunca chegaram a ser publicamente impressos, embora algumas impressões clandestinas do primeiro circulassem, alguns anos após o seu aparecimento, em folhas volantes no ano de 1875.[8] Tanto num poema como noutro é visível o intuito paródico. Paródia formal no emprego da redondilha menor, ao estilo de Gonçalves Dias, mas também paródia da retórica de exortação ao desassombro do guerreiro indígena. Apenas mais um "indianismo às avessas" que Haroldo de Campos reencontraria depois em Oswald de Andrade?[9] Ou estereótipo do riso "mau" e pérfido, que não merecia ocupar o espaço solene da letra impressa e do livro encadernado? Se pensarmos numa história social das concepções cômicas, a segunda presunção parece muito mais plausível. Do mesmo Bernardo Guimarães, mas muitíssimo menos conhecido, é o poema "Parecer da Comissão de Estatística a respeito da Freguesia da Madre-de-Deus-do-Angu", notável exercício de estranhamento da falta de significado de um nome, que começa em tom de conversa:

Diga-me cá, meu compadre,
Se na sagrada escritura
Já encontrou, porventura,
Um Deus que tivesse madre?

Não pode ser o Deus-Padre,
Nem tão pouco o filho-Deus;
Só se é o Espírito-Santo,
De que falam tais judeus.

Mas esse mesmo, entretanto,
De que agora assim se zomba,
Deve ser pombo, e não pomba,
Segundo os cálculos meus.[10]

O poema prossegue e, nele, a atitude de estranhamento do vate, que agora se dirige à prosaica questão do alimento, no sentido bastante material da comida:

E, se há um Deus do angu,
Pergunto: Por que razão

Não há um Deus do Feijão
Seja ele cozido ou cru?

De feijão se faz tutu,
Que não é mau bocadinho;
Mas que não se seja mesquinho:
Como o feijão sem gordura

É coisa que não se atura,
Deve haver Deus do Toicinho.
Desta tríplice aliança
Nascerá uma trindade,

Com que toda a humanidade
Há de sempre encher a pança;
Porém, com segurança,
Como o angu é dura massa,

E o feijão nunca tem graça
Regado com água fria,
Venha para a companhia
Também um Deus da Cachaça.[11]

E assim, apoiado nos naturais argumentos da satisfação da natureza, e evitando quaisquer expressões comuns aos pareceres da cultura jurídica imperial, do tipo "salvo melhor juízo", conclui, peremptório, já introduzindo o famoso solavanco mental da piada:

Vai aqui oferecida
Uma emenda supressiva:
Suprime a madre, que é viva,
Fica o angu, que é comida.

A comissão — convencida
Pelos conselhos de um padre,
Que conversou com a comadre,

Propõe que, desde este dia,
Chame-se a tal freguesia
A do Angu de Deus, sem Madre.[12]

Embora se possa dizer, com certeza, não existir nenhum resquício de conteúdo cômico degradante no poema, o certo é que ele foi agregado ao conjunto da obra marginal de Bernardo Guimarães e assim permaneceu: as leituras posteriores associaram-no intrinsecamente à produção erótica, e até mesmo obscena. Sem estender muito os exemplos da fortuna posterior desses escritos cômicos marginais, porque seriam muitos num estudo mais demorado, lembre-se o quase desconhecido Qorpo-Santo (José Joaquim de Campos Leão), que não se sabe se foi esquecido por só escrever peças de mirabolante imaginação ou por só escrever o que se entendia na época por "comédias". Em pequenas comédias, como *As relações naturais* ou *Mateus e Mateusa* — todas escritas em 1866 e por longo tempo ignoradas —, ele adota um tom farsesco, cheio de ironias sutis, algumas leves referências à sexualidade, mas que sempre acaba confluindo para situações de chacota e de humor degradante, possivelmente intoleráveis na época.[13]

O riso que implicava uma degradação de algo ou alguém parecia ocupar um espaço muito parecido com aquele que ocupava a literatura fescenina ou pornográfica. A esses temas eram interditos os espaços daquilo que era impresso, escrito abertamente, compondo páginas em negrito, ainda mais quando encadernadas em volumes respeitáveis, com lombadas douradas e frontispícios imponentes — noutros termos, os espaços dos livros propriamente ditos; parecia não haver nenhum espaço para o humorismo, pelo menos sob sua forma cáustica e degradante — que o século XIX ainda conseguia distinguir na forma perene do livro e com toda a autoridade de sentido emanada da palavra impressa. Embora fosse difícil estabelecer uma fronteira, já que ela implicava um exercício de distanciamento do sujeito — exercício já quase impossível no século do romance engajado e do mergulho naturalista —, de qualquer modo o cômico tolerado era aquele que provocava o "bom riso", aquele que não exprimia rancor, que não se dirigia contra "algo" ou "alguém" em especial, aquele que não degradava o objeto risível.

> Em nossas colunas haverá portanto a descrição dos principais edifícios do mundo, haverá a pintura das paisagens, haverá a exposição histórica de fatos célebres, e os amadores da literatura amena encontrarão nas páginas do Museo escolhidas poesias, novelas e romances instrutivos e deleitáveis, anedotas morais contendo ditos repassados do sal ático e do gosto epigramático, assim como charadas de bom gosto.[14]

Era assim, inspirando-se nos longos e detalhados títulos setecentistas, que os irmãos Laemmert anunciavam uma espécie de miscelânea ou almanaque, no movimentado ano político de 1848.

Embora os semanários de cunho humorístico tenham adquirido a sua feição moderna apenas no início do século XX, é importante lembrar que *A Revista Ilustrada*, lançada em 1860 por Henrique Fleiuss, e, depois, a *Semana Ilustrada*, lançada em 1876 por Ângelo Agostini, constituíram talvez as primeiras publicações de alguma regularidade neste setor. Nesse sentido, é preciso lembrar do registro sem igual, nos moldes das revistas humorísticas do século XIX, da *Encyclopedia do riso e da galhofa*, provavelmente publicada em fascículos e depois reunida em dois fornidos volumes, no ano de 1863. Quase desconhecida, ela é anunciada como sendo de autoria de um tal Pafúncio Semicúpio Pechincha, cognome "patusco jubilado", na verdade um estapafúrdio pseudônimo atrás do qual se escondia Eduardo Laemmert.[15]

De origem alemã, mas com fortes marcas francesas na sua formação original de tipógrafo e editor, Eduardo Laemmert estabeleceu-se no Brasil como editor a partir de 1833. Casou-se com uma brasileira e aprendeu o suficiente da língua para tornar-se escritor, embora seja mais conhecido como um dos pioneiros da edição e da indústria gráfica no Brasil. Sua editora ficou famosa pela edição de inúmeros escritores importantes, mas se destacou sobretudo pela publicação, iniciada em 1839, da *Folhinha Laemmert* — que se transforma, em 1844, no conhecido *Almanak Laemmert* — e por mais de uma dezena de livros-guias, como o famoso livro de medicina (auto-instrutivo) do polonês Pedro Luís Napoleão Chernoviz — *Dicionário de medicina popular e das ciências acessórias para uso das famílias* — publicado em 1842, e tantos outros. Lembre-se que os livros de medicina auto-instrutivos satisfaziam inumeráveis leitores num país com grande escassez de médicos, mas, seguramente, eram utilizados sobretudo

RAMALHETE 1°

O MULTI-CARA
PAFUNCIO SEMICUPIO PECHINCHA
PATUSCO JUBILADO

ENCYCLOPEDIA
DO
RISO E DA GALHOFA
EM PROSA E VERSO
REPERTORIO DE ANECDOTAS JOVIAES

Nacionaes e estrangeiras, bernardices impagaveis, bons ditos, carapuças escolhidas, casos galantes, chalaças estramboticas, contos jocosos, curiosidades brasileiras, definições exquisitas, ditos agudos, epigrammas, epitaphios, factos historicos, legendas, lembranças que parecem esquecimentos, letreiros, lograções, maganeiras, materialidades, maximas sublimes, palhaçadas asnaticas, pensamentos felizes, pilhérias peregrinas, quadros, quinquilharias, raios, ratices, repentes, satyras, sentenças, sobrescriptos, tiroteios, tradições, e trivialidades de bom gosto.

ILLUSTRADO COM CARICATURAS
E
OFFERECIDO AOS INIMIGOS DA TRISTEZA
POR
PAFUNCIO SEMICUPIO PECHINCHA
PATUSCO JUBILADO

PRIMEIRO RAMALHETE

Rio de Janeiro
Em casa dos Editores-proprietarios
EDUARDO & HENRIQUE LAEMMERT
77 Rua da Quitanda 77

Publicada em 1863 — e raríssima devido a um posterior incêndio na Livraria Laemmert — a Encyclopedia do riso *é um exemplo da divulgação do "bom riso" ou da produção cômica com finalidades positivas. (Reprodução do frontispício da* Encyclopedia do riso e da galhofa, *1863.)*

pelos donos de escravos, interessados em manter a saúde de sua força de trabalho sem grandes despesas.[16]

É provável que pela experiência como organizador da *Folhinha Laemmert* — uma miscelânea literária em forma de calendário anual para a qual ele mesmo se encarregava de escrever alguns textos — Eduardo tenha se habilitado a organizar essa extensa *Encyclopedia*. Um exame geral dos verbetes mostra a existência de inúmeras traduções e adaptações de publicações européias humorísticas, certamente acessíveis ao autor, tais como *Punch*, a famosa revista humorística inglesa fundada em 1941, *Fliegende Blätter*, de Munique, outra revista cômica publicada a partir de 1945 — sem falar das inúmeras referências e anedotas retiradas de publicações francesas e espanholas.

Uma análise completa dessa enorme *Encyclopedia do riso e da galhofa* demandaria um trabalho específico — mas, pela sua importância e caráter único nessa época, merece de nossa parte, pelo menos, algumas breves indicações. O subtítulo enorme praticamente anuncia os 2648 verbetes (chamados de "ramalhetes", mesma designação dada às vezes aos seus escritos por Gregório de

Matos), mas eles não são organizados nem dispostos de forma ordenada ou seguindo algum padrão. Embora seu formato constitua um esforço para inspirar-se nos moldes oitocentistas clássicos das enciclopédias, que buscavam uma classificação rigorosa dos conhecimentos, todo o resto é de uma notável anarquia, assumindo muito mais o feitio de folhetins e folhas volantes do que o de uma obra sistemática de verbetes e versículos. É bem provável que a sua organização em verbetes visasse atender à demanda dos leitores, já habituados aos manuais, dicionários e guias publicados pela Laemmert. A fragmentação da autoria, ou, pelo menos, a sua substituição por uma pluralidade de tipos ou personagens é sugerida pelos toscos desenhos que introduzem os fascículos: cada boneco tem uma feição diferente, mas todos repetem as mesmas legendas, que remetem "ao multicara Pafúncio Semicúpio Pechincha, patusco jubilado". É assim que os fascículos são chamados de "ramalhetes" e o seu subtítulo já prenuncia a anarquia classificatória:

> Repertório de anedotas joviais. Nacionais e estrangeiras, bernardices impagáveis, bons ditos, carapuças escolhidas, casos galantes, chalaças estrambóticas, contos jocosos, curiosidades brasileiras, definições esquisitas, ditos agudos, epigramas, epitáfios, fatos históricos, legendas, lembranças que parecem esquecimentos, letreiros, lograçoes, maganeiras, materialidades, máximas sublimes, palhaçadas asnáticas, pensamentos felizes, pilhérias peregrinas, quadros, quinquilharias, raios, ratices, repentes, sátiras, sentenças, sobrescritos, tiroteios, tradições e trivialidades de bom gosto.[17]

Um breve exame deste conjunto extravagante de mais de trinta substantivos e adjetivos que a tal enciclopédia prometia revela-nos a predominância do "bom riso" ou do cômico com finalidades positivas: *anedotas joviais, casos galantes, chalaças, trivialidades de bom gosto* etc. Na verdade, de 36 vocábulos utilizados quase como sinônimos de anedotas, apenas sete podem revelar algum conteúdo possivelmente negativo ou provocador do "mau riso" ou do cômico degradante: *ditos agudos, sátiras, tiroteios, raios, carapuças, materialidades* e *ratices.* Obviamente, se a indistinção entre o bom e o mau riso foi uma característica intrínseca da própria cultura da Belle Époque, não poderíamos ter a pretensão de, assumindo o papel de analistas, conseguir rastrear tal distinção num exame estatístico dos 2648 verbetes desta notável *Encyclopedia*.[18] Na leitura que fizemos, procuramos nos aproximar ao máximo de uma possível distinção para constatar o seguinte quadro:

TABELA 1 — ANÁLISE DOS VERBETES E "RAMALHETES" DA *ENCYCLOPEDIA DO RISO E DA GALHOFA*, 1863

Verbetes com conteúdo cômico positivo	1862	70,3%
Verbetes com conteúdo cômico degradante	132	5,0%
Verbetes com conteúdo cômico indistinto	654	24,7%
TOTAL DE VERBETES DIVIDIDOS EM CATORZE "RAMALHETES"	2648	100%

Como se percebe, parece que havia ainda, pelo menos na bizarra *Encyclopedia do riso e da galhofa*, um largo predomínio daquele mencionado estereótipo ocidental do cômico "bom", saudável e não degradante. Se deixarmos de lado a análise quantitativa e passarmos a examinar alguns exemplos típicos das anedotas narradas, a situação não se altera. Até o marquês de Maricá[19] — que era, digamos, um "autor da casa" — não foi perdoado, e sobre ele são narradas diversas anedotas. Mas nenhuma delas *é* ofensiva como aquela que narra o encontro do marquês, já envelhecido pela doença, com Araújo Porto-Alegre. Trata-se de uma sátira aos excessos verborrágicos de Maricá, haja vista o longo discurso que ele faz, apesar da doença:

> O marquês de Maricá terminava placidamente a sua existência, quando o sr. Porto-Alegre, seu íntimo amigo, o foi visitar. Pediu-lhe o ilustre marquês com muita instância que o descobrisse, e falou assim com uma serenidade patriarcal:
>
> "Veja este corpo, que só tem um fio de vida, como se evaporou; contemple este esqueleto já sem carnes e apenas preso por estes magros tendões; já não tenho músculos, já não tenho nada que se assemelhe à vida e que se pareça com um homem. Apenas minha alma parece que oscila entre meus lábios no meu custoso respirar, e que de um momento para outro vai deixar estes míseros ossos. Ah! quão feliz para mim não será este tão ansiado momento da morte, que há tanto espero e que tão

tarde me parece. Mandei transportar meu corpo para esta minha livraria, porque quero morrer entre os meus companheiros da vida, entre os companheiros da minha alma. Já me despedi do mundo; já entreguei a minha casa aos meus herdeiros. Sou um cadáver que espera a sepultura".[20]

Apesar da larga predominância deste humor leve e pitoresco, a presença de objetos cômicos *indefinidos* também já parecia bem sintomática da progressiva incorporação de algum desdobramento daquela crise da modernidade no peculiar domínio cultural do humor e do cômico. É assim com o gênero de anedotas chamadas de "materialidades" por Pafúncio, como esta na qual a definição é explícita:

Uma das materialidades, em que cabe muita gente, é ir dar pêsames com as lágrimas nos olhos, quando os herdeiros muitas vezes se estão a rir.[21]

Outro exemplo de materialidade, não tão leve e gracioso, referindo-se ao chapéu de um escravo:

Um escravo comprou um chapéu de seda, bonito e lustroso. Principiando a chover, tirou-o da cabeça e guardou-o debaixo da casaca.

— Por que guardas o chapéu, e levas a chuva na cabeça?, perguntou-lhe um parceiro.

— Porque o chapéu é meu, custou o meu dinheiro, e por isso o guardo bem acondicionado. A cabeça é do meu senhor, ele que guarde e acondicione seus bens.[22]

Outros dois exemplos de "materialidades", contudo, já se aproximam do grotesco, ou, pelo menos, se afastam do espírito refinado da maioria das galhofas. Na primeira, a formulação ainda é atribuída a Gregório de Matos, mas, na segunda, a exploração do duplo sentido se faz pelo erotismo:

A Gregório de Matos perguntou um dia certa velhinha, com que ele muito gracejava, quantos anos ele tinha. — Não tenho, respondeu ele maliciosamente, senão um!

Um sabichão, estando de visita em certa casa onde havia algumas moças que cantavam suas modinhas, pediu a uma delas que cantasse alguma cousa. Ela negou-se, e ele instou dizendo: — Oh!, minha senhora, ao menos uma cópula.[23]

Reiterando, portanto, o que já foi dito a respeito dessa obra de Pafúncio, a presença de objetos cômicos *indefinidos* também já parecia sintomática da progressiva incorporação de algum desdobramento daquela crise da modernidade no peculiar domínio cultural do humor e do cômico. Além disso, a apresentação da *Encyclopedia* e a explicação das circunstâncias que levaram o autor à sua elaboração merecem análise mais demorada, já que alguns dos seus aspectos transcendem, em muito, o vasto conteúdo da obra. É assim que na abertura temos uma "epístola ao leitor", que conta as "tribulações de Pafúncio Semicúpio Pechincha" e os motivos que o levaram a tal empreitada. Logo de início, numa referência às Peregrinações de Fernão Mendes Pinto (já conhecido na época como "Fernão Mendes Minto"), o autor ironiza a historiografia no seu formato monumental da crônica e descreve de maneira modesta suas intenções, numa clara alusão ao excesso de retórica imperial:

> Não imagines, tu, leitor adorável, que eu vou escrever as minhas Tribulações, como o Fernão Mendes traçou as suas Peregrinações, com o intuito de eternizar o meu nome, ou dar-te noções de Índias e Chinas. Nada, as minhas aspirações são modestas; só pretendo contar-te, com uma clareza de... discurso do trono, e uma verdade... de jornal dos Estados Unidos, como foram as primeiras razões do interessante livro que vais ler.[24]

Entre a clareza dos *discursos do trono* e a linguagem dos jornais, o autor resolve ficcionalizar a própria justificativa da sua colossal empreitada. Apresentando-se, ele próprio, como uma figura que será quase que um lugar-comum nos processos cômicos brasileiros — o "pronto" ou "sem nenhum dinheiro" —, Pafúncio prossegue sua exposição, resolvendo, por isso, publicar um artigo no *Jornal do Commercio*, nos seguintes termos:

> Dá-se um prêmio bom a quem descobrir um meio fácil de ganhar dinheiro, sem grandes complicações de cabeça etc. etc.[25]

Dos milhares de respostas recebidas por carta, o empobrecido Pafúncio transcreve algumas, das quais destacamos três. A primeira é do sr. Bonifácio dos Guimarães, que, chegando da Europa pelo último paquete, reitera ter trazido 27 receitas para "matar dois coelhos com um cajado: salvar o Brasil — e as minhas finanças". E ele enumera pelo menos quatro dessas impagáveis receitas:

• Um meio doméstico para caçar pulgas por máquina, e aniquilar instantaneamente exércitos de ratazanas, fazendo de suas peles, até agora mal aproveitadas, por via de outras máquinas de costura especiais, soberbas vestimentas para proletários.

• Um sistema eleitoral em que, com a ajuda de um jogo de quadruplicadas e inocentíssimas patotas, terão a um tempo ganho de causa 5 ou 7 partidos, e eu também.

• Uma invenção seguríssima, e que nunca falhou, para chocar ovos sem galinha, e criar galinhas sem ovo (deixando a cem léguas de distância a companhia falida da Galinocultura), achado com que já obtive patentes de invenção na França, Inglaterra, Turquia, Pérsia e Japão. [...]

• Uma pomada glaucoticopatcosérica com que em meio minuto se transformam os cabelos na mais formosa cor que se deseje. Uma água Alcibíado-Mitridática para tonar qualquer cabelo brando, liso e flexível como um deputado ministerial. Uns pós de Juvença que sacam vinte anos de sobre o lombo de qualquer mortal. Um elixir pafiognifdinioidaliocitéreo, que torna uma Helena a mulher mais desasada, e faz com que, ao vê-la, todas as cabeças andem em polvorosa. [...] [26]

Como se percebe pela longa peroração cheia de algavarias acompanhando a crise da transparência da linguagem subjetiva, o autor procura exercitar menos o cômico que a linguagem exprime e mais o *cômico que a própria linguagem cria* na sua instabilidade, no seu desvio de significados ou no seu esvaziamento pelos próprios excessos retóricos. Daí a proximidade de outra proposta, transcrita pelo Pafúncio jubilado, com o humor do renascentista Folengo e do teor macarrônico da linguagem:

Correspondendo ao vosso interrogatório, proponho-vos o estabelecimento de um escritório, em que todos os assuntos se tratarão n'um mistifório. A público faremos um invitatório, para se apresentar ao nosso diretório mais célebre que o da luz do empório. O estabelecimento se comporá de um locutório, um cartório, um laboratório, um pasmatório, um destampatório. Esta universalidade de aplicações aproveitará ao público de um modo notório; em jurisprudência estudar-se-á todo o objeto acusatório, executório, inquiritório, citatório e peremptório. Em medicina todo o revulsório, inflamatório, evacuatório, esternutatório, e putrefactório.

Em relações sociais, todo o exortatório, comolatório, persuasório, gratulatório, e amatório. Finalmente qualquer espécie de auditório receberá o nosso adjutório, pagando a razão de 10 mil-réis por quarto d' hório.[27]

Aqui já é possível perceber a germinação de um movimento em relação ao cômico extremamente revelador das mudanças que já começavam a afetar esta forma de representação cultural: a linguagem aparece de tal forma autônoma que o autor parece, em alguns momentos, perder o controle dos significados: Pafúncio se solta, se liberta e as palavras parecem fluir por si mesmas, num impulso anárquico e lúdico. Mas Pafúncio conclui a sua introdução apresentando a proposta aparentemente vencedora do prêmio por ele estabelecido e que, afinal, o aconselha a enveredar pela dimensão cômica e escrever a referida *Encyclopedia da galhofa*. A proposta, assinada por um estapafúrdio Crisôstomo Fradique, constitui uma defesa explícita do humorismo positivo e do cômico não degradado, argumentando:

Bons ditos, casos chistosos, apotegmas, são o mais delicado parto das inteligências finas. Plutarco e Diógenes Laércio, os sete sábios da Grécia, Scipião, Catão e Maricá... que digo? os provérbios de Salomão, fênix dos sábios, são verdadeiros apotegmas. No fabricá-los há, pois, glória para o autor, proveito para as suas finanças, e grande instrução para o Público; são as três vantagens exigidas pela Economia Política. Uma sentença curta e breve, uma anedota chistosa e moral, um apólogo fluente e apropriado, são tudo pedras preciosas, pequenas em volume, imensas em valor. Pouco importa que a história seja verdadeira, contanto que verossímil. E os bons ditos? Que brilhante papel não representam eles na consideração do homem! Subentendem eles sempre um sentimento ou um pensamento vivo e finalmente expresso, e tem a espontaneidade por condição essencial.

Aconselho pois a V.S. que faça uma preciosa coleção de anedotas e ditos; que tudo isso seja grave, ou agudo e malicioso; que se ponha, o mais que puder, de carinha na água; que reúna em uma só palavra ou em muito poucas, muito de entendimento, de graça ou de malícia; que tome por modelo, em nossa língua, o Diálogo II, da Corte na Aldeia, de Lobo, ou o livro do padre-mestre Supico; que castigue rindo os costumes; que se me torne uma espécie de Desgenettes prático e não massudo; que faça cócegas sem arranhar; que instrua, moralize e divirta.

> Desta forma, sr. X. Y. Z., o seu livro penetrará nas bibliotecas dos doutos, nas salas dos cortesãos, nas choupanas dos lavradores, nas lojas dos sapateiros. O consumo será de cem mil exemplares, o lucro de cem contos, a glória sem termo, a popularidade sem limites.[28]

Sabe-se, com certeza, que o vaticínio sobre os muitos possíveis leitores da referida *Encyclopedia* era muito exagerado, ainda mais em se tratando de obra humorística, e mesmo que publicada inicialmente em fascículos. Acrescente-se que, como o autor era também o editor, ele deveria possuir alguma idéia a respeito do seu público leitor. Ainda assim, a "explicação" inicial parece-nos um testemunho bastante revelador daquela crise do sujeito cognitivo, vivenciada aí sob a forma um tanto absurda, mas já bastante moderna, de impossibilidade de distanciamento e neutralidade. Isso com relação ao pequeno texto que precede os milhares de verbetes, já que o restante, como mostramos, exemplifica de modo notável a reiteração daquele estereótipo ocidental sobre o riso, fundado numa distinção e numa diferenciação entre o *bom riso* e o *mau riso*. Noutros termos, a proposta de Crisóstomo Fradique é bem clara: a obra só obterá sucesso se produzir o bom riso, não degradante, superior e, afinal, civilizador. Condena-se ainda o riso como um ato dirigido contra alguma coisa ou alguém — ou que vise à degradação de alguma pessoa ou interesse etc. Daí inclusive a utilização de poucos sinônimos negativos para o cômico, naquele conjunto anárquico que transcrevemos acima, que já demonstrava a vinculação da fala comum, o sentido do humor degradante e rancoroso a vocábulos de atos belicosos como morder, causticar, cortar, ferir...

Embora o termo fosse comumente empregado em sentido figurado para designar um conjunto de elementos, não parece gratuito que Pafúncio Semicúpio Pechincha tenha dado o gracioso nome de "ramalhetes" às séries das inumeráveis anedotas, *calembours*, *jeux des mots* e piadas da sua *Encyclopedia*. Enciclopedista do riso, Pafúncio talvez tenha se inspirado no voltairiano Cândido, enxergando a si mesmo como uma espécie rediviva do humorista-relojoeiro, pronto para cuidar do seu jardim. Buscando uma taxionomia das anedotas situadas sempre entre a amargura ácida e a alegria amigável, Pafúncio optou por escrever como um botânico, distribuindo anedotas como espécimes raras ou flores presas nos seus "ramalhetes". Mas isso talvez porque o clima mental da época ainda era favorável. Ainda parecia possível fazer distinções e desprezar aquele cômico acertadamente nomeado de humor "mordente" ou "ferino".

—O passado. 2—O presente. 3—Penteado moderno. 4—Com o que se parece.

Reiterando o estereótipo da cultura ocidental, parece que a cultura do século XIX ainda conseguia distinguir o "bom" do "mau" riso, como neste exemplo de 1863, no qual uma sátira de teor ofensivo "às moças"...

A moda. **Com que se parece.**

...é compensada por uma segunda referência cômica, como esta, menos ofensiva, quase se desculpando. (O Cabrião, 25.4.1866 e 2.12.1866)

HUMORISMOS DA ILUSÃO REPUBLICANA

Como não havia uma tradição de criação humorística na imprensa diária, no início ela vai sofrer o impacto dos conflitos políticos gerados pela transição da monarquia para a República, sobretudo no Rio de Janeiro. As seções humorísticas ganharão algum espaço nos jornais, acompanhando a disseminação da caricatura, embora esta seja de ritmo mais lento dada a sua dependência dos processos de impressão.

Mas o momento de transição pelo qual passa a sociedade brasileira entre a monarquia e a República, com a fermentação dos conflitos e das lutas políticas nos dois primeiros governos republicanos, incentivou uma grande produção cômica, toda ela calcada na exploração das rixas políticas e dos rancores pessoais. É um momento importante, pois nele vem à tona, por meio da sátira política, toda aquela produção associada ao humor ressentido ou degradante, aumentando a crescente percepção da indiferenciação e da mistura entre o "bom" e o "mau" riso.

Entre as décadas finais do Império e os dois primeiros governos republicanos os exemplos são inúmeros e, em sua grande maioria, já esquecidos. Trata-se de produção humorística muito circunstancial, ligada a ódios e rancores de momento, com referências muito particularizadas e com os objetos de escárnio muito bem definidos. O mais interessante nessa produção é que, embora a chacota seja dirigida contra algo ou alguém, há sempre alguns momentos nos quais seus autores parecem perder o controle — momentos em que é possível desnudar ou desmistificar, para além dos meros objetos da sátira ou da derrisão, alguns aspectos ou elementos coletivos ou sociais. Esta produção cômica, de caráter circunstancial, pode ser exemplificada em primeiro lugar por aquela atitude que poderíamos designar como *humor da "ilusão republicana"*, que tinha como objetivos explícitos fustigar o regime monárquico, tendo sido elaborada por intelectuais que se engajaram no jornalismo abolicionista e republicano. Essa produção foi relativamente vasta, sobretudo na última década da monarquia, e dirigiu-se, particularmente com a produção visual de Ângelo Agostini, à figura do imperador e ao seu poder pessoal.

Lembre-se que a produção de folhetins com leve tom humorístico aumentou na última década do Império. A partir de um evento obscuro — como o roubo das jóias da Coroa em 1882 —, produzem-se os mais variados folhetins, como os de Raul Pompéia, Artur Azevedo e José do Patrocínio, que exploravam o lado mais degradante do episódio.[29] O caso foi abafado e censurado, pois as jóias foram depois encontradas graças a uma providencial carta anônima e à cumplicidade geral do chefe de polícia, da elite palaciana e do próprio imperador. Mas os folhetins exploravam todas as versões possíveis e impossíveis do episódio, inclusive as mais ferinas: dizia-se que o episódio fora abafado porque o imperador era prisioneiro dos seus criados; que um deles — Manuel de Paiva — era o alcoviteiro-mor acobertando os encontros do monarca com a condessa de Barral, a Mariquinha Guedes, a viúva Navarro, e até mesmo com jovens recém-entradas na adolescência. Os folhetins veiculavam, numa narrativa rápida e cheia de intrigas, todas essas histórias utilizando-se de nomes fictícios, alguns não *muito fictícios*: o imperador, por exemplo, era chamado de *Bourbon*, *Duque de Bragantina*, *Júpiter* e, no limite, de *Pedro Banana*. Era um humor cheio de farpas endereçadas à família imperial e aos ministros da Coroa, mas que ainda era suscetível de alguma diferenciação: a visão simpática expressa nas inúmeras caricaturas cheias de bonomia expunha as fraquezas do imperador e da família real, humanizando positivamente tais figuras; a visão negativa, pelo contrário, satirizava as figuras denegrindo seus atos e expondo-os ao opróbrio público.

É o caso, também, dos então ainda jovens escritores Olavo Bilac e Pardal Mallet, que publicaram folhetins cômicos escritos a duas mãos mas com o único pseudônimo de Victor Leal, como *O esqueleto*, que saiu na *Gazeta de Notícias* em 1890. Destilada semanalmente no jornal, a narrativa se passa na época de d. Pedro I, que inclusive é personagem do livro, ao lado de rufiões internacionais, alcoviteiros contumazes e um desfile de personagens obscuros e infamantes. Descrevendo todas as inúmeras aventuras noturnas de d. Pedro I, chamado de "o régio boêmio de Bragança", acompanhado de seu alcoviteiro-mor, Ângelo Pallingrini — escultor italiano e escroque internacional, mais conhecido pelo cognome Satanás —, e de vários outros personagens fictícios ou reais, como o impagável fidalgo d. Bias, descendente da "árvore genealógica da fome" e sofrendo de uma cleptomaníaca compulsão por comida. A narrativa é cheia de intrigas escabrosas, cenas de sedução e lances cômicos fortes e, não raro, degradantes.[30] Talvez não tenha sido por mera coincidência que seus autores — Olavo Bilac e Pardal Mallet — renegaram por tanto tempo a autoria do referido folhetim.

Esta duplicidade, contudo, que diluía o "riso mau" no "riso bom", em alguns registros mais ferinos optava claramente por um humor forte, de claro conteúdo ofensivo, o que pode explicar o seu rápido esquecimento. Um dos mais representativos registros desse humor da ilusão republicana talvez tenha sido a série de artigos de Hippolyto da Silva, publicados no jornal *Grito do Povo* logo após a lei da abolição, e depois reunidos em livro sob o título de *Humorismos da propaganda republicana.*[31] Engajado no jornalismo e na propaganda republicana em São Paulo, Hippolyto já havia publicado no ano anterior *Os latifúndios*, uma pequena brochura de versos satíricos de cunho claramente abolicionista.[32] É notável neste volume a habilidade do autor em criar — sob a forma de versos alexandrinos — situações cômicas inspiradas em situações de conflito social entre senhores e escravos, naturalmente enveredando por uma representação cômica cheia de rancor e ressentimento social. É o que transparece no notável poema "O código", que narra o caso de um escravo que recorre à justiça contra as crueldades do seu senhor. Inconformado com a resposta da justiça — que julga o escravo irresponsável perante as leis, portanto incapaz de postular direitos —, o cativo mata o seu feitor e depois volta à presença da justiça, que por fim lhe esclarece que o crime o tornou legalmente responsável, dizendo:

Se queres que te diga, eu mesmo não entendo
Estas tricas da lei. Creio que ficas sendo
Animal — se és escravo, e escravo — se suportas
Tudo, sem te queixar. Se o crime abre-te as portas
De um tribunal, então não se olha à tua cor:
Criminoso — és no júri igual ao teu senhor!

Todo o insólito da situação, de entranhado absurdo jurídico, é explorado de maneira cômica. Mas o mais interessante na esquecida produção de Hippolyto da Silva é que sua verve cômica, exposta nos momentos de engajamento por uma causa, resvalava para além da polarização social entre senhor e escravo — por referências desmistificadoras dos mais diversos interesses sociais. É assim que no final de um poema do mesmo livro o próprio poeta assume ironicamente a postura ambígua de alguns republicanos paulistas donos de escravos, concluindo dessa maneira seus argumentos:

São escravos, é certo, e eu sou... republicano;
Em política tem a liberdade uns brilhos...
Mas em casa... ai de mim! Tenho mulher e filhos
Que não hão de querer decerto, ir para o eito.
Sempre quero ver, pois, como e por que direito
Me virão despojar daquilo que possuo.[33]

Este tipo de criação humorística que lidava com as mazelas sociais não se desenvolve, restando dela apenas estes versos isolados. Mas, sem dúvida, o exercício cômico mais longo de Hippolyto da Silva está em *Humorismos da propaganda republicana*, no qual ele procura parodiar, ainda que sob a forma de versos, o pequeno jornal *Correio Imperial*, de Petrópolis, no qual escreviam "os jovens príncipes brasileiros, sob a direção do seu preceptor, o ilustrado dr. Ramiz Galvão". Fragmentando igualmente a sua própria figura de autor cômico, Hippolyto procura colocar-se na pele dos "jovens príncipes", intitulando a si próprio de "Os Augustos", também cognominados "os redatores". Mas toda a família palaciana, incluindo os ministros, "participa" do jornal, com telegramas de *Bibiano* ou *Gastão* (d. Pedro II), anúncios do "*príncipe consorte, cabeça de turco da propaganda republicana*" (o conde d'Eu), e alusões, sempre íntimas e familiares, dos redatores *a Papá, Mamã, vovô e vovó* (respectivamente ao conde d'Eu, à princesa Isabel, a d. Pedro II e à dona Teresa, imperatriz do Brasil). Sobram farpas para todos os ministros, incluindo a figura de José do Patrocínio, já nesta época, em virtude de sua proximidade com a princesa Isabel, então cognominado pelos republicanos de "*Zé da Triste Figura*".[34]

Trata-se de um extenso exercício cômico, cuja força se nutre do seu conteúdo dirigido contra algo ou alguém em especial. O conde d'Eu, sobretudo pelos altos aluguéis que cobrava da população moradora nos cortiços de sua propriedade, é o alvo preferido da maioria dos *Anuncios*, que não perdem a oportunidade de explorar também suas ambições pessoais em relação ao trono:

O estado do meu sogro
Traz-nos muito assustadiços,

E eu receio levar logro
Nos aluguéis dos cortiços.[35]

Nos versos finais, em angústia pré-falimentar, o próprio conde coloca à venda todos os adereços e ouropéis imperiais:

Vendem-se capas já velhinhas
Sujas, do mundo oficial
Inda em bom uso escovadinhas,
Podem servir no Carnaval.

E no final, no clima de liquidação completa, põe-se à venda o próprio trono:

Muita atenção! Sendo baldado
O ir de encontro à aspiração
Deste país escravizado,
Vende-se um trono carunchado,
Para final liquidação...[36]

Também aqui podemos destacar aqueles momentos cruciais da atitude cômica, nos quais a própria linguagem, sem prévio aviso, começa a criar, quase que à revelia do autor, os móveis centrais do riso e do humor. É assim quando Hippolyto da Silva transcreve uma carta do bispo do Rio de Janeiro num latinório confuso, macarrônico, que termina com um "*Vivat Bragantina stirps!*".[37] Ou quando os "jovens redatores", no intuito de agradar o avô numa festa, cantam solenes o "Hino da Brava Gente", só que, desta feita, "um pouco... modificado":

Já podeis da pátria filho
Ver escrava a mãe gentil:
Não raiou a liberdade
No horizonte do Brasil.

Brava gente brasileira
Vosso rei vos fez servil

Não tereis a pátria livre;
Sem varrê-lo do Brasil!

Os grilhões que vos forjava
Da perfídia astuto ardil,
Não vai quebrá-los o povo
Do corrompido Brasil!

Brava gente, etc.

Um real trampolineiro
Vos pregou um logro vil
Porque o Grito do Ipiranga
Foi a morte do Brasil!

Brava gente, etc.[38]

Note-se que aí a paródia irreverente parece escapar das mãos do autor, num exercício de irreverência quase imprevisto, perpetrado no calor do momento ou das circunstâncias jornalísticas vividas por Hippolyto da Silva. O mesmo pode ser dito, naturalmente com um menor teor de agressividade, a respeito de Lúcio de Mendonça, que no seu livro de versos satíricos, *Vergastas*, também publicado nos momentos mais calorosos do movimento republicano, dedicou-se a elaborar versos de claro conteúdo cômico em relação às instituições monárquicas; o mesmo pode ser dito ainda com relação a *O régio saltimbanco*, de Fontoura Xavier, de 1887, outro panfleto humorístico de conteúdo satírico à família real e às instituições monárquicas.[39] Todos repetiam procedimentos muito semelhantes aos poemas cômicos de Hippolyto da Silva, que consideramos um dos mais notáveis exemplos deste humorismo da "ilusão republicana".

Os limites mais agudos do humor agressivo e dos usos da forma cômica, como cultivo ao ódio e ao ressentimento, e, não raro, beirando o obsceno e o proibido, podem ser exemplificados com um registro da época de Floriano Peixoto. Sabemos que esse processo cômico, intrinsecamente ligado à propaganda republicana e à transição do regime político, desdobrou-se em obras literárias posteriores, de maior elaboração literária, como *Triste fim de Policarpo Qua-*

resma, de Lima Barreto, talvez o registro cômico mais notável dos desmandos e da violência da época florianista. Como estamos tratando apenas de textos cômicos jornalísticos, forjados no dia-a-dia da atividade jornalística nesta conjuntura da desilusão republicana, cabe destacar talvez o registro cômico mais contundente e mais agressivo — o poema "A Florianeida; poema herói-cômico em um canto". Pedro Antônio Gomes Júnior, escrevendo sob o pseudônimo Ignotus Vindex,[40] publica os versos agressivos que, como veremos, acabam por perder muito de sua força pelo caráter de agressão explícita, mas servem para ilustrar o que poderíamos designar como um raro exemplo brasileiro de *jacobinismo humorístico*. É todo um poema viperino, cheio de cenas vis e acapachantes que se tornam simples pretextos para lançar sobre Floriano, chamado a todo momento de "Flor de Ânus", uma série interminável de violentos epítetos como "indigestão do império", "mastim cheio de fezes", "chimpanzé com alma de Tibério", "vômito do Destino" etc. São 62 estrofes de puro humor vitriólico, nos quais o poema chega a resvalar pelo mau gosto escatológico ou pelo humor mais grosseiro, como nos versos seguintes:

Na sua tenra infância foi logo demonstrado
Que no berço já baixou cultor da porcaria.
Sorria, quando a fralda — n' aquilo — ia alagando,
Chorava quando a mãe no banho o imergia,
Tal como se quisesse ir logo anunciando
Na língua em que falar ao mundo então, podia,
Que quem nasceu — p' r' aquilo — n' aquilo rejubila,
N'aquilo — sonha e só — n' aquilo — refocila.[41]

Apesar disso, Ignotus Vindex parecia ainda manifestar uma difusa consciência de que sua produção resvalava pelo "mau riso" e pela degradação satírica, tanto que logo no primeiro verso invoca-se, obedecendo aos preceitos clássicos, uma incerta e mal sabida musa da Galhofa:

Ó musa da Galhofa, Divina Pagodista
De quem, no mundo, nascem o Riso e a Pilhéria,
Se ao teu poder valor algum mortal conquista,

Se podes teu agrado votar a cousa séria,
Permite que, d'aqui, alevantando a vista,
Em tom altissonante suplique à tua léria
Inspiração, e solte ao verso os largos panos
Cantando o Marechal Peixoto — o Flor de Ânus. [...][42]

Mais curioso ainda é que na estrofe final o autor parece reconhecer os exageros mordazes da sua epopéia heróico-cômica, onde, afinal, não foi possível reconhecer nenhuma galhofa, nem uma gota sequer daquilo que a época convencionou chamar de "o bom riso" ou o "bom humor":

Ó Musa, qu'invoquei de entrada, oh musa boa,
Que o Riso e a Pilhéria no mundo entronizaste,
Se a tua inspiração deixei no ar, perdoa;
Perdeu com isto o estro, e Tu, Diva, lucraste!
Porém, se louro queres, ó pândega Patroa,
Reclama ao Flor do Ânus — que aqui os não ceifaste,
Porque n'éste Governo é só pedir por boca:
Há notas no Tesouro e consciência pouca.[43]

Como Hippolyto da Silva, Ignotus aparenta querer salvar-se da pecha de humorista venenoso e de ser enquadrado na degradante condição de produtor de um riso proscrito e viperino. Escritos no clima da produção humorística da "ilusão republicana", os longos poemas dos dois autores foram rapidamente esquecidos. Suas produções jornalísticas e de cunho circunstancial só posteriormente foram reunidas em livro, com inúmeras notas, informações e explicações que mais se assemelham a "pedidos de desculpas". Em muitos momentos, Hippolyto da Silva e Gomes Júnior nos fazem lembrar, *mutatis mutandis*, daqueles escritores incapazes de disciplinar seu ódio e sublimá-lo por meio da escrita. Lembram, em muito, aqueles escritores panfletários de 1848 na França, como Hippolyte Castille ou Emest Coeurderoy, publicistas obscuros que sentiram na pele os massacres de 1848, e com seus escritos inflamados jamais se esqueceram do episódio; daí, talvez, o porquê do seu esquecimento posterior.[44]

De qualquer maneira, para além das circunstâncias normais de se ligarem a aspectos muito peculiares da sua época, parece pesar sobre estes humoristas esquecidos uma atitude curiosa e difusa de suspeição social. Esta suspeição social que parece pesar sobre aquele que se diz humorista (ou mesmo que chegou a nomear desta forma sua produção marginal de escritor) ainda perdura por muito tempo na cultura brasileira, mesmo no período batizado e crismado com o gracioso epíteto de Belle Époque.

2. Artífices da graça nacional: humoristas no Rio de Janeiro

Hei de ter sempre a mentalidade de 1906: rua estreita, bonde de burro, casa de pasto, piada do Emílio de Menezes.

Agrippino Grieco, *Gralhas e pavões*, 1988

DILEMAS DA IMAGINAÇÃO NACIONAL E HUMORISMOS DA DESILUSÃO REPUBLICANA

Semanário alegre, político, crítico e esfuziante; noticiário avariado, telégrafo sem arame, crônica epidêmica; tiragem de cem mil quilômetros, por ora; colaboração de graça, isto é, de espírito.

Apresentação, em forma de subtítulo, da *Fon-fon!*, 1911

O humor que perdura na Belle Époque brasileira será um humor que almeja cultivar a bonomia, que vê a si próprio como civilizador e cultor de gestos nobres, embora nem sempre esta imagem corresponda à realidade. Há, em princípio, a produção humorística que surge ligada, quase toda ela, ao sentimento da desilusão republicana que atinge a intelligentsia brasileira que passou pelos eventos da abolição e da República. Abre-se um espaço para a representação humorística pela inflexão provocada pelos próprios eventos e pelas promessas de transformações sociais que eles traziam.

Contudo, se por um lado a abolição e a inauguração do regime republicano começam a alimentar muitos sonhos e expectativas sociais, por outro virão apenas aguçar antigos dilemas: o que significava *ser brasileiro* naquela realidade cada vez mais paradoxal, infinitamente variada, regionalmente diversificada e, sobretudo depois daqueles eventos cruciais, uma realidade indefinida em termos de futuro? Nos circuitos já instáveis e pouco sedimentados da vida nacional, como representar e conceber uma identidade de brasileiros, como sentir-se parte daquela *comunidade política imaginada* chamada nação? O país, sufocado pelas estruturas escravistas, pela instabilidade populacional e econômica e pela incipiente urbanização durante quase todos os decênios anteriores, encontraria terreno para se desenvolver com as mudanças desencadeadas na transição para o período republicano? A interrogação de Sérgio Buarque de Holanda, em conhecida análise do advento da República, pode se constituir numa síntese concisa deste tema: "Como esperar transformações sociais profundas em país onde eram mantidos os fundamentos tradicionais da situação que se pretendia ultrapassar?".[1] A República criou uma cidadania precária, porque calcada na manutenção da iniqüidade das estruturas sociais — acentuou as distâncias entre as diversas regiões do país, cobrindo-as com a roupagem do federalismo difuso da "política dos governadores", ou dando continuidade à geografia oligárquica do poder que, desde o Império, diluía o formalismo do Estado e das instituições.[2]

A condição agrária retrógrada e subalterna do país, no contexto internacional da uma segunda revolução industrial e tecnológica, também voltou a ser posta em relevo com as expectativas criadas pela abolição e pela República. No plano da vida humana, os processos de desestabilização das regiões periféricas, gerados pela revolução tecnológica, vieram consagrar a hegemonia européia sobre todo o globo terrestre, que viu seus modos de vida, usos, costumes, formas de pensar, ver e agir sufocados pelos padrões burgueses europeus. O antigo e o moderno, o Império e a República eram sentidos como camadas pouco sedimentadas, numa sobreposição de ritmos temporais diversos. O advento da República viria proclamar, inicialmente, uma atitude de repúdio difuso à vida rotineira e aos arcaísmos, que seriam a própria negação do progresso, como

Os impasses da passagem da Monarquia à República vistos pelo ângulo humorístico da ausência ou da recriação de significados. ("15 de novembro", desenho de K. Lixto para a capa da revista Fon-Fon!, *13.11.1913.)*

"15 NOVEMBRO

A Monarquia — Não é por falar mal, mas com franqueza... eu esperava outra coisa.

A República — Eu também!"

forma de os indivíduos desamarrarem-se dos modos provincianos e das sociabilidades geradas pela sociedade escravista. Assim, uma atmosfera que ansiava por cosmopolitismo, gerada a partir do Rio de Janeiro, autêntica capital cultural do Brasil na Belle Époque, percorre o país numa ânsia sôfrega pela europeização e pela modernização. Se a sua difusão foi, com efeito, pouco abrangente e limitada às incipientes manchas urbanas no Brasil de fin-de-siècle, seu efeito desconcertante foi, por isso mesmo, maior e mais profundo. Se durante a independência esta mesma ansiedade expressava-se, culturalmente, pela atração e busca de raízes nativistas e pelo "desejo de ser brasileiros" — na expressão de Antonio

Candido —, neste momento manifesta-se, paradoxalmente, quase que um "desejo de ser estrangeiros".[3]

Esta atitude ansiosa de cosmopolitismo, já existente no período imperial, porque inspirada nos modelos de sociabilidades européias, exerce seu domínio sobre a imaginação da sociedade brasileira e se desdobra na República, superficialmente, naquela sofreguidão por "máquinas, invenções, ingresias, francesias, ianquices que acelerassem entre eles o ritmo do progresso: industrial, técnico, mecânico e também, por coerência, político e social". Inovações que tornassem os brasileiros mais donos, tanto de si mesmos como dos vastos espaços do território brasileiro — mais donos até do que vinham sendo sob a proteção de "um imperador voltairiano e de guarda-chuva".[4]

Na Belle Époque brasileira, que começa a se definir na virada do século, vivenciou-se, talvez de maneira mais ambígua, a tensão expressa na ironia européia do vocábulo, com seu tom meio sério e meio irônico: um amálgama de temporalidades, a sobreposição do futuro no passado e uma visão nervosa do país, singularmente hesitante entre a frivolidade e a autenticidade, tudo isso representado pelas inúmeras e incertas correntes literárias predominantes do período. Amálgama de temporalidades, projeção do passado no futuro, deslocamento de significados da vida e da história. Assim, do ponto de vista dos atores históricos e do limiar dos seus destinos na história do país, era difícil pensar numa representação da sociedade brasileira que não fosse pela via da constatação da *ausência de sentido* ou da *recriação do sentido* — que sempre foram as características intrínsecas de uma representação cômica ou humorística do mundo e da vida. Esta representação buscava resolver impasses muito peculiares à história brasileira, que voltavam à tona num momento crítico de reajustamento social e político.[5]

Uma das maneiras de representação desses impasses e dessas temporalidades diversas da história brasileira, no período inaugurado pela abolição e pela República, foram os registros cômicos; eles constituíram, talvez, não apenas mais uma das formas de representar a República, mas uma forma privilegiada para representar as condições, possibilidades e vivências da história do país. Uma das formas de *representação cultural*, porquanto impalpável, da própria sociedade e das suas formas de vida; *uma das formas*, e não a única, já que outras formas de representação da sociedade, pela via do informal, do não-explícito foram possíveis.[6] Mas o cômico correspondia não apenas à busca de uma singular e peculiar forma de representação, como também a uma fuga ou a uma busca de um outro caminho, uma espécie de alternativa às formas convencionais de representação, sempre comprometidas com a racionalidade dos valores vigentes.

Numa produção vasta, impossível de ser quantificada de maneira precisa dada a variedade de formatos, intrínseco caráter efêmero e circunstâncias de publicação, optamos por procurar distinguir qual seria a figura típica do humorista brasileiro. No interior da intelligentsia brasileira da época, como distinguir e situar a figura do humorista? Quase todos os escritores brasileiros da Belle Époque escreveram páginas humorísticas, mas quais foram, a rigor, os humoristas desse período? Concentrados no Rio de Janeiro — a capital cultural do país entre o final do século XIX e a primeira década do seguinte — temos um círculo de humoristas que se confunde com a boemia intelectual. Esse movimento começa, na verdade, com a fermentação satírica provocada pelo início da República, formando-se um grupo de intelectuais que se caracteriza pela irreverência e por uma produção jornalística fortemente inspirada no humorismo. É a geração de Pardal Mallet, Lúcio de Mendonça, Paula Nei, Artur Azevedo, José do Patrocínio e outros. O caso de José do Patrocínio é o mais curioso, pois até 1905, ano de sua morte, constituirá uma espécie de guia da boemia carioca de humoristas e jornalistas irreverentes. Este grupo cultiva o humorismo da "desilusão republicana" até o momento em que o regime se torna mais estável, coincidindo com a emblemática reforma urbana do Rio de Janeiro.

De qualquer maneira, deslocando ou alterando significados, o comportamento humorístico parecia corresponder a uma atitude geral do brasileiro no sentido de ajustar-se à vida na sua repetição cotidiana e àquela sobreposição de temporalidades, aparando ou, pelo menos, sublimando os impasses, os conflitos sociais e as perspectivas de futuro. Parecia mesmo que o humor ajudava os brasileiros a viver, dando-lhes uma espécie de ética ilusória e efêmera capaz de colimar, ao menos provisoriamente, os obstáculos e as dificuldades que se esgarçavam naquele momento crítico de transição de regime político. Parodiando a famosa afirmação de Gramsci, diríamos, neste caso, que todos os homens eram humoristas, mas apenas alguns exerceram as funções de um humorista.

A "desilusão republicana" foi o móvel central da grande produção humorística da última década do século XIX, e esteve presente na produção circunstancial de autores consagrados sob a forma de crônicas e contos publicados em jornais.

A desilusão com os destinos da República, que enxergava o país e os seus precários cidadãos num estado de crônico desequilíbrio, esteve no centro da vasta produção humorística brasileira, como nesta caricatura comemorativa de Storni, em 1913. (O Malho, *15.11.1913.*)

Essa produção foi uma fonte de inspiração para o grupo de humoristas mais jovens, já que tais autores eram parte das suas leituras e da sua formação geral.

Alguns exemplos podem servir para ilustrar as diversas maneiras como os humoristas irão se utilizar desses processos de criação cômica nas décadas seguintes. O tema da desilusão republicana é sempre colocado sob a ótica dos interesses individuais das elites brasileiras ou, quando muito, na perspectiva de uma visão doméstica ou mesmo familiar da coisa pública. A mistura, a confusão e a passagem rápida da vida pública para o microcosmo da casa já delineavam o formato do procedimento cômico brasileiro. Colhida ao acaso na produção de inúmeras fontes literárias, temos o exemplo da célebre crônica de Machado de Assis que narra a história de um brasileiro, da elite urbana do Rio de Janeiro, que resolve proclamar a abolição dentro de sua própria casa, alforriando o escravo doméstico de dezoito anos chamado Pancrácio. A carta de liberdade é entregue solenemente num banquete, sob lágrimas convulsivas e vibrante aplauso dos convidados — todos amigos íntimos do benfeitor. No dia seguinte, o escravo Pancrácio, assustado com aquela encenação doméstica (muito parecida com a encenação pública), decide ficar, aceitando um ordenado simbólico (e miserável) de seis mil-réis. Mas, por não escovar direito as botas do dono da casa, acaba

Versões apimentadas, quando não obscenas, da vida pública, que expressavam, através do cômico, dimensões da vida privada, seriam depois desprezadas pelos próprios autores, como o livro Pimentões, *de Guimarães Passos e Olavo Bilac.* (*Reprodução da capa do livro* Pimentões, *1897.*)

por levar uns petelecos do patrão que, afinal, acaba por explicar-lhe (na sua filosofia para uso exclusivo no âmbito doméstico) que o "peteleco, sendo um impulso natural, não podia anular o direito civil adquirido pelo título de liberdade". Esta crônica de Machado de Assis[7] retrata o exemplo de um curioso personagem que insiste em trazer uma questão pública para o âmbito da casa, talvez um local privilegiado para exercer tutela, revelando uma cômica incapacidade de dimensionar uma questão pertencente ao domínio público. Parece mesmo que o filósofo benfeitor retratado na crônica ferina de Machado de Assis só conseguia exprimir-se sobre a dimensão pública, não através dos códigos impessoais e hierárquicos, mas apenas através do universo doméstico.

A mesma incapacidade, desta vez desdobrada em equívocos da fala e da expressão, pode ser por nós verificada num poema cômico de Guimarães Passos — originalmente publicado no semanário *O Filhote* — no qual se narram as desventuras domésticas de José, um anônimo brasileiro de sotaque lusitano, num dia todo especial para a República — o dia estabelecido para o específico exercício da cidadania, o dia da eleição:

José, natural das Ilhas,
que fala cerrado e grosso,
disse anteontem para as filhas:
votem-me o diavo du almoço!

Beijam se andam mais dipressa!
Bamos! preciso cumer,
Porque a eleição ja cumeça;
Quero cumprir meu deber!

A amásia dele, mulata,
Acode: Que é, seu Zezinho?
Jesus! este home me mata...
Por que é que sai tão cedinho?

E o Zé, palpando a barriga:
Tenho pressa d´almuçar!

Saiva você, rapariga,
Que o seu home bai botar!

E ela: Você botar? iche!...
Seu Zezinho, tome nota!
não caia n 'algum espiche:
Há tanto tempo não bota![8]

Aqui talvez se entenda por que Guimarães Passos insistia em chamar os seus versos desta fase de "pimentões", pois muitos deles, alguns escritos em parceria com o jovem Olavo Bilac que ainda se escondia atrás do pseudônimo Puff, veiculavam uma versão apimentada da cidadania eleitoral e das instituições republicanas, e na qual até mesmo o vocabulário cívico induzia a equívocos da intimidade, misturando-se com referências eróticas e obscenas. Não é por coincidência que muitos dos versos do livro *Pimentões* serão relegados à condição de versos marginais, já que adotavam um humor francamente pornográfico e extravagante. Aliás, este livro, escrito sob pseudônimos, ainda continuava a ocupar o mesmo espaço do interdito a que o cômico era relegado, sendo que neste caso específico também ajudou o próprio conteúdo intrínseco do livro, com poemas francamente alusivos a homossexualismo, cenas eróticas e símbolos obscenos. Passos também parece ter posteriormente relegado este livro a uma parte menor e "não séria" da sua obra, prosseguindo na produção de versos cômicos, embora de forma apenas circunstancial, nas colunas de jornais especialmente dedicadas ao humorismo, como esta quadra publicada na seção "Casa de Doidos" da *Gazeta de Notícias*, na qual ele fazia, na chave do pitoresco, um brevíssimo epitáfio para o século que morria:

O século que aqui dorme
Não achará quem o pinte,
Foi em torpezas enorme
E morreu tão desconforme
Que, morrendo, deu no... XX[9]

Mas o clima humorístico no final de século era outro e, de alguma maneira, um tanto diferente do clima da primeira década republicana. Ainda neste clima humorístico da desilusão republicana, é também pela via do cômico que os eventos públicos são vistos na conhecida história do velho Lima, uma historieta de jornal escrita por Artur Azevedo. O velho Lima, funcionário público de uma repartição do Ministério do Interior no Rio de Janeiro, a capital do país, caiu de cama seriamente enfermo no dia 14 de novembro de 1889, e ali ficou por oito dias. Como a grande maioria dos brasileiros não tinha o hábito de ler jornais, e ignorando completamente que o Império se transformara em República, Lima tomou o trem e se dirigiu para o trabalho como sempre fazia. Assustou-se, em primeiro lugar, com todas as pessoas que o saudavam com um "Bom dia, cidadão", blasfemavam contra o Império e arrancavam os símbolos imperiais de edifícios e gradis. Mas ficou ainda mais impressionado com o funcionário que, ao retirar o retrato oficial de d. Pedro II da sala da repartição, respondeu ao Lima: "Ora, cidadão, que fazia ali a figura do Pedro Banana?". E assim o velho Lima, depois do que vira e ouvira, chegava à seguinte conclusão: "Não dou três anos para que isto seja República!". O velho Lima acabou sendo um personagem eternizado por Artur Azevedo em 1895[10] para expressar, por meio de uma situação cômica, a angústia e o estranhamento que os eventos públicos passavam a ter na vida cotidiana de cada brasileiro.

A vasta produção desse humorismo da desilusão republicana pode até hoje ser lida — e há quem já o tenha feito, ao menos parcialmente — na chave desmistificadora das falsidades do regime recém-instalado. A República deveria se constituir num solo naturalmente propício para engendrar essa sintonia entre os espaços públicos e os espaços privados, por entre os quais os indivíduos se movimentariam e construiriam suas existências. A ironia dos rápidos flagrantes cômicos de Artur Azevedo, Machado de Assis e Guimarães Passos nos revela, pelo deslocamento, todo o dilema histórico da República brasileira, construída sobre arranjos instáveis e informais entre as bases sociais e as estruturas políticas. Mostrava ainda como a situação já era, por si mesma, paradoxal, e mais acessível a olhares cômicos do que sérios: como imaginar a nação brasileira, e os brasileiros como cidadãos, com uma Constituição formalmente liberal, olhando para a realidade daquela república oligárquica, coronelista, nepotista e, acima de tudo, excludente?[11]

Esses desafios e contrastes flagrantes fornecerão parte dos temas cômicos para o grupo de humoristas da geração mais nova. Já pela sua bizarra trajetória de "herói em disponibilidade", a figura carismática de José do Patrocínio constituirá, por assim dizer, uma espécie de referência para esse grupo de humoristas que surge no início do século, congregando homens dos mais variados estilos como Bastos Tigre, Emílio de Menezes, José do Patrocínio Filho, Raul Pederneiras, K. Lixto, J. Carlos, Storni, Yantok e outros, e se juntarão a eles posteriormente Humberto de Campos, Antonio Torres, João Foca etc. No fundo este grupo vivia, como todos os homens de letras no período, o dilema geral da impossibilidade de especialização da intelligentsia brasileira, mas sua característica mais notável é que todos eles continuarão a praticar humorismo para além daquela conjuntura da "desilusão republicana" que já havia se esgotado. Os analistas do período trataram esse grupo de intelectuais da perspectiva da disseminação literária de uma atitude geral de boemia, cuja decadência coincidiria com a reforma urbana e sanitária do Rio de Janeiro.[12] Noutra perspectiva, mais coerente com a história social do período, foi sugerida uma divisão no seio de inteligência — para além das suas filiações estéticas parnasianas, simbolistas, decadentistas ou regionalistas —, entre a camada dos escritores "vencedores" e a dos escritores "perdedores".[13] Sem contrariar nenhuma dessas interpretações que, a rigor, se completam, o que sugerimos é que esse grupo de humoristas continua a produzir buscando formas alternativas de manter sua atuação jornalística, embora quase todos tivessem outras atividades.

Na tabela 2 selecionamos, entre muitos, um total de dezesseis humoristas mais significativos que atuaram no Rio de Janeiro. Algumas características foram comuns a todos eles: a maioria teve uma formação superior truncada pela atuação precoce no jornalismo, ligando-se muitas vezes a empregos públicos modestos; mais da metade deles praticou outras formas de expressão, à margem da literatura, como teatro de revista (texto, desenho de figurinos ou, em alguns casos, como atores), caricatura e desenho, publicidade e música; a maior parte de sua produção foi circunstancial: a produção jornalística foi parcialmente reunida em livros de publicação posterior (ver tabela), e a produção publicitária e de teatro de revista em grande parte se perdeu, sendo conhecida apenas aquela dos anos em que vieram a público; a grande maioria desses humoristas ficou distante das atividades políticas, mas principalmente — com exceção de três deles — ficou distante dos círculos da literatura culta, como a Academia Brasileira de Letras.[14] Esse grupo de humoristas acompanha também, nas primeiras décadas do século, o surgimento da publicidade, o incremento do teatro de revista e o aparecimento das primeiras produções cinematográficas. Quase todos eles, com raras exceções, atuaram nas primeiras revistas ilustradas surgidas na primeira década do século. Todos esses espaços de produção vão estar, portanto, estreitamente associados à produção humorística. O humorista típico desse período da história brasileira, como se pode notar pela análise da trajetória de muitos deles, condensou em si mesmo as figuras do caricaturista e do cronista da imprensa ligeira, do publicitário, do revistógrafo e, em alguns casos, do músico e do ator. O humorista foi, assim, uma figura múltipla, com alta capacidade de trânsito entre diferentes práticas culturais, e a trajetória de alguns deles é exemplo desta multiplicidade.

A primeira e mais elementar atitude desse grupo de humoristas acompanha o sentimento generalizado daquilo a que chamamos de "humorismo da desilusão republicana", presente na maior parte da intelligentsia brasileira no período. Aliás, uma das características desses humoristas é que eles continuaram com sua produção cômica mesmo quando o tema da "desilusão republicana" já tinha, em parte, se esgotado, e muitos escritores, sobretudo aqueles situados na camada dos "vencedores", já haviam abandonado a produção propriamente cômica, relegando-a para as marginálias do conjunto da obra. Tais humoristas vivenciaram os mesmos dilemas da intelligentsia brasileira, com a diferença de que a própria prática da produção cômica irá possibilitar-lhes a sobrevivência, de uma forma mais flexível, nos estreitos circuitos culturais existentes. A idéia de "missão" frente a uma sociedade analfabeta,[15] com a qual eles não tinham possibilidade de diálogo, ou em face das elites que lhes deixavam à margem do processo político não desaparecera totalmente da auto-imagem desses intelectuais humoristas, mas certamente tomou um sentido um tanto diferente: de derrisão, de ab-rogação dos compromissos duráveis, de transmutação da sua impotência no humor. Vendo suas próprias carreiras de escritores incompletas ou truncadas pelas atividades jornalísticas de intelectuais do dia-a-dia, voltam-se para dentro de si mesmos ou transfiguram-se de "mosqueteiros intelectuais" em "mosqueteiros da sátira", ou melhor, em Dom Quixotes da comédia, para utilizar o notável cognome posteriormente utilizado por Bastos Tigre.

Como grande parte da geração que apostou na abolição e na República, tais humoristas não retiveram nenhuma das ilusões com o novo regime. A peculia-

TABELA 2 — HUMORISTAS DA BELLE ÉPOQUE – RIO DE JANEIRO

AUTORES	Artur N. Belo Gonçalves de Azevedo	Alfredo Storni	Antonio Torres	Calixto Cordeiro	Emílio de Menezes	Gastão Raul de Fourton Bouquet	Humberto de Campos Veras	João Batista Coelho
DATAS	1865-1908	1881-1966	1885-1934	1877-1957	1866-1918	1870-1918	1886-1934	1877-1916
NOMES USUAIS E PSEUDÔNIMOS	Elói, o herói; Gavroche; Frivolino; Batista, o trocista	Storni	Armando Sílvio; Pimentinha; Tomás Rubim; João Epíscopo; Branco Alvim; Torreão; Sardinha de Nantes	K. Lixto	Gabriel do Anúncio	Gastão Bouquet; Batista, o trocista; J. Repórter	Conselheiro X.X.; Luís Phoca; João Kaetano; Micrômegas; Hélios	João Foca
FORMAÇÃO	Curso ginasial; autodidata	Curso ginasial; desenho	Escola Normal; seminarista	Curso ginasial; Belas-Artes	Curso colegial (Humanidades); autodidata	Direito	Escola Normal; autodidata	Engenharia (incompleto)
ATIVIDADES PROFISSIONAIS	Jornalista; teatrólogo	Caricaturista	Sacerdote (até 1912); jornalista; ingressa na carreira consular a partir de 1919	Caricaturista; professor de desenho	Jornalista; funcionário público	Jornalista; teatrólogo	Jornalista; funcionário público	Comerciário; jornalista; conferencista; ator; teatrólogo
PRESENÇA EM PERIÓDICOS	*Vida Moderna*; *Gazeta de Notícias*	*O Malho*; *Tico-Tico*	*Gazeta de Notícias*; *A Noite*; *Correio da Manhã*	*O Malho*; *Careta*; *D. Quixote*; *Fon-Fon!*; *Degas*; *Kosmos*; *A Maçã*	*Vida Moderna*; *Gazeta de Notícias*; *Kosmos*; *Fon-Fon!*	*Diário de Notícias*; *O Paíz*	*Gazeta de Notícias*; *O Imparcial*; *A Maçã*	*Cidade do Rio*; *A Noite*; *Jornal do Brasil*; *Revista da Semana*
PRINCIPAIS OBRAS DE CUNHO HUMORÍSTICO	*Carapuças* (1872); *Um dia de finados* (1880); *Contos efêmeros* (1897); *Véspera de Reis* (s. d.); *Capital Federal* (s. d.); *O badejo* (s. d.)	(***)	*Cármen Tropicale* (1915); *Correspondência de João Epíscopo* (1917); *Verdades indiscretas* (1925); *Viagem ao redor das mulheres* (1920); *Prós e contras* (s. d.); *Pasquinadas cariocas* (s. d.)	(***)	*Mortalhas — Os deuses em ceroulas* (1924)	*Barba-Azul* (1906); teatro de revista: *Guanabarina* (1906); *A saia-canção* (1911); *Burleta de costumes nacionais* (1911); *O visconde Calembourg* (1911); *A nenê* (1915); *Santo Antonio* (s. d.)	*Tonel de Diógenes* (1920); *O Brasil anedótico* (1927); *Alcova e salão* (1927)	*O maxixe* (1906); *Dinheiro haja* (1908); *O compadre* (s. d.); *Não venhas* (s. d.); *O 116* (s. d.); *Alan, bicho e cia.* (s. d.)

TABELA 2 — HUMORISTAS DA BELLE ÉPOQUE – RIO DE JANEIRO

AUTORES	José Carlos de Brito e Cunha	José do Patrocínio	José do Patrocínio Filho	José Madeira de Freitas	Manuel Bastos Tigre	Max Cesarino Yantok	Raul Paranhos Pederneiras	Sebastião Cícero Guimarães Passos
DATAS	1884-1950	1853-1905	1885-1929	1893-1944	1892-1957	1881-1964	1874-1953	1867-1909
NOMES USUAIS E PSEUDÔNIMOS	J. Carlos	G.P.; Giuseppe P.; Notus Ferrão; Prudhomme; Justino Monteiro; Castrote	Josephus do Patrocínio; Antonio Simples; João das Regras; Zeca	Mendes Fradique	D. Xiquote; Cyrano & Cia; Hilarito; Juvenal; Oragá	Vladir Ketno; Yantok; Mefisto; Ketno; W. Ketno	Raul; Luar; João Scena; Bueno Amador; Lirão	Filadelfo Gill; Fortúnio; Floreal; Tim; Puff; Guimarães Passos
FORMAÇÃO	Curso ginasial (incompleto)	Autodidata; Farmácia	Direito (incompleto)	Medicina	Engenharia	Agrimensura; contabilidade	Direito	Direito
ATIVIDADES PROFISSIONAIS	Jornalista; caricaturista; publicitário	Jornalista publicista político	Jornalista; teatrólogo	Jornalista; caricaturista	Jornalista; publicitário; revistógrafo; bibliotecário	Caricaturista	Jornalista; delegado de polícia; professor	Jornalista
PRESENÇA EM PERIÓDICOS	*Fon-Fon!*; *Ilustração Brasileira*; *Careta*; *O Malho*; *D. Quixote*; *A Cigarra*	*Gazeta de Notícias*; *Gazeta da Tarde*; *A Cidade do Rio*	*Gazeta de Notícias*; *A Noite*; *D. Quixote*; *Careta*; *Ilustração Brasileira*	*D. Quixote*; *A Noite*	*Gazeta de Notícias*; *Tagarela*; *Careta*; *D. Quixote*; *O Malho*; *Fon-Fon!*	*O Imparcial*; *O Malho*; *D. Quixote*	*A Bruxa*; *Semana Ilustrada*; *Tagarela*; *O Malho*; *Kosmos*; *A Noite*	*O Filhote*; *Gazeta de Notícias*
PRINCIPAIS OBRAS DE CUNHO HUMORÍSTICO	Teatro de revista: *É do outro mundo* (1930)	*Folhetins*; *A Ponte do Catete* (1882); *Pedro Espanhol* (1884)	*Mundo, diabo e carne* (1923); teatro de revista: *Pau de goiaba* (s. d.); *Verde e amarelo* (s. d.); *Dondoca* (s. d.)	*História do Brasil pelo método confuso* (1922); *Feira livre* (1923); *A lógica do absurdo* (1925); *Gramática portuguesa pelo método confuso* (1928); *Dr. Voronoff* (s. d.)	*Versos perversos* (1905); *Moinhos de vento* (1913); *Fonte da Carioca* (1922); *Penso, logo... eis isto* (1923); *A ceia dos coronéis* (1924); *Poesias* (1933)	(***)	*Com licença* (1898); *O esfolado* (1905); *Geringonça carioca* (1922); *Cenas da vida carioca* (1924); *Rumas de rimas sem rumo* (1936); *Última hora* (s. d.); *Nós, pelas costas* (s. d.); *Babaquara* (s. d.); *O Morro da Graça* (s. d.); *Chá de Sabugueiro* (s. d.); *Musa travessa* (s. d.)	*Pimentões* (1897); *Hipnotismo* (*commedia em 1 ato*) (1900)

ridade dos humoristas desta nova geração foi que eles não abandonaram completamente essa atitude, pelo contrário, desenvolveram-na utilizando-se de outros recursos cômicos mais apropriados às revistas, às legendas das caricaturas, ao cinema, aos jornais falados, à música e, afinal, ao humor radiofônico. Talvez por isso representaram, sobretudo nos momentos críticos da história brasileira na Primeira República, a consciência mais radical, exercitando sobre ela toda a sua vocação de irreverência cortante. Suas próprias condições intelectuais de criação, contudo, eram ambíguas, e no limite lindavam com o insólito. De um lado, eram forçados a dialogar com a cultura culta da geração parnasiana e simbolista que os formou e que os obrigou a enquadrar suas piadas nos sonetos, nos versos alexandrinos, metrificados e bem construídos. De outro, eram forçados a ouvir outras vozes, as daquele público que começava a se formar e que criava, ainda que de maneira tênue e precária, formas de representação calcadas na oralidade e no não-escrito. Por tudo isso é difícil, se não impossível, definir um limiar do que seria este estreito e efêmero território de inspiração desses humoristas. Nas duas primeiras décadas do século, que correspondem, a rigor, ao período da Belle Époque, o humorista é aceito pelos circuitos cultos da cultura, mas depois sua produção sem ressonância e sem nenhum compromisso, sobretudo sem ligação com nenhuma mensagem programática, passa a ser vista com desconfiança, recebe olhares de velada censura e, não raro, é relegada ao lugar da anarquia dispersiva, dissoluta ou inofensiva.

A DANÇA DO HUMOR: ANÚNCIOS E TEATRO DE REVISTA

> *Brasileirismo mesmo só existe na revista e na burleta. Essas refletem qualquer coisa nossa. Nelas é que a gente vai encontrar, deformado e acanalhado embora, um pouco do que somos. O espírito do nosso povo tem nelas o seu espelhinho de turco, ordinário e barato.*
>
> Antônio de Alcântara Machado,
> *Cavaquinho & Saxofone*, 1967, p. 234

O exercício de comicidade mais notável, que irá diferenciar esses humoristas de muitos de seus confrades da geração anterior, talvez possa ter se revelado nos textos para "anúncios" publicitários que, em geral, foram produzidos pelos humoristas. Como os anúncios ou *réclames* eram todos produzidos na redação dos jornais, era natural que grande parte desse grupo de humoristas exercesse também essa atividade, tanto na elaboração dos textos como na confecção de desenhos e caricaturas. Formados entre a cultura parnasiana e simbolista do soneto, portanto com todo um savoir-faire e alto domínio sobre os vocábulos, suas rimas e toda a complexa maquinaria verbal, esses humoristas são obrigados a desenvolver o talento verbal e lúdico, adaptando-os à concisão, à rapidez automática do anúncio e ao nó acústico do trocadilho. Este foi o caso de Bastos Tigre, Emílio de Menezes, José do Patrocínio Filho, Raul Pederneiras, J. Carlos, Calixto Cordeiro e José Madeira de Freitas. Muitos deles fizeram quadras para anúncios publicitários apenas ocasionalmente, como Emílio de Menezes e José Madeira de Freitas. Alguns escritores que não classificamos aqui como *humoristas*, como Olavo Bilac ou Coelho Neto, também criaram várias quadrinhas para *réclames* de publicidade.

Emílio de Menezes, "ventre rotundo, o bigode de um duelista gascão e o tríplice queixo de glutão rabelaisiano",[16] também foi exímio na elaboração de anúncios, embora tenha sido um mestre do epigrama e do trocadilho humorístico. Conta-se, sem insistir muito sobre a verdade do fato, que o poeta visitava uma Exposição de Cereais no Rio de Janeiro, em 1904. Entra no recinto um fabricante de espírito barato que, vendo Emílio, acena com a mão, gritando: "É milho!". E o poeta satírico, cofiando seu bigode, responde: "Você hoje está com a veia...". Vendo que o outro queria escapulir, embarga-lhe os passos: "Não s'evada!... Com isso é que me in...trigo!". E, finalmente, plantando-o à força numa cadeira: "Sentei-o...".[17] Aí temos uma forma de humor verbal que, tal como o chiste, MacLuhan definiu como o "espirro da mente": duas cadeias discrepantes de pensamento unidas por uma espécie de nó acústico.[18]

A não ser pelo soneto satírico endereçado a alguma pessoa, Emílio de Menezes foi talvez o mais exímio de todos os humoristas na chamada "gramática" do humor verbal. É o que se percebe acompanhando suas colunas humorísticas em publicações como a *Gazeta de Notícias* e em *Fon-Fon!*, nas quais ele invariavelmente dedicava-se a comentar, em forma de sonetos cômicos, pequenas notícias do jornal. Em "Proposopéia da Pepa ao Pupo", soneto total-

O mais formidável talento na gramática do humor, associado à mais impiedosa sátira pessoal, pode ser exemplificado com Emílio de Menezes, descrito por Agrippino Grieco como "um desses espinheiros à margem do caminho que arrancam um pouco de lã a cada carneiro que passa". (Fotografia de Emílio de Menezes, O Pirralho, *13.11.1915.)*

mente elaborado com a letra P, ele retrata uma notícia de 1904 que dizia que o sr. Pupo de Morais e a sra. Pepa Ruiz de Souza (esta última atriz dos teatros de revista) andavam em negociações para o arrendamento do mercado do Rio de Janeiro:

Parece peta! A Pepa aporta à praça
E pede ao Pupo que lhe passe o apito
Pula do palco, pálida, perpassa
Por entre um porco, um pato e um periquito.

Após, papando em pé pudim com passa,
Depois de peixes, pombos e palmito,
Precípite por entre a populaça,
Passa, picando a ponta de um palito.

Peças compostas por um poeta pulha
Que a papalvos perplexos empunha
Prestando apenas pra apanhar os paios.

Permuta a Pepa por pastéis, pamonha...
Que a Pepa apupe o Pupo e à popa ponha
Papas, pipas, pepinos, papagaios! [19]

Neste humor fundado na exorbitância léxica, quando não no trocadilho e na afetação como se pode verificar, tudo, parece, era sacrificado à ginástica verbal da sátira. Embora assinando-se como Gabriel do Anúncio, Menezes produziu poucos versos para *réclame*, a maioria deles no formato do anúncio "testemunhal", no qual o próprio vate garantia pessoalmente a qualidade do produto, como este, um dos primeiros a anunciar o xarope Bromil:

Lira: — se qual o azeite anda por cima,
Nada a muda do branco para o preto,
E nem perde a verdade apreço e estima,
Pelo fato de a expor em tom faceto;

Como tudo que existe cabe em rima,
Bem cabe um atestado num soneto,
Por isso, a idéia que hoje aqui me anima,
Nestes catorze versos que lhe remeto.

Pode afirmar, por toda a eternidade,
Aos mil que sofrem e aos descrentes mil,
Que isso que aí vai é a essência da verdade:

Da horrível tosse que me pôs febril,
Dei cabo, usando apenas a metade
de um milagroso frasco de "Bromil".[20]

Com procedimentos semelhantes aos das colunas cômicas, os humoristas também combinavam versos, quadrinhas e epigramas com os desenhos fortemente alusivos da publicidade. (Reprodução de publicidade "Para a tosse Bromil — a morte é a morte", O Malho, *1910.)*

Uma agência de mensageiros, que tinha o pomposo título de Rápido Auxiliar de Remessas a Domicílio, se encarregava de levar as criações dos poetas humoristas às casas comerciais e laboratórios — criações elaboradas, segundo consta, quase sempre pela iniciativa deles próprios quando necessitavam de dinheiro extra. Como tais ocasiões se multiplicavam e o mensageiro muitas vezes ficava sobrecarregado com as mensagens dos "poetas necessitados", o ferino Emílio de Menezes sugeriu a mudança do nome do referido escritório para Rápido Auxiliar de Dentadas a Domicílio.[21] Nem tudo, entretanto, do que produziu Emílio de Menezes redundou num humorismo pitoresco e ingênuo, como veremos mais adiante.

Entre os inúmeros e mais variados recursos cômicos, os humoristas utilizavam-se também do trompe d'oeil, *como nesta publicidade do Rhum Creosotado.* (O Malho, *1902.*)

De todos eles, talvez tenha sido Bastos Tigre quem mais colocou seus versos a serviço dos anúncios. Talvez tenha sido também aquele que mais percebeu a força dos anúncios, embora, nas poucas vezes em que refletiu sobre o seu trabalho, chegou a condenar a disseminação fácil dos clichês ou dos usos imperativos e a predominância destes últimos sobre o artesanato literário do *réclame*:

> O *réclame* sensacional, em letras gordas, nos jornais ou nos muros, já se vai tornando "viex-jeu"; os processos modernos aconselham a fórmula curta, sintética, incisiva, por vezes grosseira e autoritária: "Fumem só a marca Girafa!", "Bebam só X.P.T.O.", "Vistam na Alfaiataria Três Tesouras!". O cidadão sente-se ameaçado na sua liberdade de escolher o fumo com que se distraia, a água que adicione ao seu whisky, a roupa com que faça um novo cadáver.[22]

Tigre não chega a ter uma agência organizada, mas um pequeno escritório de publicidade onde, a partir de 1908, começa a produzir slogans famosos: "Fortifica quem o toma, quem o toma forte fica", criado para o Tônico Bayer; "Igual

Demorou um pouco para o anúncio do produto perder o seu tom de testemunho pessoal e passar para o discurso anônimo e público. Nas duas situações, predominou o tom jocoso. (Propaganda testemunhal de Bromil, caricatura de Romano, D. Quixote, *30.1.1918.)*

não há, melhor não pode haver", refrão inventado para a recém-introduzida aspirina, que levava o nome comercial de Cafiaspirina; "No vidro é remédio, no corpo é saúde", criado como subtítulo para o Peitoral Infantil, que aliviava a "tosse comprida" das crianças; "Quem tem boca vai ao Roma", este, para um anunciante mais modesto, a "casa de pasto" ou restaurante Roma, no Rio de Janeiro; "Fidalga na qualidade, popular no preço", incorporando o nome da cerveja Fidalga; e, finalmente, o "Se é Bayer é bom", refrão que seria inclusive adotado internacionalmente pela multinacional farmacêutica.[23]

Concisão e rapidez, com o uso intensivo daquelas "palavras portáteis à memória", segundo ele próprio, fizeram de Bastos Tigre um criador inveterado, embora algumas vezes exagerasse na dose do seu humor. Em 1906, a Alfaiataria Simonetti encomendou-lhe um verso curto, de no máximo dez ou quinze palavras, incluindo o endereço da firma. Tigre enviou o seguinte:

Quem capricha na toilete
Diz sempre, mesmo em jejum:
Tesoura? A do Simonetti,
Ourives, 51.[24]

Que acabou, afinal, sendo muito bem aceito. Uma casa de tecidos, chamada Loja Primavera, encomendou a ele um slogan que foi imediatamente recusado, porque dizia, simplesmente: "Comprem na Primavera... e verão!". Seus procedimentos de epigramista revelavam um talento extraordinário com a frase curta e a economia do refrão, como nas quadrinhas que escreveu para os cigarros York, para o Café Andalusa e para o xarope Bromil. Para este último articulou uma campanha inteira em cima de uma paródia dos dez cantos d'*Os Lusíadas*, intitulada "As Bromilíadas".[25]

Já o soneto para o Pilogênio chamava-se "Fantasia de bonde", e mostrou-se notável pelo exercício de lirismo cômico, que no desfecho, contudo, combinava o solavanco mental com a introdução do nome do produto:

Bonde do Jóquei Clube, às nove e meia
De quinta-feira. Vou sentar-me ao lado
De uma jovem gorducha e nada feia,
Vestido branco, de filé bordado.

Ela vai, distraída, ao mundo alheia,
E nem vê que eu reparo interessado
No bucinho que os lábios lhe sombreia,
Quase bigode — um buço avantajado.

E esta hipótese simples vem à mente:
Amou alguém apaixonadamente,
O alguém fugiu-lhe e ela, ferida e louca,

Tentou matar-se e, em desespero insano,
Em lugar de veneno, astúcia ou engano?
Levou de Pilogênio um vidro à boca.[26]

É necessário observar que no *réclame* os procedimentos de produção eram semelhantes aos das colunas humorísticas: os textos, sobretudo sob a forma de sonetos, eram sempre acoplados ao desenho ou à caricatura. Daí decorre o fato de muitos desses humoristas dominarem algumas técnicas da caricatura e, quando não, quase sempre associarem-se a um caricaturista ou a um desenhista.

Note-se que isso ocorreu não apenas na atividade jornalística mas também na produção do teatro de revista. À prática do jornalismo efêmero e à produção de textos para anúncios vieram juntar-se numerosas incursões desses humoristas no teatro de revista. Escrevendo roteiros, textos completos ou desenhando cenários ou figurinos, muitos deles tiveram contato com este gênero híbrido e anárquico que misturava diferentes linguagens — diálogos cômicos, versos rápidos, dança, música etc. O contato não foi apenas com as diferentes linguagens, mas também com atrizes, atores, diretores, encenadores, músicos e toda uma série variada de gente ligada ao chamado *teatro ligeiro*. Embora até os anos da Primeira Guerra a maioria de atores e atrizes fosse constituída por estrangeiros, sobretudo portugueses, o contato com os humoristas não foi ocasional, indo da admiração recíproca à colaboração em textos e montagens. É o caso de Bastos Tigre, Raul Pederneiras, Oduvaldo Vianna, José do Patrocínio Filho, Antonio Torres e J. Carlos, que começaram a atuar como revistógrafos exatamente no momento em que a revista começava a se modificar e a atingir um público mais variado.

O teatro de revista, já nas décadas finais do Império, surgiu como um desdobramento difuso das operetas e do vaudeville, ou ainda de outras formas de diversão européias que mesclavam teatro, música ligeira, dança, poesia e humor. Da adaptação paródica de operetas como a já muito citada e conhecida *A filha de Maria Angu* é que gente como Artur Azevedo irá caminhar no sentido de construir a *revista* como um gênero particularmente adequado à produção cômica brasileira. A produção teatral da revista, principalmente a *revista do ano*, na qual se destacou Artur Azevedo, incorporou o tema da desilusão republicana; enveredando por uma crítica de forte tempero político, veiculava uma mensagem de versos rápidos, paródicos e, em alguns casos, incorporava a música, particularmente a música de Carnaval.[27] Mas mesmo na revista o humor com forte tempero político, especialmente o dirigido contra "algo ou alguém" e ainda associado aos tempos de Floriano Peixoto, perdurava, como na famosa quadra de Artur Azevedo, de 1895:

Tem uma flor no princípio
O nome do Marechal,
Mas o nome do almirante
Principia muito mal...[28]

Neste caso, a referência *ad hominem* era dirigida não a Floriano, mas diretamente a Custódio de Mello. Já a nova geração de humoristas vai escrever para um gênero de teatro de revista um tanto modificado, que não tratava apenas do humor político (especialmente aquele da "desilusão republicana"), adaptando-se, principalmente com a utilização da música de Carnaval, às exigências do espetáculo mais ligeiro e de entretenimento e, afinal, procurando atender a um público oriundo de parcelas mais amplas e variadas da população urbana. Porque o teatro de revista, assim como outros gêneros a ele associados e tidos como "menores", como a opereta, a burleta ou a mágica, tinha um compromisso intrínseco, e quase único, com a diversão, tornando-se, neste sentido, mais suscetível às demandas de uma população secularmente afeita à presença de música, dança, picardia e comentário satírico nos espetáculos públicos.[29]

Para isso muito contribuíram as primeiras gravações fonográficas e as primeiras projeções fílmicas. As gravações fonográficas que difundiam as músicas nas chapas dos gramofones, já usuais no início do século, serão utilizadas na grande maioria das músicas carnavalescas lançadas no teatro de revista. Foi assim que a primeira revista de Bastos Tigre, *O maxixe*, lançou a canção "Vem cá, mulata", que alcançou alto índice de difusão, naturalmente limitado à penetração que os gramofones tinham na época. As poucas salas existentes também combinavam exibições de teatro e filme. Já a partir de 1915, mas com maior impacto depois da guerra, os proprietários de cineteatros viram-se obrigados a manter pequenas companhias de teatro ligeiro e burletas para rápidos espetáculos — no máximo de uma hora — destinados a atrair público para os filmes.[30] Este misto de palco e tela obrigou, cada vez mais, os revistógrafos a uma concisão e a uma rapidez maior na elaboração de suas peças, fato que provocou ressonâncias recíprocas nas formas de criação cômica.

Mas foi José do Patrocínio Filho quem talvez tenha se constituído no maior exemplo da estreita relação destes humoristas com o teatro de revista. Foi ele o

Caráter efêmero, repetição de formas, exagerada mistura de gêneros, mas sempre buscando o divertimento, o teatro de revista foi marcado pela presença intermitente de humoristas e cômicos. Com difusos intuitos críticos, Di Cavalcanti sintetiza, neste desenho de 1929, todas as peculiaridades do teatro de revista. (Teatro Nacional de Occasião *de Di Cavalcanti,* Para Todos, *16.11.1929.*)

primeiro a adaptar cenas filmadas com as vozes e canções do teatro de revista. Utilizando-se de uma frase do discurso de posse de Nilo Peçanha na Presidência, que devido ao falecimento de Afonso Pena em 1909 assumiu o cargo dizendo não ter outro programa que não fosse de "paz e amor", Zeca do Patrocínio escreveu o filme-revista *Paz e amor*, lançado no mesmo ano no Cine-Teatro Rio Branco. Alberto Rosas filmou, de forma resumida, artistas, cantores e cômicos nas cenas principais da revista que depois repetiam ao vivo, simultaneamente às imagens, as mesmas vozes, falas e cantos. O procedimento exigia a presença pontual de todos os artistas e era semelhante ao dos teatros de marionetes. Só que em lugar dos títeres, os cantores e artistas tinham de repetir as frases que haviam cantado ou declamado na filmagem, obedecendo, tão rigorosamente quanto possível, ao movimento labial.[31]

Paz e amor, de José do Patrocínio Filho, tinha a estrutura concisa da revista e era toda feita de referências paródicas. O personagem principal era o coronel Tibúrcio da Anunciação (personagem com o qual Zeca assinava a coluna "Cartas na Roça", na revista semanal *Careta*). A narrativa é, como em toda revista, muito simples: o coronel Tibúrcio chega à capital de um reino governado pelo cetro de Sua Majestade o rei Olin I, uma óbvia inversão do nome de Nilo. Os nomes são todos paródicos: o coronel é recebido pelo mordomo Aluado, e tendo pedido ao rei um cicerone para acompanhá-lo pelo reino, recusa o primeiro, que se chama Imprensa, que o coronel considera muito ocupada em caçar tostões. O cicerone aparece numa nuvem de magia, com o nome de Mossiu Baboseira (alusão provável a Múcio Teixeira), e acompanha o coronel Tibúrcio aos pontos mais interessantes do tal reino: o *binocular Figueireiro Pimentel, a Moda, a Política, a Viúva Alegre, o cinema Alegre, o Vatapá, o Bicho e os guardas civis*, além do *Pajé Accioli* (referência à oligarquia do Ceará) e o *Xícara* (referência ao deputado Pires Ferreira).[32]

O exemplo mostrava que a própria estrutura da revista exigia, cada vez mais, concisão nos versos, incorporação das músicas e rapidez na resolução cênica, o que impedia versos mais sutis ou cheios de ironias menos salientes. É o caso da revista *Verde e amarelo*, de Zeca do Patrocínio e Ary Pavão, cheia de quadros cômicos, cortinas humorísticas de dialogação esfuziante, quadros de fantasia, mas com um enredo conciso, direto, quase ingênuo. A cena inicial era uma reunião festiva de índios, realizada antes do descobrimento do país. De repente, surgiam as caravelas dos navegadores portugueses e adiantava-se um deles, o chefe, muito barbado e imponente, seguido de outros, figuras secundárias. Os índios ficavam naturalmente alarmados. O pajé se adiantava, interpelando o estrangeiro barbilongo. Este declinava, enfático, o seu nome: "Sou o almirante Pedr'Álvares Cabral!". E o aborígine exclamava para a indiada, paralisada pela surpresa: "Pessoal, estamos descobertos!". A gargalhada era geral. A orquestra atacava os primeiros compassos de uma musiquinha malandra e todos os índios se punham a dançar e a cantar, numa lamentação:

Nosso ranchinho assim,
Tava bom
Gente de fora chegou
Trapaiou...[33]

É mais fácil perceber tal esquematismo nas revistas de José do Patrocínio Filho talvez porque sua participação fosse mais direta na produção e na montagem das peças. Menos do que um revistógrafo, José do Patrocínio Filho tornou-se uma espécie de factótum das companhias de revista, atuando como diretor literário, ensaiador, poeta, coupletista etc. Num momento em que a maioria dos atores e atrizes ainda seguia a regra da pronúncia "à portuguesa" nas falas, diálogos e canções, Patrocínio Filho insistia na pronúncia mais próxima à fala coloquial, abandonando de vez a fala com sotaque lusitano. Mais do que todos, Patrocínio manteve contatos com cenógrafos, cançonetistas e atrizes, além de músicos como Sá Pereira, Domingos Roque ou José Barbosa da Silva, o Sinhô, pelo qual ele nutria uma sincera admiração. Quanto ao próprio Zeca do Patrocínio, foi Manuel Bandeira quem, testemunho do seu velório, recordou-o como um homem "de infinito espírito, graça vivaz e capacidade de invenção e de improvisação que cativavam à primeira vista". Mas na mesma crônica Bandeira ressaltava seu temperamento boêmio que se expressava na figura doentia de Zeca: "descarnado, lívido, frangalho de gente, mas sempre fagueiro, vivaz, agilíssimo, dir-se-ia um moribundo galvanizado provisoriamente por uma farra".[34]

Entre os humoristas, um dos que mais escreveram para as revistas foi Bastos Tigre: entre os anos de 1906 e 1935 escreveu cerca de dezenove peças para teatro de revista, sendo que todas elas foram encenadas. Utilizando-se dos mesmos processos paródicos, mas de uma forma menos presa ao formato do soneto, Bastos Tigre mostrou grande habilidade em compor versos humorísticos curtos em tom de diálogo, muito mais adequados à musicalidade do teatro de revista. Não se caracterizavam pela comicidade obscena ou mais apimentada, como no caso de algumas revistas da época, mas, não raro, veiculavam uma comicidade burlesca, não isenta de alguma malícia, como no exemplo da revista *De pernas p'ro ar*, de 1916, na qual uma costureira ingênua — interpretada pela atriz Natalina Serra — cai na lábia de seu namorado, um chofer chamado Pedrinho, e canta versos cujo estribilho — "Pedrinho, não faça isso!" — provocava, segundo testemunhos da época, grande hilaridade:

Quando passa lá em casa,
Eu tinha as faces em brasa,
Ao vê-lo no auto vermelho.
Mamãe conselhos me dava...
Quem ama como eu amava
Quer lá saber de conselho?
[...]
Foram-se os dias passando
E tantos beijos foi dando,
Que eu nem reparava nisso...
Uma vez beijou-me na boca!
Fiquei tonta, fiquei louca:
— Pedrinho, não faça isso!

Uma vez, por meu castigo,
Saiu a passear comigo,
Ao terminar o serviço.
— Vou tocar para a Tijuca!
Meu Deus, que idéia maluca!
— Pedrinho, não faça isso!

Fomos. O auto em disparada
Devorava a linda estrada!
De repente — zás — um enguiço.

Quem passasse ali por perto
Me ouvia dizer por certo:
— Pedrinho, não faça isso!

E na seqüência, de resto previsível, Pedrinho resolve mudar de profissão, de motorista vira rapidamente embarcadiço, abandonando a namorada que, inconsolável, canta:

E foi-se. Foi-se para o Norte!
Hoje confesso que é a morte
O único bem que cobiço.
Talvez que outra, lá fora,
Lhe esteja dizendo agora
— Pedrinho, não faça isso![35]

Um exame detalhado da produção de textos para teatro de revista de Bastos Tigre seria mais do que necessário, mas impossível de ser realizado a contento nos limites deste trabalho. O mais importante a reter, destas simples indicações, era a proximidade que a prática do teatro de revista proporcionou a esses humoristas, tornando-os muito mais versáteis e, sobretudo, muito mais abertos à música, à dança, aos ritmos e aos versos musicais e, afinal, a todos os procedimentos e à estrutura do espetáculo ligeiro.

Embora seja impossível documentar a recepção do público ao teatro de revista, é de supor, pelo menos, que ele ocupava um lugar ambíguo na produção cômica, provavelmente naquele limiar sempre difícil de distinguir entre o culto e o "popular". O contato desses humoristas revistógrafos com músicos, cançonetistas, atores, atrizes — assim como com figurinistas e cenógrafos que muitas vezes eram os mesmos desenhistas que faziam as caricaturas nos periódicos diários e semanais — foi intenso, já que os próprios procedimentos de produção os obrigavam a isso. Bastos Tigre foi parceiro de vários músicos como Paulino Sacramento e Luís Moreira na revista *O vatapá*, em 1907, ou de músicos carnavalescos como Arquimedes de Oliveira (do Clube dos Democráticos) — este último seu parceiro na composição "Vem cá, mulata", canção da revista *O maxixe*. Raul Pederneiras, Oduvaldo Vianna e Antonio Torres também escreveram roteiros e textos de revistas e burletas em colaboração com músicos como João

Cláudio (pseudônimo de Ataliba Reis), Otávio Vanderlei e Francisco José Freire Jr. — este último com grande atuação como revistógrafo.[36] Também é importante assinalar a versatilidade das experiências humorísticas de Bastos Tigre, já que ele chegou a escrever legendas em versos que acompanhavam os filmes mudos da época. Era o que marcava, segundo um testemunho da época,[37] a originalidade de fitas como *O filme do diabo*, exibido em 30 de março de 1917 no Rio de Janeiro, para o qual Tigre escreveu legendas como estas:

A luta de novo cresce,
luta intensa e desigual:
E Susana desfalece
Nos braços do oficial.

E para outra seqüência fílmica, a de um soldado que tenta, em meio a uma batalha, resgatar a heroína:

Entre o fogo da metralha
Parte da trincheira amiga
Um soldado que trabalha
Por salvar a rapariga. [38]

Assim, o contato desses humoristas com os empresários e os donos de teatros e cineteatros os aproximava do público de uma forma bastante diferente da relação já estabelecida como escritores. Estavam, diríamos, mais próximos de compreender o espetáculo da revista como algo que dependia do gosto do público, enfim, sob um aspecto mais extenso, como de um mercado de bens culturais.

O espaço de atuação no teatro de revista aproximou esses humoristas de um público mais vasto e variado. Também os conduziu à busca de uma linguagem que se fez por uma recusa à disciplina da palavra ou por procurar exercê-la numa variante anárquica. Foram raros os que conseguiram quebrar com os compromissos estéticos, então presentes na formação de cada um; quando o fizeram, foram quase constrangidos a reconhecer que "não faziam literatura", mas sim revista, música, publicidade ou outra forma qualquer ligada à diversão, à oralidade, ao espetáculo ligeiro ou, na melhor das hipóteses, ao jornalismo. Os contatos freqüentes com produções destinadas a um público mais variado os tornaram mais suscetíveis ao valores do dinheiro e do mercado, mas, certamente, desdobraram-se nos conteúdos intrínsecos da sua própria produção humorística.

A REPRESENTAÇÃO FRAGMENTADA: PARÓDIA, MACARRONISMO COSMOPOLITA E POEMA-PIADA

> É um tipo de literato do Brasil, esse meu amigo Tigre, inteligente, pouco estudioso, fértil, que usa da literatura como um conquistador usa das roupas — para adquirir mulheres de toda casta e condição![39]

Esse diagnóstico, irônico e pertinente, que Lima Barreto registrou no seu *Diário íntimo* sobre o amigo Bastos Tigre, em 24 de janeiro de 1905, antecipava, de certo modo, a capacidade de trânsito e de experimentação característica dos humoristas dessa época, assim como o caráter efêmero e passageiro da produção cômica.

Constrangidos, cada um à sua maneira, pelos formatos do soneto de moldes parnasianos e simbolistas, esses humoristas sentiam-se ainda, em muitos casos, presos a esses moldes. Os contatos com a atividade jornalística, com o teatro de revista, com os anúncios e, naturalmente, com as pessoas envolvidas nessas atividades, como músicos, atores, atrizes e incipientes empresários, de um lado, e de outro, o relativo afastamento das instituições de legitimação literária fizeram com que eles utilizassem e experimentassem, mais intensamente, inúmeras formas cômicas, adaptando-as à rapidez e à variedade dos modos de difusão e, por extensão, às formas peculiares de representação da história brasileira.

A paródia da expressão escrita será uma destas formas peculiares e se constituiu afinal num dos gêneros mais amplamente utilizados no patrimônio cômico brasileiro. Para além dos seus reconhecidos sentidos originais de *alusão cômica, canto paralelo, imitação irônica* — ou seja, de prática textual referente a uma outra prática textual —, a paródia foi, talvez, a forma privilegiada para representar a vida brasileira. Mas esta paródia não tinha como horizonte apenas uma outra prática textual, pois, em muitos casos, foi um mecanismo ou uma técnica de representação da própria realidade brasileira.[40] Já no Império ela servia para compor uma certa "dialética da ordem e da desordem", exprimindo a vasta acomodação geral que dissolvia os extremos ou, pelo menos, ajudava a diluir o significado da lei e da ordem numa sociedade extremamente hierarquizada.[41] Como vimos pelo expressivo exemplo de Pafúncio Semicúpio Pechincha e de sua *Encyclopedia*, a diferenciação entre o "riso bom" e o "riso mau" ainda parecia possível. Pelo deslocamento, pela inversão ou pela transposição a paródia predominou, tanto na representação cômica dos espaços públicos através do imaginário privado como dos espaços privados através do imaginário público. A acentuação dos contrastes entre, de um lado, a dimensão impessoal, corporificada nas leis tidas como positivas e universais ou na representação nominal da racionalidade e da igualdade, e de outro, a dimensão pessoal, difusamente marcada pelo personalismo das relações políticas ou pelo tratamento familiar da coisa pública. Esta antítese foi, provavelmente mais do que no período imperial, acentuada na República, dada a rigidez e o formalismo da organização burocrática e do próprio Estado republicano. Jogo dialógico entre a realidade movediça da vida brasileira e sua representação burlesca, trânsito constante entre o solene e o familiar, a paródia não seria, no fundo, mais uma revelação daquela nossa "incapacidade criativa em copiar"?[42]

Era, em primeiro lugar, a paródia da expressão culta da escrita, que encontrará ressonância nos escritos mais circunstanciais desses humoristas. É o caso de Bastos Tigre, sempre parodiando os versos parnasianos ou simbolistas, imitando seus formatos, sem contudo romper inteiramente com os seus quadros poéticos — e ironizando os símbolos republicanos de uma forma menos polida e muito mais direta do que a geração anterior:

É certo que a República vai torta;
Ninguém nega a duríssima verdade.
Da pátria o seio a corrupção invade
E a lei, de há muito tempo, é letra morta.

A que sinta altivez, força e vontade
Ficou trancada do poder a porta:
Mas felizmente a vida nos conforta
De esperança uma dúbia claridade.

Porque, (ninguém se iluda), "isto" que assim
A pobre pátria fere, ultraja e explora,
Jamais foi o sonho de Benjamin.

Os motivos do mal não são mistério:
É que a gentinha que governa agora
É o rebotalho que sobrou do Império.[43]

Note-se, já neste exemplo, a utilização de um recurso no qual Tigre será um mestre consumado: o anticlímax final ou o solavanco da anedota em forma de soneto, que sempre apelava a uma referência cortante da realidade. Nesse caso, a piada, sempre em forma de soneto, envolve aquele delicioso *solavanco mental* que resulta da passagem de um sistema de referência para outro — sistemas coerentes em si mesmos mas mutuamente incompatíveis. Trocadilho, ação real, lapso voluntário ou involuntário, e até incoerências e absurdos — em quaisquer casos, para rir é preciso perceber uma intenção que restitui uma certa lógica a este absurdo.

Mestre também nas inversões e trocas mais estapafúrdias, aplicadas sobretudo em narrativas mais longas, quase que pequenos contos anedóticos, naturalmente sempre organizados na forma de sonetos. Neste caso foi exemplar o longo poema "*Homo sapiens*, aventuras de um sábio que tentou documentar, experimentalmente, as teorias de Darwin", que contava a história do infeliz cientista Pompílio Anatólio Couceiro que, nas suas pesquisas de campo, acaba aprisionado pelos macacos, os quais, reunidos em congresso científico, passam a examiná-lo:

Guincha, esperneia o mísero Pompílio,
Mas é debalde; dentro em pouco, o bando
De macacos reunidos em concílio
Examina-o, tal "caso" investigando.

— *É o* Homo sapiens! *Guincha um dos primatas,*
Certo, um culto zoólogo moderno
E o úmero lhe apalpa, as omoplatas,
Os maxilares, o frontal, o esterno.

Vê-lhe depois o cóccix, e doutrina:
(Todo o congresso à clara prova rende-se)
"Para de um mono a forma ter, divina,
Falta-se apenas o caudal apêndice.

Também as quatro mãos não as aplica,
Como nós, pois que as patas inferiores
Só lhe servem à marcha" — o mono explica.
Aos atentos quadrúmanos doutores.

Quietos de aprovação. Pobre Anatólio!
Tenta falar, um grito agudo lança.
"Falta-lhe o dom da voz", diz, do seu sólio,
o mono maioral, coçando a pança.

E o congresso propõe que se resuma
A conclusão e que por dogma o tomem:
"O macaco, sem dúvida nenhuma,
Procede em linha reta do bicho-homem".

O professor Pompílio Anatólio Couceiro
Inda vive. Lá está, no fundo de um buraco,
Tendo na douta fronte o seguinte letreiro:
"Homo sapiens (*Lineu*) *Proto-avô do macaco*".[44]

O longo poema, que nunca deixava de terminar com o solavanco da piada, constituía um raro exercício de sátira, quase que por antecipação, ao relativismo etnológico, ao gosto do exótico e do primitivo, e até mesmo ao pretenso distanciamento dos cientistas.

Bastos Tigre foi ainda um exemplo notável de como esses humoristas desenvolveram o singular recurso de aproveitar as gírias da época nos poemas e quadrinhas, incorporando-as ao humorismo poético. É essa uma das características intrínsecas desse humorismo poético — tornar essas palavras e expressões utilizáveis na língua culta, num vaivém fertilíssimo embora impossível de reconstituir em todos os seus mecanismos. O mesmo recurso é utilizado, sempre com a introdução de alguma expressão característica da gíria da época, num longo poema no qual se propõe a instituição de uma "Nova Bandeira":

Lá no Congresso uma questão
Agora surge de improviso:
Acordam todos que é preciso
Que se reforme o pavilhão!

Não percam tempo, meus senhores;
Se este que temos não convém,
Sem mais demora surja quem
Mude a legenda e mude as cores.

Porque, de certo, eu não conheço
Outra questão mais oportuna;
E o meu concurso que é turuna
À douta Câmara ofereço.

Este — auriverde — é uma ironia,
Talvez maior que a da legenda;
(Com tais palavras não se ofenda
Do Comte a augusta companhia.)

Mas não há dúvida: que o auri,
Já o disse Acácio, é a cor do ouro;
E bem sabemos que o Tesouro
À falta dele é que se exaure.

E o verde? — O senso me assegura
Que ele é uma cor disparatada
Nesta república, coitada,
Que está caindo de madura.

Quanto à legenda... nem falemos!
Ordem... Progresso... que irrisão!
Não sois da mesma opinião
Oh Leite, oh Accioly, oh Rosa, oh Lemos?

Porém, (voltando à vaca fria)
Se o nosso lábaro não presta,
Eu bato um murro sobre a testa
E peço auxílio à fantasia.

E, sem temer luta ou canseira
Nesta questão de tutaméia,
Eu passo a expor a minha idéia
Para a mudança da bandeira,

Certo de que o Congresso aplaude
Esta proposta que apresento
(Se for cordato o Parlamento
E não houver cabala ou fraude).[45]

E num impulso cômico irresistível de fazer derrapar os símbolos nacionais, apresenta suas estapafúrdias mudanças:

Ei-la: (perdoem-me que eu me arroje
A tão bizarra insinuação)
— A que mais calha ao Pavilhão
É a cor de burro, quando foge...

Que o burro (é útil que se note)
É um animal manso e modesto...
Sofre calado e sem protesto
A dura carga e o vil chicote.

Nenhuma cor melhor assenta
Para a bandeira nacional:

Este país, como animal,
Sem protestar, a carga agüenta.

E para símbolo? — Resolvo
Segundo a minha fantasia.
Que simbolize a oligarquia
Tentaculoso, enorme polvo.

Quanto à legenda, não se canse
Em procurá-la o Parlamento:
Este é o país da — perna ao vento,
Do — deus-dará — da nonchalance!

E se a legenda é a coisa, enfim,
Em que o Congresso mais capricha,
Ponham-lhe a tal da lagartixa:
— E deixa andar, corra o marfim!...[46]

As propostas absurdas vêm sempre através do uso de expressões que, se não eram populares, constituíam uma espécie de gíria ou código da época. Embora quase sempre a paródia exigisse do leitor algum conhecimento daquilo que estava sendo parodiado, é preciso notar que nos processos paródicos utilizados por esses humoristas as referências eram sempre de nomes, coisas ou lugares supostamente conhecidos por todos — ou então referidos com a utilização de vocábulos ou expressões de uso corrente na língua falada. Reconhecida depois por estudiosos do folclore como elemento constante da "poética popular", a quadra ou "quadrinha" também foi amplamente utilizada pelos humoristas, dada a sua concisão e maleabilidade para a utilização de adágios e a conseqüente introdução de paralelismos.

Provavelmente foi pela abrupta introdução de elementos familiares e prosaicos na linguagem solene e monumental do poema que se forjou o procedimento de expressão preferido pelos humoristas cariocas da Belle Époque, o poema-piada. Neste gênero Bastos Tigre foi inigualável, maculando os arroubos de mistério metafísico dos simbolistas com o solavanco final cortante de alusões à sua condição de funcionário público, ao jogo do bicho e outras quebras da monumentalidade dos assuntos por meio de menções prosaicas, como se pode ver no soneto seguinte:

É debalde que o cérebro torturo
E o versátil espírito concentro;
E se da vida pelos meandros entro,
É debalde que o olhar e o ouvido apuro.

Quem adivinha o que é que se acha dentro,
Da alma humana — covil profundo e escuro?
Quem decifra esta esfinge, que é o futuro?
Do círculo da dor quem sabe o centro?

Vem logo após a dúvida — o intangível!
De um planeta que o espaço azul percorre.
Quem nos diz o destino que terá?

Dos montes de ambição, quem marca o nível?
Quem sabe o ideal que vive, o ideal que morre?
Quem nos diz amanhã que bicho dá?[47]

A famosa dúvida pascaliana dos dois infinitos, brutalmente cortada pela referência ao prognóstico do jogo do bicho, pode ser complementada com outro exemplo em que o choque da realidade prosaica provoca uma espécie de curto-circuito no clima penumbrista do soneto intitulado "A voz interior". Lembre-se que a própria idealização da mulher, presente nos vôos poéticos simbolistas, em simbiose com a idéia de República ou então com a própria terra, fundindo nas metáforas poéticas o amor filial e o amor da pátria, cedeu lugar, na paródia cômica, ao prosaico e ao cotidiano. Veja-se, por exemplo, antes da paródia de Tigre, um último trecho dos famosos versos penumbristas de Eduardo Guimaraens:

De onde vieste, afinal? De que imortal paisagem
Fugiu um dia, a forma em flor da tua imagem [...]
De onde vens? De algum sonho místico

Do fulgor magnífico e tristonho
De um Éden sideral de que ainda tens a idéia?
Ou do mistério azul das noites de Iduméia?[48]

E, na seqüência, a paródia completa de Bastos Tigre, criação de um clima penumbrista até o desfecho, do tipo *guilhotina verbal*:

Quem sou eu? De onde venho e onde acaso me leva
O destino fatal que os meus passos conduz?
Ora sigo, a tatear, mergulhado na treva,
Ou tateio, indeciso, ofuscado de luz.

Grão, no campo da vida, onde a morte se ceva?
Semente que apodrece e não se reproduz?
De onde vim? Da monera? Ou vim do beijo de Eva?
E aonde vou, a gemer e a sangrar, de pés nus?
Nessa esfinge da vida a verdade se esconde;
O espírito concentro e consulto a razão,
E uma voz interior, sincera, me responde:

— Quem és tu? Operário honesto da nação.
De onde é que vens? De casa.
Onde é que estás? No bonde.
Para onde vais? Não vês? — Para a repartição![49]

Note-se ainda que, na concisão do cômico, a idealização da mulher, identificada com os sentimentos mais elevados e, por extensão, com a imagem de austeridade da Pátria, cede lugar, na paródia humorística, à identificação com o prosaico e com o (nada heróico) destino do intelectual-funcionário público dirigindo-se ao trabalho. O procedimento humorístico jogava com a formidável antítese entre a forma elevada do soneto e o conteúdo canhestro da piada. Ainda que pela via da caricatura e da paródia, ainda que de forma epigramática, Bastos Tigre parecia adivinhar as dificuldades de identificação, no plano metafísico, da mulher brasileira com a República e com a pátria e a necessidade de algo mais próximo da vivência cotidiana e que falasse mais diretamente à identidade pessoal de cada brasileiro.

Acrescente-se a isso que todos os poemas terminavam com o irresistível solavanco mental da piada. Formalmente, tal solavanco mental aparecia normalmente como uma queda no prosaico, ou com a introdução súbita da realidade por meio de vocábulos ou referências muito concretas e já conhecidas por um público mais amplo, ou fazendo parte do patrimônio de palavras já utilizadas por um público mais variado, que se não era "popular" pelo menos parecia ultrapassar os limites das elites letradas. No caso brasileiro tal patrimônio, difuso, instável e de difícil reconhecimento foi, contudo, sempre recorrente: vida material, alimento, moradia, interesse próprio, dinheiro etc.

O mesmo pode ser observado numa outra modalidade de paródia, a da língua estrangeira ou dos estrangeirismos exagerados trazidos pelo generalizado cosmopolitismo da época. Expressão do hibridismo dos tempos sociais, tal modalidade de paródia foi um recurso já ocasionalmente empregado, como vimos nos exemplos de efeitos cômicos criados pela linguagem na *Encyclopedia do riso*, de Pafúncio Semicúpio Pechincha. Lembre-se que já durante a época republicana Artur Azevedo havia "traduzido" uma peça inteira sob forma de paródia, *La Fille de Madame Angot*, dos autores franceses Siraudin, Clairville e Koning, na adaptação brasileira intitulada *A filha de Maria Angu*. Como os versos destinavam-se ao teatro musicado e o comediógrafo não queria destruir os efeitos de rima e de acentuação, acabou por criar um processo paródico pela *macarronização* da língua, cujas ressonâncias serão sempre mais fortes no nível oral do que no escrito. É assim que *Clairette* se transforma em Clarinha, *Ange Pitou* em Ângelo Bitu, *Pomponnet* vira Barnabé e *Mam'zelle Lange*, Chica Vasa.[50] O trânsito constante dos escritores brasileiros nas duas línguas, particularmente nesta virada do século, fez com que eles exercitassem seus recursos verbais nas duas culturas. Isso afetou particularmente os humoristas, que utilizavam essa capacidade de trânsito entre as línguas, especialmente o francês, em seu próprio benefício, no sentido de subverter as formas lingüísticas sérias, criando uma terceira e anárquica língua.

A expressão que consideramos exemplar e mais sistemática deste procedimento paródico na geração dos humoristas do começo do século será a coluna "La Carète Économique", uma seção cômica da revista *Careta*, escrita numa lín-

LA CARÈTE ÉCONOMIQUE

Séction de propagande du Brésil à l'etranger

COMMERCE — FINANCES — INDUSTRIE — AGRICULTURE — CAVATIONS

Redaction et administration — Ici mesme. ☐ ☐ ☐ Assignatures — Quelque chose.

CHRONIQUE

Les Estrades de Fer de l'État — Les estrades de fer comme toute la gent sait sont un chemin de terre batie avec uns bois enterrés dentre delle et en cime des dites bois unes fites d'ace preguées qui se chament trilhes. Les bois se chament dorments, nônt pourquoi ils servent pour dormir mais pour une autre quelque chose. En cime de ces trilhes andent les carres, uns de passagers et autres de cargue puxés tous pour une machine à vapeur que tome le nom de locomotive. Les estrades de fer furent inventés en Ingleterre il y a une portion de temps, et tout pays qui se dit civilisé a par le moins aucuns mètres de trilhes dans ses terres. Les Estrades de fer conforme son mode de construction et d'exploration se divident en estrades de l'État et estrades particulières. L'unique difference entre les deux espèces est que l'estrade particulière donne toujours grands lucres et l'estrade de l'État donne grands deficits. Quand le particulier construit une estrade le custe du kilomètre fique pour la quarte partie de le qui custe le kilomètre de l'estrade de l'État.

Deux estrades de fer avec 1.000 kilomètres en trafegue, une particulière autre de l'E'tat, la particulière tient pour trafeguer le mesme numero de trains, par exemple 2 mil empregués ; la de l'E'tat tient pour le mesme service 20.000 empregués. La taxe pour paguer le pessoel de l estrade particulière est de 25 pour cent du lucre brut ; la taxe de l'estrade de l'E'tat pour le mesme fin est de 95 pour cent. Ls estrades de l E'tat gozent d'une portion de faveurs, isention de directs alfandegaires, pour toutes les choses qui sont importées pour l'estrade et mesme pour ses empregués superieurs, direct de preferir les amis dans les concurrences etc., etc. Les estrades particulières n'ont aucun de ses faveurs. Entretant elles donnent grand lucre a ses actionistes... Quel est puis cet mystère ? Est que l'E'tat n'est pas negociant, dizent les économistes et si le lavrateur pague pour exemple, tous les ans trinte mil contos de passages et transport de mercadories, est naturel que le gouverne ne quière garder cet dinheire arranqué de la bourse du producteur. Et en lieu de diminuer les taxes comme poderait penser aucune idiot, non, le gouverne fait une reforme, crie aucuns emprègues nouveaux e nomme pour ces lieux les electeurs du parti et les afilhés des politiques, Ainsi toute la gent fique satisfaite et l'estrade continue a trafeguer bien, les trains roulant suavement sur les trilhes. Iste preuve la sabedorie du gouverne et ne nous reste que dire — **Amen !**

L'industrie des lacticines — Les lacticines sont les derivés du lait, cet produit blanc qui sort des tetes des vaches laitières, quand elles amamentent aucun bezèrre (sans allusion a Mr. José dit). Le lait est puis le premier lacticine. Le lait se divide en lait de vache et lait de Mines — cet ultime send de vache tant bien mais venu de l'E'tat de Mines par le train.

La difference entre les deux est que le premier est desnaté naturellement et l'autre artificiellement. Les vaches de la cité sont conservès en estables et alimentées avec feijon, faves, milhe et autres cucurbitaces ; de nuit le vachier donne a chaque vache un litre de sel de chisine et bote au lade d'elles une barrique cheie d'eau. La vache avec la sède despertée par le sel passe la nuit a chuper l'ague de la barrique de manière qi le jour seguint la barrique est entierèment vasie et la vache donne une barrique de lait, qui s'engarrafe et depuis se vend dans les rues a 400 rs. la garrafe. Chaque garrafe de ce lait donne un miligramme de manteigue et un centigramme de queije.

Aucuns laitiers, en general portugais et monarchistes, pourquoi ils ont l'esprit religieux très desenvolvu, ne vendent le lait sans le baptiser previement. Le lait de Mines est tiré des vaches du dit E'tat qui si crient dans le paste mangeant le capin-gordure, de manière que son lait est très gorde. Pour iste meme, avant de le mander pour le Fleuve de Janvier les criateurs tirent cette gordure pour ne desarranger la barrigue des consomateurs, et avec elle fabriquent la manteigue.

Cette est le segond lacticine conheçu. Se fabrique de lait de vache et de sèbe de boeuf. Le queije est le terceire lacticine ; se fabrique de lait et de batates tant bien. L'E'tat de Mines mande pour le Fleuve de Janvier beaucoup de lait, de manteigue et de queije, pourquoi est l'E'tat qui a plus de vaches segond l'opinion autorisée de Mr. le marechal Pires Ferrier. L'industrie des lacticines est beaucoup prospère et donne resultats très compensateurs aux capitaux qui dans elle s'embarquent.

Les festes du 15 de Novembre — Tout la gent sait comme furent brillantes les festes du 15 de Novembre. Pour mostrer a nos lecteurs de l'etranger cet brille extraordinaire, nous traduisons en français deux sonets publiqués dans une polyanthée par le conheçu· poète B. Lopes.

MARECHAL HERMES

Je me lembre au le voir la fleur extraordinaire
Sur un ciel limpe, azur et illuminé...
N'a pas comme il autre soldat immortel
De plus belle feiction humanitaire !...

Puxe du rayon — la lance eburne et vaire
En defense de la patrie, coté à coté !...
Le fait de tout un saint bien — aimé
Seul busque la force quand est necessaire !...

Le vin de lui est saboureux et quent
D'encher la tasse et embriaguer la gent
Entre les festins glorieux de la bravure ! !

N'a pas pour ce mond, agore je le digue
Qui plus pietè aie de l'enemigue
Joli heros ! Cheireuse creature !

II

Oh marechal ! Benedict soberain ! !
Oh ! lyre ouvert dans une primavère !
De tant douce parfum enchant l'esphère
De gloire et de luze, me deixe tout ufain !

Bon marechal ! je suis ton palacien
Donnez-moi un abrace ; je m'agenouille... espère..
Pour la mienne oracion franque et sincère
Veut dire — palmes au subir du pain.

Oh ! marechal ! O mon cheri saint !
N'a pas plus faim, ou douleur ou sède ou praint
Se tient pour le soldat un grand amour !...

Ne s'ouve plus le badaler d'un sine
Mais oui tant bien ! le cantigue d'un hymne
Je leve un un Dieu riche dans mon pauvre andeur !

B. LOPES

INFORMATIONS GÉNÉRALES

Mr. Lapin Lisbonne a boté un artigue dans les journaux perguntant à la commission des festes du 15 de Novembre d'où avait sorti le dinheire pour les dites festes.

Ore ! Avez vous déjà vu ? Quelle pergunte ! De la caixe des fèstes Mr. Lapin, tout la gent sait.

Les açouguiers se reunirent la semaine passée e resolurent cobrer la chair 200 rs. plus de ce qu'ils la comprent au Matadoir de Sainte Croix. Iste veut dire que lhe choses fiqueront comme d'avant dans le quartier d'Abrantes.

Considerant que St. Paul est une capitale d'E'tat et que Fleuve de Janvier est la Capitale du pays, le gouverne va intimer aux capitalistes qui sont en vespres d'empregeur là ses capitaux en la construction de predies a venir pour ici, empreguer le dit cuivre en villes operaires. C'est toujours plus segure.

La fète dela bandière fut cet an plus brillante que les ans passés· Chaque fois la bandière se torne plus conheçue de manière que quand elle passe dans les rues, rares personnes ne la cumprimentent pas. L'an passée la chose s'expliquait ; etait ministre Mr. Esmeraldin Bandière ; mais cet an son lieu fut occupé par Mr. Rivedonnelavie qui n'a pas de bandières et qui seul s'occupe avec les reformes de l'instructiou et autres. Enfin comme la bandière est un symbole tel quel le poète B. Lopes, nous devons dire que le symbole fut beaucoup festejé.

Parait qu'en briève nous allons tenir bons hotels entre nous L'emprise Carlton de Londres va venir a Rio fonder deux établissements de ce genre. Oui monsieur ! Afinel nous poderons recevoir nos hôtes sans les lever pour les hospederies de lune dans la porte !

Mr. Règue de Mediere est s'enfeitant beaucoup pour occuper une cadeire de deputé pour Pernambouc dans la future chambre. S'il entrer même et s'il faler, ce qui est plus certe est que au son de sa voix tomberont les murs de la Prison Vieille et les deputés fiqueront dans la rue.

Mr. Antoine Lemes est pour cheguer ou déjà est entre nous. Conste que les paraenses qui morent au Fleuve de Janvier le preparent une grande manifestation agricole, obligée à batates et autres legumes. Va être une feste imponente !

Escrita numa língua macarrônica, calcada em anárquicas maneiras de aportuguesar o francês, a coluna La Carète Économique *constituiu um dos exemplos característicos dos contatos freqüentes dos humoristas com as falas mais variadas.* (Careta, *12.5.1912.*)

gua macarrônica franco-brasileira. Imaginada inicialmente por Mário Bhering, um dos proprietários e redatores do semanário, ela será escrita, em colaboração, por Leal de Souza e Bastos Tigre, começando a ser publicada a partir de 1909.[51]

Utilizando-se de uma forma macarrônica e anárquica de aportuguesar a língua francesa, os redatores da coluna empregavam como recurso cômico menos o conteúdo do que a própria forma de expressão, reiterando aquela estratégia do *efeito humorístico criado pela própria linguagem.* É o que se pode perceber já no próprio cabeçalho da francófona seção, que dizia:

> La Carète Économique, section de propagande du Brésil a l'etranger.
> Commerce, Finances, Industrie, Agriculture, Cavations.
> Redaction et administration: Ici mesme.
> Assignatures: quelque chose.
> Service Telegraphique (par e sans fil)[52]

É notável como, numa edição do mesmo ano, utilizando-se de argumentos aparentemente sérios, o articulista macarrônico franco-brasileiro procura contrariar e contestar a tese, já muito difundida pela crítica naturalista, de que "o brasileiro é um povo triste":

> Le bresiliere est um peuve essentiellement triste, a dit une fois um chroniste qui naturellement avait perdu sa sogre quand escrivit une telle asniere. Et ouçant cette phrase autres chronistes l'ont repetue tantes fois qui au fin d'aucun temps la chose passa em julgué. Entretant, la chose est une mentire de cet tamagne.[53]

Prosseguindo na sua argumentação, estampada nesta língua estapafúrdia, o articulista macarrônico nos dá uma viva descrição da festa carnavalesca:

> Le Carneval est une feste populaire dans cet pays essencialement carnavalesque et nom agricole, comme dizent aucuns estadistes avec um critere errone. Quand soent les fanfarres d'um grupe dans la plus arredée rue du suburbe, toute la gente courre pour les janeles et pour le pourton. La mere, le pere, les fils, les filles, la cosinhere, la copiere etc. Et iste n'est pas seul dans le suburbe, non seigneur. Dant toute la cité la même chose acontece.

> Et quand a prestites des clubs tout la gent se despeje des cases et vient pour l'Avenide voir, et fique au sol e à la chuve, sans manger ne beboir ave les criances au col, aucunes fois jusqu'à la madrugade! Et tout la gente, moces et garçons, viels et vielles, dansent, pulent, berrent, sacotéent, enfin pintent le diable. Comment puis affirmer que le bresileire est triste?[54]

E insistindo no fato de que a imagem do povo brasileiro no exterior devia ser alterada, chega mesmo a sugerir a realização de uma espécie de Carnaval extemporâneo para "comemorar dignamente a morte do barão do Rio Branco":

> Non, par le contraire. Nous, bresileires, somes la gente la plus festeire et brincalhone de l'Univers. Les emigrants puis, ne se devent deixer lever par les informations des chronistes, esperant encontrer ici gensts qui chorent le die entier. Quand chegue l'heure de se divertir, le gent bien sait comme le fait. En tant que cet an nous déjà avons tenu un Carneval et pour les mois que vient allons tenir autre, tout cet pour commemorer dignement la mort du grand patriot baron du Rie Blanc.[55]

Por mais sérios que fossem os assuntos tratados, a própria anarquização da língua fazia derrapar quaisquer significados mais sérios. Quando, por exemplo, descrevia em detalhes a pujante indústria nacional: "La Fabrication de la Pipoque"; quando introduzia a publicidade, sob forma de "petits annonces" que diziam: "Vendedeur pou jogue du biche. Se precise d'un que tienne très pratique et pouque vergogne pour faire negoce dans les repartitions publicques, establissements commerciaux e dans la zone de la bourse. Rue du Jogue de la Bole, 53"; ou quando, finalmente, começa a publicar o seu *Feuilletin*, intitulado *Les Fils de la Mère*, com intrigas, traições e diálogos picantes.[56] É visível a criação anárquica de uma fala completamente macarrônica que dá origem, afinal, a uma terceira língua, que não era nem o português nem o francês.

Nas variadíssimas e divertidas colunas de "La Carète Économique" observamos que o mesmo processo de transmutação anárquica ocorria em relação aos nomes, sobretudo os dos políticos republicanos, que passam por uma complicadíssima reversão polissêmica. Assim Rui Barbosa vira *Ruy Barbeux*, Epitácio Pessoa é *Epitáce Personne*, José Bezerra é *Joseph Vache Neuve*; Coelho Neto vira *Lapin Petit Fils*, Osório Duque Estrada vira *Osoire Duc Chemin*, Hermes da Fonseca é *Hermès Font Seche*, Francisco Glicério é *François Glycère*, Rego Medeiros é *Régue*

Mediers, mas Quintino Bocaiúva transmuta-se num frutífero *Quentin Bouche et Raisin*. Nos designativos de lugares as fusões anárquicas prosseguem, pois o estado do Rio de Janeiro é *État du Fleuve de Janvier* e Portugal vira *Port Gai*.[57]

Se a compreensão da algaravia nem sempre era fácil, já que exigia dos leitores o conhecimento, ao menos superficial, da língua francesa, na maioria das vezes a língua da "Carète" serviu-se abundantemente de anexins e expressões familiares, muitas delas provenientes da tradição oral brasileira:

Pour anglais voir.
Dans le bois sans cachorre.
De penser mourrut un burre.
Dans le apaguer des lumières.
Les politiques botent ses manguinhes de foure.
L'oeil de la rue.
Santinhes de bois ouque.

Para terminar com aquela que iria se tornar quase um clássico da fala brasileira:

"Nous n'avons nade avec le poisson".[58]

O cômico surgia dali, quase sempre da submissão completa do vernáculo à fonética, e porque captava graficamente tudo aquilo que era oralmente pronunciado. Esta polissemia infinita dos nomes, das coisas e das expressões da tradição oral brasileira mostrava a inclinação desses humoristas pelo próprio ritmo intenso do periodismo, prontos a escutar e filtrar a fala cotidiana das mais variadas camadas da população.

Um desses humoristas, talvez o mais bem situado em instituições educacionais, chegará mesmo a fazer uma síntese desse gaguejar aflito que buscava algum tipo de identidade, reunindo uma coleção de vocábulos típicos e das gírias mais disseminadas. É a *Geringonça carioca*, pequeno opúsculo que o humorista Raul Pederneiras colige e publica em 1922.[59] A listagem das palavras e expressões, em ordem alfabética, constitui uma espécie de síntese de muitas das palavras que os humoristas já utilizavam nas suas inúmeras criações e revela a instabilidade do linguajar, porque a grande maioria dos vocábulos, colados à peculiaridade das

A constante oscilação da linguagem humorística desdobrava-se de um processo infinito de trocas, fusões, misturas e apropriações — bem visível na criação livre de Yantok, o qual, inspirado no vôo do urubu, associou-o à palavra cubaca *(catinga), gerando tanto a palavra como a estranha "criatura" aí representada.* (A urucubaca presa pela polícia. *Caricatura de Yantok,* O Imparcial, *28.4.1915.*)

circunstâncias em que foram criados, perdia ou alternava rapidamente seu significado. É o caso dos seguintes exemplos, colhidos em função do uso amplo e generalizado pelos humoristas nas crônicas, poemas paródicos, sátiras, *réclames*, mas sobretudo nos diálogos do teatro de revista:

x.p.t.o. — de primeira ordem.

Batuta — exímio, perito.

Cadáver — credor.

Engrossamento — ato de bajular ou de adular.

Caganinfância — de baixa estatura. Tipo sem valia.

Caridade — morte.

É de colher — (É...) de primeira ordem.

Dó-ré-mi — roubo ou furto (dizia-se com mímica alusiva, utilizando-se os dedos)
Maracujá de gaveta — rosto engelhado, enrugado.
Moxinifada — confusão, atrapalhação.
Relambório — falação enfadonha, discurso fastidioso.
Turuna — chefe, destemido, valente.
Uruca ou urucubaca — mau-olhado, enguiço.[60]

Por outro lado, é possível perceber certas palavras ou expressões que de tanto permanecerem na gíria praticamente acabaram por se tornar vernáculas, mantendo grande parte dos seus significados por muito tempo ainda:

Abacaxi — assunto ou negócio pesado, exaustivo ou prejudicial.
Afanar — furtar ou roubar.
Angu — confusão, escândalo, conflito, trapalhada.
Babau! — tudo perdido!
Esbórnia — orgia, má vida, devassidão.
Forró, forrobodó — festa animada, dança lasciva.
Lero-lero — falatório, palavras ocas, lenga-lenga.
Mau-olhado — enguiço, azar.
Xuxu (pra) — grande quantidade.[61]

O mesmo trabalho árduo — e fascinante, diga-se de passagem — que teve Pederneiras em elaborar a sua longa listagem da *Geringonça carioca* foi em parte complementado no ano seguinte, em 1923, quando Orestes Barbosa incluiu uma listagem de palavras de gíria no seu livro de crônicas intitulado *Bambambã!*.[62] Embora a lista elaborada por Orestes Barbosa tenha sido de dimensões bem mais reduzidas do que o longo opúsculo de Pederneiras, é visível a semelhança e a repetição das mesmas palavras nos dois livros. Dois exemplos, entre muitos, da notável capacidade desses humoristas em captar o uso criativo do vocabulário pelas pessoas comuns, distinguindo aquelas palavras que entravam na linguagem coloquial sem causar espécie ou estranheza e, utilizando-as em seguida, tanto nas suas criações mais refinadas como o poema-piada ou as crônicas, como nas produções que se prestavam a uma divulgação e usos mais variados, como o *réclame*, o teatro de revista, as legendas das caricaturas, as charges, os versos das canções etc.

Nesse caso, a atitude humorística poderia ser vista por um duplo ângulo: na medida em que rejeitava a estabilidade dos significados das próprias palavras, jogando com outros significados e derrapando com o sentido do vocabulário estável, foi um sintoma da crise da linguagem e das próprias formas de representação. Mas apresentou-se também como uma espécie de caminho alternativo, pois o apelo à sátira e à irrisão constituía, não raro, a única saída para aquele gaguejar aflito que buscava algum tipo de identidade, de ordem ou de estabilidade simbólica e social.

BOM HUMOR E *MAU* HUMOR

Aquela indiferenciação provocada, em parte, pela crise do estereótipo ocidental do "bom riso" e do "mau riso" também encontrou ressonâncias, tanto nos próprios humoristas que assimilavam a ambigüidade da dimensão cômica como na recepção às suas anedotas.

O desenvolvimento da produção humorística, visível na proliferação das revistas semanais de caricaturas na primeira década do século, despertaria algumas preocupações moralizadoras, como se pode notar no pequeno mas importante ensaio do frei Pedro Sinzig, publicado em 1911.[63] Demonstrando detalhado conhecimento da produção caricatural brasileira desde Ângelo Agostini, Sinzig organiza seus juízos sobre a "arte dos calungas" em grupos temáticos, abrangendo "Política, Administração, Política e Instituições, Vida Social e Questão Social". No esforço de distinguir limites morais e éticos, Sinzig procura repertoriar um amplo conjunto de caricaturistas e humoristas brasileiros para encontrar "aqueles artistas do lápis que, mais de uma vez, fizeram nascer seus desenhos não de uma gargalhada, mas de um preconceito de espírito contrário à religião, contrário à autoridade, contrário ao próximo".[64]

Apesar do esforço analítico por distinguir limites, Sinzig apenas consegue explicitar a recomendação muito geral de que "contra as revistas ilustradas ao serviço do demônio, o remédio são as revistas ilustradas a serviço de Deus".[65] Apesar disso, seu pequeno livro, fartamente enriquecido com exemplos, acaba por exercer uma curiosa (ou mais eficiente) forma de censura: apesar de condenar enfática e explicitamente algumas revistas como *O Malho* e *Careta*, ele não menciona e faz questão de *não citar nunca* as revistas, os humoristas e os caricaturistas que ele condena, adotando a tática de falar apenas "sobre o bem" e pouco sobre o mal, deixando a tarefa da censura para os bispos, prelados ou para os delegados de polícia.[66]

Qualquer análise sobre a recepção cultural na história brasileira é sempre complexa, mas pode-se dizer que, em geral, o cômico era considerado negativamente quando fazia rir à custa de algum ressentimento ou conflito social. Quando as alusões eram explícitas, esta produção cômica ficava relegada aos espaços mais ou menos delimitados do obsceno e do pornográfico. Esta aproximação do humor degradante ao obsceno e ao interdito não foi de todo estranha, sobretudo numa sociedade fortemente hierarquizada. Mas em alguns momentos, sobretudo nas crises políticas nas quais estes humoristas (ou as publicações nas quais eles trabalhavam) se engajam, é que os traços deste cômico agressivo e cheio de ressentimentos sociais mais aparecem.

Desenvolve-se uma espécie difusa de tolerância social e, neste caso, o humor, ao canalizar ódios e ressentimentos, transforma-se numa forma privilegiada, embora efêmera, de representação da sociedade. Em muitos desses humoristas a vocação cômica desenvolve-se muito mais "contra algo" ou "contra alguém" e eles acabam por assumir, como no caso de Antonio Torres ou de Emílio de Menezes, a função de "médicos sociais" — para usar a expressão de Peter Gay. Este autor, analisando o humorismo na Belle Époque, assim caracterizou alguns humoristas europeus que acreditavam na ação militante do humor. Praticavam um humor otimista no tom mas severo na execução, fornecendo credibilidade à clássica afirmação de Voltaire de que existem momentos nos quais é preciso destruir antes de poder construir. Alguns desses "médicos sociais" da época vitoriana utilizavam o humor ferino como forma de retaliação moral.[67] No caso dos humoristas brasileiros, contudo, serão raros os que assumiriam, de maneira enfática, tal posição. No geral, o humor mais ressentido manifestou-se sob a forma de renitentes preconceitos raciais ou sob a forma de polêmicas pessoais e ataques *ad hominem*. Em alguns momentos, não é possível esconder um humor agressivo, de "cultivo do ódio" e do ressentimento, principalmente em relação às mazelas e conflitos sociais acumulados.

Uma das facetas de maior visibilidade nesta produção cômica é a referência constante, preconceituosa, às vezes explícita, às vezes alusiva e irônica, à condição racial. É assim, com a bonomia do sorriso, que Bastos Tigre se diverte com uma tentativa de vários dos seus amigos em fundar no Rio de Janeiro um "Clube dos Mulatos":

> Certa vez, conclamei pelos jornais todos os mestiços do Rio para a fundação de uma sociedade de mútuo auxílio e reabilitação da raça: o Clube dos Mulatos. À hora e no local indicados, um primeiro andar da Rua do Ouvidor, estava eu, pontualíssimo. Esperei meia hora, uma hora. Não compareceu ninguém. Ao retirar-me, triste e desiludido, por verificar ser eu o único mulato confesso do Rio de Janeiro, vi que alguém batia à porta, esbaforido. Um retardatário,pensei. Um indeciso que, afinal, se decidira a aderir ao movimento. Fui abrir. Era o professor Hemetério José dos Santos![68]

Acrescente-se que, para o completo entendimento da anedota — apresentada, contudo, como narrativa de um fato real —, o narrador adiciona uma nota, acrescentando que o professor Hemetério, ilustre catedrático de português da Escola Normal, "é preto retinto, preto cor de carvão, cor de piche, cor da noite escura".[69] O próprio Antonio Torres, talvez o mais vitriólico de todos os humoristas, estampou uma crônica em *D. Quixote*, no primeiro número de 1917, intitulada "A vitória dos mulatos", citando maldosamente muita gente que ninguém nunca tivera na conta de mulato, provocando um disfarçado mas profundo mal-estar.[70] Mas neste tema escuso e dolorido nem sempre as narrativas terminavam num estímulo ao sorriso universal. O mesmo Hemetério dos Santos, que já era famoso por um ataque literário a Machado de Assis, resolve atacar Emílio de Menezes, que revida com dois sonetos que, de tão ofensivos, chegaram a ser posteriormente censurados pelo seu primeiro editor, juntamente com um poema sobre Oliveira Lima que traria a Emílio outros aborrecimentos. Entabulando uma série de símiles com nomes de pássaros e termos escatológicos, o soneto dizia:

> *Neto de Ubá, do príncipe africano,*
> *Não faz congadas, corta no maxixe;*
> *Herbert Spencer de ébano e de guano,*
> *É um Froebel de nanquim e de azeviche.*

No pedagogium de que é soberano,
Diz que: — comigo a crítica se lixe;
Sou o mais completo pedagogo urbano,
Pestallozzi genial pintado a piche!

Nagi fez da cor preta a cor reiúna
Na vasta escala da ornitologia,
Se águia não é, também não é graúna.

Um amador de pássaros diria:
Este Hemetério é um pássaro turuna,
É o vira-bosta da pedagogia.

O preto não ensina só gramática.
É pelo menos o que o mundo diz.
Mete-se na dinâmica, na estática
E em muitas coisas mais mete o nariz.

Dizem que, quando ensina matemática,
As lições de "mais b", de "igual a x",
Em vez de lousa, com saber e prática,
Sobre a palma da mão escreve a giz.

Uma aluna dizia: — Este Hemetério
Do ensino fez um verdadeiro angu,
Com que empanturra todo o magistério.

E é um felizardo, o príncipe zulu,
Quando manda um parente ao cemitério,
Tem um luto barato: fica nu.[71]

Outros exemplos de humor explicitamente ressentido e agressivo viriam à tona num episódio após a Campanha Civilista. Eleito Hermes da Fonseca, decide-se homenageá-lo após o pleito. O poeta Bernardino da Costa Lopes, já decadente e embriagado, perpetra o seguinte poema (que depois deixa envergonhados os próprios organizadores da homenagem). A leitura de tal poema parece comprovar a célebre observação de Agrippino Grieco, que dizia para desconfiarmos dos trabalhos muitos parodiados, pois "já existia nele uma nota latente de grotesco" a facilitar a nota dos parodistas. Este parece ser o caso do poema-homenagem, escrito por B. Lopes:

Lembro-me, ao vê-lo, a flor extraordinária
Sob um céu limpo, azul, iluminado...
Não há como ele outro imortal soldado
Da mais bela feição humanitária.

Puxa do raio, a lança ebúrnea e vária,
Em defesa da pátria, lado a lado,
Faz-se de tudo um santo bem amado...
Só busca a força quando é necessário.

O vinho dele é saboroso e quente,
De encher a taça e embriagar a gente,
Dentre os festins gloriosos da bravura.

Não há por este mundo, agora o digo,
Quem mais piedade tenha do inimigo...
Bonito Herói! Cheirosa criatura![72]

O episódio, na verdade, só teve uma repercussão maior no circuito dos jornais e da imprensa, porque Rui Barbosa acaba por levar o poema à tribuna do Senado, chamando-o explicitamente de o "bodum das senzalas" ao referir-se às origens africanas do poeta B. Lopes. É curioso que o discurso de Rui Barbosa não possui nenhuma sutileza ao referir-se ao soneto: "Este soneto, senhores, não se devia perder. Os artistas da Poliantéia o quiseram, depois, eliminar do escrínio das jóias ofertadas ao Marechal. Mas por isso mesmo é que aqui o trago no seu engaste próprio, restabelecendo a edição mutilada. É um documento histórico. É o gênio da atualidade na quinta-essência das suas emanações. Não nos detenhamos em o respirar. Mas é o cheiro da raça que nos está governando: o bodum das senzalas recendendo em toda a sua intensidade, quando a escravaria se agita no batuque ou no cateretê. Adulação e servilidade, servilidade e adulação".[73]

Na conjuntura posterior à campanha presidencial, na qual os ânimos ainda estavam acirrados, é grande a repercussão do episódio e entre os humoristas ocorre uma verdadeira tempestade de paródias. Em São Paulo, Juó Bananére publica em *O Pirralho* uma paródia macarrônica do poema de B. Lopes. Pela graça, mas sobretudo pela clareza em sugerir, no final, a presença da política pessoal de Pinheiro Machado, destacamos, entre muitos, a paródia escrita por Bastos Tigre, que sai na seção "Pingos e Respingos" de 19 de dezembro de 1912, intitulada "A que cheira o Marechal?":

De dar resposta a tal pergunta trato
E passo, no Catete, ao lusco-fusco;
Espichando o nariz, apuro o olfato,
E o perfume aspirar, atento, busco.

Qual é do presidente o aroma exato?
Julgo sentir um cheiro de molusco,
Mas logo penso: vem do mar; e é fato;
Vem do mar que se agita irado e brusco.

Mas traz-me enfim, a brisa vaporosa
Um cheiro, misto de doçura e travo;
E hoje posso afirmar, em verso ou em prosa:

Não é de lírio, de jasmim ou cravo,
Tampouco cheira o Marechal a rosa,
Mas a resina de pinheiro bravo.[74]

A referência final à eminência parda, que na época encarnava-se em Pinheiro Machado, é muito sutil e um notável exemplo de algo que o ambiente da Belle Époque, que incentivava a indiferenciação entre os domínios *bons* e *maus* do cômico, acabava por ensinar, aquela estrita *economia* do humor: sugestões implícitas em vez de explícitas, alusão oblíqua em lugar do ataque frontal. O humor, qualquer humor, confessou certa vez Tigre, tinha de se mostrar conciso e rítmico, "em embalagem cuidada e elegante das palavras que [os tornassem] agradáveis à vista e portáteis à memória". Palavras rápidas que se tornassem "portáteis na memória" talvez tenha sido uma das melhores definições do procedimento cômico destes artífices da graça nacional. Isto Bastos Tigre escreveu num dos raríssimos prefácios a um dos seus mais férteis livros de máximas humorísticas: *Penso, logo... eis isto,* de 1923.[75]

Bastos Tigre sabia como poucos exercer a ironia leve e não ferina, mas o humor mais agressivo continuava proscrito ou, pelo menos, sujeito à censura das publicações, a não ser, como no caso acima, em que ele era tolerado por circunstâncias políticas mais definidas — quando se tomava partido de alguém, algum candidato ou partido.

No teatro de revista a classificação de "negativo" e interdito foi muito mais forte, já que apenas reacendia o renitente e generalizado preconceito social das elites em relação às diversões ligeiras, aos cafés-concerto e aos vaudevilles. Este não parece ter sido o caso das criações de Bastos Tigre que, pelos comentários dos jornais, foram bem aceitas pelo público. O caso de José do Patrocínio Filho e de suas criações revisteiras foi, sem dúvida, mais sujeito à censura e à proscrição coletiva, mais talvez pelo folclore que se criou sobre a personalidade petulante e atrevida do autor do que propriamente pelos textos. É assim que as restrições vinham menos do conteúdo das revistas e mais das crônicas e comentários que o impertinente Zeca do Patrocínio insistia em fazer sobre as atrizes e os espetáculos. Entre tais crônicas, podemos exemplificar com uma, de 1911. É no efêmero jornal *A Estação Teatral* que José do Patrocínio Filho publica "A besta do gozo", em 11 de janeiro daquele ano, sob o pseudônimo de João Simples, dedicada à artista de café-concerto Suzanne Dartois. Aqui, a fronteira entre o cômico e o obsceno se esvai, quando a descrição descamba para descrições apimentadas:

> [...] afogueada pela histeria mórbida das bacantes, ela dançava num desabalado pernear, que revivia todo o deboche candente de Montmartre, todas as ignomínias luxuriosas dos bordéis! Era um pinotear frenético, desordenado, infame, em que os seios lhe tremiam, as ancas rebolavam e o ventre tinha revulsões satânicas de um gozo poligâmico. Os movimentos se vertiginavam, aguçava-se a histeria trágica, no rodopio que a despia toda, fazendo voejar a saia que a dividia na cintura como um halo, acen-

dendo-lhe no olhar um fulgor macabro, de cantáridas, como o dos olhos de uma gata hidrófoba — como uma tortura requintada dessa platéia que lhe gania aos pés.[76]

A descrição é longa e cheia de detalhes eróticos e lascivos da dança, convergindo para uma efetiva apoteose na qual todo o público grita: "Suzana! Suzana!". Pelo exemplo citado, percebe-se que a condenação e o desejo de censura dirigem-se muito mais às referências consideradas obscenas do que propriamente humorísticas. Já os cartazes e os anúncios jornalísticos das revistas procuravam sempre advertir o público do caráter sadio do cômico a ser veiculado. O anúncio de *Paz e amor* — o já referido espetáculo criado por Zeca do Patrocínio misturando revista e cinema — é curioso, pois tenta apresentar um humor moralmente positivo: "Não há, em toda a espirituosa revista, uma cena que possa ferir suscetibilidades, uma frase que possa arranhar o decoro mais apurado, nada, em suma, que olhos castos não possam ver ou ouvidos exigentes não possam escutar".[77]

Este também parece ter sido o caso das revistas escritas por Bastos Tigre, embora em algumas delas pudéssemos encontrar elementos temáticos e formais muito próximos das falas populares ou, pelo menos, da linguagem ordinária do cotidiano urbano. Mas, no geral, a recepção às revistas de Bastos Tigre era positiva, como se percebe pelo comentário do crítico de um periódico conservador como *O Paíz*, a propósito da revista *De pernas p'ro ar*, encenada em 1916 no Palace Teatro: "O público riu sem reservas e as famílias não tiveram de corar, nem se viram obrigadas a abandonar a sala. A revista tem graça, sem que para isso tivessem os autores que lançar mão da pornografia".[78]

De qualquer modo, muitos humoristas, talvez envergonhados por se dedicarem a uma atividade tida como "não séria", mesmo no teatro de revista procuravam esconder-se atrás de pseudônimos. Não foi este o caso de Bastos Tigre, Raul Pederneiras e José do Patrocínio Filho, pois todos assinaram com seus próprios nomes a maioria dos seus espetáculos revisteiros. O uso de pseudônimos possibilitava iludir a produção do humor interdito, principalmente por parte de escritores com vínculos institucionais (Academia de Letras, cargos políticos etc.).[79] E é assim que, em setembro de 1925, a pedido do próprio Zeca do Patrocínio, Humberto de Campos (com o pseudônimo de Conselheiro X. X.) e Oscar Lopes (pseudônimo de Barão de Oele) — pseudônimos que eles já utilizavam no picante periódico semanal *A Maçã* — escrevem a revista *Fora do sério*, que será posta em cena por Patrocínio e Jardel Jércolis.

Crivado de lances cômicos, o confuso episódio internacional no qual se envolveu José do Patrocínio Filho serviria quase que para justificar o argumento do Brasil como o "país da piada pronta", já que ele acabou por ser imaginosamente recontado pelo próprio humorista. (*Capa de Di Cavalcante, 1916.*)

Aquele humor ferino ou viperino, que reacende as ressonâncias do estereótipo ocidental do riso "mau" e degradante, encontra seus representantes mais notáveis em Emílio de Menezes e Antonio Torres. No caso de Emílio de Menezes, sua fama de satírico mordaz é mais conhecida por um certo folclore que se construiu à sua volta. Um dos seus principais livros de poesias humorísticas, *Mortalhas — Os deuses em ceroulas*, que reúne sua produção de poemas em jornais do período 1905-16, tem um total de 64 sonetos e poemas; desse total, 42 sonetos são dedicados a satirizar alguma pessoa, geralmente conhecida na época, já que a maior parte dos títulos continha as iniciais daquele que é objeto do poema. Agrippino Grieco definiu tal livro como "uma divertidíssima galeria de títeres, um con-

As piadas diluíam as fronteiras, já muito fluidas, entre o humor positivo e o humor negativo. Particularmente na sátira política, como nesta caricatura do líder político Pinheiro Machado, que já explorava ao limite alguns temas veladamente interditos. (O Malho, *1913.*)

curso de caretas sem precedentes, escrito por um justiçador dos ridículos".[80] Se alguns poemas dedicam-se a desenhar uma espécie de caricatura pessoal a título de uma brincadeira elogiosa, a maioria deles é claramente ofensiva. Foi o caso de dois desses poemas, cujo editor sugeriu o expurgo, pelo menos da primeira edição — o primeiro, o já citado soneto dirigido a Hemetério dos Santos, e o segundo, o soneto dirigido a Oliveira Lima, cuja censura seria unânime, sobretudo entre o grupo de escritores ligados à Academia. A rusga pessoal começou com a sátira imprudente de Emílio de Menezes. O historiador e diplomata Oliveira Lima, alto e "avantajadamente gordo", casou-se com dona Flora Cavalcanti Albuquerque, "delgada de corpo", isto é, magérrima, perfazendo violento contraste com o marido historiador. Certa feita, numa roda de amigos, Menezes viu passar o casal e comentou, confidencialmente: "Ali vão a Flora e a Fauna brasileiras...".

Tudo ficaria por ali mesmo se a pilhéria não saísse publicada na imprensa dois dias depois: Oliveira Lima, furioso, escreveu artigo agressivo nos jornais, chamando Menezes de bêbado, vadio e outras coisas injuriosas. A resposta de Emílio veio, então, com "O plenipotenciário da facúndia", soneto que causaria tantos dissabores ao autor:

De carne mole e pele bambalhona,
Ante a própria figura se extasia,
Como oliveira — ele não dá azeitona,
Sendo lima — é quase melancia.

Atravancando a porta que ambiciona,
Não deixa entrar nem entra. É uma mania!
Dão-lhe por isso a alcunha brincalhona
De pára-vento da diplomacia.

Não existe exemplar na atualidade
De corpo tal e de ambição tamanha
Nem para intriga igual habilidade.

Eis, em resumo, essa figura estranha:
Tem mil léguas quadradas de vaidade
Por centímetro cúbico de banha!...[81]

Não foi por coincidência que Emílio de Menezes ganharia tantos desafetos, na opinião de um crítico que o conheceu de perto como Agrippino Grieco. Aliás, é deste último talvez a caracterização mais perfeita da vocação cômica de Menezes, completamente voltada para a sátira de motivos pessoais:

> [Emílio] Foi um desses espinheiros que ficam à margem do caminho e arrancam um pouco de lã a cada carneiro que passa.[82]

As confissões de Antonio Torres, um dos humoristas mais ferinos no exercício da sátira, confirmavam que o cômico só foi reconhecido como negativo ou degradante quando explicitamente vinculado a alguma pessoa. (*Charge de Antonio Torres, 1926.*)

Outro humorista que se mostrava quase incapaz de escrever suas crônicas sem atacar ou satirizar alguém foi Antonio Torres. Seu livro, *Verdades indiscretas*, uma reunião de crônicas de jornais escritas em 1919, é uma quase-coleção de escritos ferinos sobre as mais variadas pessoas, muitas delas hoje dificilmente identificáveis. O mais irônico é que o próprio Torres justifica a farta utilizaçao da sua pena viperina, confessando no livro seguinte:

> Um crítico avisado aqui do Rio, tecendo-me louvores, disse-me ser pena que toda a minha literatura fosse lamentavelmente pessoal. Os meus motivos, ou antes, os meus postes para exercícios de boxe, são sempre os mesmos: cabotinos, fabricantes de parvoíces literárias, medalhões, empavonados, meretrizes particulares empavesadas em grandes damas, acadêmicos e maridos um pouco mais acomodatícios ainda do que as esposas. [...] Que culpa terei eu, por acaso, de que os indivíduos sejam sempre os mesmos? E, não escrevendo acerca de pessoas, que assuntos haverá disponíveis no nosso país? Além disso, tratar de problemas gerais, desses que se chamam assuntos construtores, é tão inútil entre nós como tratar de questões pessoais...[83]

A confissão do ferino humorista vinha, enfim, confirmar que o cômico era reconhecido como negativo ou degradante apenas quando vinculado explicitamente a alguma pessoa ou veiculando algo que o público reconhecia diretamente como obsceno. Fora dessas situações, a distinção entre o "riso ruim" e o "riso bom", estereotipada na cultura ocidental, mostrava-se difícil, num conjunto que se tornava, cada vez mais, extremamente variado, embaralhado e indiferenciado. Com o engajamento de vários escritores nas campanhas nacionalistas, sobretudo após o início da Guerra Mundial, a censura e a proscrição do humor negativo iriam ganhar outro conteúdo. O proscrito passaria a ser menos o ataque pessoal, *ad hominem*, o obsceno ou o degradante, e muito mais o diversionista, o desmobilizador, o anárquico, o indistinto e, sobretudo — se assim pudermos chamá-lo —, o humor não programático.

O RESULTADO ANÁRQUICO DE UMA PROCURA INÚTIL: O TIPO NACIONAL

> *Símbolos, alegorias, mitos só criam raízes quando há terreno social e cultural no qual se alimentarem. Na ausência de tal base, a tentativa de criá-los, de manipulá-los, de utilizá-los como elementos de legitimação, cai no vazio, quando não no ridículo. Parece-me que na França havia tal comunidade de imaginação. No Brasil, não havia.*
>
> José Murilo de Carvalho, *A formação das almas*, p. 89

A oscilação dos humoristas entre uma representação positiva da nacionalidade, que mostrava uma possibilidade maior de aceitação social, e uma representação mais restrita às circunstâncias e personagens do momento — esta última uma condição da própria produção periodística do humor — pode também ser ilustrada com as alternâncias na busca de um tipo que representasse a identidade do brasileiro.

Em 1908, a revista *Fon-Fon!* veiculou nas suas páginas ilustradas um debate sobre qual seria a melhor "representação caricatural do Brasil".[84] Vários caricaturistas e desenhistas participaram enviando cartas, caricaturas e ensaios visuais. O ponto de partida é uma carta de Deodato Maia que recusa a figura do caboclo, a qual considera uma representação negativa: "um povo culto qual o nosso deve ter uma representação única e positiva como as figuras simbólicas de Tio Sam e John Bull..." — o missivista conclui solicitando que a revista abra um concurso para premiar o desenho vencedor que seria "de adoção obrigatória". K. Lixto também argumenta no mesmo sentido, condenando a imagem do índio criada por Ângelo Agostini no Império, justificando que ela já não era mais a imagem representativa da "civilização": "[...] não devemos mais atirar em meio a outras nações vestidas o nosso botocudo envergonhado e nu do passado, tendo na mão o arco ou tacape, enquanto os circunstantes se apresentam com aperfeiçoados Schmit and Wesson ou canhão tiro rápido...". O caricaturista termina com a mesma sugestão: um *concurso público* no qual se escolhesse definitivamente uma única representação caricatural do país. J. Carlos intervém no debate, apoiando a substituição da figura indígena e descrevendo, com minúcias, um calunga que seria, a seu ver, mais representativo de todas as regiões do país, com o Cruzeiro do Sul desenhado na camisa e calções listrados de verde-amarelo.[85] Raul Pederneiras não vê nenhuma incongruência na figura simbólica do índio criada por Agostini, distinguindo o *símbolo da nação* (*Britânia* para Grã-Bretanha ou *Mariana* para a República Francesa) da *representação caricatural do povo* (que ele exemplifica com *John Bull, Tio Sam* ou, no caso de Portugal, com *Zé Povinho*, criado por Bordalo Pinheiro, ou mesmo, no caso brasileiro, com o *Braz Bocó* de Julião Machado).[86]

A proposta de concurso público da *Fon-Fon!* era, em si mesma, decididamente cômica se não fosse também extremamente expressiva do desejo de afirmar, por parte da grande parcela da intelligentsia brasileira, em meio àquela vasta multidão de atores sociais, com clivagens ainda muito mal definidas de diversidades regionais, uma única e universal identidade. Símbolo ou caricatura, sisuda ou cômica, de qualquer maneira a representação do país passava forçosamente pelos caminhos da inversão e da recriação de sentidos, pelo jogo dialógico e tenso entre o real parodiado e a representação paródica.

A sensação da inutilidade da procura vinha da própria incapacidade de criar tipos adequados à nacionalidade, de definir o brasileiro em face da sempiterna distância entre as elites e o restante da sociedade que a República apenas ajudara a espicaçar e a aprofundar. A representação estereotipada, não raro, no ressentimento, na negatividade ou na degradação, integrava a estrutural recusa das classes dominantes em aceitar a maioria da população brasileira como parte de um mesmo universo social.

Os humoristas pressentiam que a procura por tipos fixos e identidades calcadas na permanência era inútil, pois presumia uma impossível fixidez da história e o completo retraimento da mobilidade inerente à vida. Tal fato pode ser visualizado na proliferação, particularmente naquele momento, das caricaturas de tipos nacionais: ingleses (John Bull), norte-americanos (Tio Sam), portugueses (Zé Povinho) e brasileiros (o índio e, depois, o Jeca Tatu). (Caricaturas de Thomas Nast, Belmonte, Rafael Bordalo Pinheiro, Agostini e Belmonte.)

O concurso do periódico humorístico, ao que se saiba, não se realizou, mas a ânsia por uma representação mais unitária e generalizante do brasileiro perdurou durante todo o período da Belle Époque. Não há quem não conheça, sob as mais variadas formas, a imagem do Jeca Tatu, que na criação literária de Lobato representou, de fato, uma síntese original de inúmeras figuras já presentes na produção humorística desde a última década do século XIX. Tibúrcio, Zé da Roça, Zé Caipira foram cognomes comuns constantemente utilizados por humoristas nas mais diversas situações e nas mais variadas produções regionais.[87] A criação de Monteiro Lobato foi a que mais perdurou, embora, como toda criação humorística, a figura de Jeca Tatu tenha percorrido uma espécie de via-crúcis paródica, inclusive dentro da própria trajetória da obra do escritor. Do parasita e urupê de pau podre, descrito sob a ótica da intolerância patronal em 1914, ao simpático Jeca Tatuzinho das páginas do *Almanaque Fontoura* de 1924 que curava as verminoses do país — chegando até mesmo ao Zé Brasil, alienado mas que ouvia as didáticas explicações dos comunistas em 1947 —, Lobato, decididamente, parece ter feito paródia do seu próprio personagem. O calunga mais conhecido do público, pela divulgação ampla nos almanaques, será Jeca Tatuzinho, mas os traços gerais da figura subsistirão para além de Lobato e de sua via-crúcis paródica, em milhares de outras representações, nas circunstâncias as mais variadas, numa repetição e numa redundância notáveis.[88]

Repetição e redundância, sempre atualizadas pelas circunstâncias e peculiaridades do momento, também podem ser observadas nas figuras e personagens da produção humorística. Mas em lugar da essência repetitiva, a representação humorística, pelas suas próprias características intrínsecas de brevidade, concisão e subitaneidade, buscava as aparências. "Quase não há", escrevia Sinzig em 1911, "vocação ou mister que, pela caricatura humorística não seja atribuída à humanidade: de cavalheiros da Idade Média, gascões e trovadores passam, em salto vertiginoso, a artistas de circo, remadores, soldados, índios, lavadeiras, cozinheiros, vendedores ambulantes, médicos, feiticeiros, marinheiros, mágicos, alquimistas, jardineiros e até mesmo crianças".[89]

Obrigada a constantes inversões, transmutações e incessante recriação de significados, fugindo das essências e também da gravidade natural dos estudos *profundos*, a representação cômica construiu-se em cima dos fluxos, dos

*A completa anarquização de tipos era inerente à vocação paródica da narrativa humorística da vida nacional. Como nesta paródia d'*A Gioconda, *feita por Juó Bananére, em 1914.* (A Gioconda *de Leonardo da Vinci e* A Gioconda *de Juó Bananére.* O Pirralho, *24.1.1914.*)

momentos, das circunstâncias, rejeitando qualquer estabilidade. Acrescente-se ainda que, vivenciando o cotidiano das grandes cidades, ou, no máximo, da região que lhes era próxima, os humoristas só podiam falar do local, do regional, enfim, do que estava mais próximo — que eles procuravam inutilmente desdobrar como tipo identitário de todo o país.

Em "Seu Chico Pindóba, aventuras de um fazendeiro em Pindurassaya", uma criação de Raul Pederneiras,[90] o personagem do título, ansioso por captar a síntese moderna do país, resolve visitar, em companhia da mulher e da filha, a Exposição Nacional no Rio de Janeiro. Ele não conta com as peripécias da viagem: perda do trem, prisão por engano, viagens em bicicletas, em automóvel e até em balão. Só consegue chegar com a ajuda do robustíssimo caboclo Sigurahy, mas apesar de todo o esforço chega um pouco atrasado, a exposição já está fechada e ele recebe uma pálida promessa de futuro: "Já está fechada, agora só para o outro centenário". Apesar da historieta caricata terminar bem, pois Sigurahy acaba se casando com Fifina, a filha de Pindóba, ela constitui uma ilustração dramática da impotência em reduzir o país enorme e variado a uma síntese ou tipo definido.

O arremate humorístico mais corrosivo de todas as ilusões identitárias virá da pena galhofeira do paulista Juó Bananére quando, já então isolado no seu *Diario do Abax'o Piques* em 1931, assim arrolaria os princípios do seu "Manifestu Nazionale":

> *1. U Brazile é único e invisive.*
> *2. U tipu sociali braziliano é uma mistura di terra, di ingonomia i di storia.*
> *3. U Brasile stá sitoado nu meio do o Mondo.*
> *4. U uómo brasiliêre é figlio di tuttas razza: negro, indio, macaco, intaliano, ingreiz, turco, cearensi, parnanbugano, gauxo, afrigano i allamó.* (*Nota du traduttore — Grazias a deuse io sô intaliano i sô figlio di mio paio i di mia máia i di maise ninguê*).
> *5. Inzisti uma tradiçó morale braziliana chi é priciso adiscobri. Vamos apricurá.*[91]

O que acrescentar ao "manifesto", nosso conciso Juó Bananére? Diante da efemeridade das construções, das enormes desigualdades regionais do país, das crônicas iniqüidades sociais e mesmo da obsolescência rápida da expressão caricatural, a procura do tipo revelava-se um exercício inútil.

"*Homo brasiliensis:* o homem é o único animal que joga no bicho" foi a única definição da identidade brasileira escrita, no mesmo ano de 1931, pelo poeta Murilo Mendes, como epígrafe sucinta de um livro cômico que, mais tarde, ele próprio renegaria.[92] Talvez porque os poetas, "irmãos silenciosos de todas as coisas" — na definição fin-de-siècle de Hoffmansthal — e particularmente vocacionados para captar o estranhamento das coisas mais simples, estivessem mais próximos dos humoristas vamos reencontrar o exemplo mais expressivo dessa procura inútil na "Nova gnomonia", exposta por Manuel Bandeira em 1936.[93]

Descrevendo a gnomonia como a nova ciência — da qual o poeta tomara conhecimento numa conversa de café —, discorre sobre os cinco tipos básicos cujos traços dominantes seriam encarnados por uma espécie de anjo paradigmático: os Dantas, os Kernianos, os Onésimos, os Mozarlescos e "os do exército do Pará". As descrições são concisas e a forma como Bandeira flutua ironicamente por sobre as incoerências revela apenas o seu único intuito: o de divertir-se com os absurdos das classificações: "Os Dantas são os bons (toda a gente quer ser Dantas), os homens de ânimo puro, nobres e desprendidos, indiferentes ao sucesso na vida, cordatos e modestos, ainda quando tenham consciência do próprio valor".

Depois desta primeira definição, o poeta exemplifica, citando os perfis das pessoas que lhe eram mais próximas, passando rapidamente para o próximo tipo:

> Os Kernianos são os impulsivos por excelência. Indivíduos de bom coração, capazes de grandes sacrifícios pelos outros, deixam-se no entanto arrastar às vezes à prática dos atos mais condenáveis, não por maldade, mas por um impulso irrefreável de cólera.

As definições são tão plenas de atenuações e exceções que parecem explicitamente produzidas para gerar equívocos. Como no caso da definição do próximo tipo: os Mozarlescos, "que não são derivados de Wolfgang Amadeus Mozart que era, este, a quinta-essência de um Dantas". Para ilustrar o traço dominante deste tipo, Bandeira conta que Guiraldes, um poeta argentino, sentindo-se morrer, pediu uma dose dupla de uísque. Questionado sobre o porquê de tal pedido numa hora tão grave, Guiraldes explicou que precisava de muita coragem, pois "Ahora hay que hablar com Dios!". O problema é que depois desse exemplo anedótico, o poeta, furtando-se à definição, conclui: "Este, sim, não tinha nada de mozarlesco".

A explanação disparatada da nova gnomonia prossegue com a *definição* dos Onésimos: "[...] é aquele que duvida, sorri, desaponta; diante dele ninguém tem coragem de chorar. O seu *sense of humour* sempre vigilante é o terror dos Mozarlescos avisados. [...] O drama íntimo dos Onésimos é não sentirem entusiasmo por nada, não encontrarem nunca uma finalidade da vida". Curiosamente, é entre estes últimos que Bandeira classifica os grandes humoristas. Mas nem todos! Os humoristas nacionais (Bandeira cita Mendes Fradique, Raul Pederneiras, Luís Peixoto) pertencem todos ao exército do Pará, "esses homenzinhos terríveis, habilíssimos, audaciosos, dinâmicos, que vêm do Norte para vencer na capital da República".[94] Embora a definição deste último tipo aproxime-se, como os outros, mais do puro disparate, é curioso que o tipo "humorista" pareça, aqui — como veremos adiante —, enquadrado de forma muito semelhante ao "engraçado arrependido" de Monteiro Lobato.

Aqui, a desmistificação da procura da identidade atinge seus limites mais extremos, pois os tipos humanos universais, que já tinham a função de dissolver pela base os estereótipos e os tipos nacionais, são dispostos numa taxionomia absurda e extravagante, sem paralelo noutras formulações. Talvez o único paralelo fosse com a Patafísica, a "ciência das leis que governam as exceções", exposta pela pena galhofeira e presciente de Alfred Jarry, que ainda pregava a ruptura dos padrões da linguagem, da narrativa e do pensamento em ondas, ritmos e segmentos aparentemente arbitrários.[95]

Parece que tanto poetas como humoristas pressentiam que a procura por tipos fixos e identidades calcadas na permanência era inútil, pois presumia uma impossível fixidez da história e o completo retraimento da mobilidade inerente à vida. Os humoristas — talvez como os poetas ou, não raro, até mais do que eles — sabiam que o riso era próprio do homem, mas que o homem era, ele mesmo, parte inseparável da mobilidade histórica.

Desenraizados, porque ainda mais distantes das elites oligárquicas do que seus confrades escritores mais bem colocados e mais próximos das instituições, os humoristas desta geração, com maior contato com as vozes confusas que vinham das mais variadas camadas da população, pareciam perceber que os calungas que eles criavam para articular uma linguagem para a representação daquela utópica "comunidade imaginada" consistiam numa espécie de projeção deles próprios, um espelho deformado das suas próprias imagens, ou melhor, uma projeção da máscara que o palhaço usa para fazer rir e que se confunde de tal forma com ele próprio que ainda que retirada do rosto o público acaba por não reconhecer a pessoa real.

QUEM ERA O HUMORISTA? AUTO-IMAGEM E IDENTIDADE DOS HUMORISTAS

> *A apatia lavra no nosso povo e o nosso povo precisa rir, rir às escarradas; e um quarto de hora de bom humor disfarça esta carrancuda máscara de todos os dias, cheia de mágoas e vicissitudes.*
> *Programa... para que programa?*
> *O riso é raciocínio.*
>
> Apresentação de *Tagarela*, 1º.3.1902

Um pequeno conto de Monteiro Lobato, de 1917, parece-nos emblemático da situação típica dos humoristas brasileiros da Belle Époque. É a história de Sousa Pontes, um humorista nato que vive até os 32 anos à custa de sua irresistível vocação para as anedotas, as imitações, os gracejos e os chistes. Era um humorista consumado, conhecendo de memória, segundo Monteiro Lobato, "a *Encyclopedia do riso e da galhofa*, de Fuão Pechincha, o autor mais dessaborido que Deus botou no mundo".[96] Até que um dia, ferido em sua auto-estima, o histrião cansou-se e, disposto a arrumar um emprego decente, acabou rejeitado: todos os habitantes da cidade — que já riam só de ouvir falar seu nome — entenderam sua procura por um emprego como "mais uma de suas anedotas". Seguindo a trajetória de muitos escritores brasileiros, Pontes recorre ao Estado e recebe a promessa de um parente figurão de nomear-lhe para a Coletoria Federal da cidade, ocupada pelo major Bentes, um homem já velho, cardíaco e com um aneurisma prestes a arrebentar diante de qualquer esforço. Sabedor de que uma gargalhada equivalia a um esforço, Pontes torna-se amigo íntimo do major e prepara, com todo o seu vasto conhecimento cômico, uma anedota perfeita, especialmente dirigida ao sensível diafragma do major. O plano funciona, o major morre depois da anedota, mas Pontes, desesperado e arrependido, tranca-se em casa por vários dias, perde a nomeação para o cargo de coletor e suicida-se, enforcando-se numa cueca. Até a sua morte constituiu motivo de riso para toda a cidade — uma grande gargalhada final, "único epitáfio que lhe deu a sociedade", como conclui Lobato.[97]

A ficção citada foi a expressão dramática da situação dos humoristas naquela sociedade. Espremidos entre o teatro ligeiro e o jornalismo de ocasião, num precário equilíbrio para agradar, a todo custo, o público das revistas ilustradas, os humoristas pareciam mesmo habitar, nas palavras de Bastos Tigre, aquela "zona suburbana em viela escusa" das letras brasileiras.[98] A sociedade parecia já designar um lugar para o humorista, o lugar do efêmero, do passageiro, daquele que diverte os outros, desde que não produzisse uma comicidade à custa dos "outros", explicitamente maldosa, degradante ou obscena. O humorista não era reconhecido socialmente, e eles próprios tinham dificuldade em reconhecer-se como humoristas. O mais notável é que quando designados publicamente como humoristas, o rótulo colava-se a eles como a máscara do palhaço e não havia meio de tirá-la. O pequeno conto de Lobato, apesar dos excessos ficcionais, é bastante expressivo da auto-imagem dos humoristas brasileiros na Belle Époque.

Lembra muito o caso — este real, bem real — de José Madeira de Freitas, o humorista inventor do "método confuso" que se escondia atrás do pseudônimo Mendes Fradique. Fradique foi tão exagerado na aplicação de sua confusa metodologia que depois se confessaria perplexo e desesperado porque "não tinha mais sequer o direito de errar". "A indulgência do leitor", escreve ele em 1925, "acreditou em mim e aceitou a minha blague. Resultado: não posso hoje traçar uma linha, por mais austero que pretenda ser, sem que me venham com essa coisa fatal: "Boa piada, método confuso".[99]

Raul Pederneiras, humorista, caricaturista e professor de Belas-Artes, depois de anos praticando humorismo, resolveu escrever um tratado, quase que para "justificar" ou legitimar teoricamente o riso. Antes de escrevê-lo, e aproveitando a moda das palestras em salões naqueles anos, Pederneiras chegou a proferir algumas conferências cujos temas foram, invariavelmente, o humor e a caricatura. Como a conferência que ele realizou em 17 de junho de 1911 no Salão dos Empregados do Comércio do Rio de Janeiro, ilustrando sua fala com a "execução da caricatura *à la minute*," ou seja, ao mesmo tempo que falava. O testemunho informa ainda que Pederneiras executou cerca de "quarenta caricaturas, improvisadas a carvão".[100] Quanto ao livro, impossível adivinhar se o tal ensaio era sério, já que em alguns momentos ele parece uma paródia da fisiologia da distorção facial provocada pelo riso nos homens e nos animais que compunha o conjunto de estudos de Charles Darwin. É assim que ele escreve *A máscara da face*, um tratado cheio de desenhos científicos no qual lemos as seguintes definições:

> O som do riso é produzido por uma inspiração profunda, seguida de contrações curtas, interrompidas e espasmódicas do tórax e especialmente do diafragma. O grande zigomático, músculo simbólico do riso, alongado, achatado, estreito, insere-se próximo do ângulo externo do osso malar e na parte cutânea correspondente à comissura dos lábios, elevando estes, na contração, para dentro e para fora. Único que exprime completamente a alegria, a sua direção curva de concavidade superior, forma na pele o sulco nasolabial. Eleva a pele para o ângulo externo do olho, avolumando-se junto à maçã, onde forma pregas raiadas, com o auxílio da orbicular inferior da pálpebra. O grande zigomático — associado com as fibras

musculares do esfíncter palpebral, do frontal ou do triangular dos lábios — desenha no rosto humano um movimento oblíquo para o alto e exteriormente das comissuras labiais; ou uma curva da linha nasolabial de convexidade inferior, ou ainda, um entumecimento forte das maçãs do rosto e pequena elevação da pálpebra inferior. Afinal, é desta associação variável do zigomático com as outras fibras musculares da face que nasce uma escala do riso, uma taxionomia das inumeráveis formas do riso.[101]

Fica difícil perceber se o tom do texto permanece "sério" até o final, já que alguns exemplos que Pederneiras nos fornece são despropositados. Ao procurar uma definição para o humorista, as referências mais constantes eram ao mascaramento indelével da tristeza e da hipocondria:

> O jogral, o histrião, o cômico de teatro, o caricaturista, o escritor humorístico, o mímico, enfim, todos esses que a humanidade consagra no rol dos desopilantes, são, em maioria, parcelas fortes da grande e esfacelada hipocondria que o sol cobre.[102]

Pelo ângulo sintomático da fugacidade e da efemeridade, Pederneiras parecia demonstrar difusa consciência de que produzir humor era como "carregar água nos imensos cestos vazios do presente",[103] pois ele se nutria da constante redundância e eterna repetição. O humor aí se afigurava como uma constantemente renovada aposta na vida futura, embora fosse sempre uma aposta perdida. O que chama a atenção, contudo, parece ser a incontida preocupação de Pederneiras em não se identificar, explicitamente, como "humorista". Aliás, não é por coincidência que tal tratado contivesse no seu título a referência à máscara do riso ou, como veremos adiante, à "máscara" do próprio humorista.

Eles mesmos hesitavam, suscetíveis às pressões dos colegas de ofício institucionalmente mais bem colocados, e pretendiam livrar-se do constrangimento de ser classificados apenas como humoristas ou "escritores-cômicos". Isso porque o humorista, particularmente na história do Rio de Janeiro, confundia-se com a boemia — e os casos mais exemplares são os de Emílio de Menezes e de José do Patrocínio Filho. Quando a época da boemia se esvai, ou desaparece, com o quase compulsório engajamento da intelligentsia brasileira em campanhas nacionalistas, sanitárias, religiosas ou educacionais, o reconhecimento público do humorista como escritor e intelectual fica ainda mais difícil. Em parte decorrente desta relativa marginalização, tais humoristas mostram-se quase sempre constrangidos, tolhidos na sua produção — talvez mais ainda do que os seus próprios confrades escritores — por pruridos de sua classe e de sua formação cultural.

Tendo em conta a conjuntura pós-republicana e a posição ambígua dos intelectuais brasileiros, subitamente despojados de sua condição de mosqueteiros intelectuais, constrói-se, no conjunto das várias trajetórias citadas, uma visão do humorista muito semelhante àquela do "engraçado arrependido" do conto de Lobato.

Bastos Tigre, ainda muito jovem, estudante da Escola Politécnica, colega e amigo de Lima Barreto, inspira-se na figura da capa do livro *Saguão da posteridade* para descobrir o seu mais famoso pseudônimo, que depois será o nome da sua própria revista. No desenho, de autoria de Raul Pederneiras, vemos Dom Quixote cavalgando o Rocinante, seguido por Sancho Pança, só que o cavaleiro em vez de uma lança exibe o chicote, que simboliza a sátira. A partir daí, Tigre assumirá o cognome D. Xiquote, uma espécie de substituto das figuras de mosqueteiros atribuídas aos intelectuais que assistiram à abolição e à República.[104] Alguns anos mais tarde, Bastos Tigre já exercita toda a sua verve paródica, colocando como epígrafe de um dos seus primeiros livros a frase comtiana, ligeiramente modificada: "A Troça por princípio, a Pilhéria por base, o Riso por fim".[105] Quando conhece Emílio de Menezes, leva uma verdadeira reprimenda estética por causa das suas tendências ao verso livre e às licenças poéticas: "Suas licenças são uma verdadeira indignidade! Aqueles p'ros, p'ras, co'os, co'as que se encontram a cada passo nos seus versos são marcas da preguiça e do relaxamento. Eu o intimo a trabalhá-los honestamente, com dignidade!". "Mas é apenas uma licença poética...", gagueja timidamente Bastos Tigre. E Menezes retruca, como um tufão: "Que licença poética, seu animal! Isto é coisa que só existe para os cretinos! Você já viu licença poética em Bilac, em Raimundo Correia, em Alberto de Oliveira?".[106]

Bastos Tigre, claro, como todo bom humorista, embora tenha mantido a polêmica com Menezes por algumas semanas, não levou a sério tal reprimenda, estendendo suas "licenças" muito além dos exercícios poéticos, com sua larga atuação na publicidade e no teatro de revista — praticamente transformando suas "licenças poéticas", literalmente, em *licenciosidades*. Mas tal reprimenda será internalizada e atuará como um estigma sobre o humorista, já que em toda

Esta série de desenhos de 1918 exemplifica de maneira jocosa a situação ambígua dos humoristas como "engraçados arrependidos" ou como "palhaços por um dia" — rótulos que já pareciam designar-lhes uma posição peculiar na sociedade brasileira. (*Yantok,* D. Quixote, *25.12.1918.*)

a sua obra poética continuará a praticar a forma convencional do soneto, com métrica e rima definidas. Claro que a censura de Menezes teve o efeito de apenas espicaçar traços da formação intelectual marcada por uma estética de transição entre o parnasianismo e o simbolismo — formação intelectual característica não apenas de Bastos Tigre, mas de toda aquela geração de humoristas.

No caso de José do Patrocínio Filho, parece ter sido menos a sua produção humorística do que a sua própria trajetória, já que ele construíra uma tal reputação de boêmio insubmisso e incorrigível, de *blagueur* irresponsável e fantasista, que ninguém mais acreditava nele, ou seja, da mesma maneira que o "engraçado arrependido", ninguém mais acreditava na sua seriedade.[107] E ele queria — talvez como todos esses humoristas —, apesar de tudo, ser levado a sério. Jamais conseguiria, porém — e isso até o seu precoce desaparecimento —, desvencilhar-se da personalidade postiça que adotara. Haveria de carregá-la sempre sobre os ombros, como o pior dos castigos.

José do Patrocínio Filho já era conhecido como boêmio insubmisso desde a morte do seu pai, em 1905. Mas é a partir de um episódio internacional, em

Mais pela sua tortuosa trajetória do que pela sua produção humorística, José do Patrocínio Filho também parece ter encarnado — como aquele palhaço que não consegue atuar sem máscara — o paradigma do "engraçado arrependido". (Foto de José do Patrocínio Filho, clareada em estúdio por efeitos de luz, com dedicatória à corista Ivete, do teatro de revista, 1916.)

1916, quando Patrocínio atua como funcionário do Ministério das Relações Exteriores, que sua trajetória torna-se mais visível, sobretudo na imprensa. Por razões obscuras, talvez pelo seu próprio temperamento de imaginoso e falastrão, e também por portar um passaporte falso, Patrocínio é acusado de espionagem internacional e preso em Londres. A situação, apesar de dramática, é cheia de lances cômicos, sobretudo quando o próprio representante brasileiro precisa justificar o caráter imaginoso e invencionista de José do Patrocínio Filho. Imagine-se uma nota do governo brasileiro: "O homem que prendestes, sob o nome de José do Patrocínio Filho, não é um espião. Ele é a última encarnação do Barão de Munchhausen". E, claro, a resposta em tom jocoso do Foreign Office: "Se assim é, por que o nomeaste para o vosso serviço no exterior? É pelas qualidades de imaginação frenética que o Brasil escolhe os seus funcionários consulares?".[108]

Os que o conheciam de perto, que sabiam dos seus exageros, da sua tendência para a mitomania, das suas gabolices e leviandades, não podiam acreditar que aquilo fosse verdade. Era mais uma do Zeca! Só então, depois de tantas idas e vindas, mentidos e desmentidos, é que começa o clamor geral na imprensa, pela libertação do filho do paladino da abolição, ameaçado de enforcamento pela justiça inglesa. Não é a situação do "engraçado arrependido", numa sociedade que nunca o leva a sério? Ou era a sociedade que precisava criar seus próprios palhaços, seus próprios bufões, para que encarnassem suas próprias taras ou humores coletivos? Nenhuma das respostas se afigura como fácil, talvez pelo fato de a representação humorística ter se tornado uma parte intrínseca, tácita, portanto imperceptível, das atitudes cotidianas coletivas. É o que a conclusão do soneto de Bastos Tigre sugeria, à sua maneira, com os desvios e deslocamentos de sentidos, quando lhe indagaram da relação entre a sua arte humorística e a vida:

Pergunta-me você por que motivo
E de indolente, sem razão, me acusa,
Somente o leve gênero cultivo
Sem que o gênero grave me seduza.

E, assim, das letras brasileiras vivo
Da zona suburbana em viela escusa.
Em vez de entrar na Academia, altivo,
Pela mão de mais nobre e séria Musa.

Amigo, a vida é que me dá matéria
Para as cogitações em que me abismo,
De onde extraio o ridículo e a pilhéria.

Estudo-a a sério; os fatos não sofismo.
Culpa é da vida que só tem de séria
A faceta [em] falsete do humorismo...[109]

Nos conflitos ocorridos no seio da inteligência brasileira, aguçados no final do período do qual estamos tratando, o espaço dos humoristas era, certamente, um dos mais instáveis, embora não deixasse de ser marcado, da mesma maneira que aos outros intelectuais, pela busca do reconhecimento e da aceitação pública.

Como todos os humoristas "engraçados arrependidos", Zeca do Patrocínio buscava um círculo de sociabilidade e de legitimidade no já restrito circuito da cultura culta que, afinal, não o via com bons olhos ou "não o levava a sério", o que lhe provocou, afinal, um forte ressentimento em relação à aceitação social.[110] Veja-se o artigo de Zeca em *A Pátria*, em 1923, intitulado "O manipanso", contra a pretensão de Coelho Neto a candidatar-se a senador:

> A função literária ainda não é coisa que a gente tome a sério no Brasil. Demonstra-o o cabido da Academia Brasileira de Letras. Dos quarenta imortais de que ela se compõe, não vive, nem viveu jamais um único daquilo que escrevesse: são médicos, são políticos, são diplomatas: os mais são professores; os mais inofensivos são ricos. O seu fardão é a insígnia do oficialato da Guarda Nacional da Literatura. [...] O senhor Coelho Neto? Mas êsse mulatinho envergonhado e sarará é a negação mais completa da literatura no Brasil. Escreve com a resignada inconsciência com que os bonzos chineses manivelam os moinhos de rezar. [...] Os seus setenta volumes nada provam. Seriam mesmo cento e quarenta se a natureza não tivesse tido uma injusta parcimônia ao distribuir-lhes os membros ambulatórios... Este homem é uma máquina Remington a que o destino deu corda.[111]

Coelho Neto responde nas colunas do *Jornal do Brasil* dois dias depois, com o título "A dentada do cão" (que tinha uma extensão como epígrafe que dizia... "cura-se com o pêlo do próprio cão") e uma outra epígrafe em francês de Paul

Stapfer, que praticamente chamava Zeca de *raté*[112] (note-se que é o mesmo adjetivo que Oswald de Andrade já usara, alguns anos antes, arremetendo-se contra dois outros humoristas paulistas, José Agudo e Juó Bananére). Os exemplos de polêmicas como esta, em sua turbulenta trajetória de vida, foram inúmeros. Todas mostravam que José do Patrocínio Filho talvez tenha sido um caso típico daquele humorista da Belle Époque que colocava a máscara, assumia a roupagem intrinsecamente associada ao demoníaco e não conseguia mais tirá-la, ou porque não queria ou porque tornara-se incapaz de fazê-lo.

É a esta incontrolável "coceira de humorista" que um caricaturista também parece referir-se na sua notável crônica escrita no Natal de 1918 e intitulada "Autobonecografia":

> Por uma dessas cabeçadas da fatalidade, abortei-me com a vocação para caricaturista. Data desse dia a carestia do lápis no mercado. [...] Ao aproximar-se de mim alguma idéia, começo por sentir cócegas nos pés e, apesar de recolhê-los ao estômago, como fazem os gastrópodos, as cócegas aumentam a ponto tal que me vejo obrigado a imergi-los num balde com salmoura, nanquim e chá de Cotopaio e, para que a idéia suba ao miolo, aplico um aparelho de polir idéias, invenção do meu amigo Gaspar-ribas (segredo número 147654937). Com esse aparelho em ação, os meus cabelos eriçados tomam um aspecto de polvo nadando entre algas, perseguido por um "soviete" de caranguejos bolcheviques. [...] A idéia passa, por força de atração, do astral inferior para o superior, tomando, então, a forma caricatural segundo a fórmula traçométrica.[113]

Embora reconhecido anos depois em exposições européias, Yantok teve uma biografia cujo traço essencial foi a instabilidade: "[...] não se sabe de outro que tenha sofrido os boléus da existência, nem daquele mais perfeito *touriste* das profissões, dos ofícios, das sendas do ganha-pão", escreve Gastão Penalva.[114] E ressaltando a transferência das lições de inquieta humildade desiludida para os seus desenhos e criações humorísticas, completa: "Assim lhe saem, afinal, os tipos, que semelham esfalfados de peregrinações infindáveis em prol da ambição, e acabam em molambos, com os dedos a espiar pelos olhos das botas, atirados à beira da estrada à espera do automóvel salvador que os conduza ao outro mundo".

Como projeções enviesadas da atitude de "engraçado arrependido", assim nasciam os tipos criados por Yantok, humanos ou animais, "como molambos esfalfados de peregrinações infinitas", na caracterização de Gastão Penalva. (Carestia de vida, *caricatura de Yantok,* D. Quixote, *15.8.1917.*)

Até a busca de alguma legitimidade pública parecia, neste caso, atravessada pela interiorização das atitudes de "engraçados arrependidos". Alguns traços característicos desses humoristas podem ser analisados a partir do relacionamento de alguns deles com a Academia Brasileira de Letras que, bem ou mal, havia se tornado referência institucional para a *intelligentsia* brasileira. O nome de Bastos Tigre foi proposto várias vezes para a Academia e todas as vezes derrotado. Numa dessas ocasiões, já em 1934, o seu depoimento parece sincero e revelador na carta de formalização do pedido. Ele queria partilhar daquele grupo de homens cultos, mas percebe que paira sobre o seu nome, como uma sombra, a pecha de "humorista". Por isso, depois de justificar que não escreveu apenas obras humorísticas, declarava:

> Batendo às portas da Casa de Machado de Assis, não levo credenciais de humorista, mas sim a de persistente trabalhador das letras, que tem quase meio século de trabalho de bonne foy, como queria Mestre Montaigne, e bom foie, como manda o meu temperamento.[115]

O que é mais curioso aqui, além, é claro, da rejeição introjetada, é o fato de Bastos Tigre ser incapaz de resistir a uma nota irônica no final, com a introdução do trocadilho irreprimível. Estaria assumindo aí, em toda a sua ambigüidade, a atitude do "engraçado arrependido"? A resposta é difícil, mas parece confirmar-se noutro rápido depoimento posterior, em que confessaria: "São muitas as dificuldades a vencer. Não é fácil fazer os outros rirem durante quarenta anos. Muitas vezes é preciso fazer espírito com a alma amargurada". E depois, num dos seus raríssimos momentos sérios, acaba por discorrer exatamente sobre a "máscara" humorista, como no soneto "Entardecer":

É sempre a velha história do palhaço:
Alegre, a gargalhar, sem que no rosto
Se lhe note qualquer vestígio ou traço
De que a alma oculta, de íntimo desgosto.

Eu, meus amigos, muitas vezes, faço
As contrações de um riso a contragosto...
Riso protocolar, feito a compasso,
Segundo um metro previamente imposto.

Tristezas, guardo-as para mim somente:
Que tem o mundo a ver com a dor alheia,
Se lhe não dá consolo e simpatia?

E eu rio; fazem-me bem que toda gente
Raive de inveja do meu riso e creia
Que em minh'alma há tesouros de alegria.[116]

Embora tardiamente, já que a máscara se colava irremediavelmente ao rosto, o palhaço se arrepende e quase pede desculpas à platéia, que no entanto nunca acredita na seriedade do palhaço quando este tira a máscara. Ao humorista restava, como no poema de Bastos Tigre, a humildade desiludida feita da dúvida e da resignação. Alguns tiveram, para usar a expressão de Agrippino Grieco, aquelas "profundas quedas gastrálgicas": foi o caso de Antonio Torres, que recaiu constantemente num ceticismo empedernido como em *Verdades indiscretas*, de 1920, no qual ele chega a fazer um longo elogio aos cavalos. Páginas semelhantes também encontramos em Mendes Fradique, em "As idéias do meu cavalo": ao dialogar com seu cavalo, parece revelar a descrença, *in totum*, no gênero humano.[117] Quedas gastrálgicas que, um pouco mais atenuadas, lembravam os arroubos de Swift no *Gulliver* ao elogiar os Houyhnhms, ou ainda no mais radical dos seus panfletos, *A modest proposal*, no qual ele sugeria um matadouro de crianças irlandesas para suprir o fornecimento de carne tenra aos ingleses.

Mas a Academia continuava uma referência para a vida intelectual. Rejeitados, os humoristas punham-se a ironizar com as armas que a vocação lhes dera as instituições que os rejeitavam, mas que, de alguma forma, como intelectuais, eles também secretamente ambicionavam. Lembre-se da longa história que alimentou um amplo anedotário de todos os detratores da Academia, desde a sua fundação. Um dos acadêmicos mais ironizados após a sua posse, Lauro Muller, chegou mesmo a parodiar um famoso bordão da Academia Francesa que dizia:

Quand nous sommes 40, on se moque de nous.
Sommes-nous 39? On est à nous genoux...[118]

E na adaptação paródica de Lauro Muller:

Se vivos somos quarenta,
alvos somos da ironia.
Mas o riso não se agüenta,
Ninguém mais nos torce a venta,
Se há vaga na Academia...[119]

De qualquer modo, trata-se aqui não de repetir partes desta história anedótica e cheia de intrigas, mas verificar, por meio de exemplos, a forma como a instituição concebia a produção humorística, e mesmo como os humoristas introjetavam aquela difusa sensação de inferioridade.

Outros escritores humoristas tiveram destino semelhante ao de Bastos Tigre. O caso exemplar foi o de Emílio de Menezes, que só conseguiu entrar para a Academia depois da morte de Machado de Assis, que detestava o seu caráter boêmio e a sua figura de satírico e humorista desleixado. Emílio conseguiu entrar para a Academia mas, ainda assim, sua entrada foi traumática; seu discurso de posse foi várias vezes recusado ou devolvido, com censuras em algumas partes e acréscimos em outras. Analisado mais demoradamente, o texto original do seu discurso de posse parece constituir, para nós, o paradigma do "engraçado arrependido".

Menezes justifica o seu próprio discurso dizendo ser ele um desabafo, "um acantábolo para arrancar espinhos que de há muito me pungem".[120] O que era verdade, já que o discurso de posse, normalmente feito em honra do escritor a quem se sucedia, no caso de Emílio de Menezes é completamente fora do cerimonial, já que ele se refere ao homenageado — Salvador de Mendonça — apenas nos três últimos parágrafos. Todo o seu discurso é uma longa argumentação no sentido de demonstrar: primeiro, que a fama de boêmio e desregrado que ele possuía não o denegria nem negava o seu valor como poeta e escritor; segundo, que a sua fama de satírico incorrigível era injusta e fabricada por intriga de escritores medíocres e invejosos. É notável como Emílio de Menezes assume, de forma peculiar, a atitude do "engraçado arrependido": ele quer ser julgado pela obra poética séria que produziu e não por sua obra humorística.

Mais notável ainda é que, incapaz de manter um discurso sério (da mesma maneira que Bastos Tigre, só que de uma forma muito mais explícita), Menezes não resista à tentação de fazer piada. Argumentando que os sonetos humorísticos eram menos ofensivos do que aqueles escritores medíocres que, pela intriga, gastam o seu tempo em demolir, nos jornais, as obras dos grandes escritores — os "pivetes da literatura" —, e menos agressivos do que aquele grupo de escritores "inéditos à força de publicidade" que ele compara às "máquinas de costura", escreve:

> A esses [escritores] (a Academia que me perdoe o emprego de um vocábulo que, além de mau inquilino da nossa língua, é de gíria e só agasalhado pelo noticiário policial), a esses pivetes da literatura, junta-se infalível e diariamente, às mesmas longas horas e à mesma soleira, uma classe dez vezes mais venenosa, mil vezes mais perigosa. É a dos velhos inéditos à força de publicidade. É composta de uns venerandos senhores que já publicaram, por dezenas de anos, dezenas de livros, volumosos e ponderados, mas sem alguém que lhes repita o nome. Daí a intoxicação pelo ineditismo e o ódio à repercussão do nome alheio. Houve quem os comparas-

se a essas máquinas de costura, aperfeiçoadas, que cozem anos consecutivos sem que se lhes ouça o ruído. A comparação seria melhor se mais completa o fosse, determinando a causa do silêncio. O costureiro quase sempre é perito e a máquina, perfeita. A culpa não é de um nem de outra. Não é da pena nem do cérebro. É da obra. Há obras, tanto em literatura como em costura, que são feitas para o recesso da intimidade.[121]

Mas é na continuação do seu discurso que a nota cômica irresistível se faz presente:

> Compreende-se que um alfaiate granjeie fama pela correção e pelo gosto no acabamento de um par de calças. Por quê? Por ser coisa que aparece, é vista, foi feita para o trânsito das ruas e praças, para o passeio às praias e aos jardins, para o teatro e para os grandes bailes à ação da grande luz. O de todo impossível é adquirir renome fazendo... ceroulas.

E arremata, impiedoso:

> Levam a vida estes senhores a perder a saúde e a alegria no trabalho árduo e obscuro de unir fundilhos de ceroulas para hospitais ou quartéis e depois se envenenam com a nomeada dos grandes alfaiates. Os pivetes urdidores do fio da intriga, unidos aos anciãos cerouleiros, fazem a greve (agasalhemos o termo) permanente contra o capital... depredando o nome. Sabem que este representa aquele. Os primeiros me não toleram como não toleram todos aqueles que já atingiram o cume da montanha, que tal é, para mim, o estar entre vós. Os segundos, os cerouleiros, me abominam por isso e mais, talvez, pela injusta fama que adquiri de... cortador de casacas.[122]

A Academia censura inúmeros trechos e substitui inúmeras palavras, como "ceroulas" (por "trajes íntimos"), "cerouleiros" (por "costureiros"), "unir fundilhos de ceroulas" (por "pespontar camisões") etc., tentando inutilmente esvaziar o texto de Menezes dos seus momentos de humorismo mais ofensivo.[123]

Como num ato de compensação, a mesma Academia elegerá para substituir este último humorista censurado, Humberto de Campos, que entrou para a instituição em 1920. Humberto de Campos já possuía, então, uma grande produção humorística. Escrevendo sob o pseudônimo de Conselheiro X. X., Campos já havia publicado em jornais e depois reunido em livro centenas de anedotas curtas que consistiam, na maioria das vezes, em traduções ou compilações de outros humoristas. Mas esta produção cômica era considerada menor no conjunto da sua obra, apesar das suas escapadelas para o teatro de revista ou para o periodismo tido como obsceno e escandaloso.[124] Assim, nem todos os humoristas, especialmente aqueles que atuaram no Rio de Janeiro, foram *ratés*, mas os casos aqui relatados ganharam tamanha visibilidade que tornaram virtualmente difícil atenuar a fama de *ratés*. Ficaria claro, pelo menos, que não desfrutariam de posição semelhante ao escritor.

Nos dois episódios citados, tanto no de Bastos Tigre como no de Emílio de Menezes, é notável o fato de nenhum deles lograr reprimir, com sucesso, a sua incoercível vocação humorística de colocar guizos nas idéias mais graves, de arremessar uma pedrinha final, enfim, de terminar tudo com a nota chistosa do solavanco mental e da piada.

O arremate final do paradigma do "engraçado arrependido" vem com um episódio de seu próprio criador, Monteiro Lobato. Já que tomamos seu pequeno conto de 1918 como inspiração para compreender a auto-imagem destes humoristas brasileiros da Belle Époque, é impossível não concluir com a menção a um episódio semelhante quando se propõe, pela terceira vez, desta feita no ano de 1944, o nome do próprio Lobato para a Academia Brasileira de Letras. Antes da consumação do episódio, contudo, é ele mesmo que resolve desistir da candidatura, decisão que parecia um tanto óbvia, já que era inimaginável que o escritor partilhasse das mesmas reuniões com um acadêmico pelo qual ele nutria um ódio explícito — Getúlio Vargas. O mais importante, contudo, para ilustrar o paradigma do "engraçado arrependido", vem numa carta furibunda que Lobato escreve para Cassiano Ricardo, naquele mesmo ano:

> Chegaram-me ao ouvido tantas intrigas a propósito da minha entrada lá, que resolvi pôr fim à situação com um coice, mas estava a mil léguas de supor que ias assim tão magoado. Não culpe o Menotti. Ele fez tudo direitinho. O ruim, o peste, sou eu só. E sabe por quê? Porque não consigo levar a sério coisa nenhuma neste indecentíssimo mundo. Academia, presidente, papa, bispos, generais: tudo bonecos, sacos de tripa com muita merda por dentro e só vaidades e bobagenzinhas por fora. A

humanidade: um sórdido formigueiro de trágicos pequeninos bípedes a se agitarem num planetinha dos mais vagabundos, um milhão de vezes menor que o Sol, o qual é outra pulga num sistema onde há sóis milhões de vezes maior do que ele. Tudo pulga e pulgões. Tudo zero. Tudo nada. E tudo vaidade das vaidades. O Eclesiastes está certo — é a única coisa certa no mundo — a única coisa decente que o bichinho homem jamais escreveu. Tudo é vaidade e aflição de espírito.[125]

E o missivista prossegue, desta vez argumentando com a fidelidade do humorista e sua profissão de fé, a profissão de se guiar pela vida através do riso, e sobretudo, por último e em definitivo, "não levar nada a sério":

> Você está errado. Toma a sério demais coisas e bichos que não merecem ser tomados a sério. Toma a sério um planeta que no nosso próprio sistema planetário não passa duma isca de pó. Abra um livro de Astronomia e envergonhe-se de fazer parte do rebanho de pulgões que parasita esta isca de pó. Imortais, imortalidade, latas, instituições, reis, presidentes, Getúlio, Armando, Churchill, Stalin, Hitler, *tutti quanti*: pulguinhas magras convencidas de que são gordas. Literatura: bichinhos que dizem o que pensam de outros bichinhos. Tudo bicharia. Bicheira. Tudo bobagem. Ponha o Eclesiastes em teu criado-mudo e faça dele teu livro de cabeceira — e ria-se comigo do sórdido rebanho que rola às cegas para o abismo da morte, um a falar mal do outro, um a aporrinhar o outro, a roubar o outro, a enganar o outro, a disputar latas vazias etc. etc.
>
> Mude de ponto de vista e sararás — e rirás do que agora te faz sofrer. Dispa as grandes gentes e veja como são grotescas. Ponha o papa nu, de cuecas, com a piroquinha murcha pendurada e veja se há uma beata que tenha coragem de lhe beijar o pé chupelento. Tome o figurão mais importante aí do Rio e veja-o no banheiro, de cócoras na "Pescada", peidando — botando para fora os resíduos fedorentos do que comeu no Brama. E vai você aborrecer-se por causa deste cagão?
>
> *Vanitas vanitatem.* Tudo é vaidade e aflição de espírito. Distribua um cacho de bananas para os imortais que te aporrinharem por causa do Lobato e ria-se, e vá lavar a alma com um chope no Simpatia. Tome um por você e outro por mim — dos grandes. E ria-se, ria-se, pois só o riso nos salva.[126]

Já rotulado e catalogado publicamente como um escritor à margem das vanguardas modernistas, talvez menos pela sua célebre reação à pintura moder-

Nesta charge de 1917, o mais conhecido conselho programático sugerido à população — apertar os cintos — é ironicamente comparado com o mobilizador programa da Liga Nacionalista. (Economias — o cinto e a Liga, *caricatura de Storni,* D. Quixote, *12.12.1917.*)

na e mais pelo seu regionalismo — menos macarrônico do que seus confrades paulistas, mas mesmo assim excessivo e independente —, claro que era visível o desconforto de Lobato em sentar-se na mesma mesa da Academia com Getúlio Vargas, daí o compreensível teor agressivo da carta. Ainda assim subsistia, como espécie de confissão dolorosa, a opção pelo humor, ainda que gastrálgico e cético pelo "fato de não levar nada a sério". Mais uma reiteração do personagem por ele próprio criado, o do "engraçado arrependido"?

Porque rir sempre, ou rir de tudo e de todos era — e foi sempre — impossível. Pois sempre houve algo de artificial, de doentio, e até de diabólico naquele riso crônico a respeito de tudo e de todos. Lembre-se da clássica passagem de Montaigne exemplificando, com uma citação de Plutarco, aqueles "homens sem boca", impossibilitados não apenas de ser risíveis, mas também incapazes de razão e de sociedade. Ou da bela cena literária de Victor Hugo, em *L'Homme qui rit*, quando Ursus, impressionado com aquele menino disforme que trazia o riso como marca perene e indelével estampada no rosto, perguntou: "De que te ris?". "Eu não me rio", respondeu o pequeno. Ursus sentiu uma espécie de estremecimento e disse: "Então, és terrível".[127] Mais do que metaforizar a sensação de estranhamento provocada pelo riso crônico, as passagens relembradas parecem reveladoras da dúvida e da resignação do humorista em face dos dilemas da representação de uma sociedade.

Afinal, quais os limites éticos, além dos quais o riso não seria mais possível? Como estabelecer tais limites numa época de incertezas, na qual se rompiam crenças estáveis, sistemas simbólicos e linguagens públicas, inclusive a distinção entre o "bom" e o "mau" riso? Muito provavelmente a resposta seria dada pela própria história, já que os móveis sociais do risível pareciam imperceptivelmente estranhados e diluídos na rotina e nos ritmos lentos do cotidiano.

Seja como for, com alta capacidade de trânsito entre as várias formas de produção cultural no período — o que, afinal, lhes permitiu flexibilidade e mobilidade nas suas criações —, os humoristas acabaram por ficar um tanto distantes dos circuitos institucionalizados da cultura, e mesmo um tanto distantes das preocupações centrais da intelligentsia brasileira da época. Preocupações centradas cada vez mais em torno de campanhas de mobilização nacionalistas, educacionais, sanitárias e religiosas, e que dariam o tom para aquela cultura brasileira da Belle Époque que, com a Guerra de 1914, começava a anunciar o seu encerramento. É assim que, em 1914, forma-se a Liga dos Aliados, arregimentando intelectuais de renome como Graça Aranha, José Veríssimo, Rui Barbosa e tantos outros. Nesta maré montante de nacionalismo engajado, um dos nossos humoristas, talvez o mais viperino deles, escreveu uma pequena crônica de sátira à referida Liga, designando-a, sem mais delongas, como "A liga dos gatos pingados", vaticinando:

> Quando se escrever a História do Grotesco em nosso país, um dos capítulos mais curiosos, se for escrito com talento em bom humor, será o relativo à Liga dos Aliados. [aquela] risível Liga fundada para defender a Civilização e a Humanidade e estabelecer, por decreto, que os alemães, os boches, eram bárbaros, ignorando solenemente os americanos matadores de negros...[128]

Conta-se, sem insistir muito sobre a verdade do fato, que tal impertinência foi tamanha que teria motivado os próceres do governo a nomear Torres para um cargo consular — não apenas para corrigir o desbocado, mas sobretudo para se verem livres das suas catilinárias humorísticas.[129] Triste fim do incorrigível panfletário satírico, que terminou seus dias "enchendo faturas consulares ou redigindo as coisas mais inócuas do universo".[130]

Porque, naquele clima de início da guerra, qualquer impertinência, ainda que vinda de um humorista, era vista como diversionista. O nacionalismo, agora com um forte sentido mobilizador, fornecia uma espécie de nova missão aos intelectuais brasileiros. Os dilemas de representar a nação pareciam esvair-se frente à urgência de salvar o país, transformando-se em pontos de uma ordem do dia, em bandeiras de mobilização e de engajamento: no front externo, a campanha pelo serviço militar obrigatório; no front interno, as intensas campanhas religiosas, sanitárias e educacionais.[131] Eram estas que, a longo prazo, deveriam se converter em instrumentos mais adequados para moldar aquela já rarefeita "comunidade imaginada" chamada Brasil. Neste clima de retidão engajada e seriedade programática, como aceitar uma representação humorística do país, de sua gente e de sua história?

Significativamente, em 1916, discursando na Academia de Ciências de Lisboa, Olavo Bilac "declarava ultrapassada a fase ignóbil da ironia e da comédia", concluindo por dizer que "a nossa literatura, aqui e no Brasil, é hoje nacionalista e será nacionalista".[132] A sutil alusão de Bilac a um provável "repertório sério" de literatura nacionalista era mais uma espécie de repto aos humoristas, que assumiam de vez a auto-imagem de "engraçados arrependidos", sobrevivendo com o pouco que restava do oxigênio da agonizante cultura da Belle Époque.

Este clima, contudo, não impediu que o incansável Bastos Tigre lançasse o seu próprio semanário humorístico em maio de 1917, *D. Quixote*, congregando gente como Raul Pederneiras, Antonio Torres, Mendes Fradique, J. Carlos e tantos outros. Mas logo no primeiro número, numa daquelas divertidas entrevistas de Dom Quixote "com seus botões", ele acabava por perguntar: "Que me dizem vocês da idéia de um jornal humorístico nestas eras tristes e ameaçadoras?". "Boa idéia! Depende do feitio que lhe deres." "O feitio será papel 2-B, dobrado em oito, 24 páginas..." "Não é isso, o feitio moral, intelectual, político, literário..." "Ah! Esse será eclético, o meu semanário terá um pouco de tudo, como uma feijoada bem completa. [...]" "Será então um jornal sério?" "O mais sério do mundo! Com a diferença que dirá, sorrindo, o que os colegas dizem dando socos na mesa, socos

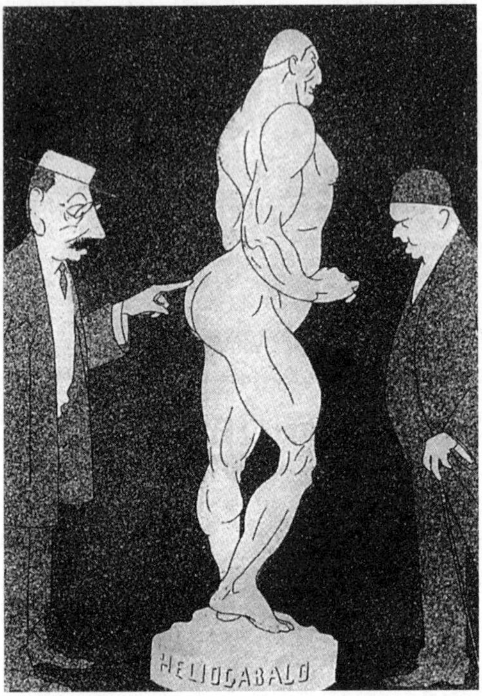

Olavo Bilac, colhido num instantâneo de sua admiração pela saúde física nacional, acreditava que a hora nacional do humorismo já havia passado. "Ah! Se todos os homens fossem assim", *fala de Bilac em charge de Seth, 1911.*

que não conseguem esborrachar a cabeça à maldade e à cretinice humana."[133] Lembre-se ainda que alguns meses depois o mesmo semanário inaugura uma coluna composta de caricaturas e textos, significativamente intitulada "O perigo do trocadilho".[134]

Tudo parecia sugerir um reforço quase regressivo da imagem de "engraçados arrependidos" nestes difíceis sobreviventes da cultura da Belle Époque. Seus humorismos, contudo, por estarem colados aos imperceptíveis lugares da invenção cotidiana, encontrariam uma sobrevida inesperada noutras esferas, não raro insuspeitas e inesperadas para a maioria deles.

Porque, afinal, para todo humorista, parece, foi sempre difícil livrar-se da máscara, ainda mesmo quando eles próprios reconheciam sua existência e acreditavam delimitar um território para um riso "negativo" ou cruel. Neste sentido, é curioso que Raul Pederneiras conclua o seu inusitado tratado sobre o riso de 1917 — um ano depois do peremptório discurso de Bilac — com uma alusão àquele riso sarcástico — o "riso cruel, o riso até as orelhas, aquele que é facilmente reproduzido na máscara facial do esqueleto". Mas talvez percebendo que os ventos não estavam assim tão favoráveis ... libertária alegria do riso naquele ano crítico de 1917, o versátil K... desta feita sinistro, completou: "Ocultando-se na caveira a parte sup... ...reira dos dentes cerrados como um sarcasmo de esmalte, na crueldad... ...onga horizontal".[135] Na época, alguns reclamaram que este esquema d... nem gracioso, nem belo, nem primava pela formosura. E ele respondeu, ...rino, simplesmente encerrando o tratado com uma frase cortante ... o padre Antônio Vieira: "Que cousa é a formosura senão uma caveira bem ...?".

3. A m... a dos desenraizados: humo... m São Paulo

Prefiro a lição dos humoristas à da história, porque dificilmente deletreio as coisas graves, e sou por natural melancolia inclinado às joviais anedotas.

João Ribeiro, *Cartas devolvidas*, 1926

Muito menos do que o Rio de Janeiro, São Paulo foi também um microcosmo do país no período da Belle Époque, pois vivenciou, talvez de maneira mais ambígua, a tensão expressa na ironia européia do vocábulo *bela época*, com seu tom meio sério e meio irônico, hesitante entre a frivolidade e a autenticidade, amalgamando temporalidades, sobrepondo o futuro ao passado numa visão nervosa dos dilemas do país. Amálgama de temporalidades, projeção do passado no futuro, deslocamento de significados da vida e da história também ajudaram a forjar, como na capital do país, uma representação da sociedade brasileira pela via da constatação da *ausência* ou da *recriação do sentido* — características intrínsecas de uma representação cômica ou humorística do mundo e da vida. Mas na história de São Paulo esta representação foi construída de uma forma peculiar e fortemente marcada por persistentes traços da memória coletiva.

O conhecido refrão “São Paulo é a c[illegible] cresce no mundo” foi inventado nos anos 20 para captar o clima de [illegible] e de euforia coletiva proporcionadas pelo espantoso crescimento urb[illegible]ulo a partir do início do século xx. Mas a rápida e vertiginosa metrop[illegible]ão Paulo produziu uma espécie de ofuscamento das lembranças pesso[illegible]mória coletiva. Parece que este esquecimento geral foi característico d[illegible] de criação das megalópoles modernas, algo necessário até mesmo para re[illegible] superficialmente a unanimidade dos refrões e o triunfalismo dos lugares [illegible]ns. Em São Paulo este processo de metropolização parece ter sido tão intens[illegible] destruiu brutalmente não apenas qualquer referência material, mas també[illegible]l-quer resquício de referência simbólica mais estável. Falamos especialme[illegible] neste momento da história da cidade que antecede a Guerra Mundial de 1914, neste período da Belle Époque paulista em que São Paulo viveu um processo social descontínuo e diversificado, no qual o universo forjado pela imigração maciça não chegou a romper com o universo social de sobrevivência dos ex-escravos. Como tão bem caracterizou Maria Odila Silva Dias, “um mundo não substituiu o outro mas foi sutilmente brotando um de dentro do outro, sob formas de convívio assíduo, às vezes de concorrência aberta, outras de preconceitos disfarçados, porém sobrepostos num entrelaçar de simultaneidades de tempos sociais que se cruzaram e se urdiram juntos na urbanização incipiente de São Paulo no pré-guerra”.[1] Este entrelaçamento de tempos sociais diversificados e descontínuos mostrou que São Paulo já convivia no início do século com aquela impressionante indefinição entre o nervosismo da metrópole burguesa e a persistência de toda uma série de traços coloniais e tradicionais da cidade. O espetáculo da modernidade, sintetizado nas imagens do avanço técnico, do progresso e do brilho da cultura, sofreu intervalos regressivos neste período, produzindo imagens compósitas, nem sempre bem definidas. Os registros mais significativos desta Belle Époque paulista, crônicas, memórias, romances, poemas, correspondência, aparecem hoje como restos esparsos e dispersos de uma singular espécie de esquecimento.

Nosso intuito, neste capítulo, é analisar a produção humorística desta época. A posição desses escritos na história da cidade de São Paulo é ambígua, já que a memória posterior da cidade, talvez por impossibilidade de classificá-los, acabou por deixá-los no esquecimento. O humorismo paulista da Belle Époque confundiu-se com aqueles escritores que se esforçaram por fazer a crônica da cidade de São P… omento de transição e de rápidas transformações sociais. Forma… m dizer, um grupo de escritores esquecidos. Esquecidos, em pr… r, pela própria efemeridade da produção humorística, toda ela ass… periodismo de jornais e revistas. Mas esquecidos, sobretudo, pela … e do seu enquadramento nos cânones literários. Trata-se de um pe… iverso sociocultural que não se enquadrou nos cânones modernistas … 22, embora já revelasse um olhar com todas as ambivalentes características … dernistas. Isso porque — como todos sabemos, mas temos dificuldade … explicitá-lo — os próprios significados de *moderno* e de *modernismo*, … o tendência geral, foram homogeneizados a partir de valores, temas e lin… uagens do grupo de intelectuais e artistas que fizeram a Semana de Arte Moderna, em São Paulo, no ano de 1922.[2] Mas, no fundo, o que parece ter criado uma distância radical entre o modernismo paulista e esta obscura produção humorística foi o visceral caráter anárquico e antiprogramático desta última. Por mais variada, circunstancial, efêmera e de inferior status literário que ela fosse, uma coisa parecia certa: tratava-se de uma produção pouco suscetível de abrigar quaisquer mensagens ou conteúdos que se prestassem a ser utilizados como programas, fossem eles de difuso cunho nacionalista ou outro qualquer.

UM HUMOR PRODUZIDO POR CRONISTAS OBSCUROS

Seguindo os mesmos procedimentos do capítulo anterior, esforçamo-nos por definir uma amostragem dos mais significativos escritores da época, cuja produção possuía um intrínseco caráter humorístico. A Tabela 3 procura resumir a trajetória dos principais humoristas da Belle Époque em São Paulo.

Ao contrário dos humoristas que atuaram na mesma época no Rio de Janeiro, a própria enumeração dos humoristas de São Paulo neste tempo já é significativa, pois todos eles parecem, com raras exceções, amplamente desconhecidos, e foram sobretudo jornalistas ou cronistas de ocasião. Entre estes podemos citar José Agudo (pseudônimo de José da Costa Sampaio), Moacyr Piza, Silvio Floreal (pseudônimo de Domingos Alexandre), Galeão Coutinho, Octacílio Gomes, Cornélio Pires, Raul de Freitas, Leo Vaz, Iago Joé (pseudônimo de David Antunes), Victor Caruso, Juó Bananére (pseudônimo de Alexandre Ribeiro Marcondes Machado), Belmonte (pseudônimo de Benedito Bastos

TABELA 3 — HUMORISTAS DA BELLE ÉPOQUE – SÃO PAULO

AUTORES	Alexandre Ribeiro Marcondes Machado	Arlindo Leal	Benedito Carneiro Bastos Barreto	Cornélio Pires	David Antunes	Domingos Alexandre	João Afonso Schmidt
DATAS	1892-1933	1871-1929	1896-1947	1884-1958	1891-1952	1862-1929	1890-1964
NOMES USUAIS E PSEUDÔNIMOS	Juó Bananére	José Elói	Belmonte	Tibúrcio; Joachin da Roça; C. Pires	Iago Joé	Silvio Floreal	Afonso Schmidt
FORMAÇÃO	Engenharia	(?)	Medicina (incompleto)	Curso primário; autodidata	Academia de Comércio (incompleto)	Curso primário; autodidata	Direito (incompleto)
ATIVIDADES PROFISSIONAIS	Jornalista; engenheiro	Jornalista	Caricaturista; jornalista	Caixeiro; tipógrafo; oleiro; professor; comerciante; inventor; jornalista; conferencista	Comerciário; bancário; jornalista	Pedreiro; funcionário postal; jornalista	Jornalista; membro da Academia Paulista de Letras; teatrólogo; radialista
PRESENÇA EM PERIÓDICOS	*O Pirralho*; *O Queixoso*; *A Vespa*; *Diario do Abax'o Piques*	*Vida Paulista*	*Alvorada*; *D. Quixote*; *Kosmos*; *A Cigarra*; *Vida Paulista*; *O Queixoso*	*O Saci*; *O Pirralho*; *A Gargalhada*; *O Malho* (RJ)	*Feira Literária*; *Letras da Província*	*O Queixoso*; *A Vespa*; *O Estado de S. Paulo*	*Comércio de São Paulo*; *Zig-Zag*
PRINCIPAIS OBRAS DE CUNHO HUMORÍSTICO	*Divina increnca* (1924); *Galabaro* (1917) (1931); *Sustenta a nota* (revista) (1921); discos humorísticos (1933)	*Teatro e sainetes cômicos*; *Galãs à força* (1903); *O boato e a crise* (1910); *A mulher do meu tio* (1919); *Cenas da roça* (s. d.); *Flor do sertão* (s. d.). Compôs letras para as toadas e tanguinhos de Marcelo Tupinambá.	*Meu amor! adoro-te* (1926); *Angústias de Juca Pato* (1926); *Assim falou Juca Pato* (1933); *Idéias de João Ninguém* (1935)	*Musa caipira* (1910); *Conversas ao pé do fogo* (1919); *Estrambóticas aventuras de J. Bentinho, o queima-campo* (1924); 16 discos da *Turma Caipira Cornélio Pires* (1929)	*Bagunça* (1931); *Briguela* (1935); *Incenso e pólvora* (1937)	*O rei dos caça-dotes* (1919); *Atitudes* (1922); *Ronda da meia-noite* (1925)	*Miniaturas* (1905); *O passarinho verde* (sainete) (1926); *Kellany* (opereta) (1934); *Pirapora* (1934)

TABELA 3 — HUMORISTAS DA BELLE ÉPOQUE – SÃO PAULO

AUTORES	José da Costa Sampaio	José Hippolyto da Silva Dutra	José Maria de Toledo Malta	Lemmo Lemmi	Leonel Vaz de Barros	Martim Francisco Ribeiro de Andrada
DATAS	1868-1923	1858-1909	1888-1951	1884-1926	1890-1969	1853-1927
NOMES USUAIS E PSEUDÔNIMOS	José Agudo	Hippolyto da Silva; Hydasil; Paff	Hilário Tácito	Voltolino	Leo Vaz; Diágoras	Martim Francisco
FORMAÇÃO	Academia de Comércio	Curso primário; autodidata	Engenharia	Tipografia; artes gráficas	Escola Normal	Direito
ATIVIDADES PROFISSIONAIS	Professor (Escola de Comércio)	Funcionário público; jornalista	Engenheiro; jornalista	Caricaturista; jornalista; publicitário	Professor; bibliotecário; jornalista; membro da Academia Paulista de Letras	Atuação política (deputado); membro da Academia Paulista de Letras
PRESENÇA EM PERIÓDICOS	*Comércio de São Paulo*	*O Grito do Povo*; *A Província*; *O Estado de S. Paulo*; *Vida Paulista*	*O Estadinho*; *O Queixoso*	*O Pirralho*; *Il Pasquino Coloniale*; *O Queixoso*; *D. Quixote*; *A Gargalhada*; *Vida Paulista*	*Folha da Noite*; *Diário da Noite*; *O Estado*	*Diário Popular*; *Correio Popular*; *A Cidade* (RJ)
PRINCIPAIS OBRAS DE CUNHO HUMORÍSTICO	*Gente rica* (1912); *Gente audaz* (1913); *O Dr. Paradol e o seu ajudante* (1913); *Pobre rico!* (1913); *Cartas d'Oeste* (1913); *O amor moderno*; *Scenas da vida paulistana* (1915); *Gente pobre* (1917)	*Humorismos da propaganda republicana* – 3 vols. (1904)	*Madame Pommery* (1919)	Ilustrações para os livros de Cornélio Pires, Juó Bananére, Monteiro Lobato, Trilussa e outros	*O professor Jeremias* (1920); *Ritinha e outros casos* (1923)	*Carta careta* (1888); *Rindo* (1919); *Gracejando* (1934)

TABELA 3 — HUMORISTAS DA BELLE ÉPOQUE – SÃO PAULO

AUTORES	Moacir de Toledo Piza	Octacílio Gomes	Oduvaldo Vianna	Raul de Freitas	Salisbury Galeão Coutinho	Victor Caruso
DATAS	1891-1922	1893-1963	1892-1972	1885-1946	1897-1951	1888-1959
NOMES USUAIS E PSEUDÔNIMOS	Antonio Paes	Jeremias	Mario Floreal; M. N.	Antonio Lavrador	Galeão Coutinho	Victor Caruso
FORMAÇÃO	Direito	Curso primário; autodidata	Escola de Farmácia (incompleto)	Direito	Curso primário; autodidata	Curso ginasial (Humanidades)
ATIVIDADES PROFISSIONAIS	Delegado de polícia; jornalista	Funcionário público; jornalista	Ator e diretor de teatro; fundador da SBAT; jornalista; radialista; cineasta	Funcionário público; revisor; jornalista	Jornalista; editor; radialista	Ourives; serígrafo; jornalista; tradutor
PRESENÇA EM PERIÓDICOS	*O Queixoso*; *O Pirralho*; *A Vida Moderna*; *Estadinho*	*D. Quixote*; *A Cigarra*; *Vida Moderna*; *Vida Paulista*	*O Imparcial*; *Gazeta de Notícias*; *A Noite*; *Zig-Zag*	*O Minarete*; *O Queixoso*; *O Parnaso*; *Kodak*; *A Gargalhada*	*Comércio de São Paulo*; *Folha da Noite*	*Silhuetas*; *A Onda* (Campinas)
PRINCIPAIS OBRAS DE CUNHO HUMORÍSTICO	*Sátiras* (1916); *Galabaro* (1917); *Roupa suja* (1923); *Vespeira* (1924)	*Os filhos da Candinha* (1923)	*Amigos da infância* (1916); *Ordenança do coronel* (1917); *O almofadinha* (1919); *O Castagnaro da festa* (1928); *Um tostãozinho de felicidade* (1931); *Mas que mulher* (1932)	*Sonetaços* (1923)	*Parque antigo* (1920); *Câmbio a três* (1931); *Memórias de Simão, o caolho* (1937); *Vovô Morungaba* (1938)	*Para ler no trem* (1911); *De barriga pro ar* (1915); *Livro para sogras* (1917); *Prosa jocosa* (1931); *O sultão sem mulheres* (1934)

Barreto), Epandro (pseudônimo de Euclides de Andrade), Voltolino (pseudônimo de Lemmo Lemmi). A estes, acrescentamos nomes para os quais nem sequer dispomos de informações seguras como Arlindo Leal, e ainda outros que, embora de uma geração mais velha, foram também responsáveis por uma produção predominantemente humorística, como Hippolyto da Silva e Martim Francisco. A listagem é longa, mas trata-se de autores para os quais seguramente não dispomos nem de antologias nem de "obras completas"; se nos colocarmos na perspectiva da história da literatura eles serão automaticamente excluídos, pois foram cronistas obscuros, jornalistas ou caricaturistas de ocasião ou escritores bissextos. Escritores bissextos como Raul de Freitas, Octacílio Gomes e José Maria de Toledo Malta, que publicaram apenas um livro, sendo que, dos dois primeiros, são coletâneas de versos publicados em jornais, e do último, o famoso romance *Madame Pommery*. A produção humorística de alguns deles, como muitos de seus confrades que atuaram no Rio de Janeiro, revelou fortes ligações com o teatro de revista e com as criações musicais mais populares na época: estes foram os casos mais notáveis de Juó Bananére, Oduvaldo Vianna, Arlindo Leal e Cornélio Pires. No quadro geral da produção intelectual paulista na Belle Époque, todos ocuparam uma posição ambígua: desligados dos pouquíssimos circuitos de produção literária paulista e, a rigor, colocados à margem de qualquer escola literária, caracterizaram-se por possuir ligações extraliterárias, mas sobretudo por participarem ativamente do efervescente periodismo da Belle Époque paulista.[3]

Sem fazer propriamente uma história sociocultural, boa parte da crítica e das histórias culturais e literárias construíram modelos de interpretação, periodizaram e releram o passado cultural do país com as lentes do movimento de 1922. O apego a estas formas de interpretação conduziu alguns estudos a deixar de lado aquelas manifestações ou personagens não diretamente engajados em eventos erigidos como marcos da periodização. No caso da literatura paulista, isso apenas acentuou ainda mais aquele processo de esquecimento. Por isso, nos manuais da nossa história literária e cultural, quando aparecem, estes humoristas e cronistas são rapidamente enquadrados em movimentos culturais que vieram antes ou depois deles: "regionalismo", no primeiro caso, "pré-modernismo", no segundo. Mesmo com sugestões e encaminhamentos diversos, os estudiosos do período continuam insistindo na ambigüidade do termo "pré-modernismo".[4]

O humorismo paulista na Belle Époque teve como característica comum o envolvimento com a larga proliferação das revistas semanais, como A Rolha, *que, por causa da censura vigente no Brasil naquele ano, dizia-se "um semanário independente... enquanto puder".* (*Reprodução de capa de* A Rolha, *12.11.1918.*)

À parte raríssimas exceções, os humoristas paulistas mantiveram — é certo que sem nenhuma regularidade — colunas nas revistas semanais. (Reprodução de capa de Vida Paulista.)

No caso desses humoristas a situação é inusitada, pois ao contrário dos seus confrades do Rio de Janeiro, estavam bem mais distantes das instituições de legitimação literária, concentradas na capital do país. Mas sobretudo encontravam-se muito mais desligados de escolas literárias e, em muitos casos, completamente à margem tanto do parnasianismo como do simbolismo. Foram raros os que se utilizaram do soneto como forma de expressão humorística e, quando o fizeram, foi explicitamente para mostrar, através da paródia, seu inconformismo, sua iconoclastia e seu distanciamento em relação às escolas literárias e aos formatos estéticos por elas propostos.

Uma das características comuns a estes humoristas foi a intensa participação no efervescente periodismo paulista da Belle Époque. Todos escreveram para jornais, alguns apenas ocasionalmente, mas a maioria teve um larga produção, sobretudo nas revistas semanais que tiveram um forte incremento nesse período. Cinco deles escreveram peças teatrais, sainetes cômicos ou textos para teatro de revista. Apenas seis tiveram uma formação completa em algum curso superior (direito e engenharia); cinco tiveram sua formação truncada, pois não conseguiram concluir qualquer curso específico, e o restante — sete deles, já que a respeito de Arlindo Leal não encontramos maiores informações — fizeram o curso primário, foram autodidatas e acabaram por ingressar precocemente no jornalismo, embora tivessem exercido outras profissões e atividades. A maioria também não teve atuação ou participação política direta, embora o engajamento nas publicações paulistas na Campanha Civilista em 1909-10 os tenha levado a utilizar sua produção cômica em favor da candidatura Rui Barbosa e dos interesses de São Paulo. Mas será um engajamento circunstancial, já que a trajetória de grande parte deles revela um certo distanciamento dos quadros políticos oligárquicos. Como analisaremos adiante, a conjuntura da guerra mundial e o engajamento de grande parte da intelligentsia brasileira, a partir de 1915, nas campanhas nacionalistas irão aguçar alguns conflitos pessoais com outros escritores paulistas, provocando um significativo refluxo na produção destes humoristas.

Em grau bem menor do que o grupo de humoristas que atuou no Rio de Janeiro, o humorista típico deste período da história de São Paulo — como se pode notar pela análise da trajetória de muitos deles — condensa em si mesmo as figuras do caricaturista, do cronista da imprensa ligeira e do revistógrafo. Neste caso, o humorista também é uma figura múltipla, com alta capacidade de trânsito entre práticas culturais distintas. A diferença, no caso dos humoristas que atuaram em São Paulo, é que estas várias práticas culturais serão muito mais restritas neste período, e muito menos diversificadas do que no Rio de Janeiro.

Ressalte-se ainda que a maioria deles ficou à margem do movimento modernista de 1922 e, sobretudo, do circuito da literatura paulista que se desdobrou para outros propósitos nos anos posteriores. Cinco já haviam falecido pouco antes do ano de 1922, mas o restante, com raríssimas exceções, ficaria distante tanto das colunas humorísticas dos jornais como da produção literária paulista da última metade da década. Essa característica, peculiar aos humoristas paulistas, merecerá neste capítulo — naturalmente, dentro dos limites fornecidos pelas fontes — uma análise mais circunstanciada.

Apesar de variada, a circulação das revistas semanais flutuou ao sabor de circunstâncias que muitas vezes eram afetadas por questões políticas locais. Daí o caráter efêmero das publicações humorísticas, que alcançaram uns poucos números — embora com grandes tiragens —, tais como Psiu...Olha o Raspão!, *semanário de 1904, ou* Cara Dura, *de 1908, reproduzido acima.* (*Capa de* Cara Dura, *cabeçalho, 1908.*)

UM *AGUDO* OBSERVADOR DA APARÊNCIA SOCIAL

A João Grave
Oferece
José Agudo.

Foi esta a dedicatória de *Gente rica*, de 1912,[5] primeiro livro de alguém que, se não se apresentava explicitamente como humorista, pelo menos como um escritor que se dedicava a atacar, com o agudo cutelo da sua graça, a gravidade dos fatos e das ações humanas. Ausente das histórias literárias e, quando presente, visto apenas como um escritor menor, de dotes modestos, foi este professor da Escola de Comércio Alvares Penteado, português de nascimento, chamado José da Costa Sampaio quem escreveu — pelo menos em número de páginas! — a maior série de romances que buscaram retratos humorísticos da Belle Époque paulista. Entre 1912 e 1919, sob o pseudônimo de José Agudo, produziu sete romances com histórias que tinham por cenário a São Paulo da época.

Retratos sempre coloridos pelo humorismo, talvez a única forma possível de captar a velocidade da sobreposição dos tempos sociais na São Paulo da Belle Époque.

O primeiro livro da série, intitulada *Scenas da vida paulistana*, é *Gente rica*, definido pelo próprio autor como uma "epopéia da abastança". São vários personagens, todos assíduos freqüentadores do Café Guarany, da Castellões, da Rottisserie Sporstman e de outros lugares da afluente sociabilidade paulistana, que resolvem fundar uma associação, uma "mútua". O personagem principal é Juvenal de Faria Leme, "paulista da gema", neto de descendentes diretos de Fernão Dias Paes Leme e bisneto do tenente Francisco Bueno Garcia Leme, "um dos trinta felizes membros que testemunharam o célebre desarranjo intestinal do Príncipe Regente, ocorrido na tarde do não menos célebre 7 de setembro". Apesar das origens, trata-se de um personagem absolutamente extravagante: abominava suas origens aristocráticas e envergonhava-se de ser forçado a "honrar-se de ser neto ou bisneto de bandidos e ladrões". Hábil no exercício das palavras, expunha suas teorias aos amigos: a teoria *hidráulico-econômica*, que comparava os homens a bombas d'água, classificando-os em *aspirantes* e *prementes*, sendo que os últimos faziam "pressão sobre o dinheiro para que este suba e esguiche em jactos confortadores"; a *teoria culinária*, resultante da sua nojenta experiência como lavador de pratos em restaurante e que dividia os habitantes de São Paulo em duas classes únicas: *os que cozinham e os que comem*. Mas Juvenal Leme, cujo cognome popular era Juvenal Paulista, era o clown, o observador atento, macarrônico por excelência, da cidade de São Paulo, designando o Guarany como "o café dos bacharéis em perspectiva" e a Rotisserie como "o lugar mais apropriado da cropofilia intelectual".[6]

É ele quem diagnostica, afinal, a febre endêmica pela qual passava a São Paulo da Belle Époque: a *mutuomania* — na verdade, uma metáfora cômica para designar as *coteries*, o grupalismo e, no limite, o monolitismo das elites paulistas, vistas aí, metaforicamente, pelo prisma dos grupos intelectuais. Provavelmente, uma destas referências sutis é ao senador Freitas Valle, simbolizado por um dos participantes da *mútua* — o dr. Orthépio Gama, senador, francófilo, "árbitro das elegâncias paulistas", possuidor de uma adega "que parecia um templo gótico" e que, sob o pseudônimo de Jean d'Anvers, escrevia "versos adoráveis" como os que vão transcritos a seguir:

Les fourmis noires sont blanches,
Les fourmis blanches sont noires...[7]

Segundo Brito Broca, o poema original era muito conhecido e parodiado entre os estudantes da Academia de Direito, e possuía uma quadra que dizia assim:

Les myosotis sont-ils bleus?
Les myosotis sont-ils blancs?
Sont-ils bleus, dis, commes tes yeux
Sont-ils blancs, dis, comme tes dents?

Quadrinhas pitorescas que os próprios estudantes, por troça e irreverência, assim traduziam: "Os miosótis são azuis?/ Os miosótis são brancos?/ Os miosótis azuis são brancos?/ Os miosótis brancos são azuis?".[8]

Entre os inúmeros personagens — dos quais a paródia de Freitas Vale era um deles —, cada um com a narrativa das suas risíveis idiossincrasias pessoais, *Gente rica* acaba por se constituir, segundo os desígnios de Agudo, num elogio da riqueza — mas é um elogio desmedido, de exagerada e hiperbólica ironia, talvez a única forma possível de sublimar os travos de preconceitos e ressentimentos sociais. Mas é o intuito cômico que prevalece, ou até mesmo humorístico, já que Agudo parecia dominar, como poucos, as modernas estratégias de distanciamento, quando, por exemplo, antes do final da trama romanesca, ele confidenciava ao leitor:

> E o fato de convivermos durante mais de treze meses com doze ou treze personagens, sem ter morrido nenhum deles, não é também digno de ser admirado? Não houve um só assassinato, um só suicídio, nem sequer um só esmagamento por automóvel ou bonde elétrico...[9]

Esta atitude não será mesmo incomum nos restantes livros da série *Scenas da vida paulistana*. Seus romances tinham todas as características de folhetim humorístico, com lances confusos, troca constante de narradores, mas sobretudo excessivas intervenções do autor que, certamente, quando não impacientavam os leitores, complicavam bastante a resolução dos episódios.

Nada a estranhar a esse respeito, quando o próprio Agudo definia o gênero romance como "o realejo dos *fatos diversos*", referindo-se, com ironia, aos seus próprios livros, cujos capítulos, quando separados, nada perderiam se fossem publicados sob a forma de episódios semanais nos jornais. E com humor ferino arrematava discorrendo sobre os procedimentos escusos utilizados para se escrever tais livros:

> Esse processo consiste em abrir alguns tratados de clínica psicopatológica, ler as respectivas observações, dar nomes aos casos, imaginar diálogos mais ou menos animados, colocar tudo em espaços prolixamente descritos: e aí surge o romance de uma histeria, o calvário de um epilético, a odisséia de um dipsomaníaco ou o pungente drama da luta entre as ações simultâneas das diversas personalidades que podem coexistir num mesmo indivíduo.[10]

É assim que em *Gente audaz*, de 1913,[11] várias narrativas se cruzam e se desdobram em tantas outras histórias, a maioria delas com o evidente intuito de produzir comicidade. A narrativa central conta a história de Cássio Paz Pereira, guarda-livros de profissão mas também escritor-humorista, autor de um livro de sucesso intitulado *Caricaturas sociais*. Mas duas outras narrativas se interpolam a esta: uma narração pessoal e irônica que o próprio personagem faz da abolição e da República e uma outra, na qual procura explicar de que maneira ele próprio se tornaria jornalista. Esta última é a narrativa jocosa e meio "misteriosa" de um certo sr. Muniz que, cheio de neuroses e idiossincrasias pessoais, e sofrendo ainda de "severa e extravagante pudicícia excretorial", costumava defecar em folhas do *Jornal do Commercio*, as quais, depois de embrulhadas cuidadosamente, eram atiradas num terreno baldio. Desconfiados dos constantes furtos que estavam ocorrendo na cidade, os policiais acabam por flagrar o sr. Muniz jogando um dos seus embrulhos num terreno baldio no caminho de sua casa. As cenas são cômicas, sobretudo quando o delegado, acompanhado da força policial, exige que Muniz informe à autoridade o conteúdo dos dez embrulhos jogados no terreno. Daí vem a descoberta, acompanhada de toda a assistência popular. Constrangimento total do delegado, sobretudo quando alguém da multidão sugere em voz bem alta: "Ora bolas!... Os embrulhos pelo menos deviam ser juntos aos autos do inquérito. Pois então?!... Corpo de delito perfeito e acabado". "Aí, novas gargalhadas casquinaram", conclui, divertido, o autor.[12] O caso narrado,

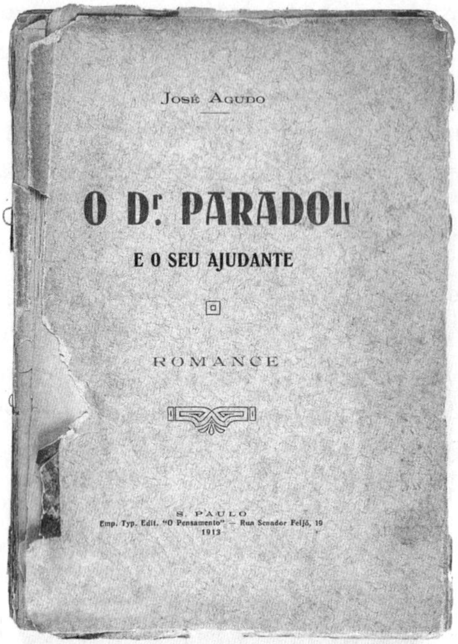

O livro O Dr. Paradol e o seu ajudante, *1913, foi um dos sete romances nos quais José Agudo procurou retratar humoristicamente a híbrida sociedade da Belle Époque paulista.*

beirando o mau gosto, junta-se a uma série de narrativas cujo mote principal é a sátira à intelligentsia paulista. Talvez por isso o livro tenha despertado a ira de um dos redatores da mais notável revista semanal da Belle Époque paulista, *O Pirralho*, como veremos adiante.

É em *O Dr. Paradol e o seu ajudante*, de 1913,[13] que Agudo revela-se na plenitude da sua vocação folhetinesca: são inúmeras narrativas que se entrecruzam, resultando num quadro absolutamente infenso a quaisquer resumos. O Dr. Paradol anuncia, pelos jornais, a fundação do Instituto Racional, que se propunha a responder "qualquer pergunta sobre questões racionais".[14] O resultado, como era de esperar, é uma notável enxurrada das mais estapafúrdias consultas, do jogo do bicho ao horóscopo, de sorte no amor à cura de doenças crônicas. Mas esta é apenas uma das narrativas que se mistura com dezenas de outras variantes. O próprio Dr. Paradol disfarça-se num sem-número de outros personagens: Oscar Menezes, Gustavo Lemos e Augusto de Sousa. De cada um deles desdobram-se várias outras tramas rocambolescas: numa delas, Georgina, egressa do colégio de freiras e casada com Augusto de Sousa, é surpreendida com o amante numa casa suspeita, mantida por Marieta, sua antiga criada; na seqüência da trama, chantageada por um amigo de seu marido, Georgina é forçada a ter com ele relações sexuais, sendo contaminada com doença venérea que ela, por sua vez, transmite ao amante, suicidando-se em seguida.[15] Aparentemente dramática, a narrativa é apresentada de forma cômica por Agudo: incapaz de manter a seriedade, ele introduz em tudo a nota cômica, transformando a contingência e o acaso em motivos para o riso e a gargalhada. Não é possível aquilatar até que ponto tal atitude não era condenada ou censurada por utilizar um humorismo degradante ou negativo.

Agudo também desenvolve a habilidade em misturar situações sérias, quase solenes, com resoluções prosaicas, que quase sempre terminavam ao som de uma fala popular, refrão folclórico ou dito cômico. É assim com o romance *Pobre rico!*, que fazia a sátira do comércio e dos comerciantes em geral, e que se subdividia em duas partes muito simples, que acabavam apenas por ilustrar uma expressão comum na fala da época: "pobre rico!".[16]

Já em *Cartas d'Oeste* Agudo cria um personagem imaginário que se retira para o interior do estado e passa a escrever, regularmente, cartas para seu amigo, o paulistano Juvenal Leme ou Juvenal Paulista. Neste caso, as tiradas humorísticas surgem naturalmente dos fortes contrastes entre a vida no meio rural e a vida na "metrópole cinematográfica", na expressão irônica do missivista. Todas as referências cômicas nascem da oposição entre os dois contextos que, por contraste, aparecem dissociados, criando um efeito de deslocamento de sentido. A cena cômica mais engraçada é um diálogo que o personagem mantém com um grão de café, desdobrando-se desta conversa toda uma série de situações paródicas a respeito da economia cafeeira paulista.[17]

É apenas no seu último livro, *A pedra que fala*, que José Agudo deixa transparecer no seu humorismo uma certa tonalidade moralizante; o livro narra as aventuras de um brilhante por meio das suas sucessivas proprietárias — prostitutas, célebres *coccotes* com nomes franceses, proxenetas, boêmios, e até senhoras da elite paulistana.[18]

Mas os excessos de José Agudo vinham muito mais do forte emprego dos seus naturais dons de observação, e de uma inusitada atitude de observador que não cuidava de evitar o pitoresco e até mesmo o grotesco, chegando a revelar um certo desprezo pelos escritores e poetas que buscavam atingir o "segredo" ou a "essência" das coisas. De maneira semelhante a muitos dos seus confrades humoristas, não conseguia disciplinar-se em nenhum momento, nem procurava filtrar literariamente cenas e situações, ainda que cômicas, de evidente mau gosto, as quais, em última análise, espelhavam uma realidade cheia de ressentimentos e rebarbas sociais. Mais do que um cronista macarrônico da cidade, José Agudo foi sobretudo um observador autêntico e risonho da inusitada e peculiar sociedade que se formava na Belle Époque paulista.

O MACARRONISMO ÍTALO-CAIPIRA DE JUÓ BANANÉRE

Quem foi Juó Bananére? Antônio de Alcântara Machado dizia que, até os anos 20, "ele foi o cronista mais popular da cidade de São Paulo".[19] Mas a maioria dos leitores atuais certamente continua a fazer a mesma pergunta.[20] Desenhado pela primeira vez pelo caricaturista Voltolino no ano de 1909, Juó Bananére — uma versão italiana do "João Bananeiro", o vendedor de bananas do cotidiano das ruas de São Paulo — foi o pseudônimo adotado por Alexandre Marcondes Machado, então estudante da Escola Politécnica. Começou a escrever em 1911 no nanico semanário *O Pirralho*, dirigido pelo jovem Oswald de Andrade.

Não é fácil ler o que Bananére escreve, pelo menos quando o fazemos pela primeira vez. É preciso ambientar-se lentamente ao macarrônico, que mistura dois universos lingüísticos provenientes não só de registros escritos mas também e sobretudo dos instáveis registros orais. A deformação lingüística de Bananére imitava o falante não letrado, brasileiro ou italiano, que deturpava as palavras porque lhe faltava a memória escrita. Aliás, não viria daí um tanto da enorme popularidade de Bananére na época, quanto à dificuldade inicial de entendê-lo nas leituras posteriores? "A artugrafia muderna é una maniera di scrivê, chi a genti escrive uguali come dice", respondia o próprio Bananére numa de suas colunas do jornal, intitulada "O Rigalegio — dromedario ilustrato, organo independento do Abax'o Piques i do Bó Ritiro", que prometia os seguintes assuntos: "anarchia, sucialismo, literatura, vervia, futurismo, cavaçó".[21] Bananére fez crônicas impiedosas sobre os homens políticos em geral, sobretudo no período da Campanha Civilista, tratando dos eternos problemas oligárquicos de corrupção ou de escândalos financeiros: numa delas dizia, por exemplo, que muitos daqueles homens públicos só procuravam seguir à risca o que dizia a "Sagrata Escritura" e, com ironia, transcrevia sua versão macarrônica do Evangelho: "Ama u prospero molto maise di vucê".[22]

Embora com resultados completamente diversos, o procedimento macarrônico de Marcondes Machado era proveniente do mesmo registro da fala "caipira" oralizada, menos aparente em Bananére devido à anárquica incorporação da língua italiana. Embora Juó Bananére tenha nascido como protótipo da pena do caricaturista Voltolino (Lemmo Lemmi), seu autor real, o engenheiro Alexandre Ribeiro Marcondes Machado nasceu em Pindamonhangaba e passou a infância e a adolescência no interior do estado. Este é um dado aparentemente irrelevante mas que poucos haviam lembrado. Eis aí, afinal, recriado e filtrado o "João Bananeiro", apelido muito popular nos repertórios caipiras e nas *gramatiquinhas* de Cornélio Pires.[23]

Um breve exame das crônicas e poemas de Bananére mostra uma língua macarrônica completamente anárquica: ela reproduz tanto palavras italianas de uso mais freqüente como as da língua portuguesa; "italianiza" não apenas as gírias mas também as construções. Só havia uma coisa constante nesta língua caricatural de Bananére: ela reproduz graficamente tudo aquilo que capta foneticamente. Ora, captar oralmente a fala paulistana da época era captar também uma fala acaipirada, proveniente de traços já existentes no linguajar, embora dificilmente perceptíveis. Fiquemos, no que se refere a uma possível "língua caipira", em dois registros da época: o *Dialeto caipira*, síntese reunida e escrita por Amadeu Amaral em 1920, e as diversas listagens de palavras e expressões que Cornélio Pires colocava anexadas aos seus livros.[24]

Pelo menos três traços essenciais de um possível dialeto caipira apontados por Amaral estão presentes nas crônicas e poemas de Bananére. No aspecto fonético, as formas sincréticas de consoantes (b e v) e de vogais (a/u — ão/on), e na sintaxe, as construções arrevesadas do tipo "a pulitica é maise migliore di bó" ou "si o meu carculo non erra", "temos fazido" etc. Embora algumas tentativas tenham sido feitas, é quase impossível encontrar um padrão na anarquia macarrônica de Bananére.[25] Sua anarquia se aproxima muito mais do caráter de improvisação, ligeireza e um certo desleixo das criações de Cornélio Pires. Cabe acrescentar que este último não abandonava a atitude de galhofa nem nos momentos sérios, já que perguntado, certa vez, sobre "como escrevia", respondeu, insolen-

Diario do Abax'o Piques

$300

DIARIO SEMANALE DI GRANDE IMPURTANZA

PRUPRIETA' DI UNA SUCIETA' ANONIMA CUMPRETAMENTI DISCONHICIDA

Direttore: CAV. UFF. JUO' BANANÉRE

ANNO I || Zan Baolo, 18 di Maggio 1933 || NUM.º 3

Sobri a appricaçó da nuova legge inletorale

COME SI FAIZ A APURAÇÓ DOS GANDIDATO INLEGIDO. — PRIMIERO TORNO. — SEGONDO TORNO — KOCIENTE PARTIDÁRO. — GANDIDATOS INFRAKZIONATO. — GANDIDATOS IMPATADO. — A INFRUENZA DA LUA NAS OPERAÇÓ DA APURAÇÓ INLETORALE. — MANIERA DI IXTRAI O LOGRARITIMO DOS GANDIDATO. — NO SEGONDO TORNO DOIS E' DOIS MESI MO I TREIS E' TREIS MESIMO.

Io non sê perché amutive andano afazeno tamagna ingonfusó c'oa nuova legge inlettorale a rispetto da maniera di apurá quale furo os gandidato inlegido. Intritanto, non tê nada maise simpres i maise cráro do che agua.

P'ra assabê quale furo os inlegido, a genti non tê maise che cuntá os numaro di inlettore chi votáro in tutta inleçó nu Stato intirigno, o che in meno di unos quattro anno a genti giá fica assabeno, perché o Tribonale Inlettorale deverá aterminá a puraçó nisto lapis di tempo.

Sabito o numaro totale di avotantes a genti adivide istu numaro p'ra raize aquadrata do numaro di gandidatos inlevato ao quadrato. Isto numaro a genti mortiprica p'ro numaro totale di gandidatos adividido p'ro tempo da apuraçó i tira o lograritimo di gada gandidato. Isto sará o xamado kociente inlettorale. P'ra tirá o lograritimo si apprica una injeçó di cogaina chi é p'ra non doê. Chi arcança istu kociente stá inlegido in primiéro torno.

Resta aóra sabê quantos gandidato furo inlegido in primiero torno.

Sendo ventisdue os lugáro, si furo inlegido os ventisduo inzato stá cabada a puraçó, ma podi si dá 3 causo: a) se inlegido meno di 22 in primiero torno; b) sê inlegido maise di ventisdue no 1.º torno i c) sê inlegido meno di ventisdue i uno numaro quibrado come diciotto i mezzo o diciasei i uno quarto, ecc.

Na impotesis a, o che fartá sará tirado do kociente partidáro i o resto do 2.º torno.

Na impotesi b fica os ventisduos maise veglio, i no causo di tê uno o duos impatado, faiz una lutta romana inliminatoria i entra o che agagná dos ôtro.

Si inda assim illos impatá, bota intó os impatado na a balanza i entra o maise pesado. Si impatá no peso, só dando nellis!

Na impotesis c, si o quebrado fô minore di mezzo a genti dispreza i si fô maiore di mezzo si arrangia nos gandidato avurso o che fartá p'ra interá i entra, disposa di bê misturado i agitado.

Inlegido os gandidato di primiêro torno apassamos p'ro kociente partidaro.

Isto kociente si obtê pigando o kociente inlettorale i dividindo p'ro numaro di votos di "legendia", mortipricato p'ro numaro di gandidatos di cada apartido menos o numaro di gandidato do partido gontrario,

O matamatico do Tribunale Inlettorale àfacendo os curculo p'ra indisgobri quale furo os gandidato inlegido p'ra Incostituinte nas inleçó di 3 di Maggio

Captar oralmente a fala paulistana da época era misturar o falar italianizado com a fala acaipirada, base da linguagem anárquica utilizada por Juó Bananére, talvez o mais notável humorista paulista no período. (Reprodução da 1ª página do Diario do Abax'o Piques, *1933.)*

te: "Escrevia no banheiro. Primeiro, porque tinha vergonha de escrever. Segundo, porque tinha muita gente na pensão onde morava...". E ao mesmo interlocutor, que insistia para que Cornélio respondesse de qual dos seus livros ele mais gostava, ele voltava a assumir a vocação jornalística do humorista: "Você perguntou, quando íamos passando em frente ao Clube Comercial, qual de meus livros acho melhor. Respondi secamente: nenhum. Mas não dei as razões... Quer saber? Meus livros não prestam, porque nunca releio o que escrevo e a todos eu os fiz, no máximo, em quinze dias cada um...".[26]

As criações de Bananére revelam também a mesma espécie de desleixo acomodado de Cornélio Pires; os dois, como a grande maioria dos outros humoristas, estavam acostumados ao ambiente das redações dos periódicos, à escrita rápida, ligeira, não monumental, que se prestava inclusive à utilização no espetáculo, fosse no teatro musicado, na revista humorística ou nas cortinas e cenas cômicas. Mas o humor de Bananére era muito mais excessivo e hiperbólico do que as criações de Pires, sendo as deste último mais repetitivas, simples e diretas. Naquela que consideramos uma das melhores construções paródicas de Bananére, "A ceia dos avacaggliado (Peça in I Attimo)", proliferam os efeitos cômicos mais contundentes do macarrônico, com as versões brasileiras dos fidalgos arruinados da Belle Époque: três coronéis decadentes ou "cavadores" conversam num jantar sobre os seus destinos inglórios. É uma paródia com propósitos de sátira política, com significados muito peculiares à época, exemplificados já na apresentação dos personagens: "Capitó, infabricanti di fazenda" (Senador Rodolfo Miranda, do PRP), "Garonello, gandidato cronico di tutas inleçó" (Coronel José Piedade, também um dos próceres do perrepismo) e "Bigudino, veterano da guerra co Paraguaio" (não identificado).[27] Trata-se afinal de uma paródia da peça *A ceia dos cardeais*, de Júlio Dantas, de 1902. Só que já se trata, provavelmente, de uma paródia triangular, ou de uma paródia da paródia, uma vez que, anos antes, Bastos Tigre havia feito uma paródia da mesma peça com o título "A ceia dos coronéis".[28] No original de Júlio Dantas, um dos cardeais conclui a conversa, dizendo: "[...] foi ele, de nós três, o único que amou"; na paródia de Bananére, um dos "avacaggliado" conclui: "Se duvida, fui elle o mais barrado! I di nóis treis o maise avacaggliado".[29]

A faceta cômica, pelos excessos hiperbólicos, também enveredava, não raro, por um lado do humor degradado ou negativo. Mas no caso de Juó Bananére seus poemas resvalaram quedas muito mais para o terreno do obsceno e do escatológico do que propriamente para o cômico fundado na degradação pessoal. É o caso dos "versinhos populares", nos quais Bananére parodiava conhecidas brincadeiras infantis e quadrinhas do tipo "adivinha" introduzindo modificações obscenas ou escatológicas:

O pintigno sáe do ôvo
O tigo-tigo tambê:

Tambê o jacarezinho
A gente inveiz... ó!

Gallo veglio bota ôvo
Uguali come as gallinha;
Pidaço de teglia e cacco,
Mandioca muida e farinha.

O Bacate é uma fruitinha
Chi tuttos munno cunhéce;
A genti mexi bê elli
I dispos... o che parece?[30]

A faceta cômica tinha outro lado, mais duro, certamente permeável ao riso, mas um riso que tinha algo de desagradável e até de sinistro. Nesta linha, podemos notar que a dimensão cômica em Bananére trazia consigo algo da exuberância hiperbólica da sua própria representação. Impossível não notar a atitude de condescendente crueldade em duas crônicas mais longas de Bananére: a primeira, "Grime rorosso", é a história de um dos seus personagens macarrônicos, o menino Semagnino Santo, que esfaqueia a própria mãe com toques de uma crueldade cínica; a segunda relata vários episódios pitorescos unidos por um fio comum: a extrema violência de alguns "crimes célebres".[31] Como nas fábulas, há sempre uma paródia moral que procura fazer um paralelo com a original: há, por exemplo, uma moral gaiata da violência na paródia de La Fontaine, chamada "Um lobo i o cordeirigno", que termina: "O qui vale nista vida é u muque...".[32]

O humor de Bananére parecia nascer do contraste de um certo provincianismo bairrista com aquela modernidade "compulsória" e meio canhestra da São Paulo da época. Mas há paródias de Bananére com nítida inspiração num certo "caipirismo" intimista, como nos poemas "Bcedário poetico", "Versinhos populáro" e "Ao luar". Aqui, outro aspecto importante das criações de Bananére: as relações que ele procurava estabelecer entre suas paródias e algumas canções mais populares da época. Muitos dos seus poemas paródicos vinham acompanhados, entre parênteses colocados logo abaixo do título, com a recomendação para serem cantados com uma determinada canção. Da primeira edição do pequeno livro *La divina increnca*, de 35 poemas paródicos, pelo menos oito deles são indicados para serem cantados com canções. E todos com canções que, pelas indicações que temos, tinham grande popularidade na época. É o caso do poema "O Dudu", para ser cantado com a música "Caboca do Caxangá" (de Catulo da Paixão Cearense, gravada por Eduardo das Neves em 1913); "Ao luar", com a música "Luar do sertão" (do mesmo Catulo e de João Pernambucano, gravada por Eduardo das Neves em 1914), ou "Garibu", acoplada à música "O matuto" (de Marcelo Tupinambá — pseudônimo de Fernando Lobo — e Cândido Costa), gravada por Mário Pinheiro em 1917.[33] Segundo indicações esparsas, todas as três canções eram constantemente "moídas" pelos gramofones que funcionavam nas casas de música, livrarias e, no caso específico de "Caboca do Caxangá", cantada nos corsos do carnaval de 1914.[34]

A miscelânea ítalo-caipira era naturalmente caricatural, articulando imagens para talvez compensar a inexistência de quaisquer traços de identidade ou afinidade social entre negros, egressos da escravidão, índios, caipiras e imigrantes italianos, enfim, entre aquela multidão de desenraizados da Belle Époque paulista. Tecida nas fímbrias da história oficial, a literatura de Bananére funcionou como uma espécie de catalisador simbólico da Belle Époque paulista e do seu convulsivo processo de metropolização. Um processo social descontínuo e diversificado, no qual o universo forjado pela imigração maciça de italianos não chegou a romper com o universo de sobrevivência dos ex-escravos. Talvez de forma mais notável que a dos seus confrades humoristas, o humor de Juó Bananére logrou produzir uma síntese anárquica entre o mundo caipira e dos ex-escravos — já manietado em suas esperanças — e o universo cultural e lingüístico do imigrante italiano, que constituiu o formidável amálgama da maior parte da cultura urbana paulista na mesma época.

Não que as elites paulistas não acolhessem o macarronismo ítalo-caipira e não procurassem algumas aproximações com estas produções humorísticas de traços populares. O "caipirismo" ou "nativismo" tornara-se uma espécie de moda intelectual, sobretudo depois de 1919, quando foi encenada no Teatro Municipal a peça *O contratador de diamantes*, de Afonso Arinos, desencadeando uma série de "saraus regionalistas" em que se cantavam canções sertanejas ou escritores famosos liam seus poemas de tendências caipiras.[35] Mas, no caso específico de Bananére e Cornélio Pires, a acolhida não teria sido muito receptiva. Juó Bananére, como veremos adiante, já estava afastado dos circuitos jornalísticos durante os anos 20. As criações humorísticas de Bananére, calcadas numa síntese anárquica pela impertinência, pelas rebarbas de ressentimento social que carregavam e, sobretudo, pela sua linguagem misturada tida como de mau gosto, certamente não agradavam, pelo menos ao público que freqüentava o Teatro Municipal, o Automóvel Clube, a Câmara de Comércio e outras instituições paulistanas do mesmo naipe.

Sabe-se, por indicações de diversas fontes, do sucesso inicial das conferências de Cornélio Pires, mas depois de 1921 não encontramos mais nenhuma indicação da sua presença nos circuitos de difusão da cultura em São Paulo. Aliás, só há uma referência famosa a Cornélio Pires, de 1918, numa carta de Monteiro Lobato a Godofredo Rangel, quando, remetendo-se às reações negativas ao seu famoso personagem de *Urupês*, escreveu:

> Aquilo [o caboclismo] foi fabricação histórica para bulir com o Cornélio Pires, que anda convencido de ter descoberto o caboclo. [...] O caboclo de Cornélio é uma bela estilização, sentimental, poética, ultra-romântica, fulgurante de piadas — e rendosa. O Cornélio vive, e passa bem, ganha dinheiro gordo, com as exibições que faz do "seu caboclo". Dá caboclo em conferências a 5 mil-réis a cadeira e o público mija de tanto rir. E anda ele agora por aqui, Santos, a dar caboclo no Miramar e no Guarani. Ora, o meu *Urupês* veio estragar o caboclo do Cornélio — estragar o caboclismo.[36]

A julgar pelo trecho da carta de Monteiro Lobato e a forma como ele encerrava a questão, parece que a sua versão do caboclo é que teria sido a mais impertinente. Mas, pensando nos testemunhos posteriores e na destinação futura das duas versões do caboclo — e da própria versão ítalo-caipira —, teria sido exatamente assim?

A VELOCIDADE DA PARÓDIA NOS RITMOS DE UMA PROVÍNCIA COSMOPOLITA

São Paulo não foi o tema único desses humoristas, mas foi a rápida história da cidade neste período que alimentou grande parte das suas crônicas, anedotas, paródias, peças teatrais e, em alguns casos específicos, romances produzidos na Belle Époque ou de publicação posterior, utilizando procedimentos memorialísticos e de contraposição temporal.

Tendo em conta o esquecimento ao qual esses cronistas foram relegados, as dificuldades de seu enquadramento pela crítica literária e aqueles silêncios da memória coletiva a que nos referimos no início do capítulo, optamos por chamá-los, evitando determinismos apriorísticos, de cronistas *macarrônicos.* Macarrônicos, em primeiro lugar, porque estilisticamente eles se caracterizam pela mistura, pela arte do fragmento, contingente, provisória, e portanto inclassificável — tal como a obra do monge renascentista Teófilo Folengo, escondido sob o pseudônimo de Merlin Cocai e cujos livros foram escritos inteiramente na *macarrônea* — uma mistura de latim e língua nacional que gerou uma terceira língua, de renitentes traços fonéticos, característica da literatura satírica do século XVI.[37]

A segunda razão do caráter *macarrônico* desses escribas tem a ver com a peculiaridade da experiência coletiva e das sensibilidades sociais em face da metropolização de São Paulo. Segundo uma caracterização geral — que não esconde, contudo, sua pontinha de paradoxo —, neste período de sua história, a cidade de São Paulo testemunha a transição de uma sociedade regional com certas consonâncias universais para uma sociedade cosmopolita de consonância inteiramente provinciana.[38] A crônica paulista da Belle Époque foi *macarrônica* porque, não dispondo de uma estética definida buscou, por meio de uma linguagem de transição, sintonizar-se com aquela sobreposição de tempos sociais na urbanização paulista. Se houve um humor paulista neste período, ele tentou produzir uma síntese entre o mundo caipira e provinciano — já manietado em suas esperanças — e o universo cultural e lingüístico da imigração — sobretudo, mas não apenas, do imigrante italiano — que coloriu a maior parte da cultura urbana paulista na mesma época.[39]

Diversos estudos mostraram que o macarronismo lingüístico constituía um dos recursos centrais, sendo largamente disseminado em revistas semanais de maior periodicidade como *O Pirralho*, *O Parafuso* e outras publicações do período 1910-4, reforçando os traços característicos de uma literatura de transição, ou pelo menos de busca de códigos alternativos de linguagem.[40]

Acostumados ao ambiente das redações dos jornais, à escrita rápida e ligeira, não monumental, as criações humorísticas paulistas revelam um desleixo acomodado, próprio de quem, como Cornélio Pires, dizia "escrever no banheiro, não apenas porque tinha vergonha de escrever", como também porque "tinha muita gente na pensão onde morava...". (A Cigarra, *15.3.1919.*)

Um dos mais notáveis por assumir a função de retratar o mundo caipira, ainda que filtrado e estilizado pela ótica do humor, foi Cornélio Pires, cuja trajetória de vida, por si mesma, já poderia ser vista como próxima da comédia. Mesmo seus biógrafos dificilmente conseguem separar a realidade do folclore envolvendo a figura de Cornélio Pires: nascido no interior do estado, autodidata, exerceu as mais diversas atividades profissionais, como caixeiro, tipógrafo, oleiro, comerciante, professor, funcionário público, combinando-as com a atuação no jornalismo e, depois, ficando mais conhecido como conferencista. Apesar de escrever ocasionalmente nas revistas semanais, na verdade ele começou a ficar mais conhecido ao iniciar sua carreira de humorista-conferencista em fins do ano 1914, no salão do cinema Campos Elísios em São Paulo, e a partir daí foi possível perceber, segundo seus biógrafos, que o que Cornélio fazia realmente era mais próximo de um show, mais um espetáculo cômico do que propriamente uma conferência.[41]

Mas o procedimento macarrônico dos humoristas paulistas não envolvia apenas a filtragem e a estilização caricatural do mundo caipira, mas um processo circular, inextricável e quase infinito de misturas, incorporações e apropriações — processo difícil, se não quase impossível de reconstituir. Desde o início da pesquisa chamamos estes procedimentos de macarrônicos para evitar enquadrá-los em rótulos já demasiado utilizados — como "regionalismo" ou "ciclo paulista" —, caminhando no sentido de deixar propositadamente indeterminada a qualificação dessa produção humorística e procurando entendê-la como resultante de uma prática sociocultural muito peculiar. Em vez de ver os textos e obras com um sentido absoluto e com chaves próprias (às quais caberia ao crítico decifrar), o que temos, neste caso, constitui um conjunto vivo de práticas e eventos, de destinos pessoais que lutavam por afirmar-se, por construir uma teia de significados para si e para o mundo. Esta época, marcada por uma estética de transição, coincide com um momento de grande incremento do jornalismo e das revistas semanais — os principais campos de atuação desses humoristas na Belle Époque.

O recurso ao humor verbal macarrônico difusamente espelhava a própria imagem errática, irregular e caótica da urbanização paulista na década inicial do século, e os procedimentos desse humor nunca chegaram a existir como um cânone ou um conjunto mais ou menos definido. Mas inúmeros exemplos das fontes nos mostram que o macarronismo cômico ocorria nos três planos da criação humorística: lingüístico, estético e temático.

Victor Caruso especializou-se, na época, em traduzir para o português o poeta dialetal romano Trilussa (pseudônimo anagramático de Carlo Alberto Salustri), adaptando-o ao linguajar paulista. Mas o dialeto *romanesco* de Trilussa não era o único a ser traduzido, pois a poesia dialetal toscana de Cesare Pascarella e Renato Fuccini, com intrínseca vocação cômica, também foi sistematicamente traduzida por Victor Caruso, que adaptava as referências cômicas de Trilussa ao cenário brasileiro e, mais especificamente, paulista.[42]

Como para os humoristas que atuavam no Rio de Janeiro, para os paulistas uma das formas preferidas do macarronismo lingüístico e estético foi a paródia humorística que, em muitos casos, foi direta, como no exemplo do poema de Cornélio Pires, "A origem do homem", de 1910, paródia do poema com o mesmo título do poeta macarrônico italiano Neri Tanfúcio (pseudônimo de Renato Fuccini). Em Tanfúcio, o Criador, depois de haver feito os vermes e o firmamento resolve, num momento de péssimo humor, criar o homem.[43] O soneto termina com o Criador exclamando diante da criatura: "Mondo Birbone, almeno ora se ride! [Mundo velhaco, ao menos já se ri!]". O poema de Tanfúcio escrito no *macarrônico* toscano foi assim traduzido por Victor Caruso:

Eu sei de fonte limpa: o Criador,
feito os vermes, feito o firmamento
Quis o homem fazer em um momento
De muito mau humor.
Mas, quando o concluiu,
E, vivaz, a gesticular o viu,
Pulou de alegre e disse para si:
— Mundo velhaco, ao menos já se ri! [44]

O soneto de Cornélio Pires, depois de negar astutamente todas as possibilidades de descendência do caipira paulista, dos bugres aos macacos, e de dar uma resposta honesta em relação aos "nativos" bugres (na sua grande maioria, literalmente "exterminados"), termina por uma resolução que imitava um dito muito comum à bonomia da época:

— O senhor por acaso não descende
dos bugres que moravam por aqui?
— Hom'eu nun sei dizê, vancê cumpreende
que essa gente inté hoje nunca vi.

Mais porém o Bernardo diz-que intende
Que os moradô antigo do Brasi
Gerava de macaco!... Inté me ofende
Vê um véio cumo ele, ansim, minti.

— D'outra feita um cabocro — aí um caiçara
— diz-que nasci um de dois e inté de treis,
quano estralava um gomo de taquara!

"Nóis num tem parente portugueis
nem mico, nem quati, nem capivara...
Semo fio de Deus cumo vancêis." [45]

Nem sempre o humor era solidário ou de traços prosaicos e leves; o próprio Cornélio Pires, nos seus primeiros poemas, captava o estado de conflito latente e os preconceitos sociais, quase sempre filtrados para o formato da exclusão étnica:

Óie italiano... cuidado;
pra me chama de veiaco,
lave a boca marcriado,
bote a sua viola no saco.

Não fosse eu tá no mercado,
seu dansadô de macaco...
quem te vale é esse sordado,
seu catinga de sovaco![46]

Em 1926, entre as várias anedotas reunidas no livreto *Tarrafadas*, de Cornélio Pires, o preconceito étnico e o ressentimento cheio de rebarbas sociais anarquizava, pelo excesso, as difusas mensagens nacionalistas:

Na porta da casa de um jagunço famoso havia uma tabuleta de madeira com os seguintes dizeres:

Mata-se:
Brasileiro.................. 1.000,00
Purtugueis.................... 500,00
Intaliano....................... 200,00
Espanhor......................... 50,00
Turco........................... de graça[47]

Nem sempre a mistura de componentes híbridos e variados, como se percebe, conduzia ao humor inocente. Mas, a rigor, todos os personagens eram macarrônicos, e pareciam, como escreveu Agrippino Grieco, "falar todas as línguas em guinchos confusos, mesclando Torre de Babel e Arca de Noé".[48] Todos os personagens eram construídos a partir de difusas características macarrônicas. Já no *Il Pasquino Coloniale* de 1907, Voltolino havia criado Pietro Sgorlon, o colono veneziano que se torna caboclo, e o Torsolo (o bagaço) desenhado sob a forma

Cornélio Pires, caricaturalmente parecido com o seu personagem Joaquim Bentinho, hábil nas patranhas, farsista de inúmeras sagas, tudo em função de produzir o riso: quebrar o determinismo férreo da vida, diluir as contradições pela eliminação das aparências, sem contudo eliminar as rebarbas de ressentimento social. (*Caricatura de Cornélio Pires, por Voltolino, em* As estrambóticas aventuras de Joaquim Bentinho, *1924.*)

de um sabugo de milho descaroçado — personagens macarrônicos que antecedem a criação caricatural do calunga Juó Bananére. Esta mistura que, não raro, provocava o riso reapareceu em vários outros registros: os ricos e remediados das narrativas de Leo Vaz, os funcionários públicos e as mundanas anônimas nas crônicas noturnas de Silvio Floreal, o cínico Juvenal Paulista do ciclo de romances de José Agudo, o estrambótico Joaquim Bentinho de Cornélio Pires ou o moleque Semagnino Santo de Juó Bananére.[49] Uma lista de exemplos que poderia terminar com o conhecido Castagnaro, de Oduvaldo Vianna, personagem do sainete *O Castagnaro da festa*, de 1928.[50]

Já que a criação humorística era efêmera e dispensava maior demora na elaboração, tais personagens não eram feitos com profundidade, mas sim traduziam tipos resultantes da observação rápida e superficial da sociedade, formando uma humanidade vasta e variada que teimava em sobreviver numa cidade meio híbrida, a meio caminho do rural e do urbano — aquela cidade feita de intimismo provinciano e cosmopolitismo agressivo. Mas afora estas semelhanças de

Conselhos para a vossa Reclame

Quem não faz reclame deve ser comparado aos escrivães dos tempos antigos que se serviam das pennas de gallinha para escrever. Hoje o engenho humano inventou a machina de escrever e a caneta-tinteiro.

Os vossos melhores vendedores podem deixar-vos e prestar a outros os seus serviços, emquanto que a vossa reclame *nunca* vos abandonará, porque fórma um só conjuncto com a vossa pessoa.

Nas vossas reclames sede sempre modesto e obsequioso para com os vossos clientes

Não faleis nunca dos vossos concorrentes nas vossas reclames. Tal facto indicaria que elles existem, e lhes farieis uma reclame gratuita.

Não deis importancia ao vosso nome; não se adquirem os vossos productos porque vos chamaes o Snr. X ou Y, mas porque se espera fazer uma boa compra quando SE PROCURAM OS VOSSOS ARTIGOS.

Viveis em uma época em que tudo é moderno e novo. Ponde a vossa reclame ao nivel da vossa época e consultae a **EMPRESA MODERNA DE RECLAME**, á Rua Formoza N. 36

Sêde sempre breve e conciso nas vossas reclames, assim provareis que sois homem de negocio e não um literato.

Não copieis a reclame dos outros: não é isso correcto e sereis despresados.

Um bello letreiro de negocio chama tanta attenção como uma bella senhora.

Quereis um bello letreiro?

Consultae "RELAMPAGO" á Rua Formosa N. 36

S. PAULO

U. Moro.

Em grau bem menor que os humoristas do Rio de Janeiro, os paulistas também foram muito solicitados para produzir réclames *e anúncios publicitários em geral. A proliferação da publicidade e do seu conteúdo de concisão cômica pode ser vista nestes "Conselhos para a vossa Reclame".* (A Cigarra, *20.4.1914.*)

trajetória e de destino, cada um possuía as suas próprias peculiaridades. Joaquim Bentinho, de Cornélio Pires, parece, à primeira vista, uma atualização caricata da legendária figura folclórica de Pedro Malazartes. Mas um exame mais detalhado mostra que, ao contrário de Malazartes, Bentinho aparece sempre nas anedotas como o narrador, aquele que conta os "causos", utiliza todos os recursos narrativos da oralidade e, sobretudo, consegue mentir descaradamente — daí o seu apelido de "queima-campo", assim explicado por Cornélio Pires:

> Queima-campo entre os caipiras é o indivíduo que, a propósito de tudo, e até fora de propósito, tem um caso a contar, uma mentira engatilhada. A origem do cognome é o caso de um indivíduo que, após a descrição de um incêndio de mata, em que o fogo pulou um rio e começou a queimar um campo, deixou a coisa nesse pé e pegou uma variante, descambando para outros casos noutros terrenos... Cada vez que o interrompiam perguntando pelo fogo, respondia ele: "o campo tá queimano" e assim varou a tarde, a noite, e, já noutro dia... "o campo tava queimano", e talvez para ele, até hoje, o fogo não tenha sido cercado.[51]

O humor de Cornélio Pires revelava-se sempre econômico, um humor conciso, todo baseado na fala oral do caipira, e cuja resolução cômica vinha sempre das mentiras de Joaquim Bentinho — personagem hábil nas patranhas e que ainda apela sempre para testemunhas já falecidas, incapazes de confirmar suas histórias. Algumas dessas histórias são tão inverossímeis que por pouco não transformam Joaquim Bentinho num mago — aquele que pela mágica das palavras e do riso suprime quaisquer traços de dor ou de crueldade social. Numa dessas histórias Bentinho apara o nariz do cunhado que sofria de bronquite e, desastradamente, realiza uma "operação de plástica cirúrgica". Mas, por intervenções malignas, o nariz é colocado ao contrário: "ponhei revirado, cos buraco das venta prá riba!", relata Bentinho, encaminhando as coisas para um final que é sempre cômico:

> Quanno o Sarafim tá pitano, vancê vê: sorta aquela fumacera pra riba, pro nari, que nem chaminér... E quano ele taca um espirro, fais vuá o chapéu da cabeça![52]

Farsista de inúmeras sagas, Bentinho, o narrador, trai, mente, modifica a sua história, tudo em função de criar comicidade, quebrar o determinismo férreo da vida, diluir as contradições pela eliminação das aparências, sem contudo eliminar os conflitos e as rebarbas de ressentimento social. A opalescência da própria tradição oral parecia estar na essência dos seus procedimentos humorísticos simples e diretos.

Outro traço importante a ressaltar nos cronistas macarrônicos é que eles captaram, talvez mais que outros, a impossibilidade de retratar a sociedade paulistana naquele momento de caldeamento e ebulição social e cultural que ela vivenciava. Aqui, o tema do inusitado e do excêntrico serve de mote para expressar as contraditórias combinações do maquinismo com os traços provincianos que pesavam sobre o passado da cidade de São Paulo. José Agudo já alertava seus leitores, no prefácio ao seu romance *O Dr. Paradol e o seu ajudante*, de 1913, dizendo que não era nem "fotógrafo nem pintor de retratos individuais, porque nunca se iniciou nos mistérios da pose e da câmara escura", julgando-se um

Os humoristas paulistas captaram, através das crônicas, a impossibilidade de retratar a ebulição social provocada pela rápida metropolização, daí a opção pelo excêntrico ou pelo paradoxo. (A Cigarra, *1919.*)

escritor absolutamente *incapaz* de qualquer obra perene estável numa cidade como São Paulo, onde "tudo se fazia cinematograficamente".[53] Todos os macarrônicos provavelmente concordariam com a famosa indefinição de um de seus cronistas, que dizia, num desabafo em 1919: "São Paulo é o paraíso das coisas excêntricas: tem uma rua Direita, que é torta; uma rua Formosa feíssima, uma rua das Palmeiras sem palmeiras e o maior viaduto da terra do café, que tem o nome de... viaduto do Chá".[54] Ou José Agudo, que por intermédio do seu personagem Juvenal Paulista, escreveu em 1912: "São Paulo é a pátria adotiva do café, dos viadutos, das sociedades mútuas, das caixas de pensões vitalícias, dos trampolineiros, e por artes de berliques e berloques, de gente de ouvido fino e olhos abertos para se não ser atropelado por algum automóvel cheio de candidatos aos cubículos do Juqueri". Conjurando os perigos da modernidade, ele ainda recomendava como se deve andar nas ruas de São Paulo: "A cabeça deve trazer-se bem levantada para ler o 'Conserve a sua direita', pois é perigoso caminhar pelo centro das ruas, destinado ao trânsito de veículos e, para contrapeso, até é possível sermos esmagados por qualquer aeroplano, um Edu Chaves despencando das alturas... Lá pelo teu Jaú não há disso, hein?".[55] Ou a exclamação da mãe do palhaço Briguela — criação literária de Iago Joé —, quando dizia: "Que São Paulo nada! Civilização o quê! É só perereco e pichorra... e esse dilúvio de gente trançando pelas ruas até que atrapalha para andar... Bonde elétrico, automóvel, tropelia — ah, sebo!".[56] Mas é Juó Bananére, pseudônimo do futuro arquiteto Alexandre Ribeiro Marcondes Machado, que, numa frase única, resume a cidade como um *continuum* de múltiplas e variadas combinações: "Zan Baolo é a terra dos causo ingrengato".[57]

Há que se lembrar ainda que todas as referências urbanas de São Paulo eram utilizadas pelos cronistas macarrônicos de uma forma totalmente anárquica e desordenada. Apegavam-se às denominações antigas, desdenhando as oficiais; gostavam sobretudo dos nomes rebarbativos que permaneciam numa espécie de memória popular. Moacyr Piza chamava o largo Sete de Setembro pelo antigo e inoportuno nome de largo do Pelourinho — inoportuno porque fazia lembrar os tempos do trabalho escravo; do mesmo modo, Galeão Coutinho chamava a avenida da Liberdade pelo seu nome mais antigo, de "caminho para o sítio do Quebra-Bunda", também um antigo local de suplício de escravos recalcitrantes; a praça da Liberdade era designada por "largo da Forca", também lembrando o local onde, algumas vezes, foram executadas alguns condenados à morte. José

Agudo, por sua vez, também só usava os nomes mais antigos: rua do Pocinho, em vez de Vieira de Carvalho; rua da Alegria, em vez de Sebastião Pereira; beco do Mata-Fome para a atual rua Araújo; e o bizarro apelido de "Ilha dos Prontos",[58] para a praça Antonio Prado; e num lampejo confusionista propõe substituir o nome da rua do Arouche pelos nomes das oito irmãs, heroínas e solteiríssimas, do marechal Arouche de Toledo — o que daria uma placa gigantesca: rua da Caetana, Gertrudes, Joaquina, Pulquéria, Leocádia, Ana Teresa, Maria Rosa e Reduzinda.[59] Silvio Floreal (pseudônimo de Domingos Alexandre) tornou-se logo inconveniente, pois num momento em que toda a cidade elogiava o viaduto do Chá como esplendor da vitória urbanística de São Paulo, filtrado pelo projeto de Jules Martin, ele concluía numa crônica que com o viaduto, na verdade, tinha se construído um autêntico "suicidouro municipal".[60] E Juó Bananére, que utilizará sempre o nome Piques para designar a ladeira da Memória, local onde, nos tempos da escravidão, se realizavam os leilões de escravos. O Piques será sempre o local fictício de sua residência, do seu salão de barbeiro ou da redação do seu jornalzinho — o *Diario do Abaix'o Piques.*

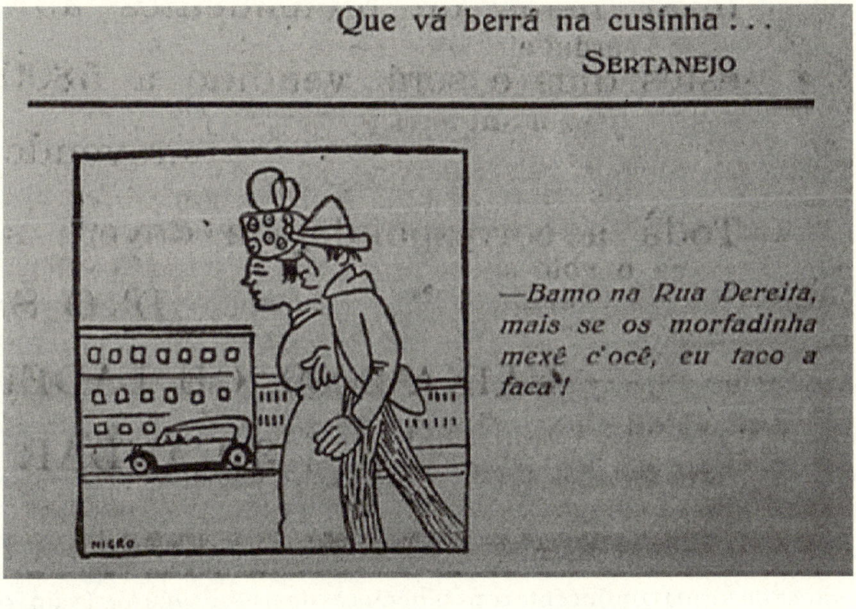

Todas as principais referências urbanas de São Paulo eram utilizadas de forma anárquica pelos humoristas, que gostavam de nomes rebarbativos, obscuramente ligados a uma espécie de memória popular. (O Pirralho, *1913.*)

Já o efeito inusitado e moderno da velocidade e da vertigem coletiva da vida urbana sobre a sensibilidade dos seus habitantes aparecia parodiado, por exemplo, em José Agudo, ao considerar que "nestes tempos de cinematógrafos, aeroplanos, automóveis e telégrafos... Tudo se faz cinematograficamente...". E completava, ressaltando o efeito perverso da velocidade sobre o ânimo moral dos habitantes:

> A neurose da velocidade em todas as coisas e em todos os atos produz-nos uma invencível preguiça de pensar, de comparar, de analisar. O que nós queremos é chegar logo ao fim. Uma sessão de cinema dura apenas meia hora, mas é tempo suficiente demais para que a mocidade fique completamente edificada na moral moderna.

No esquema do *ridendo castigat mores*, e concebendo pouquíssimas alternativas para escapar desses novos estratagemas urbanos, apontava ainda os dois perfis de atitudes individuais possíveis para a convivência coletiva daqueles que viviam numa cidade híbrida — o *caipira* ou o *snob*:

> os espetáculos, por sessões de uma hora, a preços reduzidos, fazem que os verdadeiros teatros fiquem às moscas, e se alguém suporta ainda um espetáculo de três horas é porque gosta de música, é caipira ou é... Snob. Aprender sem estudar, enriquecer sem trabalhar, valer sem ter mérito, ostentar sem conta, sem peso e sem medida: — eis os modernos ideais.[61]

Caipira ou *snob*, jeca ou cosmopolita — a redundância paródica aplicava-se em cópias deformantes das alternativas de comportamento individual na metrópole cosmopolita: ligar-se a um passado difuso ou, na realidade, inexistente, ou a um futuro definido apenas em termos de um perfil intrinsecamente superficial. A perplexidade em face das exigências e valores de uma nova sociabilidade parecia apenas aumentar o hiato entre o passado e o presente — sobretudo quando a modernidade parecia apenas mais um novo jogo de cena, combinando-se de forma contingente com as heranças do passado que pesavam sobre a representação do tecido urbano. Expressando o abismo entre modos de vida contrapostos mas ainda existentes, esta parece ser a tônica do jovem dramaturgo Oduvaldo Vianna, ao também enfatizar os efeitos regressivos de artefatos da modernidade:

> O cinematógrafo matou o teatro, rebaixou o gosto do público e acabou por escravizá-lo à infinita variedade de suas fitas. [...] Este século de investigação científica transformou tudo [...] Marconi arrasou a ronceirice oficial dos telégrafos. O automóvel deu folga aos melhores cavalos. Escrever à máquina matou o jornal, o jornal matou a revista, a revista o livro e o livro a obra enciclopédica.[62]

Na percepção ambígua e insólita dos artefatos da modernidade, o automóvel também foi representado, embora pela via da paródia, como uma tentativa de prolongar, com o uso do carro individual, o espaço da vida doméstica. E tentar compor aí uma espécie de transição. Mas no caso paulista, fosse pelo peso das tradições provincianas, fosse porque sua utilização só teria uma generalização muito tardia, apenas no começo da década de 30 a representação desse moderno meio de transporte assume uma particularidade ora metafórica, ora de rejeição moralista, mas sempre paródica. É o caso de Godofredo Barnsley, que na sua utopia, *São Paulo no ano 2000,* escrita em 1909, descreve a sociedade paulista como um grande automóvel social:

> É um gigantesco veículo de proporções incomensuráveis, qual outro Juggernout, que comporta no seu bojo quase todas as classes sociais com as competentes instituições. A sua grandeza e velocidade variam para cada povo, pois cada qual tem o seu veículo próprio, característico. [...] O automóvel social move-se constantemente enquanto existir energia; cessada esta, diminui a sua marcha, estaciona e morre.

Mas fora do automóvel social, o mesmo cronista vê poucas possibilidades de sobrevivência da sociabilidade individual, e até da própria vida humana:

> Fonfom! É tempo, camaradas, de cederem os seus lugares a alguns dos recém-chegados passageiros da segunda classe, que sabem que os senhores não estão habilitados para ocupá-los. [...] Despeja! Gritavam alegremente os passageiros das demais classes, e eram atirados ao solo pelas grades abaixo, em cima da multidão

que, desabaladamente, em meio de enorme tumulto e atropelando-se, corria, blasfemando, atrás do Automóvel; e o veículo monstro, rompendo por entre a multidão e esmagando-a com as suas rodas gigantescas, rodava vertiginosamente, devorando 60 km por hora.[63]

Era esta a atitude comum de alguns desses humoristas macarrônicos de São Paulo quando tinham de examinar a fisionomia geral da cidade. São Paulo vivia numa impressionante impossibilidade, e a maior delas era *a impossibilidade do seu próprio retrato.* Restaram a esses cronistas de ocasião ingratas opções para cuidar da sobrevivência do seu lirismo urbano, destilado diariamente nos rodapés dos jornais: ou a lembrança do tempo vivido, como testemunha ou evocação, ou o abandono definitivo da *crônica* [*chronus*], um gênero que nasceu e cresceu sempre colado ao seu tempo. Talvez por isso Juó Bananére chamava seus artigos de fundo jocosamente de *articulo di... funto*, pois sabia da inutilidade das palavras, lançadas como pátina sobre aquela realidade cambiante e provisória que era a São Paulo da Belle Époque.

Esses escritores tentavam, na verdade, fazer a crônica da cidade, procurando captar, através do humor, o efeito pouco perceptível desses novos meios de circulação sobre as rotinas e hábitos cotidianos e a vida individual nos seus menores detalhes. Sua ênfase no inusitado e no surpreendente revela as formas pelas quais os laços de sociabilidade que começavam a cristalizar-se em novos espaços de convivência coletiva sofrem o impacto diluidor do "inchamento" da cidade e da introdução de novos equipamentos urbanos. Eles anunciam o novo em lugares onde a percepção do antigo ainda é incerta e indefinida. No geral, a situação suscita um renitente efeito de estranhamento e de desconcerto, cuja válvula de escape retórico será, quase sempre, a paródia humorística.

A mistura de macarronismo e humor nesses obscuros escribas e jornalistas de ocasião constituía ainda um recurso para fugir não apenas das fórmulas e ornatos da língua, mas do próprio idioma herdado, definido, por um deles, como *um insistente convite à incontinência da linguagem.*[64] Claro que havia as fortes características intrínsecas a uma produção cultural quase que inteiramente jornalística. Em alguns deles, como Juó Bananére e Cornélio Pires, os poemas e "causos" constituíam uma literatura falada, feita para o calor do momento, que perdia muito quando era apenas lida. Não será por mera coincidência que tanto Bananére como Cornélio Pires serão os primeiros a gravar seus poemas e crônicas em discos — o segundo, com grande sucesso a partir de 1929, e o primeiro, com os seus três discos de poemas macarrônicos em 1931, pouco antes de sua morte.

OS *RATÉS* DO MODERNISMO

É significativo que esses escritores macarrônicos tenham escolhido a dimensão cômica como manifestação básica, pois não fizeram mais do que acompanhar, pela epifania do epigrama e pela rapidez da frase curta, ou ainda pela linguagem telegráfica, a maré de fragmentação e do caos social paulista nas duas primeiras décadas do século. Suas relações com a cultura dominante da cidade são difíceis de ser analisadas, mas podemos perceber algumas de suas características verificando os momentos de tensão com os futuros *modernistas* que, como sabemos, procurariam pensar numa identidade simbólica para São Paulo.[65]

As relações dos humoristas macarrônicos com os modernistas são difíceis de ser analisadas porque, salvo exceções, quase todos desaparecem da imprensa depois de 1922-4. Brito Broca escreveu que o modernismo paulista foi, por excelência, um movimento de "panelinhas" e "igrejinhas" literárias.[66] Mas os cronistas macarrônicos já estavam à margem da produção literária em 1922, não freqüentavam sequer a famosa Villa Kirial do senador Freitas Vale e, alijados dessas *igrejinhas* e *panelinhas*, apenas dois ou três deles sobreviveram, com suas impertinências, à maré da produção literária dominante. Três exemplos bastam para mostrar que os humoristas macarrônicos já estavam rompidos com as *coteries* modernistas mesmo antes da Guerra.

O primeiro exemplo é a polêmica envolvendo José Agudo e a redação de *O Pirralho*, em abril de 1913, quando o cronista enviou seu livro intitulado *Gente audaz* — uma sátira aos intelectuais e escritores — com a seguinte dedicatória: "Aos pirralhos d'*O Pirralho*, of. José Agudo, para eles dizerem o que bem entenderem". Responde por *O Pirralho* o sr. Joachin da Terra, atacando violentamente o livro e o autor, mas execrando sobretudo o suposto erro gramatical de José Agudo na dedicatória: emprego incorreto do infinitivo pessoal...[67] No que se refere propriamente às qualidades literárias do romance, Joachin da Terra remete toda sua crítica à trajetória pessoal de Agudo, dizendo:

> Porque *Gente audaz* não é romance, não é livro de filosofia nem de ciência nem de crítica, não é reunião de contos ou crônicas esparsas — é simplesmente uma vergonhosa declaração de amor-próprio do autor de *Gente rica.* [...] E vamos confessar agora que o próprio sr. José Agudo seria capaz de tornar interessante um assunto reles como o que escolheu para *Gente audaz*, se não fosse hoje um *raté*.[68]

A polêmica é longa e descamba para as azedas ofensas pessoais, com um diagnóstico fulminante do próprio José Agudo, que diz: "O sr. Joachin da Terra parece apegar-se em demasia às ninharias gramaticais e nutrir, assim, um horror secreto às unanimidades... Ele parece carregar o eixo do mundo consigo e essa carga torna-lhe o gênio muito desagradável". Quanto ao epíteto de *raté*, Agudo responde que "todos fazem parte do mesmo rebanho", inclusive os escritores que compõem a redação de *O Pirralho*:

> Entretanto, saiba que nessa jornada não seremos nós dois somente. Não!... A nossa comitiva, na escala da posteridade, será composta do Joaquim Antunes, do Juó Bananére, do Cunha Freire, de V. e de mim.[69]

A reação de Joachin da Terra é violenta, talvez excessiva em face da última resposta de Agudo, que se intitulava "Vendo o rebanho passar...". Joachin da Terra volta a qualificar Agudo de "um *raté* muito banal", e cria uma historieta na qual Agudo é mordido por um cachorro (que parece ser ele próprio); aparecem na história dois personagens, o Juó Bananére e o sr. Cunha Freire. Juó Bananére diz: "Chama a bulancia! o poete futuriste che io stó fazendo a cavaçó pra ingolaborá inzima o Rigalegio fú cumide pras perna d'un indisgraziato gazórre malinducado! Se stavo io mittia as mó...". Joaquim Antunes vem passando e grita: "É jugatina!". "Juó Gatina é a máia", retruca Bananére. E os dois se atracam. Vem a ambulância. Acalma-se a cena com a prisão dos turbulentos e leva-se o literato para o destino certo, ou seja, o Instituto Pasteur. A briga só termina com um aviso de toda a redação de *O Pirralho*, "ao sr. José Agudo", solidarizando-se com o sr. Joachin da Terra e advertindo: "[...] Diante, porém, de uma carta insultuosa para toda a redação, carta de negro boçal e, talvez bêbado, escrita pelo sr. José Agudo...", seguindo-se toda uma série de impropérios e xingamentos pessoais.[70]

Desta polêmica que degenera em briga azeda e da qual sobressaem muito mais os conflitos pessoais, duas observações são importantes. A primeira é que

A narrativa humorística, nascida para compensar um déficit emocional em relação aos sentidos da história brasileira, misturou-se à vida cotidiana, daí a sua constante remissão à ética individual. Entre a dimensão formal e pública e o universo tácito da convivência personalista é que se construiu uma fragmentada representação cômica do país, dando ao brasileiro, por efêmeros momentos, a sensação de pertencimento que a esfera política lhe subtraíra. (*Raul Pederneiras*, Scenas da Vida Carioca, *1924*)

REVISTA DE MOSTRA--COMO NÓS SOMOS
Conhece-te a ti mesmo
(Dos Evangelhos)
D. LUIZ
ZÉ:—Illustres e sapientissimos governantes d'esta terra,
na de melhor sorte. Vocês que sabem tudo, entendem de
lo, mandam tudo, como é que embrulharam tudo de modo
car assim tudo escangalhado?
A NOSSA MARINHA:—Sem bussola, sem rumo, sem guia, sem cabeça, sem harmonia, sem cohesão... e sem esperanças de dias melhores.
O NOSSO EXERCITO:—Luzidio, brilhante, «smart», cheio de
bo, compacto... na Avenida Central.
Um pouco fóra de fórma e desmantelado com os soldos atrazados, sem quarteis, sem fardamento, sem disciplina, sem officiaes fóra do Rio.
CORREIO
TELEGRAPHO
AS LINHAS ESTAÕ INTERROMPIDAS
O NOSSO CORREIO:—Pobre infeliz! Não vê, nunca tem
ector, mal caminha; como póde acertar com os ende-
os, como póde chegar á tempo?
O NOSSO TELEGRAPHO.—*Empregado*:—Deixem-se de barulhada ahi, as linhas estão interrompidas.
Reclamante:—Mas hontem era a mesma cousa!
Outro reclamante:—Isto é uma pouca vergonha!
Empregado:—Então vocês pensam que o telegrapho só é que deve andar direito?

A procura por um tipo nacional se revelaria inútil, porque supunha um retraimento completo da mobilidade inerente à vida e à história. Um dos caminhos trilhados pelo humorismo brasileiro foi a narrativa autoderrisória de nossa identidade, como neste exemplo de 1913 no qual se expõem ao ridículo o Estado, o funcionalismo, o Congresso, os correios, os transportes, as finanças, a Justiça. E o Brasil termina representado por um pobre cego à beira do abismo. (O Malho, *1913*)

Em 1915, ao iniciar sua campanha cívica em prol da nacionalidade, Olavo Bilac anunciou que o país havia definitivamente ultrapassado "a fase ignóbil da comédia". A caricatura, cheia de tons alusivos ao messianismo nacionalista, parecia sugerir que o humorismo, sim, é que era inultrapassável.
(*J. Carlos,* Careta, *27.11.1915*)

A descrição caricatural explorava — pelo exagero, utilizando-se dos solavancos mentais, neste caso, suaves e quase líricos — o contraste entre o formal e o informal.
(*Raul Pederneiras,* Scenas da Vida Carioca, *1924*)

A EVOLUÇÃO DA LINGUA

A RIPA

Em reiterado diálogo com a fala popular e com as rotinas cotidianas, a representação humorística captou, na sacudidela mental provocada pela piada, aqueles instantâneos de percepção que ajudavam a quebrar com a racionalidade da história. (*J. Carlos,* Careta, *10.04.1937*)

Numa época de renitentes crises da linguagem pública, tornava-se difícil tratar de temas delicados. A ruptura da vida — e a mais fatal delas, a morte — era reenquadrada, pelos humoristas, noutro sentido, no bom sentido — ainda que pelo caminho da fuga, do desvio pela metáfora cômica ou da mera supressão das aparências. Como humoristas eles sabiam que rimos apenas quando conseguimos enquadrar as coisas no bom sentido — aquele que nos permite viver num mundo difícil.
(*J. Carlos,* Careta, *1.11.1919*)

"É sempre a velha história do palhaço:/Alegre, a gargalhar, sem que no rosto/ Se lhe note qualquer vestígio ou traço/ De que a alma oculta, de íntimo desgosto." Versos de Bastos Tigre que revelavam a introjeção, pelos humoristas brasileiros da época, da imagem do "engraçado arrependido". Mas tudo isso não seria devido ao fato de que a visão humorística da vida estava presa às camadas mais sedimentadas da história brasileira? (Grande Theatro, *Belmiro de Almeida, 1900*)

Hermes da Fonseca, Lauro Muller, Nilo Peçanha ou Rui Barbosa comemoram o dia da República num variado bailado lúdico. Durante muito tempo, a atitude de desilusão com a República alimentou o humorismo brasileiro. (Storni, O Malho, *15.11.1913)*

Uma assembléia de animais, em lugar de humanos, acentua, pelo inusitado, o contraste entre dois contextos de significado, que fundamenta o solavanco mental do cômico. (*J. Carlos,* Careta, *22.3.1919*)

O novo sentido, prosaico como uma conversa de rua, mistura temporalidades e fragmenta a monumentalidade da história e da tradição, pelo rápido e efêmero recurso ao riso.
(*J. Carlos,* Paratodos, *26.9.1931*)

A técnica fotográfica, de largo uso nos jornais e publicações semanais, também seria motivo para trocadilhos cômicos. Aqui, uma das raras situações nas quais o país, identificado pela faixa no chapéu alusiva ao Cruzeiro do Sul, é representado por uma figura com sorriso cínico, aparentando controle da situação.
(*Storni,* Careta, *9.2.1924*)

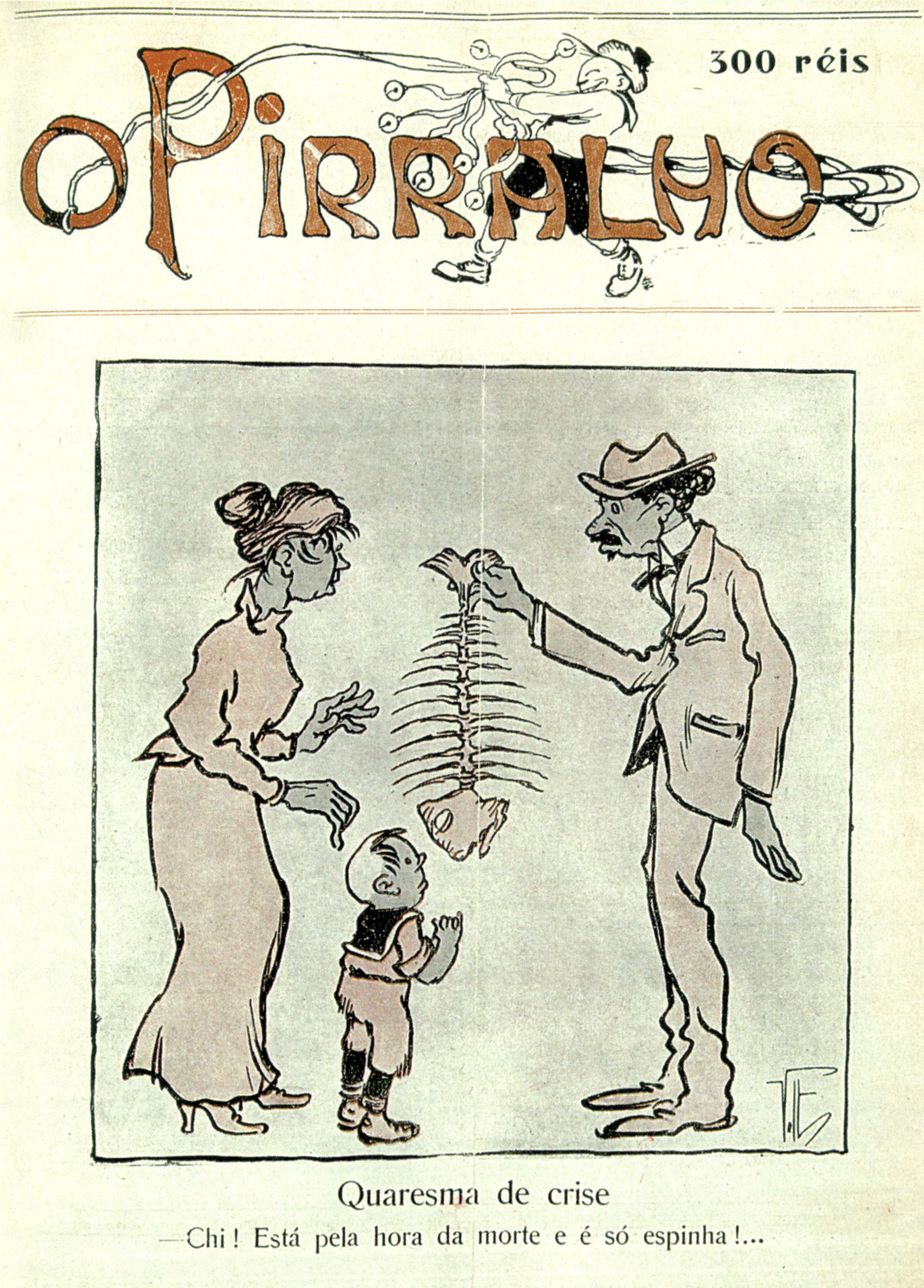

"Pindaíba, prontidão, quebradeira." A variação das palavras ao longo do tempo não altera a redundância de um tema arquiconhecido na narrativa humorística brasileira: a figura do miserável que se auto-analisa, na situação de fome crônica, parcimônia de bens e completa ausência de perspectivas futuras. (*Voltolino,* O Pirralho, *1917*)

Como a máscara do palhaço, também a "máscara da face", na expressão de Raul Pederneiras, colava-se aos cômicos brasileiros. E não havia meio de tirá-la, principalmente depois de receberem, com velado tom depreciativo, a designação pública de humoristas. Os bonecos que eles criavam constituíam, não raro, uma espécie de projeção deles próprios. (K. Lixto)

O constante deslocamento de significados da vida se expressava nas anedotas e caricaturas que brincavam com a história do país, como nesta, na qual o tipo nacional, assustado e perplexo, hesita diante de vários desafios colocados a uma compreensão racional — entre eles, o da quebra de provérbios tradicionalíssimos, muito populares na época, como "A verdade mora num poço". (*Storni,* Careta, *24.6.1922*)

o estigma de *raté* será curiosamente lançado — por várias vezes e por diferentes escritores — aos escritores humoristas. A segunda, mais interessante, é que Joachin da Terra era então o pseudônimo do jovem escritor Oswald de Andrade, surpreendentemente aparecendo aí como valoroso defensor da gramática, contra os libertarismos *macarrônicos* do sr. José Agudo.

O segundo exemplo é a curiosa saída de Juó Bananére de *O Pirralho*, em 1915. Antes desse ano, Bananére havia interrompido sua colaboração no mais famoso semanário paulista da Belle Époque por alguns meses, segundo o próprio Marcondes Machado, por "incompatibilidade" com o diretor do pasquim, o "sr. Babi [Benedito] de Andrade e sua péssima orientação".[71] O bardo macarrônico retoma a sua contribuição em outubro de 1914, quando o semanário volta a ser dirigido e animado por Oswald de Andrade.

Bananére escreveu em *O Pirralho* até outubro de 1915, quando Olavo Bilac esteve em São Paulo para lançar sua campanha nacionalista, tomando como marco a sua pregação aos estudantes da Faculdade de Direito. O ano de 1915 foi crucial para a campanha nacionalista, iniciada por Olavo Bilac justamente a partir de São Paulo. Lembre-se que a Belle Époque paulista foi permeada por várias visitas de escritores cariocas à capital do café para proferir conferências ou recitais de poesia. As palestras eram organizadas, em geral, sob o patrocínio da Sociedade de Cultura Artística, animada por Luís Silveira, Pinheiro Júnior e Nuto Sant'Anna, mas a recepção, como se tornaria praxe, era realizada na Faculdade de Direito. Foi assim no ano anterior, quando esteve em São Paulo o poeta Emílio de Menezes. O autor de *Os deuses em ceroulas* chegara mesmo a abdicar da sátira para escrever um poema em homenagem a São Paulo e a Washington Luís, intitulado "Non Ducor Duco", que, sem nenhuma sutileza, assim terminava:

Aí estás agasalhando o paulista agasalho
Que é o berço da beleza e a fonte de energia,
Fonte da intrepidez e berço do trabalho.[72]

Lembre-se que, ainda no início do ano de 1915, é o próprio João do Rio que vem a São Paulo, hospedando-se na Rotisserie Sportsman, então o melhor hotel da cidade, sendo depois entusiasticamente recebido também na Faculdade de Direito e ali proferindo o seu discurso "Oração à mocidade", peça laudatória a São Paulo e aos jovens escritores reunidos em torno do prefeito Washington

Luís. Mário Guastini, nas suas memórias, chega mesmo a afirmar que João do Rio precedera Bilac na campanha cívica que este desencadearia a partir de São Paulo, alguns meses depois:

> Bilac, ao iniciar suas conferências e discursos à mocidade — escrevia Guastini — encontrara o terreno excelentemente preparado. Antes dele, Paulo Barreto conversara com esta mesma mocidade que entusiasticamente o aclamara. Da Faculdade de Direito partiu o primeiro grito de alerta. Esse grito foi de Paulo Barreto.[73]

Desse modo, Bilac já encontrara o terreno preparado por João do Rio, e este só não granjeara a fama de iniciador da campanha nacionalista talvez pelo furor dos seus inimigos, que o acusavam, segundo o mesmo Guastini, de "teúdo e manteúdo dos cofres públicos paulistas". Tais acusações apenas aguçariam a mágoa pessoal de João do Rio em relação aos seus detratores e, mesmo depois, em relação a São Paulo. João do Rio, em depoimento reservado, confessaria:

> Esta gente de São Paulo, meu caro, alucinada pela glória de suas bandeiras, perdeu o senso comum: entende que jornais e revistas devem encher páginas de aplausos aos seus triunfos, de graça, sem o dispêndio até de um comezinho muito obrigado... Está, positivamente, mal habituada e quem assim a habituou fui eu...[74]

Colados aos testemunhos mais altissonantes e ignorando João do Rio e sua figura excessiva e impertinente nas hostes intelectuais da época, a historiografia de cunho mais biográfico sempre tratou Bilac como representante mais febril da mensagem patriótica no período da Guerra Mundial. Mas, se lermos uma carta escrita por Olavo Bilac em Paris, em 1904, e endereçada a Coelho Neto, podemos notar uma interessante definição de "patriotismo": "Aos vinte e cinco anos, quando pensava que tinha de sair de Paris chorava de raiva. E hoje não posso passar aqui quatro meses sem ter saudade da porcaria, do mijo, da estupidez, do mexerico, da safadeza da pátria". E terminava com uma definição peremptória: "O patriotismo é como o reumatismo, é um achaque da velhice".[75]

Mas em 1915 Bilac não está em Paris, e tem de encarar o patriotismo, ou, como ele mesmo define, o seu *achaque de velhice* em plena São Paulo da Belle Époque. Já anteriormente a troca de cortesias dos jovens escritores paulistas com o "príncipe dos poetas" havia sido intensa. No mesmo ano de 1915 Amadeu Amaral esteve no Rio de Janeiro, onde recebeu toda uma série de homenagens dos escritores cariocas, uma espécie de preparação à sua eleição para a Academia que ocorreria apenas em 1919. Mensagens recíprocas precedem a visita do "príncipe dos poetas" a São Paulo. Amadeu Amaral, por exemplo, diagnosticou que São Paulo era escolhida (por Bilac) por ser uma "cidade nacional, centro de convergência, foco de irradiação de energias brasileiras, de idéias brasileiras, de inspirações brasileiras".[76] Mas se examinarmos a correspondência íntima de Bilac, veremos que a imagem que ele tinha da cidade era completamente outra e, em qualquer caso, muito próxima até daquela "impossibilidade do retrato" vivenciada por nossos cronistas macarrônicos. Eis um trecho, dos mais "suaves", de uma das cartas de Olavo Bilac a seu amigo:

> São Paulo é uma bexiga. Isto não vale dois caracóis! [...] Receberá qualquer dia notícia de minha morte. Não posso viver numa terra onde só há frio, garoa, lama, repu-

A vinda de Bilac para São Paulo, no início da sua campanha em prol da nacionalidade, provocou alguns conflitos, sobretudo com humoristas que fizeram paródias de seus discursos nos jornais. (O Pirralho, *1916.*)

Os discursos de Amadeu Amaral, que prepararam a célebre visita de Bilac a São Paulo, sintetizaram a admiração da jovem intelectualidade paulista pelo "príncipe dos poetas", incluindo jovens escritores como Oswald de Andrade e Guilherme de Almeida. (O Pirralho, *1917.*)

blicanos, separatistas, camelôs e tupinambás. [...] Que estúpida cidade é São Paulo! Que gente pérfida, que clima impossível![77]

Mas Bilac era então admirado não apenas por Amadeu Amaral e Júlio de Mesquita Filho — que, é claro, desconheciam sua correspondência —, mas por toda a nova intelectualidade paulista, incluindo os jovens Oswald de Andrade e Mário de Andrade.

O discurso de Olavo Bilac, proferido aos estudantes da Faculdade de Direito em 9 de outubro de 1915, é demasiado conhecido, mas para a devida compreensão do "clima" da paródia é conveniente relembrar alguns dos seus trechos mais incisivos:

> O que me amedronta é a míngua de ideal que nos abate. Sem ideal, não há nobreza de alma; sem nobreza de alma não há desinteresse; sem desinteresse não há coesão; sem coesão não há pátria.

Uma onda desmoralizadora de desânimo avassala todas as almas. Não há em cada alma a centelha criadora que é a consciência da força e da bondade; e da alma para a alma não há uma corrente de solidariedade, de crença comum e de entusiasmo, que congregue todo o povo em uma mesma aspiração.

E o recém-eleito "príncipe dos poetas" conclui sua peroração, exortando:

Que se tem feito, que se está fazendo para a definitiva constituição da nossa nacionalidade? Nada. [...]

Perto de vós, entre vós, o começo da minha velhice tocado da graça milagrosa da vossa mocidade, tem gomos verdes, feiticeiros rebentos de ressurreição. Escuta e acolhe a revolta e a esperança do meu outono, ó primavera de minha terra! Em marcha vitoriosa, ó meus irmãos, para o Ideal![78]

Contra a maré de elogios e saudações públicas ao "príncipe dos poetas", Juó Bananére escreveu uma impertinente paródia da presença de Olavo Bilac em São Paulo, e sobretudo da famosa oração que o poeta pronunciou aos estudantes da Faculdade de Direito. Esta paródia foi publicada, um dia depois da festiva aparição de Bilac na Faculdade de Direito, na coluna de Bananére, em *O Pirralho*.

Bananére começa com uma notícia triunfal:

A vesta do Bilacco — Quartaferra teva a nunciada visita du Bilacco, principe dus poeta brasileiro, o Dante nazionalo! Uh! Mamma mia, che sucesso! O saló stava xíinho di gente pindurado. Gada lustro apparicia un gaxo de banana di gente. Bilacco disse moltos suneto gotuba.[79]

O problema é que a paródia envereda depois por lances mais delicados, por exemplo, quando o próprio Bananére se compara a Bilac:

Nom é só o Bilacco que é uleomo de lettera — (ío) també scrivo verso, ió també scrivo livro di poesies chi o Xiquigno vai inditá, i chi undio va vê si nom é migliore dus livros du Bilacco...

Em seguida, Bananére aparece como convidado para uma *circunferenza* [conferência] "na Gademia di Commerco du Braiz"; seu discurso, inteirinho em macarrônico, é uma paródia absolutamente anárquica da fala nacionalista de Bilac:

> Signori! Io stó intirigno impegnorato con ista magnifica rocepicó chi vuceio acaba di afazê inzima di mim. É moltas onra p'un pobri marqueiz! (tutto munnno grita: nó apuiado!) Io ê di si ricordá internamente, i con molta ingratidó distu die di oggi! I aóra mi permitano che io parli un pocco da golonia italiana in Zan Baolo, istu pidaçó du goraçó da Intalia, atirado porca sorte inzima distas praga merigana. É una golonia ingolossale! Maise di mezzo milió di italiano stó ajugado aqui, du Braiz, ó Buó Rittiro, i du Billezigno ó Bizigue! I chi faiz istu mundo di intaliano chi non toma gonta du Cumerçu, das Fabrica, da pullitica, du guvernimo — i non botta u Duche dus Abruzzo come prisidenti du Stá nu lugáro du Rodrigo Arveros?

Finalmente Bananére conclui sua arenga anárquica, parodiando a célebre retórica de Bilac (lembre-se que o estilo da oração de Bilac terminava mais ou menos assim: "O que se tem feito, o que se está fazendo, para a definitiva constituição da nossa nacionalidade?"). E a conclusão de Bananére:

> I quali é a consequenza diste relaxamento? É qui os intaliano aqui non manda nada quano puteva inveiz aguverná ista porcheria! Quale é a consequenza da bidicaçó da nostra forza i du nostro nacionalismo? É chi nasce una crianza, a máia é intaliana, o páio é intaliano e illo nasce é un gara di braziliano! Istu no podi ingontinuá, no! A voiz chi sono giovani i forte cumpette afazê a reaccó, cumbattê, vencê e diniminá istu tudo! Tegno dito. — Rompi una brutta sarva di parma. Mi begiário, mi giugáro flor e mi liváro incarregado até o bondi inlétrico.[80]

Mas na realidade não houve nem beijos nem abraços triunfais, pois a cidade e sua elite intelectual, parece, não estavam para brincadeiras. Os estudantes da Faculdade de Direito, no dia seguinte, dirigiram-se afoitos, em magotes, para uma manifestação em frente à redação d'*O Pirralho* — que então se localizava na rua Quinze de Novembro —, exigindo a demissão do jornalista e ameaçando empastelar o jornal.[81] Bananére é então demitido, perdendo seu lugar de "barbieri e giurnaliste" na sua famosa coluna "Diario do Abax'o Piques". Parecia que forçosamente, ainda que contra a sua vontade, o mais talentoso dos humoristas macarrônicos deveria assumir a faceta do "engraçado arrependido". Parecia claro ainda que, à parte as desavenças pessoais que ajudavam a fermentar o conflito, o anarquismo lingüístico de Juó Bananére não se enquadrava facilmente em fórmulas e manifestos, que pediam um mínimo de clareza, renunciando a qualquer tipo de ambigüidade. O episódio é muito revelador dos compromissos que a jovem intelligentsia de São Paulo tinha com aquele nacionalismo algo difuso, mas que se nutria de uma única certeza: sua raiz paulista, ávida por construir e reforçar uma hegemonia ameaçada desde a Campanha Civilista em 1910 — e, se possível, estendê-la ao campo das letras e da cultura.

A vingança sutil, mas sem ressentimento, aparece acidentalmente numa fala do macarrônico personagem Juvenal Paulista, de José Agudo, quando ao comentar os melhoramentos urbanos de São Paulo reconhecia que os bondes elétricos tinham tornado mais suave o trabalho dos burros: "[...] já se podia ser burro em São Paulo, pois até há bebedouros para eles nas praças públicas", escreve Agudo, "ali mesmo, no Largo de São Francisco, às portas da Academia, existe um... e bem grande". E completava, instilando mais confusão: "Se os burros falassem, é bem possível que algum que por aqui viesse de passeio, ao ver tantos melhoramentos para sua classe, exclamasse, parodiando a celebérrima Sarah Bernhardt: 'São Paulo é o paraíso dos burros'!".[82]

O terceiro exemplo de conflito ocorre novamente entre Juó Bananére e Oswald de Andrade, em 1916. Após a saída de *O Pirralho*, o cronista macarrônico chegou a escrever, a partir de 1916, muito esporadicamente nas revistas semanais *O Queixoso* e *A Vespa*. Na primeira, Marcondes Machado comparece com uma coluna intitulada "Sempr'avanti!", e na segunda revista, com a sua coluna "Cartas d'Abax'o Piques". Mas será em *O Queixoso*, no final do ano de 1916, que Bananére irá detonar seu segundo desentendimento com o então jovem estreante nas letras, Oswald de Andrade.

Mon Coeur balance e *Leur âme* marcaram o início da carreira de Oswald de Andrade e Guilherme de Almeida em 1916. A primeira era uma comédia em quatro atos e a segunda, um drama em três atos e quatro quadros, ambas escritas em francês, em parceria com Guilherme de Almeida. Por que escrever teatro em francês e não na língua nacional? A história literária e os biógrafos dos dois autores dizem muito pouco a respeito dessas obras — quando não omitem completamente quaisquer referências a elas —, consideradas, com certeza, "menores" na produção dos dois autores. Um testemunho contemporâneo, contudo, nos dá a seguinte explicação:

> Era preciso enfrentar o carrancismo paulista, notadamente o literário. E os dois meteram mãos à obra, surgindo, em francês, as duas comédias, que hoje repelem e que eu religiosamente guardo em minha estante como na estante da memória conservo alguns episódios cômicos que as acompanharam...

O memorialista prossegue, narrando o esforço e a estratégia utilizada pelos jovens autores para divulgar suas obras:

> Escritas as comédias e enfeixadas em elegante volume (entrou aí o dedo do Guilherme), andaram os bisonhos teatristas a distribuí-las aos amigos e à gente da ribalta. [...] E ambos, Oswald à frente, passaram a montar guarda, dias seguidos, à porta da antiga Rotisserie, à espera do aparecimento de personalidades ilustres para presenteá-las com *Mon Coeur balance*... Nessa época, estava em São Paulo a bela atriz francesa Juanita de Fredia, que me fora recomendada, com vivo empenho, por João Lage, saudoso diretor d'*O Paíz*, a cuja redação pertenci durante sete anos, como correspondente epistolar de São Paulo. Juanita hospedara-se na Rotisserie. No dia imediato ao de sua chegada, lá fui encontrar, de livro em punho, Oswald e Guilherme. Este, cheio de receio; aquele, mais arrojado, arrastando o companheiro quase que com violência. E Juanita, amável, recebeu o volume, correu os olhos pela capa, examinou os ofertantes da cabeça aos pés, agradeceu e sorriu maliciosamente. É que os autores, lá vinha nas primeiras páginas, reservaram para si o direito de tradução e reprodução.[83]

Realmente, e segundo consta nas reedições mais recentes, os autores tiveram o cuidado de colocar na capa a indicação: "Théâtre Brésilien", e curiosamente reservaram para si próprios os "direitos de tradução". No mesmo ano, a notícia da chegada da companhia francesa dirigida por Lugné Poe alvoroçou Oswald de Andrade, que "estabeleceu cerrado cerco em torno de Poe, empurrando, ao mesmo tempo, o volume a todos os componentes da companhia", até conseguir o que queria: *Mon Coeur balance* foi lida por Poe e Marthe Regnier durante o intervalo de uma comédia que a companhia apresentava no Teatro Municipal.[84] Dos poucos testemunhos existentes, a única narrativa a referir-se ao episódio relata:

> Lugné Poe, de um lado, abriu o volume; Marthe Regnier, de outro, fez o mesmo. E andando pelo palco, foram lendo páginas de *Mon Coeur balance*... Um sucesso! Sucesso, pela originalidade da representação; sucesso pelo exórdio de Lugné; sucesso pela cara feia que a francesada, na platéia, fazia ao ouvir o diálogo, aliás bem-feito e em francês nada mau. Os comediógrafos paulistas gostaram, mas não insistiram.[85]

Com o sucesso da leitura no Teatro Municipal, outros convites surgiram. Com um chá oferecido aos autores, a outra peça — *Leur âme* — também teve uma leitura concorrida no Consulado de Portugal, por iniciativa de Ricardo Severo. Emílio de Menezes, com a concordância de Alberto de Oliveira e João do Rio, chegou a sugerir a apresentação da peça na Escola Dramática do Rio de Janeiro. Como era de esperar, Guilherme d'Almeida e Oswald d'Andrade — assim eles assinavam na época — dedicaram esta estréia a Washington Luís: Monsieur le Docteur Washington Luís Pereira de Sousa, Préfet de la Ville de São Paulo. E completando a dedicatória, com palavras que lembravam a conjuntura de guerra mas também um vago programa nacionalista, lançavam encômios ao patrocinador de futuros eventos culturais paulistas:

> Nous avons voulu faire de celle première pièce notre écu de combat. Qu'on lise, en le blasonnant, votre nom — pièce honorable que nous y posons en abîme.[86]

A voz discordante foi Juó Bananére que, sem nunca ter escrito em francês, numa coluna do obscuro jornal *O Queixoso* atacou a obra, ressaltando o cabotinismo da peça *Mon Coeur balance*. O texto de Bananére é talvez um dos únicos que o autor de *La divina increnca* tenha escrito na comportada língua portuguesa e não na sua costumeira (e intrinsecamente anárquica) língua macarrônica.

Bananére começa por ironizar o fato de a peça ter sido escrita em francês, dizendo ter quase certeza que "se os autores tivessem escrito a sua peça em português, teriam passado inteiramente despercebidos do público e da imprensa, e somente alguns amigos teriam sabido dos seus esforços e da sua produção". Contudo, depois de lembrar que "brio nacional anda de rojo pelas sarjetas", já que a "etiqueta estrangeira vale cinqüenta por cento mais que a nacional", Bananére exclama, num desabafo:

> Oh! Que bom seria se Deus, num largo gesto de misericórdia e piedade, desabasse contra nós um cataclismo que, fundindo o Brasil, de norte a sul, absorvesse estes vinte milhões de vencidos, que no meio de uma natureza exuberante e pródiga, rastejam e se rojam pela lama do cabotinismo, ou então que nos mandasse, como há poucos dias me dizia um amigo, um novo Pedro Álvares Cabral, para recomeçarmos a vida.[87]

Oswald de Andrade respondeu, num desaforado bilhete datado do mesmo dia 13:

> Bananére, antes de tudo uma banana por saudação natural. Decerto na notícia preciosamente escrita e colossalmente raciocinada que deu *O Queixoso* sobre *Mon Coeur balance*, esqueceste este tópico: "Enfim, dos males o menor — antes ser cabotino do que *raté*".[88]

Cabotino ou não, o certo é que a pecha de *raté* — também lançada sobre José Agudo pelo mesmo Oswald de Andrade — será uma espécie de vaticínio da trajetória posterior de Alexandre Marcondes Machado. A áspera crítica de Juó Bananére, além da óbvia motivação pessoal pelos episódios anteriores, pode ser pensada também por uma outra perspectiva. Uma análise superficial da obra paródica de Bananére mostra-nos que o seu quadro de referência teatral, já nesta época, era *muito menos o teatro mais culto ou dramático do que aquilo que poderíamos chamar de burletas, peças brejeiras ou teatro de revista.* Infelizmente, as peças que Bananére escreveu para teatro de revista, muitas delas em parceria com Danton Vampré, estão hoje perdidas. O mesmo pode ser dito, respeitadas as particularidades de cada um, a respeito de Galeão Coutinho. Não é por coincidência que muitos dos poemas paródicos de Bananére se inspiravam nestas revistas cujos títulos eram *O Gabiru*, de 1914, *O meu boi morreu*, de 1916, ou *O Caradura*, de 1918.[89]

Juó Bananére e Moacyr Piza se envolvem ainda uma outra vez, em 1917, numa polêmica questão que agita os sentimentos nacionalistas: é quando o jornal *Diário Alemão* publica, naquele ano dramático no cenário mundial, notícias provocativas em relação ao Brasil. Novamente teremos o arregimentar-se da multidão no Triângulo paulista e no largo São Francisco e o apedrejamento do jornal. Alguns dias depois o *Diário Alemão* é visitado pelo cônego Valois de Castro, deputado federal pelo PRP que, segundo se noticiou na época em todos os jornais, "na saída, despede-se do proprietário com um longo abraço".[90]

Juó Bananére, já escaldado pela experiência anterior com Bilac, resolve satirizar o episódio, juntamente com o jornalista Moacyr Piza. Este é o tema do livro *Galabaro* [Calabar]: *libro di saniamento suciali*, escrito por Bananére e Antonio Paes, pseudônimo de outro macarrônico, o jornalista, escritor e eterno candidato avulso Moacyr de Toledo Piza.[91] São poemas curtos, crivados de palavras de gíria ou de baixo calão, naturalmente transcritas na língua macarrônica pelo mais exímio dos seus praticantes, o jornalista Juó Bananére. A dança das paródias começa pela epígrafe latina "Cor contrictus et humiliatus nee Deus epiciat", assim traduzida na língua macarrônica: "Gôro gurtido i mogliato ne Deus espixa". Prossegue por uma narrativa detalhada dos fatos, tudo em macarrônico, e explica, afinal, os motivos do livreto:

> In vista di tutos istus fattimo, io co Antonio Pase, che fumos banderanti giunto nu tempo du Pietro Gaporale, com paura chi a Storia conceda un abras-corpo p'ru Galabáro di saia preta, arisorvemos, p'ra garantia da onra anazionale, insgugliambá mediantamente co tale. Istu livro será p'ru padri Valuá fon Choppmaia a porta per dove a di entrá na Storia da Patria, nu govile dus traidore e na galeria dus troxa. Dissi.[92]

Os dois articulistas, jocosamente apresentados como "bandeirantes do tempo de Pedro Álvares Cabral", resolvem honrar a pátria em nome da tradição e da história.

Trata-se de um panfleto de sátira mordaz mas ambígua, pois a atitude nacionalista de Bananére e Moacyr Piza aparecia como um desmentido anárquico ao nacionalismo programático dos futuros modernistas. O que temos aqui é um Bananére aparentemente defensor do nacionalismo naquela atmosfera da

Juó Bananére, José Agudo e seus outros confrades humoristas ficaram à margem da Semana modernista de 1922, acentuando suas dissidências anteriores com alguns dos mais talentosos escritores modernistas, como Oswald de Andrade. (*Caricatura de Belmonte, 1922.*)

Guerra, mas é uma defesa tão exagerada, ressentida e anárquica que a gente quase vê o outro lado do espelho, isto é, a vanidade da violência e das paixões nacionais e a vacuidade de quaisquer programas.

A vacuidade de quaisquer programas encontraria eco inesperado no ambivalente professor Jeremias, personagem criado por Leo Vaz quando este nos contava a respeito de um imigrante sírio que, por volta de 1915, havia feito um discurso de autêntico patriotismo brasileiro mas... na língua árabe. A defesa que o enternecido personagem do professor Jeremias faz do macarronismo árabe para o filho Joãozinho merece a transcrição completa:

> Que importa a língua, que é abstrusa, se o rosto e os gestos são de um patriota. Por isto, meu filho, detesta, por minha conta, os programas, as convicções e todo o resto da família.

Mas no final, cauteloso, apenas recomenda com humildade desiludida:

> Mas nada lhe adianta andar como alguém fora da corrente. Apenas lhe trará a fama de maluco ou de pedante, segundo a maior ou menor malignidade da onda. A vida é um elixir, de que as opiniões são um rótulo. Arranja para o teu frasco algumas figuras bem nítidas e expressivas e... Enquanto a moda for o patriotismo, sê patriota.[93]

Pelas próprias características anárquicas da sua produção, era difícil, afinal, para alguns desses humoristas macarrônicos, sujeitarem-se inteiramente ao papel mobilizador atribuído à inteligência paulista às vésperas do evento artístico de 1922.

Não custa lembrar outro aspecto que as análises literárias costumam sempre deixar de lado: a Semana de 1922 foi um tour de force de propaganda em favor da arte moderna em São Paulo, mas sobretudo apenas *mais um evento* entre a extensa programação de festas cívicas que aconteciam na cidade, sempre com o patrocínio e o incentivo do governo estadual. Brito Broca disse algo que poucos críticos até hoje tiveram a coragem de dizer, que o modernismo de 1922 foi um movimento de "panelinhas" e "igrejinhas".[94] Lembrar que Bananére, José Agudo e muitos dos seus confrades já estavam fora dessas "panelinhas" antes de 1922 só ajudaria a enriquecer as análises sobre os reais significados daquele evento deflagrador. O problema, na nossa história literária, continua a ser a interpretação mais aceita da Semana de 22, que se recusa a vê-la como um evento quase-oficial, dentro de uma extensa série de inaugurações que buscava, no fundo, através da cultura, reconquistar a hegemonia paulista, golpeada politicamente com a derrota de Rui Barbosa na Campanha Civilista de 1910. O que não quer dizer que entre os próprios notáveis do modernismo não coexistissem projetos diferenciados e inúmeros escritores, artistas e intelectuais em geral, que retomaram, cada um à sua maneira, o diálogo com a tradição. Sabemos que, mesmo do ângulo da literatura culta, a atitude regionalista mais próxima da oralidade e da prosódia peculiar foi, em parte, abafada pelo hegemônico cosmopolitismo de alguns próceres modernistas de 1922. Até porque o regionalismo fornecia um conteúdo excessivamente provinciano e localista ao nacionalismo, tornando explícita sua verdadeira face de paulistismo. Talvez por isso tal regionalismo, pelo menos nas suas tendências mais fortes, tenha sido abandonado ou preterido na posterior história cultural de São Paulo.[95]

Seja como for, a grande maioria dos escritores e artistas paulistas que passaram pelo modernismo de 1922 — incluindo Monteiro Lobato, cujas tendências regionalistas também foram preteridas — engajou-se em campanhas sanitárias, cívicas ou educacionais. Os humoristas se transformaram, contudo, em *ratés* de toda essa conjuntura modernista e nacionalista, não porque exprimiram outros projetos ou outras alternativas culturais, mas porque — e nisto eles se mostraram impertinentes — não tinham programa nenhum.

Sob um aspecto mais vasto nunca será demais lembrar — pois o silêncio da maioria dos intérpretes a esse respeito é assustador — que, ao contrário do modernismo paulista, cuja tônica acabou sendo idealista, nativista, nacionalista e militante,[96] o humor dos humoristas macarrônicos, a despeito de sua variedade e circunstancialidade, foi, no fundo, desmobilizador, anárquico, lírico e antiprogramático.

DESINVENTANDO ALGUMAS TRADIÇÕES

Um dos traços característicos deste anarquismo humorístico foi o reconhecimento tácito da instabilidade da língua e da estética. Bananére, Moacyr Piza, Cornélio Pires ou José Agudo pareciam reconhecer que as palavras, consideradas como valores de troca entre a idéia e a expressão, estavam sujeitas a uma permanente espécie de oscilação cambial. Parece que adivinhavam que, para escrever a crônica de São Paulo, tinham de se exercitar na linguagem do efêmero, do contingente e do circunstancial.

Juó Bananére, nos seus inúmeros "articulos di... funtos", deixou muitas das suas idéias mais anárquicas a respeito da língua e da estética literária. Vemo-lo em 1912 definindo, sem mais delongas, a língua macarrônica, ao dizer "a artugrafia muderna é una maneira de scrivê, chi a genti scrive uguali come dice". E respondendo a um famoso inquérito de *O Pirralho*, em 1913, faz questão de bagunçar todos os gêneros:

> — Quale só us migliore poete?
>
> Os migliore poete só ío co Giglio Pignêro, c'oa differenza che ío só futuriste e o Giglio pernasinimo. Illo scrive a storia du Brasile in verso, poema hyppico in quatros canto. É una indiscriçó bunita p'ra burro di tutta a storia du Brasile, desde o Pietro Caporale té a inleçó du Hermeze. Io inveiz faccio o sunetto futuriste isgugliambagno com Hermeze...
>
> — Che influenza podi tê a Gademia Baolista di Letteras inzima a litteratura baoulista?
>
> Uh! Porca miséria! un influenza indisgraziata, pur causa che faiz una divisó intro os pissaolo chi non sabe lê ni scrive, cioé, os anarfabeto, i o pissoale chi sabe lê i scrive, cioé, os arfabeto. Na Gademia, só entra os anarfabeto.[97]

Em síntese, poderíamos dizer que o humor desses macarrônicos difere daquele dos futuros modernistas pela intrínseca incapacidade de policiar-se e de manter a sátira numa atitude de ironia fidalga; no plano formal, os humoristas macarrônicos utilizaram muito mais freqüentemente as inversões e as paródias, sem grandes preocupações com os desdobramentos ou filiações estéticas.

Rechaçando a identidade de uma cultura paulista, calcada ou num regionalismo pasteurizado ou num cosmopolitismo civilizador, esses macarrônicos acentuam os excessos da língua, as rebarbas de significado, incluindo os ressentimentos e os preconceitos sociais. Não possuíam respostas estéticas definidas nem programáticas, não perfilavam difusa opção política nem se congregavam em *coteries* e igrejinhas, quase podemos vê-los como aqueles "literatos ambulantes" de que nos falava Brito Broca nas suas memórias.[98]

Uma das exceções neste quadro foi Antônio de Alcântara Machado, que utilizou processos lingüísticos similares aos macarrônicos e, de maneira mais vasta, aos humoristas brasileiros em geral. Por meio dos procedimentos comuns aos humoristas, especialmente os macarrônicos paulistas, podemos começar a entender melhor a célebre observação de Sérgio Buarque de Holanda sobre a capacidade de observação do escritor Antônio de Alcântara Machado: "O interesse pelas formas mais aparentes, pelos aspectos mais impressivos, e mesmo anedóticos, é nele elementar e essencial", escreveu o historiador. "Atitude do espectador, que precisa de alguma distância para melhor observar as coisas e que contempla o mundo com a inteligência alerta, não com uma 'simpatia' mística." Alcântara

Machado chegaria mesmo a irritar-se quando "ouvia afirmar de um escritor, principalmente de um escritor brasileiro, que queria atingir a essência, a alma, a 'beleza secreta' das coisas. Achava que, sobretudo no Brasil, país de sol e de cores fortes, tudo é aparente e ostensivo". Assim, por exemplo, o autor de *Cavaquinho & Saxofone* chegou a "imaginar uma antologia de asneiras — uma *Paulistana* à imagem da *Americana*, de Mencken — colhidas no parlamento, na imprensa, no texto das leis ou na retórica das ruas". Pois afinal ele achava "que a feição inteligente de um povo não é mais interessante do que a sua feição asnática".[99]

Não foi por coincidência, portanto, que Antônio de Alcântara Machado nutriu uma sincera admiração pelo humorismo de Bananére, chegando a considerá-lo, num dos seus textos jornalísticos, "o cronista mais popular da cidade". Certamente o autor de *Gaetaninho* aprendeu algo com esses humoristas — apreendeu sobretudo "a valorizar a linguagem popular, pois o que mais o atraía era o que ela poderia oferecer de expressivo e mesmo de pitorescamente expressivo".[100]

Ainda assim, excetuando Antônio de Alcântara Machado, a maioria dos críticos do modernismo ou filiados à longa cadeia dos seus simpatizantes e seguidores tratou os humoristas macarrônicos, com raríssimas exceções, como representantes do mau gosto e de uma espécie de kitsch literário. Um desses críticos chegou a dizer, mais recentemente, que a literatura de Bananére não passava de uma "habilidosa mas grosseira contrafacção do ítalo-português".[101]

Talvez o único eco das anárquicas atitudes macarrônicas entre os modernistas triunfantes em 1922 tenha aparecido num texto obscuro e pouco conhecido de Manuel Bandeira, publicado em maio de 1924 e singularmente expurgado das obras completas do poeta. Contra o nacionalismo programático e construtivista dos modernistas, Bandeira escreveu num desabafo de rara sinceridade:

> A poesia brasileira vai entrar para a Liga Nacionalista. Oswald de Andrade acaba de deitar manifesto — uma espécie de plataforma-poema daquilo que ele chama a Poesia Pau-Brasil.
>
> Eu protesto. O nome é comprido demais. Bastaria dizer poesia pau. Por inteiro: Manifesto Brasil da Poesia Pau. Porque é poesia de programa e toda a arte de programa é pau. Aborrecem os poetas que se lembram de nacionalidade quando fazem versos. Eu quero falar do que me der na cabeça. Quero ser eventualmente mistura

de turco com sírio-libanês. Quero ter o direito de falar ainda na Grécia. Há pouco tempo entrei na Agência Havas no momento em que Américo Facó ditava pelo telefone um despacho recebido de Elêusis. Senti de pronto a ironia da emoção lírica. Não podia evidentemente falar de Tabatingüera...[102]

Eis aí o nosso Manuel Bandeira, num único e surpreendente ataque de macarronismo, misturando Elêusis com Tabatingüera. A questão-chave era: *como falar de uma cidade em mutação veloz, como captar a São Paulo que misturava velocidade metropolitana com a lentidão provinciana?*

Porque a inversão lingüística, contudo, elemento de base da anedota e do humor, se conferia uma notoriedade transitória à criação macarrônica, não era reconhecida como legítimo valor literário. Ainda assim, das inversões nascidas da instabilidade da língua, é possível perceber, no efêmero da produção macarrônica, um processo de construção social de figuras e personagens por inversões ocasionais e trocas recíprocas.

Juó Bananére foi, provavelmente, o calunga mais instável e também o mais famoso de todos eles. Desenhado por Voltolino em 1909,[103] Bananére ora mostrava afinidades (ridículas) com os militares e Hermes da Fonseca, ora se afinava com o palhaço, com o barbeiro, com o jornalista, com o criminoso passional etc. As diferenças entre as figuras criadas por Voltolino e aquelas personificadas por Alexandre Ribeiro Marcondes Machado ultrapassaram os recursos da linguagem verbal e visual. O mesmo parece ter ocorrido com Brodo, um boneco descrito por Voltolino como "um estropiado da Primeira Guerra", na verdade, um astro de órbita volúvel que circulava pelo Triângulo, com parada obrigatória para molhar a garganta no famoso Bar Barão. Brodo parecia uma síntese de todas as inversões: englobava o santo operário, o padre suíno, o governador anarquista, o ridículo do político eminente, a dignidade do operário, o imigrante-caipira.[104]

Bananére, José Agudo, Iago Joé ou Cornélio Pires também parecem ter desenvolvido um processo paralelo de inversões, misturas e enxertos, o que pode ser entrevisto nas suas raríssimas mas sempre anárquicas incursões pela cena política: descrevem a cena política ora como algo feito apenas por figurões, comendadores e *cavv. uffs.*, ora como algo que desumanizava os próprios homens: Rodrigues Alves era aprisionado nas dimensões de um grilo, Spencer Vampré se transformava numa elegante cartola; Altino Arantes era "possuído por um cavalo, não podia governar".[105] E Juó Bananere, numa definição notável, como já registramos anteriormente, dizia que era o altruísmo que caracterizava a vida política, segundo nos ensinava a "Sagrata Escritura": "Ama u prospero molto maise di vucê"...

A figura mais radical é Briguela, criado por Iago Joé (pseudônimo de David Antunes), e posto a circular num livro obscuro cujo subtítulo era "um romance de maus costumes". Briguela é uma espécie de Cândido tupiniquim, com a diferença de que o cenário de sua "via-crúcis" não é o mundo, mas apenas São Paulo: malnascido, mal-amado, mal-educado, mal-empregado, malcasado, mal-arrumado, Briguela passa por todas as situações possíveis e acabamos por rir de todas as suas tragédias... É um riso melancólico, mas ainda é um riso. Briguela parece-se com o autêntico palhaço, mas é um palhaço capaz de filosofar inclusive sobre a perda da memória, quando, num de seus momentos mais tristes, diz:

> Muito complicada e divertida é a alma humana. Como é que fica sempre na memória a borra dum fato passado para dar origem a outro idêntico? Uma ação nunca se remata? Fica sempre ligada a uma anterior e vai se encadear com outra futura? Por que não se havia então de viver um acontecimento por inteiro, desvencilhando-o das recordações do passado para não deixar rastro pelo tempo em fora?[106]

O próprio Juó Bananére, ou o pouco que restou dele depois da sarabanda modernista de 1922, parece ter ficado também preso à tradição de uma cidade cujas referências urbanas da híbrida São Paulo da Belle Époque não mais existiam. Juó Bananére, nas raras vezes em que conseguiu aparecer, insistiu em preservar a anarquia do humor, a desordem do seu lirismo e a ambigüidade intrínseca do seu discurso. Por mais sérios que fossem os assuntos, a própria língua macarrônica fazia com que a seriedade derrapasse, quebrando todo e qualquer determinismo. Podemos surpreender Bananére num desses momentos, quando em 1933, falando sobre as eleições para a Assembléia Constituinte, começa com um discurso de sincero sentimento de nacionalismo paulista que vai deslizando, deslizando, até concluir com a peremptória frase: "São Paulo é incivilizattto pr'a burro". Eis o texto, por inteiro:

> Qüera o non qüera, pissoalo, vuceis tê de arriganhecê chi Zan Baolo é o lidero sudamerigano. É o maiore centro industriali da Ameriga do o Suli, na pinió dos bondi

> da Laita. É o maiore centro improduttore di caffé; é o maiore centro isportadore di fruittas, garne di bóio e garne di vacca, é a vacca di latte chi amammente suzinho os goffre da unió; i é o centro mais incivilizato p'ra burro das terra adisgoberta da o Pietro Caporale.[107]

O recurso da paródia bananeriana neste discurso é semelhante ao Bathos, uma figura de retórica que significa uma descida cômica de um plano elevado ao lugar-comum, ao prosaico. Mas o que é característico de Bananére, contudo, é que esta figura ocorre pela repetição de lugares-comuns que, por isso mesmo, estão sempre *deslocados* do seu significado original. É o que ocorre quando Bananére, desta feita em junho de 1933, defendendo a participação das mulheres na Constituinte, faz uma "circunferenza" com a "Dottora Garlota Kiroiz", que ele designa como "Indisputada a Constituinte". *Indisputada* em macarrônico é deputada, mas é impossível também não ler *indisputada*, ou seja, aquela que ninguém disputa, aquela que, afinal, ninguém quer... A linguagem se desvia, sem aviso, no meio do parágrafo, das armadilhas da unidade e da identidade, e recai no desconforto, na dissintonia, na fragmentação. O estudo da anarquia lingüística de Bananére ainda aguarda análises mais acuradas, embora ela já tenha sido, pelo menos, iniciada. Mas ela será condição para avaliar a impertinência da obra efêmera e circunstancial de Juó Bananére?

Nos anos 20 serão poucos os humoristas macarrônicos sobreviventes à voga modernista. E isso porque esses poucos sobreviventes tornaram-se logo impertinentes — impertinentes porque insistiam no chulo exercício de expressar uma São Paulo cheia de rebarbas, conflituosa, não resolvida, carente de identidade, e engraçada, em suma... macarrônica.

A memória da cidade os sepultou, talvez justamente porque eram macarrônicos, insistiam em preservar a anarquia do humor e a desordem do seu lirismo em face de um anseio de construção ou de uma pretensa ordem da identidade. Renitentes como Teófilo Folengo, o frade renascentista no seu gesto de rebeldia, estes macarrônicos de ocasião foram esquecidos, ignorados ou *apropriados* pelos nossos modernistas exatamente porque sempre sugeriam um horizonte plural, segmentando a unidade literária, insistindo no chulo exercício de apenas balbuciar a identidade, e rindo permanentemente do seu próprio fracasso.

A maioria deles teve uma trajetória peculiar na década seguinte, sempre à margem da produção cultural vigente: José Agudo morre em 1923, Floreal e Leo

Vaz desaparecem dos rodapés dos jornais, o panfletário Moacyr Piza suicida-se em 1923 numa escandalosa crise passional com a famosa Nenê Romano, alcunha de Romilda Machiavernni; Cornélio Pires submerge frente ao prestígio da obra de Afonso Arinos (este mesmo, ainda assim, encarado com reservas) no circuito da cultura dominante paulista; mas Pires reapareceria, gaiato, em 1928, viajando pelo interior e vendendo seus próprios discos macarrônicos gravados pela Colúmbia, série com selo vermelho e impressão dourada. E Juó Bananére, em raríssimas aparições sempre desastrosas e inconvenientes: em 1924 inventa um diálogo macarrônico com ninguém mais, ninguém menos que o próprio Washington Luís, que Bananére chama de "O Mussolino di Macaé"... E quando o mesmo Mussolino di Macaé instituiu o famoso escudo da cidade de São Paulo, o "Non Ducor Duco" [Não sou conduzido, conduzo], Bananére, junto com Voltolino, faz a paródia transformando-o, rapidamente, em "non co tuca". Parece claro, afinal, que Bananére e seus confrades, com seu hibridismo sintático, sua mestiçagem idiomática e seu anarquismo macarrônico, tinham se tornado um pouco inconvenientes naquela *fábrica de certezas* que era o clima mental vigente na São Paulo dos anos 20.

Muitos dos raros humoristas que sobreviveram — como se pode verificar nas pouquíssimas vezes em que eles conseguiram se manifestar — assumiram difusamente aquela atitude definida e exposta literariamente por um dos seus contemporâneos: a atitude do "engraçado arrependido":

> Escrevo em qualquer lugar. Quem se habituou a escrever na redação de jornais, não precisa de refinamentos. [Os dois livros que publiquei] indicam que devo ficar cá embaixo, estudando a gente vulgar, em vez de atirar-me aos temas refinados, a tratar de gente que não conheço bem e de ambientes que apenas conheço de passagem. [...] [Os dois livros indicam também] [...] que o meu processo de trabalho deve ser o da tarefa cotidiana, como faço com os artigos de jornal.[108]

Assim confessava Galeão Coutinho, quando solicitado a analisar seu próprio trabalho. Ou então Belmonte, o criador do Juca Pato, também sugerindo a imagem do "país da piada pronta", ao responder à clássica pergunta: "Por que virou humorista?":

Fora dos circuitos literários ou reconhecidos sempre em grau menor em relação aos "homens de letras", humoristas como Cornélio Pires revelavam isto nas suas atitudes de bonomia em relação ao reconhecimento social. (Caricatura de Voltolino, O Pirralho, *19.4.1913.)*

Por isso mesmo: porque nunca fui alegre. Além disso, o humorismo só apareceu em mim, quando me dispus a ser caricaturista político... Quem poderia assistir a uma sessão do Congresso Nacional, sem estourar de riso? Daí o humorismo passou do lápis para a pena e eu, sem o perceber, fui acabar sendo o que o jornal *Anglo Brazilian-Chronicle* muito agradavelmente chamou de "the Brazilian Mark Twain..." [Risos] Mais uma pilhéria de inglês...[109]

Já Cornélio Pires, quando questionado sobre qual seria a crítica que teria lhe causado a mais viva impressão na vida, assim se expressou: "De todas as críticas, a que mais me impressionou, pela sua sinceridade, foi a que se continha numa observação que me fez o sábio dinamarquês, professor Alexandre Humel. Sob a ação do 'in vino veritas', disse-me ele, um dia: 'Corrrnelio Pirrres... Você é muito intelichente, mas você é muito ignorrante!'". (Curioso observar que Pires produziria uma versão sonora desta narrativa nos seus discos, transformando-a, posteriormente, em anedota.) Ou no diálogo com Silveira Peixoto, que depois de vários "causos" e anedotas hilariantes conclui-se da seguinte maneira:

— Você é o tipo de sujeito engraçado!....

Ele olha-me de frente. E é sério — é paradoxalmente sério — que diz:

—Tenho vivido do humorismo, é real. Mas, francamente, acho que sou o tipo do sujeito sem graça![110]

Nem sequer existem registros de depoimentos dos outros humoristas paulistas, e só podemos tomar o exemplo de Pires como um indicativo. Seja como for, experimentando os paradoxos da modernidade em meio ao caótico processo de metropolização da cidade de São Paulo, esses escritores obscuros responderam com o desenvolvimento de formas fragmentadas e rebeldes de apropriação da linguagem e dos novos valores culturais, que se amalgamavam em camadas de temporalidades indiscerníveis. Afinal, eles descreveram de uma outra maneira o impacto da metropolização de São Paulo sobre a vida dos seus habitantes, desenvolvendo formas anárquicas tanto de assimilação da nova oralidade trazida pela massa dos imigrantes como de apropriação dos novos lugares da modernidade: as ruas, os becos, os bondes, a velocidade, e todos os outros artefatos urbanos. Essa cultura desenraizada seria filtrada dos seus traços diferenciadores e mais radicais pelo hegemônico movimento modernista de 1922, no sentido de construir, de forma mais homogênea, uma identidade paulista e, afinal, brasileira.

Contra as certezas vazias da identidade, a versão humorística e macarrônica da São Paulo da Belle Époque não trazia nenhuma versão, porque afinal não queria nada e não pretendia ensinar nada. Talvez ela tenha sido, menos do que uma desinvenção da tradição, um corte inoportuno no tempo, uma epifania da emoção, abrindo apenas uma vereda — aquele pequeno intervalo anárquico na narrativa de uma cultura triunfante que nós, como historiadores, passeando pela galeria de retratos mortos do passado, nos esforçamos sempre por reencontrar.

VIA LÁCTEA

XII

— Ora (direis) ouvir estrelas! Certo
Perdeste o senso!" E eu vos direi, no entanto,
Que, para ouvi-las, muita vez desperto
E abro as janelas, pálido de espanto...

E conversamos toda a noite, enquanto
A Via Láctea, como um pálio aberto,
Cintila. E, ao vir do sol, saudoso e em pranto,
Inda as procuro pelo céu deserto.

Direis agora: — Tresloucado amigo!
Que conversas com elas? Que sentido
Tem o que dizem, quando estão contigo?

E eu vos direi: — Amai para entendê-las!
Pois só quem ama pode ter ouvido
Capaz de ouvir e de entender estrelas.

Olavo Bilac, 1903

Che scuitá strella, né meia strella!
Vucê stá maluco! E io ti diró intanto,
Chi prá scuitalas moltas veiz livanto,
I vô dá uma spiada na gianella.
I passo as notte acunversáno c'oella,
Inguanto che as outra lá d'um canto
Stó mi spiano. I o sol come um bribliantο
Nasce. Oglio p'ru çeu: — Cadê strella?

Direis intó: — Ó migno inlustre amigo!
O chi é chi as strellas ti dizia
Quano illas viéro acunversá contigo?

Io ti diró: — Studi p'ra intendela,
Pois só chi giá studô Astrolomia,
É capaiz de intendê estas strella.

Juó Bananére, 1924[111]

Ora! — direis — ouvir panelas! Certo
ficaste louco... E eu vos direi, no entanto,
que muitas vezes paro, boquiaberto,
para escutá-los pálido de espanto.

Direis agora: — Mas meu louco amigo,
Que poderão dizer umas panelas?
O que é que dizem quando estão contigo
E que sentido têm frases delas?
E direi mais: — Isso quanto ao sentido,
Só quem tem fome pode ter ouvido
Capaz de ouvir e entender panelas.

Aparício Torelly,
o Barão de Itararé, 1926[112]

Ora direis, ouvir estrelas! Vejo
que estás beirando a maluquice extrema.
No entanto o certo é que não perco o ensejo
de ouvi-las nos programas de cinema.

Não perco fita; e dir-vos-ei sem pejo
Que mais eu gozo se escabroso é o tema.
Uma boca de estrela dando um beijo
É, meu amigo, assunto para um poema.

Direis agora: — Mas enfim, meu caro,
As estrelas que dizem? Que sentido
Têm suas frases de sabor tão raro?

— Amigo, aprende inglês para entendê-las,
Pois só sabendo inglês se tem ouvido
Capaz de ouvir e de entender estrelas.

Bastos Tigre, 1927[113]

— Ora, dirâis, ubire estrelas... Passo!
Num póde sêre! E eu bus dirâi: — Aflito
para ubí-las, acordo, olho p'ru ispaço,
tiro a cêra d'ubido com um palito,

i cumbirsamos, digo-lhe e rupito,
até que rompa a uróra. Aí, que eu faço?
Bou miter-me na cama, quensadito,
com uma dôre infadonha nu queichaço.

Dirâis, agora: — Isso é tapiação!
Cumo é que podes tal combersa têre
cu'as istrillitas que tão longe estão?

E eu bus dirâi: — Amai uma quechópa
váim nutrida, suca e habeis de bêre
i ubire istrelas de pagóde! É sôpa!

Fernandes Albaralhão (pseudônimo de Horácio Campos), 1927[114]

4. A fala cômica brasileira: a passagem para o humor radiofônico

O RÁDIO DOS PRIMEIROS TEMPOS FOI HUMORÍSTICO

À margem dos circuitos cultos da literatura, prosperando sob formas mais próximas da sua vocação intrínseca, como o jornalismo, a caricatura, a publicidade e o teatro musicado — quando não a própria música —, o humor brasileiro da Belle Époque acabaria se desdobrando para outras formas de manifestação, sobretudo com o desenvolvimento da indústria fonográfica, com a implantação do sistema radiofônico no país e o advento do cinema sonoro durante os anos 30. Qual o destino de muitas das criações humorísticas quando começam a surgir estas novas formas de difusão cultural?

Um exame geral das primeiras produções veiculadas através destas novas mas ainda precárias tecnologias de difusão revela a presença muito marcante das criações humorísticas. Um exame sumário dos primeiros tempos do rádio no Brasil mostra uma relação reiterada entre as primeiras emissões radiofônicas e o humor, nas suas mais variadas formas. Ao lado dessas presunções muito gerais ou, às vezes, puramente teóricas, é necessário indicar algumas relações concretas. Seriam mais do que necessários estudos que procurassem documentar processos sutis de transferência, assimilação e transcrição da produção humorística de estilo belle époque para a linguagem oral do disco, da radiofonia e de outros meios conexos que se desenvolveram a partir dos anos 30.

Não é nosso objetivo realizar tal tipo de estudo, de resto impossível no âmbito deste capítulo. O que apresentamos aqui não se trata de trabalho sistemático, mas de tentativa de uma síntese, com a indicação de alguns exemplos muito precisos de sincretismos, trocas e relações entre humoristas, seus temas, criações e procedimentos e os precários meios de comunicação que começavam a se articular no final da década de 20 e início da década seguinte. Esperamos deixar claro que a produção humorística que analisamos até aqui, embora proveniente de alguns circuitos cultos da cultura letrada, manteve-se ligada, de alguma maneira, às práticas culturais que operavam noutros circuitos, certamente diferentes dos circuitos cultos e exclusivamente letrados.

A relação tem início no fato de alguns humoristas da Belle Époque, a cuja produção nos referimos nos capítulos anteriores, estarem envolvidos com setores de produção cultural que já utilizavam procedimentos de criação e linguagens muito variadas: o teatro de revista, as várias formas do teatro musicado, a publicidade, ainda que sob a forma do *réclame* jornalístico etc. Todos aqueles praticantes do humorismo, tanto os que atuavam mais em São Paulo como os que atuavam no Rio de Janeiro, a rigor não abandonaram a produção cômica, pelo contrário, desenvolveram-na utilizando-se de outros recursos cômicos, mais apropriados às revistas, às legendas das caricaturas, ao cinema, aos jornais falados, à música e, afinal, ao humor radiofônico. Numa amostragem apenas indicativa dos vinte humoristas selecionados, podemos verificar que todos eles vincularam-se ao rádio, pelo menos nos seus primeiros tempos, como animadores, humoristas ou compositores/intérpretes musicais. Apenas sete deles produziram suas criações humorísticas desligadas, de alguma forma, das produções musicais. O restante combinava, de um modo indistinguível, a criação humorística com a criação musical. Ressalte-se, contudo, que a grande maioria, incluindo aqueles cujas produções não se ligaram ao universo musical, já havia passado, no decorrer da década de 20, por alguma experiência na gravação de discos, ou mesmo produzido pequenos textos para gravações fonográficas. Deste grupo de humoristas, alguns foram pioneiros na introdução dos jingles publicitários no rádio, como Ademar Casé, Henrique Foréis Domingues (Almirante), Renato Murce e outros; mais alguns nomes participaram indiretamente como intérpretes e criadores de jingles, chegando mesmo, em alguns casos, como nos de Lamartine Babo e Noel Rosa, a incorporar referências aos produtos comerciais

TABELA 4 — HUMORISTAS DOS PRIMEIROS TEMPOS DO RÁDIO

AUTORES	Ademar Casé	Aparício Fernando de Brinkerhoff Torelly	Ariovaldo Pires	Genésio Soares de Arruda	Gino Cortopassi	Henrique Foréis Domingues	João Rubinato	Joaquim Silvério de Castro Barbosa
DATAS	1904-1979	1895-1971	1907-1979	1898-1967	1910-1985	1890-1980	1910-1982	1909-1975
NOMES USUAIS E PSEUDÔNIMOS	Casé	Aporelly; Barão de Itararé; Armando Embrulho; Professor Laudelino Avenida Gomes Freire	Capitão Furtado	Genésio Arruda	Zé Fidélis Trovador de Trás-os-Montes; O inimigo nº 1 da Gramática.	Almirante	Adoniram Barbosa	Castro Barbosa; Megatério Nababo do Alicerce
FORMAÇÃO	Curso ginasial; autodidata	Medicina (incompleto)	Curso colegial	Curso colegial (incompleto)	Contabilidade	Curso colegial; serviço militar (marinha)	Curso primário	Curso colegial
ATIVIDADES PROFISSIONAIS	Vendedor; radialista	Jornalista	Artista de teatro; cantor; Radialista	Ator de circo, teatro e cinema	Escriturário da Ligth; cantor	Caixeiro; radialista; músico; cantor	Encanador; vendedor; garçom; cantor; compositor; locutor	Humorista; cantor; imitador
PRESENÇA EM PROGRAMAS HUMORÍSTICOS OU IMPRENSA	*Programa Casé* (1931)	*Diário da Noite*; *A Manhã*; *A Manha*	*Cascatinha do Genaro* (Rádio Cruzeiro do Sul e Rádio São Paulo, 1934); *Trinca do bom humor* (Tupi, RJ, 1936)	Filmes: *Acabaram-se os otários* (1929); *O babão* (1931)	*Cascatinha do Genaro* (Rádio São Paulo, 1934); *Hora alegre e H... ora bolas!* (Tupi, 1937); *O Repórter Osso* (Record, 1937-9); *PRK-20* (1936); *PRK-30* (1939)	*Curiosidades musicais* (1938); *Anedotário de profissões* (1941)	*História das malocas* (1939)	*Programa Palmolive* (com Jorge Murad, 1937); Com Lauro Borges: *PRK-20* (1936); *PRK-30* (1937); *Piadas do Manduca* (1938); *Levertimentos* (1949); *Aquela casa de família* (1952)

TABELA 4 — HUMORISTAS DOS PRIMEIROS TEMPOS DO RÁDIO

AUTORES	José Luís R. Calazans/ Severino R. Carvalho	Lamartine de Azevedo Babo	Lauro Borges	Max Newton Figueiredo Nunes	Murilo Alvarenga e Diésis dos Anjos Gaia	Renato Murce	Silvério Silvino Neto	Vidal Fernandes da Silva
DATAS	1896-1977 1896-1972	1904-1963	1908- 1978	1922-	1912-1978 1913-1991	1906-1977	1913-1991	1912-1973
NOMES USUAIS E PSEUDÔNIMOS	Jararaca e Ratinho	Lalá; Janeiro Ramos e outros	Otelo Trigueiro; Maria Joaquina Dobradiça da Port'Abaixo; Manduca	Max Nunes	Alvarenga e Ranchinho	Renato Murce	Silvino Neto; Pablo Gonzales	Nhô Totico
FORMAÇÃO	Curso primário	Curso ginasial; seminarista (incompleto)	Curso colegial	Medicina	Curso ginasial/ Curso primário	Curso colegial	Curso colegial	Curso ginasial
ATIVIDADES PROFISSIONAIS	Ocupações variadas; artistas de circo; músicos	Office-boy da Light; funcionário de companhia de seguros	Humorista; cantor; imitador	Cronista; humorista; compositor; revistógrafo	Ocupações diversas; atuação em circos	Jornalista; radialista; ator; locutor	Comerciário; fiscal do IBC; cantor; compositor; imitador	Radialista; humorista
PRESENÇA EM PROGRAMAS HUMORÍSTICOS OU IMPRENSA	*A carta do velho* (1928); Teatro de revista: *Jararaca*; Discos: *Caipirada* (1928); Programas: *Aniversário do Abdula*; *A loja do turco* (com Cornélio Pires)	Imprensa: *À Noite*; *D. Quixote*; *Os calças-largas* (revista, 1926); *Lamartiníadas* (programa de rádio, 1939)	*PRK-20* (1936); *PRK-30* (1937); *Piadas do Manduca* (1942); *Levertimentos* (1949); *Aquela casa de família* (1952)	*A Queixa do Dia* (1942); *Ninguém rasga* (1942); *Balança, mas não cai* (1948); *Uma pulga na camisola* (1954); Revistas: *A borracha é nossa* (1950); *Bonde do Catete* (1950); *Você que é feliz, primo* (1952) etc.	*Os milionários do riso* (Mayrink Veiga, 1937); *Hora do Pickes* (1939); *Rua da Alegria* (1948)	*Horas de outro mundo* (1931); *PRK-20* (1936); *Cenas escolares* (1937); *PRK-30* (1937); *Piadas do Manduca* (1938)	*Pensão da Pimpinela* (1939-42); *Aventuras da Pimpinela* (1941); *Pimpinela, Anestésio e o telefone* (1942)	*Escolinha de Dona Olinda* (1939); *Bom-dia do rádio* (1946)

no conteúdo de suas próprias composições musicais: Casa Dragão, Cigarros Liberty Ovais, Guaraná Espumante etc.

Quanto a este fato, nada a estranhar, pois o momento no qual o rádio começa a conquistar maior audiência coincide com a diversificação da programação e com a ênfase dada ao humor e à música. As relações dos humoristas com o rádio dos primeiros tempos também passaram por um incremento rápido, sobretudo no momento em que as emissoras começaram a introduzir a publicidade através dos jingles radiofônicos.[1]

Já a partir de 1931, após a promulgação dos decretos governamentais permitindo e regulamentando a publicidade no rádio brasileiro,[2] era possível observar a efetiva participação de humoristas e músicos na elaboração das primeiras mensagens comerciais. É assim que um dos primeiros programas de "variedades" no rádio brasileiro — o *Programa Casé*, irradiado pela PRAX — Rádio Philips, a partir de 14 de fevereiro de 1932 — chegou a ser patrocinado por pequenas empresas, e para ele foram produzidos os primeiros jingles, como o famoso "fado" para a Padaria Bragança, relembrado por vários testemunhos da época. Lembre-se ainda que, no mesmo ano, uma empresa paulista — Laboratórios Queiroz — decidiu patrocinar uma parte desse programa. O problema era anunciar o produto que a empresa considerava o seu carro-chefe: um purgante de nome Manon Purgativo. Embora comuns nos *réclames* das revistas semanais desde a Belle Époque, era difícil para o rádio criar ou veicular anúncios de roupas íntimas, reguladores menstruais, remédios para doenças venéreas, como a sífilis etc. Para resolver a tarefa lá estava um humorista, Nássara, que criou o seguinte texto, imediatamente posto nas ondas radiofônicas:

> Um casal de noivos brigou. Ele, arrependido, resolveu fazer as pazes, mas a moça estava irredutível. Conversou com a futura sogra, que lhe aconselhou que presenteasse a filha com algo de valor. Comprou-lhe, então, uma jóia caríssima. E não fez efeito. Deu-lhe um casaco de peles. Mas não fez efeito. Então, lembrou de dar a ela um vidro de Manon Purgativo... Ahhh! Fez efeito!!! Manon Purgativo, à venda em todas as farmácias e drogarias.[3]

O exemplo parece expressivo do quanto foi relativamente fácil para o humorista brasileiro — hábil no exercício verbal do "solavanco", na criação de anedotas e em toda a maquinaria verbal característica da cultura belle époque —

Apesar do rádio, nos seus tempos iniciais, ser projetado por muitos dos seus pioneiros no Brasil, como eminentemente educativo, prevalecerá sua função de divertimento, na qual o humorismo encontrará espaços significativos. (*Charge de Storni,* Careta, *30.7.1933.*)

adaptar-se aos novos tempos inaugurados pelas transmissões radiofônicas. Parecia fácil, pelo menos aparentemente, a passagem daquele verbal fragmentado para a fala radiofônica. Naturalmente, com o desenvolvimento de uma estrutura mais profissional para o rádio brasileiro, este humor impertinente e cheio de rebarbas passará por um processo de depuração e de maior disciplinamento.

Embora a implantação de um sistema radiofônico no país aconteça somente nos últimos anos da década de 40 — o número de emissoras quintuplica entre os anos de 1944 e 1950 —, desde 1928 o rádio já existe como um meio de comunicação, agregando um número cada vez maior de ouvintes e aumentando significativamente o seu público no decorrer dos anos 30. A partir do final dos anos 20, mais precisamente com a introdução dos rádios de válvula, e com o conseqüente aumento pela disputa da audiência, começa a lenta invasão do rádio no universo doméstico, que será marcante apenas na década seguinte, com a ampla penetração e abrangência de diversas emissoras de maior potência difusora, atingindo um momento máximo com a incorporação estatal da Rádio Nacional do Rio de Janeiro.[4]

Nos primeiros anos da década de 30, quando aumenta consideravelmente o número de emissoras, começam também as polêmicas entre aqueles que projetavam o veículo radiofônico como instrumento político-cultural e aqueles — os que já haviam passado pelas primeiras experiências semiprofissionais nas radiossociedades — que viam o rádio sob o prisma empresarial do consumo e do mercado. Mas neste período em especial, as duas posições ainda foram bastante matizadas — sobretudo entre alguns intelectuais —, provavelmente devido ao fato de o sistema radiofônico estar ainda bastante indefinido, em processo de constituição.

Seja como for, o rádio ideado por seus pioneiros pretendia ser eminentemente educativo, fortemente baseado na linguagem culta do livro ou, pelo menos, na cultura letrada. Não é por coincidência que a primeira estação do país, a PRA-2, fundada por Roquette Pinto — em parceria com o cientista francês radicado no Brasil, Henry Charles Moritze — em 1923, localizava-se no prédio da Academia Brasileira de Ciências e tinha como slogan "levar a cada canto um ponto de educação, de ensino e de alegria". São muito conhecidas as posições enfáticas de Roquette Pinto em favor do rádio, como "o grande mestre dos que não sabem ler". Alguns anos mais tarde seus projetos pessoais de transformar o rádio num instrumento de educação e cultura das massas, objetivando a integração nacional, seriam em parte absorvidos pelos projetos políticos estadonovistas. Em 1937, por ocasião da transferência de sua própria emissora para o governo federal, Roquette Pinto já deixava claro no seu discurso que "não fundamos a Rádio Sociedade para só irradiar o que o público deseja. Nós a fundamos, principalmente, para transmitir aquilo que o público precisa".[5] Mas ainda na década de 30 os discursos sobre a "missão do rádio" — dentro do tema "erudição" versus entretenimento e diversão — comportavam as mais variadas posições. Havia os intelectuais, sobretudo escritores, muito ligados à imprensa e à cultura impressa, que viam no rádio um "veículo imediatista e loquaz, sem a nobreza e a perenidade da palavra impressa".[6] Outros intelectuais, como Luciano Gallet ou mesmo Mário de Andrade, "já imaginavam a radiofonia como encarregada da educação artístico-musical das massas brasileiras".[7] No caso da música, objeto de amplo estudo por Arnaldo Contier, tanto com a ampliação do sistema radiofônico como com a nascente indústria do disco as "músicas populares urbanas e sertanejas" começaram "a incomodar os artistas eruditos".[8] Mas o rádio, bem ao contrário das muitas intenções de alguns dos seus pioneiros, já se mostrava des-

O rádio começa a desenvolver-se como um sistema voltado para um público mais amplo, o que pode ser visto no surgimento das mais variadas publicações voltadas exclusivamente para a programação radiofônica. (*Reprodução da capa da revista* Carioca, *1938.*)

Revistas voltadas para a programação radiofônica também seguiam a tendência do rádio, fortemente voltado para a produção cômica. (Reprodução da capa da revista Pranove, *1939.)*

tinado a desenvolver-se num sistema econômico de mercado e como instrumento de propaganda comercial e política.

Assim, a "radiotelefonia educadora", ideada pelos pioneiros do rádio, não funciona, ou pelo menos não se dissemina, e o início de uma maior difusão do rádio brasileiro coincide com o momento em que este veículo assume, com suas características mais comerciais, a fala rápida e concisa, combinada com os sons e as músicas que as pessoas já estavam acostumadas a ouvir. Será somente sob os auspícios diretos do Estado que o rádio com funções educativas irá se desenvolver, criando quase que um sistema próprio, isolado do estilo de programação das outras emissoras. Infelizmente, mesmo no Brasil, acompanhando tendências internacionais, o rádio foi implantando como um meio de comunicação unidirecional, contrariando propostas revolucionárias de um rádio bidirecional e interativo.[9] De qualquer modo, era o rádio que trazia a cada um uma parcela do mundo em sua casa, da mesma maneira que ajudava, especialmente aos ouvintes não letrados, a mapear as cidades e os caminhos, o meio circundante próximo, auxiliando a desvendar seus segredos e indicando modos possíveis de convivência e participação.[10]

Enfim, quando o rádio procura uma linguagem própria, rápida, concisa e colada no dia-a-dia, suscetível de registrar o efêmero do cotidiano, ele vai encontrar aquilo que as criações humorísticas já haviam de certa forma elaborado em estreita ligação com o teatro musicado, o teatro de revista, as primeiras gravações fonográficas, e até mesmo as primeiras produções cinematográficas: a mistura lingüística, a incorporação anárquica de ditos e refrões conhecidos por ampla maioria da população, a concisão, a rapidez, a habilidade dos trocadilhos e jogos de palavras, a facilidade na criação de versos prontamente adaptáveis à música, aos ritmos rápidos da dança e aos anúncios publicitários.

UM HERDEIRO DO HUMOR BELLE ÉPOQUE: APARÍCIO TORELLY

A mais importante expressão da síntese dos procedimentos humorísticos desenvolvidos pelos humoristas brasileiros da Belle Époque talvez tenha sido Aparício Torelly, o humorista gaúcho que, a partir de 1930, ficará conhecido por seu cognome, por ele próprio criado: Barão de Itararé. Iniciando sua coluna

Uma síntese empregando todos os recursos dos humoristas da Belle Époque pode ser vista na vasta produção humorística de Aparício Torelly, o Barão de Itararé. (Caricatura de Guevara, s.d.)

humorística intitulada "A Manhã tem mais", em 1926, no jornal *A Manhã*, dirigido por Mário Rodrigues. Aporelly (assim ele assinava suas primeiras colunas) lançaria, naquele mesmo ano, seu próprio semanário humorístico, intitulado *A Manha*, publicação que teria — é certo que com muitas interrupções — uma longa posteridade, até pelo menos os anos 50.[11]

A habilidade verbal de humoristas como Bastos Tigre e Emílio de Menezes, associada à capacidade — notável em Juó Bananére e em muitos de seus confrades — de exprimir a instabilidade, a mistura e o hibridismo lingüístico, encontrará o seu momento de síntese com a produção humorística de Aparício Torelly. A utilização do procedimento do soneto-piada, que consistia na contraposição rápida de dois contextos associativos, na antítese entre forma elevada e conteúdo canhestro e na hábil estratégia paródica, é um recurso que pode ser observado nas primeiras produções de Aporelly entre os anos de 1926 e 1933.[12]

Já em 1926 Aporelly tomava praticamente aquela espécie de banho de batismo do humorista brasileiro, ao exercitar sua verve cômica na paródia de conhecido soneto do "príncipe dos poetas" brasileiros:

Ora! — direis — ouvir panelas! Certo
ficaste louco... E eu vos direi, no entanto,
que muitas vezes paro, boquiaberto,
para escutá-las pálido de espanto.

Direis agora: — Mas meu louco amigo,
Que poderão dizer umas panelas?
O que é que dizem quando estão contigo
E que sentido têm frases delas?

E direi mais: — Isso quanto ao sentido,
Só quem tem fome pode ter ouvido
Capaz de ouvir e entender panelas.[13]

O contato com a publicidade, inerente ao engajamento no jornalismo periódico e que já fazia parte da produção humorística no início do século, também encontrou em Aporelly uma alta capacidade de síntese, já nos seus "sonetinhos", publicados sempre com um desenho ou uma caricatura de Andrés Guevara, como este, intitulado "Rondó a... Rondon", que misturava publicidade de bolachas com alfinetadas cômicas no famoso marechal Rondon:

Lá nos confins de Goiás,
Tem sua taba o Marechal,
Com rádio e fogão a gás...

Vive no vale e no monte
Ensinando ao índio humilde,
O credo de Augusto Comte
E a adoração de Clotilde
No mato... grosso, na zona,
Conquistou grande renome
E os indígenas impressiona...

Antropófago não é...
Mas na mata virgem come
Seus biscoitos "Aimoré"...[14]

Aporelly também desenvolveu, talvez até ao excesso, a habilidade de brincar com o próprio veículo impresso, fazendo do seu periódico humorístico um completo *pendant* paródico dos grandes jornais diários. *A Manha*, em 1926, tinha o subtítulo "Órgão de ataques... de riso" e trazia a seguinte informação no seu "Expediente: Não tem, jornal sério não vive de expedientes". Acrescentava ainda a informação de que o semanário era mantido pela empresa *A Manha*, "sociedade anfíbia de Irresponsabilidade ilimitada, integralizada por ações entre amigos, presidida por um marechal-almirante e constituída por dois poderes: o poder marítimo, encarregado de criar e manter uma dívida flutuante, e o poder terrestre, cuja função primordial é colocar a empresa a salvo de qualquer naufrágio, proporcionando-lhe ao mesmo tempo uma vida rigorosamente desafogada, envidando, para isso, o máximo de esforço a fim de transformar a dívida flutuante em fundo de reserva".[15]

Mas o recurso de parodiar o próprio veículo, que já era mais ou menos comum nos semanários humorísticos do início do século, não foi o único a ser desenvolvido ao extremo por Aporelly. O falar macarrônico, em toda a sua variedade e anarquia lingüística, ganhou espaço em *A Manha*, com a existência de diversas colunas especialmente escritas em algaravia lingüística, e para as quais Aporelly convidaria vários outros humoristas, como Fernandes Alburalhão e o próprio Juó Bananére. Mas na maioria das vezes foi o próprio Aporelly quem se encarregou de escrever as diversas colunas: o "Zublemento de Syria e Beiruth", o "Zubblement to Alle... Manha", o "Suplemento Jeca" (na língua acaipirada), o "Supprimenti d'Intalia (no qual Bananére colaborou por várias vezes) e o "Suprimento di Portugali".[16] Foi neste último que Aporelly escreveu talvez suas páginas mais inspiradas, exercendo sua habilidade de transcrever a fala naquela linguagem anárquica, embora facilmente compreensível aos ouvidos. É assim, por exemplo, que o "sinhoire Migueli Pudraira, stabulecido nu ramo de secus e mulhados, na Abinida Centrali", mostrou sua enorme capacidade de traduzir os nomes franceses dos cardápios dos restaurantes:

Entre os recursos herdados dos humoristas da Belle Époque, os anúncios, epigramas ou refrões para campanhas de publicidade foram os mais salientes na vasta produção do Barão de Itararé. (A Manha, *1936, reprodução.*)

Pur isemplo: Rozzbiff — log si bê que é arroz com bife. Vol-au-vent é um nome que us francêis lhe dãon a um bolo qu é faito au bento. Filet a Richelieu é o mesmo que bife à Riachuelo. Potage aux pommes de terre é uma ispécie di selada de bobage de pombos cum terra. E, cumo esses, muntíssimos oitros nomes que eu de mumento nãon me alembro, purque m'isquici.[17]

Em alguns casos, até mesmo o poema-piada era veiculado na língua macarrônica, como este que abria o "Suprimento di Portugali" em 1927:

A pulga e o pusobeijo
Fizeram a combinaçãon

De darem suas surenatas
Dubaixo du meu cunchãon

Eu intãon fui de mansinho
Ao seu dele iscunderijo.
Puguei da minha vungala
Dei-lhes nu crânio de rijo![18]

O reconhecimento da instabilidade da língua, sobretudo quando exposta às misturas e constantes hibridizações com a oralidade e a fala originada dos mais variados matizes, foi algo bastante perceptível na produção humorística de *A Manha.* Aporelly chegou a criar uma coluna na qual discutia questões de gramática e filologia. Escondendo-se sob o garboso nome de Professor Laudelino Avenida Gomes Freire, respondia às cartas dos seus inúmeros leitores, que enviavam suas dúvidas mais urgentes, como esta, de outubro de 1931:

> Professor, como se deve dizer: calça ou calças? Qual a forma mais correta, o singular ou o plural?

A resposta do douto gramático era claríssima:

> A mesma peça do vestuário pode ser calça ou calças, dependendo apenas do lugar por onde se lha pegue. Se for por cima, será calça. Se for por baixo, isto é, pelas pernas, emprega-se o plural.[19]

O mesmo professor explicaria, no ano seguinte, a origem do vocábulo "Itacaré", que deu nome a uma famosa batalha que não aconteceu. Rachando a palavra ao meio, o douto filólogo explicou que "Itá" originalmente significava "pedra escovada, laje ou navio costeiro", e que "raré" vinha da aglutinação, pelo excesso de uso, de "raro" com "e", dando assim "Itararé", pedra rara, brilhante, sem jaça. "Que é, senão isso, o glorioso fundador desta heróica dinastia que carrega e engrandece esse tão formoso e sonoro vocábulo?" (*A Manhã*, 12.8.1932).

Aquele reconhecimento da instabilidade da língua, comum aos humoristas macarrônicos da Belle Époque, é levado ao extremo por Aporelly, que conseguiu desenvolver como poucos a habilidade de brincar com as palavras, chegando a desmembrá-las, estabelecendo as mais inesperadas e surpreendentes relações entre as partes. É assim quando uma certa "Cundessa de Traiz-dus-Montes, listrata de grande baloire e uma das mais finas jumentalidades d'antiga aristucrecia luso-vrasileira", resolve discorrer sobre o valor da língua latina enfatizando que:

> [...] um indibíduo de lingua biba pode aprender a falaire uma língua morta e bicebersa du countrario. As línguas mortas mais cunhicidas sãon: u letim, u flamengo, u fluminense e u basco.

Para ser mais didática e tornar cristalina a sua exposição a referida "Cundessa" ainda exemplificava:

> Cuando faiz muito caloire, as damas d'alta suciadade, custumam s'avanaire cum u leque [...] e murmuraire cum seus vutãens: Dura leques, sed leques, u que quére dizeire: "É dura a séde, mesmo cum leque".[20]

A desconfiança de uma língua estável, constantemente deslocada em seus sentidos pela criação humorística, parecia atingir seus limites em Aporelly, já que nele parecia notável o reconhecimento de palavras mutantes (o que os lingüistas chamam hoje de *shifters*) — aquelas que designam um referente sempre relativo ao sujeito que fala.

Já pelos exemplos citados e observando as características gerais da produção humorística de *A Manha,* pelo menos no período 1926-33, é possível verificar ainda a mistura e a completa indistinção entre aqueles conteúdos tidos como "humor ruim", que resultava na degradação do objeto risível, ou como "humor bom", que não necessariamente implicava esta degradação. Também neste caso tínhamos uma espécie de combinação sintética de muitas das tendências do humor da Belle Époque, já que conviviam na mesma página, sem distinção, todos os tipos de referências cômicas, mostrando o quanto o humorista tinha aprofundado seus contatos com a variedade difusa de manifestações que ocorriam à margem dos circuitos da cultura escrita. O maior exemplo desta combinação sintética em Aporelly pode ser visto num aspecto mais saliente de sua produção humorística: as máximas, que literalmente circunscreviam o máximo de sentidos e significados numa única frase.

Misturando forma elevada e conteúdo canhestro na base do seu humor, Aporelly também se mostrava extremamente capaz de filtrar ditos populares, ou pelo menos conhecidos por todos, para, por meio dos deslocamentos e inversões verbais, gerar novos provérbios, naturalmente absurdos, como esses:

- *Mais vale um galo no terreiro que dois na testa.*
- *De onde menos se espera, daí é que não sai nada.*
- *Quem empresta, adeus...*
- *Quanto mais conheço os homens, mais gosto das mulheres.*
- *O fígado faz muito mal à bebida.*
- *Quando pobre come galinha, um dos dois está doente.*[21]

Nestes, assim como em inúmeros outros casos, a forma elevada do gênero "máxima", da qual o mais notável expoente foi o marquês de Maricá, é misturada e degradada ao realismo chocante do conteúdo prosaico ou canhestro, quebrando com o determinismo daquela "expectativa da verdade" gerada pela máxima ou pelo provérbio. Mas Aporelly também se utilizava de lemas conhecidos para, através da sua enorme habilidade em brincar com as palavras, subverter completamente seu sentido original, adaptando-os a uma realidade brasileira tacitamente reconhecida por todos:

- *A França teve um Mirabeau, mas é no Brasil que se passam as coisas mais mirabolantes.*
- *Os vivos são cada vez mais governados pelos mais vivos.*
- *A forca é o mais desagradável dos instrumentos de corda.*
- *Houve um tempo em que os animais falavam; hoje, eles escrevem também.*
- *O burro, afinal, é um cavalo, mas com idéias próprias e convicções inabaláveis.*

Talvez porque exprimissem com tal concisão e precisão uma realidade tacitamente partilhada pela maioria da sociedade, curiosamente algumas destas máximas acabaram por cair no domínio público, como se permanecessem guardadas numa espécie de repertório para uso coletivo. Este será o caso de expressões como "Quando pobre come galinha, um dos dois está doente", reconhecível num sem-número de outras variantes de uso público, ou daquela que, criada alguns anos depois, alertava sub-repticiamente para as imprevisíveis reviravoltas da vida política, dizendo: "Há algo no ar, além dos aviões de carreira". Assim, Aporelly construiu seu humor com base numa junção estapafúrdia de inúmeros registros familiares e privados com questões públicas e coletivas. Talvez por isso, fundindo emoção e vida infantil, intimidade e fruição da coisa pública, ainda hoje brilhe na fala cotidiana brasileira aquela espécie de conselho válido para todas as ocasiões, públicas ou privadas, nos negócios de Estado ou negociatas individuais, tão presente na vida de cada um que ninguém mais percebe como criação de Aporelly: "Quem não chora não mama".[22]

A definição de humorista dada por Aporelly e a auto-imagem que ele fazia da sua própria função de humorista tinham muito a ver com esta notável vocação para alterar o sentido dos provérbios e *idées reçues*:

> O provérbio, por exemplo, é uma criação popular. Mas, reparem bem, não há nenhum provérbio que seja uma verdade completa. São sempre pela metade. Há um que diz assim: quem espera sempre alcança. Depois vem outro e diz: Quem espera desespera. E agora?

E, enfim, numa passagem rara — que já citamos no início ao mencionar o "país da piada pronta" —, com uma inusitada compreensão do fazer humorístico e do humorista tácito existente em cada brasileiro, completava:

> Querem ver outra coisa? Às vezes, quando estou numa fila de ônibus, chega alguém e pergunta: por que será que o ônibus que a gente espera nunca aparece? Eu respondo: porque se aparecesse, a gente não tinha de esperar. [...] A influência do humorista? Muito levemente benéfica e bastante entorpecente. Ele apenas mostra a metade das verdades. Para mim, todo mundo é humorista. Eu mesmo não me considero um humorista profissional. Sou do vale-tudo e não entro nessa história de apontar esse ou aquele. [...][23]

É este mesmo humorista do "vale-tudo", incapaz de levar a sério a si mesmo e aos outros, e que assumia aqui uma inusitada atitude de "engraçado arrepen-

Autodenominado barão de uma batalha inexistente, Aparício Torelly mostrou-se incapaz de levar a sério a si mesmo e aos outros, como nesta elaboração paródica do escudo heráldico. (Reprodução do brasão da Casa de Itararé. A Manha, *1931, Andrés Guevara.)*

dido" — inusitada porque parecia estender igual atitude a todos os brasileiros —, que se autodenominará barão de uma batalha inexistente, a batalha de Itararé — aquela que deveria haver mas não houve, em outubro de 1930. Conjurando aquela espécie de suspeição social que pesava sobre a figura do humorista, Aporelly cria e outorga a si próprio o título de duque de Itararé, depois rebaixado para barão, "como prova de modéstia". O escudo heráldico da Casa de Itararé foi desenhado em *A Manha* por Andrés Guevara e compunha-se de um brasão dividido em quatro elementos: uma taça de vinho, um par de talheres cruzados, uma garrafa de bebida e um frango assado "em decúbito dorsal". Logo abaixo, a divisa, anárquica, literalmente macarrônica: "Talharini ou in hoc signo vinces". Em várias e inúmeras crônicas e textos cômicos do seu semanário, Aporelly criou verdadeiras enquetes com o título "Quem é o Barão de Itararé?", inventando as mais hilárias respostas:

> Cioso como ninguém da pureza da sua estirpe, é o único nobre do mundo que, pelo menos uma vez por mês, injeta por via endovenosa uma certa quantidade de azul de metileno, para manter inalterável a cor da nobreza do sangue. [...] Um grande herói que a pátria chora em vida e há de sorrir, incrédula, quando o souber morto. [...] mas um homem sem segredos, já que sua vida pública é, na realidade, uma continuação da privada.[24]

Aparício Torelly não atuou no rádio e, ao que se saiba, nem chegou a produzir humor radiofônico. Apesar disso, grande parte de sua produção humorística, sobretudo a desta fase que aqui consideramos, revelou uma enorme capacidade de filtrar e incorporar na sua criação as falas mais variadas, sobretudo ditos e provérbios conhecidos pela maioria da população. Talvez seja por isso que muitas de suas frases caíram no domínio público e, sem a marca do seu criador, reapareçam, não raro, sub-repticiamente, às vezes surpreendendo seus próprios interlocutores, nos diálogos e nas falas mais comuns dos brasileiros.

A SOBREVIVÊNCIA DE ALGUNS *RATÉS* — A EXPERIÊNCIA HUMORÍSTICA COMO FALA

> *O humorista é o último dos homens, um ser à parte, um tipo que não é chamado para Congressos, não é eleito para academias, não está alistado entre os cidadãos úteis da República, não planta, não colhe, não estabelece regras de conceito ou de comportamento.*
>
> Millôr Fernandes, *Trinta anos de mim mesmo*, p. 67

Não foi difícil a passagem do humorismo verbal da Belle Époque para a radiofonia, sobretudo pela proximidade do primeiro com a oralidade. As criações de Cornélio Pires, por exemplo, dispensaram maiores elaborações — fato já antecipado não apenas pelas suas pioneiras gravações em disco como também por isoladas participações em filmes. (Anúncio de filme de Cornélio Pires, O Sacy, *1926)*

Cornélio Pires será um dos pioneiros na gravação de discos com suas crônicas e anedotas que, desde *Musa caipira*, sua primeira coletânea escrita e publicada em 1910, não necessitavam de maior elaboração para a radiofonia, uma vez que grande parte delas já havia sido utilizada nas suas "conferências". O episódio da entrada de Pires no mundo do disco é cercado de um certo folclore, não raro alimentado por ele próprio e por seus biógrafos, mas, pela sua importância, merece ser relembrado. Com seu sobrinho Ariovaldo Pires (o futuro profissional do rádio "Capitão Furtado") servindo de intérprete, Cornélio convence o americano Wallace Downey, da empresa Byington & Co., representantes da gravadora Colúmbia em São Paulo, a gravar uma série inteira de seus discos, que ficariam prontos em maio de 1929. Descontados os exageros folclóricos de seus biógrafos — ancorados, afinal, nos exageros do próprio Cornélio que, como observamos, parecia-se muito com o seu personagem Joaquim Bentinho —, conta-se que Cornélio Pires saiu com dois automóveis, entulhados de discos, pelas cidades de Sorocaba, Jaú, Bauru e Assis, encarregando-se ele próprio das vendas.[25] Seja como for, e independentemente dos mencionados exageros, o catálogo da Colúmbia no ano de 1929 registra pelo menos dezesseis discos de Cornélio Pires, sendo que deste total doze estão registrados com o rótulo de "anedotas caipiras" e "contos humorísticos".[26]

Muitas destas gravações, segundo testemunhos variados, serão constantemente utilizadas pelas emissoras paulistas, como a Rádio Educadora, a Rádio Cruzeiro do Sul etc. Dos fragmentos das poucas gravações sonoras que sobreviveram, sabe-se que entre as mais divulgadas estavam: "Idear de caboclo", que Cornélio já havia recitado, por várias vezes, nas conferências e em alguns programas de rádio; anedotas referentes à sua própria educação na infância, que o humorista também já havia narrado em seus livros; e duas anedotas mais próximas da sátira política, também retiradas de suas coletâneas publicadas em livros. A primeira, sob forma de poema, retrata a bonomia do caipira, jogando com as mesmas imagens estereotipadas mas concluindo, sempre, com aquele solavanco mental da piada:

Ai, seu moço, eu só quiria
pra minha filicidade,
um bão fandango pur dia
e uma pala de qualidade.

Pórva, ispingarda e cutia,
Um facão fala-verdade
E uma viola de harmunia,
Pra chorá minha sodade.

Um rancho na bêra d'água,
Vara de anzó, pôca mágua,
Pinga boa e bão café...

Fumo forte de sobejo...
E pra compretá meu desejo,
Cavalo bão... e muié![27]

As outras duas, de tonalidade política, satirizavam a vida pública e até os símbolos nacionais, como nesta gravação de 1929, depois apresentada numa série radiofônica intitulada "Cavando votos". Nela Cornélio Pires fazia as duas vozes, para ouvirmos o diálogo rápido entre dois caipiras sobre os seus próprios conhecimentos botânicos:

— Vancê que tem viajado muito, tem andado muito aqui pra roça?
— Tenho...
— Antão, cê deve cunhecê muitas qualidade de arvre.
— Conheço.
— Vancê cunhece aquel'uma que está ali perto da ponte?
— Conheço muito: é um ingazero.
— Ingazero nada, aquela arvre aqui nóis chama de arvre du guverno.
— Por quê?
— Vancê arrepare, ói, tem parasita inté no último gaio!

No segundo fragmento que permaneceu gravado, o imigrante árabe, o imigrante italiano, o imigrante alemão e o caipira conversam a respeito da situação política paulista. Versátil, Cornélio Pires fazia, sozinho, as vozes de todos os quatro personagens. No diálogo final, o italiano pergunta ao caipira a respeito de sua posição política:

Italiano: E vucê, uê, o que sugere?
Caipira: Eu, pra falá verdade, desde qui não deixaram o Rui Barbosa sê imperadô, larguei mão dessas coisa. Eles lá são graúdo, que se arranjem! Em festa de macuco, nhambú não pia. Cum tanto que me deixem vivê sussegado, caçando viado e tocando minha viola, eu não s'importo. Mas, si o Isidoru vortá...
Turco: Que é qui vucê faiz?
Caipira: Si o Isidoru vortá...
Italiano: Ma veja, qui é qui vucê faiz?
Caipira: Si o Isidoru vortá...
Alemão: Qui é qui vucê faiz se a Isidora vortá?
Caipira: Si o Isidoru vortá... eu faço cumo dotra veiz, eu garro o mato!

A insistente alusão é a Isidoro Dias Lopes — líder das tropas tenentistas que haviam invadido a cidade de São Paulo — e ao caos coletivo e à enorme destruição provocados pelo bombardeio indiscriminado da cidade pelas tropas federais em 1924. O solavanco mental da piada é produzido pelo suspense criado pelo caipira, que ironiza a espera pelo herói salvador, resolvendo-a com a única solução possível: fugir para o mato. E, enfim, no estranhamento entre ingênuo e irônico de outro caipira frente às cores da bandeira nacional, quando coça a cabeça e reflete:

> Que qué dizê os símbolo da nossa bandêra...? Purquê verde e amaréio? Capim e Mio? Ispirança e desespero?[28]

Em 1932, em plena "guerra paulista", Cornélio Pires chegaria a utilizar-se do rádio em pequenos programas improvisados, na maioria das vezes contando "causos" e "episódios" pitorescos da guerra civil, mais tarde reunidos em um volume, intitulado *Chorando e rindo*.[29]

Era, no fundo, a aplicação aos meios sonoros daquele humor conciso, todo baseado na fala oral do caipira e cuja resolução cômica vinha quase sempre do estranhamento ingênuo produzido pelo choque de dois distintos sistemas de referência. Naturalmente, o efeito cômico se via multiplicado pelas entonações da voz e, afinal, pela inesperada vocação humorística de Cornélio Pires, que se vê, contudo, toldada por aquele que, segundo confessaria num depoimento posterior, seria um dos juízos "mais profundos" sobre a sua obra, e que mais lhe causaria impressão. No final de uma aula, irritado com a irreverência do jovem Cornélio, o professor Humel não se conteve e disse: "Corrrrnélio Pirrres... você é muito intelichente, mas é muito ignorrante!...".[30] Como já nos referimos no capítulo anterior, o juízo viera do dinamarquês Alexandre Humel, figura bizarra de sábio que percorria a região de Tietê, conhecendo muito bem a língua portuguesa, e que teria sido uma espécie de professor particular de Cornélio.

A fala acaipirada, na qual Pires revelou-se um mestre, nem sempre era bem aceita. Muitos torciam o nariz ou condenavam a divulgação deste falar errado e pouco educativo. "Inteligente" e ao mesmo tempo "ignorante" era um juízo paradoxal mas que, no seu prosaísmo e no seu desejo de sinceridade, parecia sintomático da ambigüidade do lugar que o humorista ocupava, singularmente colocado com um pé no circuito da cultura culta e o outro pé no circuito de uma outra cultura mais variada, híbrida, instável, mas que lindava com o "popular".

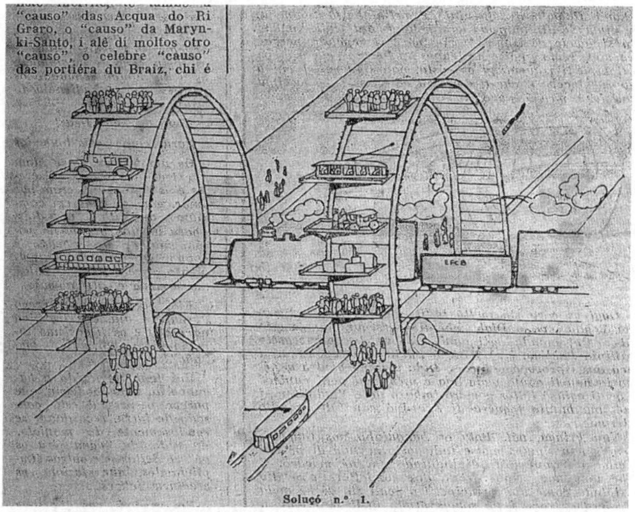

Intempestivo sobrevivente do humorismo da Belle Époque, Juó Bananére ainda exercitava sua irreverência impertinente em pleno ano de 1933. Como nestas estapafúrdias soluções que ele propunha para a população ludibriar o pedágio cobrado pela Light, para atravessar as porteiras do bairro paulistano do Brás. (*"Soluçó para os caso das Portera du Braiz", Juó Bananére,* Diario do Abax'o Piques, *1933.*)

Quase que a mesma ambigüidade pode ser notada a respeito da trajetória posterior do impagável Juó Bananére. Depois dos episódios relatados no capítulo anterior, Alexandre Ribeiro Marcondes Machado, o Juó Bananére, produziria muito pouco nos jornais, concentrando suas atividades em seu escritório de engenharia e arquitetura, montado em 1920. Depois disso, voltaria apenas em agosto de 1927, em aparições dispersas mas sempre desconcertantes, no *Diário Nacional*, colaboração que se manterá, de forma muito esporádica, até 1928. Em fevereiro de 1931, a convite de Aparício Torelly — o futuro Barão de Itararé —, Bananére irá mandar seus escritos, muito circunstancialmente, para o famoso periódico humorístico do Rio de Janeiro, *A Manha*, colaboração que o *barbieri i giurnaliste* irá manter até sua morte, em agosto de 1933.[31]

A última aparição pública de Juó Bananére será num jornalzinho no qual ele não tinha de prestar contas a ninguém. Em 3 de maio de 1933 Juó Bananére aparece com o seu *Diario do Abax'o Piques*, pasquim que ele escreve sozinho, nos fundos de sua casa na rua Alagoas. O *Diario* continha o seguinte expediente: "Diario semanale di grande impurtanza, pruprietá di una sucietá anônima cumpretamenti disconhicida. Órgano ingapotado do fascimo intaliano i du 'Oglio di Mosco in Zan Paolo'".

A referência ao Piques era, no mínimo, impertinente, pois já era um marco urbanístico na história de São Paulo a reurbanização daquele local específico, que havia tomado o nome de ladeira da Memória. Mas todas as crônicas humorísticas de Bananére sobre questões urbanas no semanário eram anárquicas. Para resolver os problemas da "Porteira do Brás" — na verdade, uma espécie de pedágio que a Light cobrava para os veículos transporem as suas linhas férreas —, o bardo macarrônico propunha algumas soluções estapafúrdias, uma delas com a utilização de um zepelim que ele chamava de "Zépelinho".

Enquanto, na solução anterior, a composição ferroviária transpunha o obstáculo urbano carregada pelo dirigível, nesta, o próprio diretor do pasquim do Piques vê a cidade do alto e com a rapidez do olhar apenas comparável à concisão da piada. (Diario do Abax'o Piques, *1933*.)

Mas é logo no primeiro número do seu *Diario* que Bananére homenageia o poder político com um dos seus tradicionais sonetos:

SONETTO IPPICO

Treis di Maggio! Dia di libertá!
O sole manheceu apindurado nas artura.
Una atentativa mais si vai tenta
P'ra liquidá di una veze c'oa Dentadura.

Da bocca das orna di voto nas mó,
O Zépovo da Naçó braziliéra.
Vai dizê p'ru pissoal da inrivoluçó
Chi non quere maise sabe di bringadêra.

Inquanto era tutto novitá:
Banqueto daqui, disgorso di lá,
Stava tutto molto bó!

Ma bringá di Dentadura a vita intêra,
C'um freio na bocca i un rabixo na trazêra,
Isso nó![32]

Na edição de 3 de maio de 1933 Bananére chega a lançar seu próprio partido, e num "artigo prugrama" arrematava:

> [...] o nostro prugramma sintético stá scritto no nostro gabeçario traveis da célebre eufrazia du difuntimo poeta Dantis: "Lasciati ogni speranza, ó voi ch'entrate!", o che in vernacolo do tempo do Gamonhes quere dizê: — Entrô aqui, é o páu da guaiabêra.

Como se vê, a sutileza não era o ponto forte do poeta Juó Bananére, mas seu pasquim certamente devia ter muitos leitores. Talvez porque, como sugeriu na mesma época Antônio de Alcântara Machado, com Bananére, "o ridículo dos homens e das coisas ganhava um colorido gritante que o fazia percebido pelos olhos mais ingênuos".[33] O *Diario do Abax'o Piques*, publicado por alguns meses em 1933, foi portanto a despedida de Juó Bananére. Neste curto espaço de tempo, vemos Alexandre Marcondes Machado dividir-se nos mais diversos pseudônimos, cada um com uma língua própria, numa multiplicação quase infinita dos dialetos bananerianos.

Por exemplo, Salim Gamons, que escrevia numa mistura das línguas árabe, judaica e armênia; no seu "Soneta clássicas", evidente paródia de Camões, diz:

Sete annos, Jacu servia Maquel,
Sem canhaá nada, balavra Teus!
Só pra cazá con a tona Raquel
O mais bonita filha te xudeus.

O soneto termina, é claro, com um rompante nada romântico, onde o vate, com medo das dívidas e dos juros, deseja literalmente despachar a Musa para qualquer um que a aceite:

Eu trabalho te crassa mais teis anno!
Eu até mata genti pricizáno... balavra teus,
Mas, fica com Loxa e com Raquel.[34]

Não há indícios de possíveis gravações de Bananére nesta miscelânea árabe-judaica, mas sabe-se que no pioneiro *Programa Casé*, em 1933, primeiro na Rádio Philips e depois na Rádio Transmissora, o comediante Jorge Murad ficou conhecido numa das seções humorísticas do programa contando, com forte sotaque, as famosas "anedotas de turco".

Nas miscelâneas lingüísticas Bananére mostrava toda a sua versatilidade, como na coluna escrita quase sempre na página 3, "O Taka-Shumbo Shimbun", cujo diretor era o sr. Tebato Nakara e que, já no número 4, anuncia:

> [...] uma impotante konfelencia sekereta ki haveu onti ni skiritório di nossa zona, ninguém pissoa sabeu. Tomando parti néra a sancerér aremão Adolpho Hitri (ki

shego skondido ni Zeperin), Zuon Bananéri, diletô di este fôria, i Doto Tebato Nakara, dileto zapanezi. Elli farou diwagarinho que pixiza fazi marsha di farambô kum ranterna zapanezi ni wenida paurista, tokando Bawa zenti bazirêra i Zaponezi di pátria firio![35]

Preso à tradição da São Paulo da Belle Époque, cujas referências urbanas não mais existiam em 1933, Juó Bananére leva ao limite sua versátil vocação para a miscelânea macarrônica criando colunas como "Taka-Shumbo Shimbun" *que, neste caso, transforma Getúlio Vargas em objeto de sátira.* (*Diario do Abax'o Piques,* 1933.)

Ou as paródias escritas sob o cognome Pacheco d'Eca, como esta, aparecida em 20 de julho de 1933:

Xou pertuguês, ha quatroçantos anos:
Minh'alma é a mesma, qu'enfunaba as belas
Qu'arrastaram a glória as carabelas
Dus heróicos merujos luzitanos. [...]

u maré aos luzos tudo deu: Primairo,
Deu-nos de graça um continante intairo,
Deu-nos ilhas, d'spois, a dar c'un pau.

Hoje, qu'as cousas stão dif'rantes,
Inquepaz de nos dar' mais cuntinantes
Faz u qu'a pode, e dá-nos... Vacalhau.[36]

Salim Gamons, Pacheco d'Eca, Tebato Nakara eram os múltiplos heterônimos utilizados por Juó Bananére para falar de uma sociedade, como sempre, marcada pela heterogeneidade, pelo deslocamento e pela desagregação. Também neste caso, o humorismo de Bananére revelava-se impertinente: falava-nos de um passado muito próximo, cheio de rebarbas, de ressentimentos, e até de renitentes preconceitos sociais num momento em que, simbolicamente, tudo convergia para um nacionalismo fortemente disseminado. Brincadeiras com imigrantes, em formas de expressão tão rebarbativas, soavam impertinentes, e provavelmente muitos torciam o nariz num ambiente onde não se tratava mais de confrontar o nacionalismo com o cosmopolitismo, como no período inicial da República, mas de entabular e sinalizar uma nova antítese entre um matiz de nacionalismo assimilacionista contra outro, mais intransigente. Forjar novos laços simbólicos neste novo quadro implicava apagar as marcas de um passado bastante recente, nunca mencionado, ou tentar assimilar aquela chusma de imigrantes que tumultuara a cena social brasileira na Primeira República.[37]

Curiosamente, até o final Bananére insistia em juntar suas duas atividades paralelas imaginárias, tão nobres quanto dignas: *barbieri i giurnaliste*, embora ele reconhecesse que nos anos 30 nem o jornalismo nem a barbearia garantiam a sobrevivência. Ele escreve, em 1933:

A vita stá dificille pr'a burro! Us frigueiz nom vó maise nu saló afaze a barba. Tuttos gompra una navaglia Gigollete per trezentó i faiz a barba in caza a settimana intirinha. A literattura non dá maise nada! Anticamenti io afaceva unos versinho p'ros namurado dá p'ras anamuradas i acanhava unos caraminguado. Oggi inveiz illos non quere sabe maise di verso — pega a piquena, amunta na baratina e sái, comme un empiastro...[38]

Aqui, curiosamente, o barbeiro, pela introdução da lâmina Gillette, tanto quanto o poeta, pela introdução do automóvel rápido, que quebrava a duração necessária aos hábitos do leitor, transmutavam-se em *ratés* da modernidade, daquela modernidade canhestra e híbrida construída pela história de São Paulo.

Mas não era apenas a situação do barbeiro e a do jornalista que estavam críticas. Elas coincidiam com a situação pré-falimentar do país e do estado. Eis, portanto, o nosso cronista de volta à realidade bem cotidiana, com seu diagnóstico insólito para os ouvidos da época, sempre muito pouco sutil:

O gambio, c'oa inrivoluçó
Tive tamagna incomoçó
Chi tive una zincopis
I murreu du goraçó

O goitadigno do gaffé
tambê tive un susto danado
I fico alegiado
Dos Quatro pé.

E para ninguém reclamar do não entendimento do seu diagnóstico, completava:

Con Zan Baolo quibrado
Co Gaffé alegiado
Co Gambio inscangagliado
Co tizôro arribentado.

I co Gioareiz na Gricortura,
Stamos na dipindura
Nóis e a Dentadura. [...][39]

Por que Bananére foi alijado do circuito da cultura dominante paulista e tratado como um *raté* do modernismo? Esperamos ter apresentado alguns elementos para uma possível resposta.

Multiplicação de nomes e de personagens, esvaziamento da sua própria identidade, de qual cidade Bananére tentava falar? Bananére, ou o pouco que restou dele depois da sarabanda modernista, parece ter ficado também preso à tradição de uma cidade cujas referências urbanas não mais existiam. O Piques, onde ele tinha o seu salão de barbeiro, o Bom Retiro, das *costureirinhas chiques* e onde ele morava com Juóquina e seu filho imaginário, o Beppino; o Brás, com suas fábricas e os bondes "caraduras" da Light. A referência ao Piques é constante em Bananére: ele continua falando sobre o lugar em 1933, época na qual o Piques já não mais existia. Mas parte das pessoas que o liam sabia onde ficava o Piques, sabia também que, neste mesmo lugar, no início do século anterior eram realizados concorridos leilões de escravos. Estas pessoas não apenas sabiam onde ficava o Piques, que se confundia com a própria história de São Paulo, mas também se identificavam com esta referência urbana da cidade.

Bananére permaneceu escrevendo e aperfeiçoando o seu dialeto macarrônico sem nunca se interessar por escrever numa língua culta. Esta insistência, juntamente com a impertinência que já era intrínseca à sua criação, se o afastou definitivamente da literatura e da vida literária, alterou o destino ulterior de suas criações, mais próximas do teatro de revista, da música de teor mais popular e, afinal, do humor radiofônico. É assim que em 1931 Bananére também grava alguns dos seus poemas e crônicas em discos da Colúmbia, entre eles uma estapafúrdia narrativa do descobrimento do Brasil na qual "Pietro Alvares Caporal", trazendo da Europa um carregamento de *tagliarini*, é perseguido por baleias até chegar à cidade de Santos, "pra grandi incontentamento da populaçó locali".[40] Como era extremamente fácil musicar seus versos — já vimos como a maioria deles eram elaborados sobre melodias muito conhecidas —, Bananére também experimenta seus dotes de intérprete musical, cantando músicas paródicas como esta, de sátira política a Júlio Prestes (que ele chamava de "Júlio Impréstimo") e Washington Luís:

Ai, qui sodades qui eu tegno
du tempo qui io era um malho
du tempo qui era io
que amandava nu baraio.

Essi tempu ton gostoso
Pareci qui non ritorna
Hoje non só mas um malho
Di malho virei bigorna.[41]

A voz de Marcondes Machado nestas gravações revela extrema habilidade artística ao captar todos os trejeitos da fala ítalo-caipira, intraduzíveis na linguagem escrita. Nessas faixas do disco, o próprio Bananére revela seus dotes de artista nato, declamando seus próprios poemas e cantando músicas macarrônicas. É impossível ajuizar o quanto a sua opção profissional pela engenharia e sua dedicação a esta atividade nos anos 20 tenha, no fundo, cerceado sua vocação artística. Numa época de fortes e entranhados preconceitos em relação aos artistas de perfil mais prosaico, o estigma de *raté* teria lhe pesado sobre os ombros?

Pouco antes de morrer, incapaz de resistir à "coceira" de humorista, Bananére ainda insistia, ao elaborar seu autonecrológio, em fazer como Zeca do Patrocínio, "pendurar guizos nas idéias mais graves" sem abandonar, contudo, sua forma peculiar de lirismo:

Io dexo a vida come un tirburêro
Chi dexa a rua sê cavá frigueiz;
Come un pobri d'un indisgraziato
Chi giá andô na Centrale arguna veiz.

Come Gristo chi fui grucificato,
I assubi p'ru çeu come un rojó!
Levo una sodade unicamente:
— É du choppigno lá du "Bar Baró".

Só levo una sodades — d'una sombra,
Che nas notte di inverno mi cubria...
Di ti — Juó-quina, goitadigna!
Ch'io amatê con tanta cuvardia.

Discance migna cóva lá nu Piques,
N'un lugáro sulitário i triste,
Imbaxo d'una cruiz i iscrivan'ella:
— Fui poete, barbiere, i giurnaliste![42]

Humildade desiludida de mais um "engraçado arrependido"? Sua morte precoce tornou difícil quaisquer respostas, ainda que especulativas. Marcondes Machado morreu muito cedo, com 41 anos de idade, mas é difícil resistir à tentação de imaginá-lo ainda vivo, pelo menos até os anos 40, período áureo do rádio brasileiro. Seus contatos com Cornélio Pires, com quem sempre tivera boas relações desde a juventude nos anos 10, não tiveram continuidade neste período. Danton Vampré, que havia sido seu parceiro na criação de alguns teatros de revista, vai para a Rádio Educadora, em São Paulo.[43] Mas, neste ano, 1933, Marcondes Machado já está muito doente. No Rio de Janeiro, entre 1917 e 1931, um dos únicos que o acolheram foi Aparício Torelly, no seu jornal *A Manha*. Assim, se a crítica literária não acolheu Bananére no registro da literatura culta, suas criações certamente trilhariam outros caminhos. Provavelmente teria seu programa de rádio, quem sabe junto com outros *ratés* da literatura paulista.

A história dos possíveis e surpreendentes herdeiros de Bananére, Cornélio Pires e outros *ratés* é mais complexa, e, convenhamos, trata-se de uma outra história. Mas é impossível não se referir à figura de Adoniram Barbosa que, se não conheceu pessoalmente esses humoristas, praticamente tomou contato com o rádio ouvindo os discos de Juó Bananére e Cornélio Pires. Filho de imigrantes italianos, de nome real João Rubinato, exerceu inúmeras atividades — foi carregador, marmiteiro, tecelão, encanador, pintor, serralheiro, e até garçom na casa do ministro Pandiá Calógeras. Síntese notável dessa estranha confusão de vozes que engendra a fala do humor brasileiro, Adoniram divertia os ouvintes do rádio já a partir de 1941, com suas dezesseis interpretações de tipos comuns da vida brasileira: Barbosinha Mal-Educado da Silva, o personagem moleque da "Escola Risonha e Franca"; Zé Cunversa, personagem negro que exercitava sua esperteza tragicômica; Giuseppe Pernaffina, motorista de táxi do largo Paissandu; Jean Rubinet, ator de teatro francês; Oswaldo Luís das Gardênias Lilases, o cronista "delicheuse" dos bairros elegantes da cidade; Moisés Rebinovith, "aquele que fende barrato parra senhorr, à vista e a pestaçon", e inúmeros outros. Dois deles constituem talvez a síntese mais empedernida a que chegara o humor macarrônico, e expressaram, pelo absoluto exagero paródico, a confusão inexprimível daquela atmosfera de desenraizamento e de fragmentação da vida brasileira. Um deles era o Dr. Sinésio Trombone, que assim se expressava:

> Sua Excelência chegou num momento intramuscular propedêutico impróprio, porque dentro das congeminências hiperbólicas, posso afirmar que ele não se encontra neste ambiente filarmônico e holocáustico. Tenho dito!

Ou o ainda mais híbrido professor Richard Morris e seu irmão gêmeo (*por parte de mãe*, segundo Adoniram) Richard Morris — afinal de contas, dois personagens vencedores, saídos das telas do cinema falado e que, seguros e confiantes em si mesmos, assim exercitavam sua paródia bilíngüe:

> Cherterfield Sereneide chata nooga, chu chu — end may reveri six chevrolet laite and pauver. O yes — a traduçon deste fraze que eu disse é o seguinte: Tromba de elefante não serve para regar as flores do jardim.[44]

Contrariando os ideais de um nacionalismo "sério" anunciado por Bilac em 1915, e mesmo depois, com a busca reiterada de uma integradora vontade nacional, aqui, sim, tínhamos finalmente o resultado anárquico daquela procura inútil do chamado "tipo nacional" que se expressava, pela voz de lixa de Adoniram, numa identidade multifária, fragmentada e errante da vida brasileira. Seja como for, a trajetória de Adoniram Barbosa pode ser tomada como paradigmática das estreitas relações que se estabeleceram entre as criações humorísticas e a música no nascente território do rádio e das gravações sonoras. Mas, como veremos, este território já estava sendo explorado, ainda que pontualmente, desde o início do século, pelos mais variados humoristas.

HUMOR E MÚSICA: CRUZAMENTOS, ENCONTROS E SINCRETISMOS

Um literato nunca se exprime bem quando escreve, porque nunca ele escreve como fala.

Noel Rosa, "Meus pensamentos",
em *Noel Rosa, uma biografia*, 1990

Entre os humoristas que atuaram no Rio de Janeiro, muitos deles, como mostramos, já mantinham estreitas relações com os espetáculos dos teatros de revista. Já mencionamos que, sobretudo no Rio de Janeiro, os muitos humoristas — o caso de José do Patrocínio Filho foi exemplar — eram obrigados, como os músicos, a atuar no teatro de revista, nos cafés-concerto, clubes carnavalescos, cassinos, e até nas poucas casas de música existentes. Procuramos salientar que o teatro de revista — assim como a experiência isolada de "cinema falado" sob os auspícios de Zeca do Patrocínio em 1910 — já ocupava um lugar ambíguo na produção cômica, num limiar difícil de distinguir entre o erudito e o popular. O contato desses humoristas revistógrafos com músicos, cançonetistas, atores, atrizes — assim como com os figurinistas e cenógrafos, que muitas vezes eram os mesmos desenhistas que faziam as caricaturas nos periódicos diários e semanais — foi intenso, já que os próprios procedimentos de produção obrigavam a isso. Bastos Tigre foi parceiro de vários músicos no teatro de revista, desde 1907. Raul Pederneiras, Oduvaldo Vianna e Antonio Torres também escreveram roteiros e textos de revistas e burletas em colaboração com músicos e compositores. Embora seja difícil a reconstrução desses cruzamentos, certamente o contato dos humoristas com os empresários e os donos de teatro os aproximava do público de uma forma bastante diferente da relação já estabelecida, ou pelo menos tida como habitual dos escritores com o público. Estavam, diríamos, mais próximos de compreender o espetáculo da revista como algo que dependia do gosto do público, enfim, mais próximo de um, ainda que precário, mercado de bens culturais.[45]

O espaço de atuação no teatro de revista aproximou, de alguma maneira, esses humoristas de um público mais vasto e variado. Também os conduziu à busca de uma linguagem, que se fez ou por uma recusa à disciplina da palavra ou

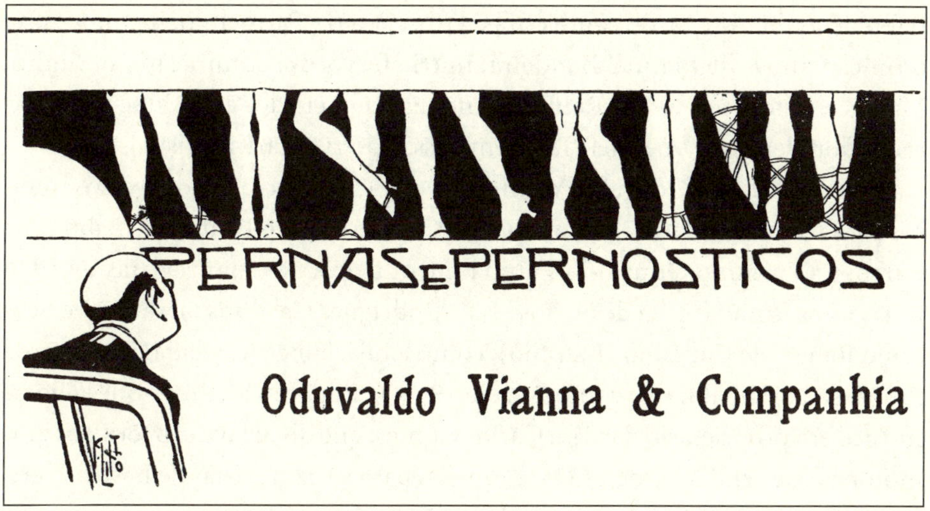

O teatro de revista, no qual a participação dos humoristas era constante, também contribuiu para a elaboração de uma difusa linguagem radiofônica, pois, nos anos 1930, já se inicia, por meio da produção musical, uma estreita ligação da revista com os programas de rádio. (Anúncio de Oduvaldo Vianna, O Tagarela, *8.3.1928.)*

pelo esforço inarredável por exercê-la numa variante anárquica. Não foram raros os que conseguiram quebrar com os compromissos estéticos do parnasianismo, do simbolismo ou — por que não? — do chamado modernismo, mas, quando o fizeram, foram quase que constrangidos a reconhecer que faziam não "literatura", mas sim revista, música, publicidade ou outra forma qualquer ligada à diversão, à oralidade ou ao espetáculo ligeiro. Também no caso dos humoristas desta geração, os contatos freqüentes com uma produção destinada a um público mais variado também os tornaram, não apenas mais suscetíveis aos valores do dinheiro e do mercado, mas, certamente, desdobraram-se nos conteúdos intrínsecos da produção humorística.

Os poucos dados existentes mostram que, neste caso, a interação entre os humoristas e os músicos se intensifica durante os anos 20, criando uma espécie de terreno comum para o humorismo radiofônico, tanto em termos de linguagem como em termos de aproveitamento de alguns temas cômicos característicos da Belle Époque. Raul Pederneiras e José do Patrocínio Filho escreveram roteiros para teatro de revista entre os anos de 1927 e 1929, que receberam composições musicais de José Barbosa da Silva, o Sinhô — uma das mais notáveis referências da história do samba brasileiro. Zeca do Patrocínio, segundo uma crônica famosa de Manuel Bandeira, nutria fervorosa admiração por Sinhô. Muitas revistas escritas por Raul Pederneiras no início dos anos 30 serão musicadas por Henrique Voegeler. Também nessa época, o caricaturista J. Carlos — em 1930 e 1931 — e Oduvaldo Vianna — em 1929 — escreverão diversos roteiros para teatro de revista em parceria com músicos como Lamartine Babo e Ari Barroso. O mesmo Oduvaldo Vianna introduziria nas suas revistas de 1926 músicas executadas pela dupla José Luís Rodrigues Calazans (Jararaca) e Severino Rangel de Carvalho (Ratinho), como a hilariante embolada "Espingarda Pá-pá-pá", originalmente composta em 1916. Já Eduardo Souto — que além de músico era proprietário da Casa Carlos Gomes, que divulgava canções nos gramofones que vendia desde 1921 — compôs para várias revistas de Bastos Tigre, como *Zig-zag*, de 1926, e *Boas falas*, de 1927. No caso dos humoristas dos primeiros tempos do rádio, muitos participaram diretamente das peças do teatro de revista, alguns mais intensivamente, como foi o caso de Silvino Neto, que combinava interpretações musicais e imitações em seus programas *Pensão da Pimpinela* e *Pimpinela, Anestésio e o telefone* com participação em revistas como *Fogo no pandeiro*, *Passo da girafa* e *A borracha é nossa*, nas quais atuaram atrizes revisteiras como Mara Rúbia, Eros Volúsia e Derci Gonçalves.[46]

Algumas relações mais concretas entre humoristas e músicos podem servir como exemplos, como nos casos mais notáveis de Bastos Tigre, Lamartine Babo e Noel Rosa. As relações entre os dois primeiros foram mais diretas; já os contatos de Lamartine e Noel Rosa ocorreram no final dos anos 20, sobretudo nos estúdios das rádios. É óbvio que não se trata aqui de reconstruir uma simples relação causal de influências recíprocas, e sim de sugerir um mesmo ambiente ou clima mental partilhado por todos eles, e ao qual cada um deles respondeu com um procedimento cômico semelhante. Os dois primeiros, contudo, foram talvez as duas trajetórias mais representativas desta multiplicidade da figura do humorista e de sua alta capacidade de trânsito entre as diversas práticas sociais. São as figuras de Bastos Tigre e de Lamartine de Azeredo Babo. Qual a relação entre Bastos Tigre, que no início dos anos 20 era bibliotecário da Biblioteca Nacional, e o jovem Lamartine Babo, então um office-boy da Light? Como vimos, Bastos Tigre foi jornalista, desenhista, poeta humorístico, roteirista de teatro de revista, compositor de temas carnavalescos, ator nas horas vagas, e praticamente um dos

A quebra do determinismo que se expressava no solavanco mental, transformado, no caso da música, no breque melódico, reiterava quase sempre a miséria crônica da maioria da população, sintetizada no vocábulo prontidão *— originado da fala popular no início do século. O mesmo tema será constante nas criações musicais de Lamartine Babo e Noel Rosa.* (*Charge de Raul Pederneiras,* O Tagarela, *11.11.1903.*)

iniciadores da publicidade no Brasil. Não é por coincidência que no final dos anos 20 Bastos Tigre chegará a produzir alguns esquetes e pequenos programas humorísticos para o rádio, além de crônicas literárias para a Rádio Mayrink Veiga, em 1926. Tigre também produziu publicidade para o rádio, sendo a sua criação mais notável a letra da marchinha "Chopp em garrafa" — feita para a campanha da Cervejaria Brahma — com música de Ary Barroso e que seria muito popular no Carvanal de 1934. Lamartine Babo, bem mais novo, conheceu Bastos Tigre em 1920, quando Lamartine (como office-boy da Light, ele podia permanecer gratuitamente nas torrinhas do Teatro São Pedro de Alcântara) encontrou-o numa das exibições das peças de teatro de revista. Em 1923, a facilidade de fazer piadas e trocadilhos conduz Bastos Tigre a convidar o jovem Lamartine para colaborar para a revista *D. Quixote*, então dirigida por ele. É com Bastos Tigre e Eduardo Souto que Lamartine Babo se inicia no teatro de revista até a montagem de sua primeira revista-burleta, *Os calças-largas*, encenada em novembro de 1927, tendo sido depois a música título gravada para o Carnaval de 1928 pelo barítono Frederico Rocha.[47]

Curiosamente, entre o humorismo de Bastos Tigre e o jovem Lamartine Azeredo Babo há um entrecruzar-se de temáticas, que vão além de uma simples relação de influência de um sobre o outro. Um eixo temático similar, que já vinha da produção humorística da Belle Époque, e que parecia comum à produção inicial dos dois autores, foi o da instabilidade da vida brasileira: é sempre a crônica irreverente do miserável que se auto-analisa na sua situação, definida com a linguagem facilmente compreensível expressa em vocábulos como "prontidão" ou "pindaíba", sempre reveladores da instabilidade da vida e do estiolamento dos projetos de futuro. Compare-se nesta mesma chave temática inúmeros registros paródicos não apenas nos dois autores, mas em inúmeros outros registros humorísticos importantes na época. Em Bastos Tigre, o famoso poema "Mal secreto", típico das saturnais simbolistas, veiculado em tonalidade metafísica, transforma-se em "Mal discreto", ou seja, não há metafísica, nem quaisquer mistérios que escondam a miséria profunda:

Se a prontidão, a pinda e a quebradeira
E os vários males desta mesma classe,
tudo o que punge a tísica algibeira,
sobre o rosto do "pronto" se estampasse.

Se se pudesse a crise financeira
Ler "através da máscara da face"
Quanta gente, talvez, que, da primeira
Fila, então, para a última passasse... etc.[48]

E do jovem Lamartine Babo, escrevendo em *D. Quixote* fantasiado dos pseudônimos Frei Caneca, Luxierus, N. N., T. Mixto e Janeiro Ramos, temos seus incríveis sonetos cômicos, como este, intitulado "Língua... com batatas", no qual toda a questão ortográfica é submetida à fome crônica e à presença exuberante e desmedida dos alimentos, que inclusive acabam por definir, no final, o já clássico solavanco mental da piada:

Mas uma vez lá venho eu, senhores,
gritar contra a fonética mal... dita.
Falem de mim ou não, os inventores
desta mania de atrasar a escrita...

Uma escrita atrasada traz perigos,
sérios perigos, fáceis de prever.
A língua pátria vai sofrer castigos
com os efes e os erres do sofrer.

Quanto doutor, de óculos azuis, solenes,
na escrita antiga abria o dicionário
Só para ver a quantidade de enes
cabíveis na palavra aniversário!...

Quantos mocinhos escritores... chi!
que discutiam crenças de imprevisto,
na hora de escreverem o "H" do Cristo
metiam o "H" (coitado!) perto do "i"?

Quanto bicheiro de amanhã em diante
(que ainda ontem nos metia dó)
Não nos fará mais rir... pois elefante
irá escrever, talvez, com um "L" só...

Foi só por isso que a Reforma veio,
porque, afinal, pouco trabalho dá...
É ela própria que nos mostra em cheio,
que a fantasia está no P e H...

Fantasma sem o P e sem o H
nem papão chega a ser; foge tremendo...
Perde-se a fantasia de um rajá,
e fica o verbo haver letras devendo...

Sei que perco o latim nestas tolices
ao lhes fazer aqui certas perguntas:
— Não é tão belo o nome próprio Ulisses,
Letras a gancho... consoantes juntas?

Quem pode suportar os nossos hinos
sem Y... sem H... sem nada, enfim,
se a língua vem do grego e do latim
para agradar a gregos e a latinos?

Por que facilitar a língua nata
se justamente a nata é que é de... leite?
Por que matar a indústria da batata
se Português, sem Z, não cheira a azeite?...[49]

Já Bastos Tigre, manuseando o sentido das palavras como um esmeril em prol da concisão e da brevidade — mas sobretudo em prol da hilaridade —, exercitava, como poucos, pela interpolação da dura realidade a quebra do determinismo de refrões muitíssimo conhecidos:

- *Quem dá aos pobres e empresta... adeus!*
- *Com dinheiro tudo se arranja no nosso país. É neste ponto que o nosso país se parece com todos os outros da Terra.*
- *Deus fez o homem à sua imagem e semelhança. Mas quem teria entrado no ateliê e avariado a obra do Supremo Artista?*
- *Querer é poder. Quando outro, mais forte, não quer o contrário.*
- *Quanto mais conheço os homens mais amo os cães... capazes de mordê-los.*

- *Quem é maior? Deus ou o dinheiro? Respondem os ingleses que Gold tem sempre uma letra a mais que God.*
- *Conhece-te a ti mesmo. Se o conseguires, profundamente, evita ficar a sós.*
- *O que a mulher quer Deus quer. Para evitar discussões.*[50]

Outro tema constante e de notável cruzamento nos registros dos dois humoristas será a diluição ou eliminação da identidade individual e a subjetividade da lírica amorosa pela dura e frustrante realidade. Um dos que mais utilizaram este tema, incorporando a paródia humorística, foi sem dúvida Noel Rosa, já nas suas composições do final da década de 20. É aquele lirismo cômico de desdenhoso sofrimento. Veja-se que o famoso "Amor e medo", de Casimiro de Abreu, é transformado em "Amor e fome" no soneto de Bastos Tigre:

Já não te espero mais. Vou-me embora. Esperei-te
Das sete às dez. Não vens e estou verde de fome.
O homem é um animal que ama... e que também come:
Eu estou, desde a manhã, com dois copos de leite. [...]
Por que tardas assim? É um suplício sem nome!
[...]
Outro bonde e não vens. Vence na vida o instinto;
Querida, eu vou jantar. É tarde, é muito tarde!
Antes morrer de amor que arrebentar faminto![51]

Este mesmo bordão, na mesma chave temática, será filtrado para os versos populares de uma das primeiras marchas de 1931, "Uma andorinha não faz verão", que Lamartine compôs em parceria com João de Barro, originalmente para uma peça de teatro burlesco:

Vem Moreninha
vem tentação
Não andes assim tão sozinha
Que uma andorinha não faz verão.

O solavanco da piada, agora sob forma de um anticlímax em face da dura realidade de quem está na pindaíba e não pode pagar a luz, vem no verso seguinte:

Dizem morena, que teu olhar
tem corrente de luz que faz cegar
O povo anda dizendo
Que esta luz do teu olhar
A "Light" vai mandar cortar.[52]

Note-se, já, a título de comparação rápida entre os dois exemplos, a utilização de um recurso no qual Tigre será um mestre consumado: o anticlímax final ou o solavanco (nó acústico) da anedota em forma de soneto, que sempre apela a uma referência cortante da realidade. Já vimos que Bastos Tigre constitui um exemplo notável de como os humoristas da Belle Époque desenvolveram o singular recurso de aproveitar as gírias da época nos poemas e quadrinhas, resultando numa vasta incorporação destas falas ao humorismo poético. Aliás, uma das características intrínsecas deste humorismo poético foi tornar essas palavras e expressões utilizáveis na língua culta, num vaivém fertilíssimo, embora impossível de reconstituir de forma sistemática.

Como sugerimos ainda, foi provavelmente dessa forma, com a abrupta introdução de elementos familiares e prosaicos na linguagem solene e monumental do poema, que se forjou o procedimento de expressão preferido pelos humoristas cariocas da Belle Époque, o poema-piada. Neste gênero, Bastos Tigre foi inigualável, maculando os arroubos de mistério metafísico dos simbolistas ou a gravidade dos sonetos parnasianos com o solavanco final cortante de alusões à sua condição de funcionário público, ao jogo do bicho, à falta de dinheiro no final do mês, aos expedientes boêmios para consegui-lo ou a outras quebras da monumentalidade dos assuntos por meio de referências prosaicas. Este procedimento do poema-piada — que pelas suas próprias semelhanças intrínsecas se prestava a um uso musical ou rítmico — foi, de alguma forma, incorporado e modificado nas mais variadas composições de Lamartine Babo e Noel Rosa, que tomamos aqui como exemplos destes desdobramentos do humor ao estilo belle époque.

Também nos primeiros tempos do rádio podemos captar a incorporação do poema-piada em inúmeras criações de Noel Rosa. O solavanco mental da piada era musicalmente transmutado no *breque* — a interrupção da linha melódica do samba nele introduzindo, quase sempre de improviso, um comentário irônico ou jocoso. Como neste samba em forma de carta, que chegou a ser utilizado algumas vezes para abrir a programação matinal das emissoras:

(*Cordiais Saudações!*)

Estimo que este mal traçado samba,
No estilo rude da intimidade,
Vá te encontrar gozando saúde
Na mais completa felicidade

(*Junto dos teus, confio em Deus*)

O cumprimento cordial, ao som da música cheia de lirismo, termina cortante, misturando o cumprimento com a cobrança pecuniária do(a) outro(a), subitamente transformado em credor:

Em vão te procurei
Notícias tuas não encontrei
Eu hoje sinto saudades
Daqueles 10 mil-réis que eu te emprestei.

Curiosamente, os versos seguintes eram suprimidos — não sabemos por quê — das emissões radiofônicas; talvez porque sugeriam algumas "ofensas" — à criada, ao judeu ou à sogra — que lembravam muito aquelas "rebarbas de ressentimento" que já apontamos e que estiveram sempre presentes nos humoristas macarrônicos:

Beijinhos no cachorrinho
muitos abraços no passarinho,
um chute na empregada,
Porque já se acabou o meu carinho.

A vida cá em casa está horrível,
Ando empenhado nas mãos de um judeu.
O meu coração vive amargurado
Pois minha sogra ainda não morreu
(Tomou veneno e quem pagou fui eu).

No final da malsinada carta, os últimos versos enveredam pela mesma chave temática do "Mal discreto" de Bastos Tigre e do "Língua com... batatas", de Lamartine Babo: é o que nos revela o último verso — curiosamente também suprimido das emissões radiofônicas — nas suas referências à fome e à "pindaíba" para, no final, contrastando com a completa dependência afetiva e financeira do missivista, arrematar sutilmente com a data monumental da "independência" do país:

Sem mais, para acabar,
Um grande abraço queira aceitar
De alguém que está com fome,
Atrás de algum convite pra jantar.

Espero que notes bem
Estou agora sem um vintém.
Podendo, manda-me algum...
Rio, 7 de setembro de 31!
(Responde que eu pago o selo...)[53]

O tema da prontidão e da falta de dinheiro, reiterando a situação sempre aflitiva do miserável que se auto-analisa, receberá sua mais acabada expressão humorística em "Quem dá mais?", que Noel Rosa compôs como parte do quadro "Leilão do Brasil", o qual integrou as cortinas cômicas da revista *Café com música*, encenada de abril a maio de 1931. Começando com algumas referências cômicas muito peculiares à época, a canção termina por generalizar a miséria pessoal à crônica miséria pública, aguçada pela crise econômica cafeeira — o que redunda na liquidação final, em três lotes, do país inteiro:

Quem dá mais...
Por um violão que toca em falsete,
Que só não tem braço, fundo e cavalete,
Pertenceu a dom Pedro, morou no palácio,
Foi posto no prego por José Bonifácio?

Vinte mil-réis, 21 e 500, 50 mil-réis!
Ninguém dá mais que 50 mil-réis?
Quem arremata o lote é um judeu
Quem garante sou eu,
Pra vendê-lo pelo dobro ao museu. [...]

Quem dá mais?
Dou-lhe uma, dou-lhe duas, dou-lhe três!
Quanto é que vai ganhar o leiloeiro,
Que é também brasileiro,
Que em três lotes
Vendeu o Brasil inteiro?
Quem dá mais...?[54]

A amargura anônima, travestida num lirismo cômico de desdenhoso sofrimento privado e público, desdobrou-se noutro tema que esses humoristas, herdeiros da comicidade da Belle Époque e afeitos aos versos rápidos e musicais das revistas, procuravam transpor e recriar para seus próprios propósitos. É o tema da morte, que eles tratavam a partir de uma visão ingênua, diríamos até, quase infantil, já que buscavam incorporar, sempre de forma paródica, as inúmeras metáforas que os adultos utilizavam para referir-se à morte na frente das crianças.

Limitando-nos a alguns nomes que consideramos exemplares desses sincretismos humorísticos, podemos começar com um exemplo do jovem Lamartine Babo nos versos "Acidentes de trabalho", escritos ainda na época em que ele colaborava com a revista semanal humorística dirigida por Bastos Tigre:

Tendo caído de um oitavo andar
o operário Plácido Penido,

o mestre-de-obras pôde constatar
que... o desgraçado havia falecido!

Célere, o mestre então fora avisar
a pobre esposa, o triste sucedido;
e começara, a custo, a relatar
desta maneira o caso do Penido:

— Minha senhora, eu venho pesaroso
falar-lhe algo do seu rico esposo...
— Fale depressa — disse a moça aflita;
— Minha senhora, que cruel desdita —

e relutando o mestre continua:
— O paletó do Plácido Penido
rolou do andaime e... foi cair na rua,
o que me fez ficar tão comovido...

Indignada, a mulherzinha disse:
— Vá pro diabo, estúpido; insolente;
se essa pilhéria o meu marido ouvisse
dar-lhe-ia um soco imediatamente —

Prossegue o homem, após, com relutância:
— Perdão, senhora, acresce a circunstância
de eu ver na rua o paletó caído,
e... dentro dele... o Plácido Penido![55]

A crueldade da notícia da morte é diluída pela supressão das aparências, pelo jogo de palavras, ou através da mágica das mesmas palavras, que, combinadas com o sublime da música e do ritmo, engendram o riso, quase que pela simples eliminação das próprias coisas. Atitude humorística muito semelhante pode ser sumariamente reconhecida em inúmeras criações de Noel Rosa, como esta, de humor gastrálgico, em parceria com Hervê Cordovil:

Deitado no trilho de um trem
Estando amarrado e amordaçado,
Sabendo que o maquinista não é seu parente,
Nem olha pra frente,

O que é que você fazia?
Eu nesse caso nem me mexia.

Sentado, olhando um cachorro
Que da tua mão tirou o teu pão,
Sabendo que o seu bilhete, que está premiado,
Também foi roubado,

O que é que você fazia?
Eu nesse caso nem me mexia.

Se um dia a sua sogra bebesse
Um gole pequeno de um grande veneno,
Se por um capricho da sorte (ou de algum doutorzinho)
Ela ficasse mais forte

O que é que fazia o senhor?
Eu nesse caso matava o doutor

O que é que você fazia?
Eu nesse caso... desapareceria.[56]

A visão coletiva da morte como passagem, desaparecimento simples, possibilidade cíclica naturalmente intrínseca à vida foi certamente (por vias que nós como historiadores não temos como comprovar) incorporada e filtrada pelos versos humorísticos prosaicos, primeiro de Bastos Tigre e, depois, nos versos musicais de Lamartine Babo e Noel Rosa. Ao aguçarmos um pouco mais nossos ouvidos, esforçando-nos por distinguir fragmentos humorísticos das poucas e truncadas gravações que chegaram até nós, veremos o arremate gaiato, em tom funéreo-cômico, incorporando as tiradas francamente maliciosas do próprio Cornélio Pires. É o que pode ser entrevisto na modinha "Romance de uma caveira", que a dupla Alvarenga e Ranchinho cantava em 1937 no programa *Os Milionários do riso*:

Era duas caveira
Que se amava
E a meia-noite
Se encontrava
Pelo cimitério
Os dois passeava
E juras de amor
Então trocava.
Sentado os dois
Em riba da lousa fria
A caveira apaixonada
Ansim dizia
Que pelo caveio
De amor morria
E ele de amores por ela vivia
Ao longe uma coruja
Cantava alegre
De ver os dois caveio
Ansim feliz
E quando se beijava
Em tom fúnebre
A coruja batendo as asa
Pedia bis
Mas um dia chegô de pé junto
O cadáve morto de um difunto
E a cavera
Prele se apaixonô
O caveiro tomô uma bebedeira
E matou-se de um modo romanesco
Por causa dessa ingrata caveira
Que trocou ele por um defunto fresco.[57]

O arremate gaiato, em tom funéreo-cômico, era uma das formas de os humoristas do rádio, como a dupla Alvarenga e Ranchinho, tratarem das tristezas da vida noutro sentido, no sentido de produzir alívio através do riso. (Alvarenga e Ranchinho, os milionários do riso, Revista da Rádio Nacional, *1941.)*

Já pela vertente de arremedo da fala lusitana, no humorismo radiofônico de Gino Cortopassi também a morte era reenquadrada no registro do pitoresco. É o que se percebe na paródia de "Alza Manolita", canção original de Leo Darnideff transformada em "Prendi a alza Manuelita" pelo impagável Zé Fidélis. A milonga descreve as divertidas aventuras amorosas da "cachopa" Manuelita e seu namorado, "Juóquim", um motorneiro de bonde que acaba sendo chamado pela Light, para tristeza de Manuelita, para trabalhar no Brasil. Enquanto Manuelita consulta uma cartomante confusa para saber se o rapaz é "mundrongo" ou um "gajo direito", vem a notícia de que ele morreu no Brasil num acidente entre bondes. Na divertida paródia, cantada com toda a musicalidade do sotaque lusitano de Fidélis, todas as referências à morte são substituídas por expressões como "o moturneio levô uma trumbada", "bater o burzeguim" ou "até qui o raio lhi parta". O solavanco mental provocador do riso reaparece no desígnio final da estapafúrdia cartomante, que, referindo-se a um obstáculo burocrático, acaba por sugerir a existência de um céu brasileiro e de um céu português, quando diz:

Scuita bem ó Manuelita
Juóquim na vida foi teu
deu co'a cara noutro bonde
sultou um suspiro i murreu.

Reza pur eli, pois nu céu,
Bai ser dificile ele intraire
A caderneta di estrangeiro
o burro isqueceu di levaire![58]

Talvez a expressão cômica mais anárquica desse tema delicado tenha sido a de Lauro Borges e Castro Barbosa, nos seus programas na Rádio Nacional dos anos 40. Sobretudo quando, quase sempre interrompendo a programação normal, introduziam uma "Nota de falecimento" com o prefixo da "Marcha fúnebre" — só que interpretada a duas vozes, numa paródia de "Happy birthday to you", e numa entonação infantil, quase angelical:

Grudi naite, tu uiú...
Grudi naite, tu uiú...
Grudi naite, fulano...
Que já vais pro Cajú!

Em seguida, vinha a nota de falecimento, na qual toda a melancolia do timbre da voz do "speakler" Otelo Trigueiro dirigia-se, em estrambótica transferência, não ao falecido e à família, mas ao automóvel que o atropelara:

> Vítima de impertinaz moléstia, faleceu ontem em primeira audição atropelado por um automóvel Strudebaker, tipo 1939, de cinco portas, pneu de banda branca, 38 cilindros, licenciado para 1944 e que nunca levou gasogênio, o Sr. Eleutério de Tal,

A paródia milongueira de Zé Fidélis nada escondia dos preconceitos e ressentimentos contidos no discurso sério. Com a diferença de que na paródia a rigidez se desfazia no riso e o conflito se transmutava no pitoresco. (Foto de Gino Cortopassi, Revista da Rádio Nacional, *1941.)*

figura muito conhecida nesta necrópole. O falecido pediu ainda prá avisar que o seu ferétro sairá, o mais tardar, até o fim do mês, para o sumitério mais próximo da casa dele, cujo indereço ignoramos.[59]

A ruptura da vida — pelo menos a maior dessas rupturas, a morte — é reenquadrada noutro sentido, no bom sentido. O incidente, o alerta, a ruptura, tudo aquilo que constitui o estopim de toda piada — e que dá origem ao riso —, indica, inicialmente, que as coisas e os homens não são tomados no bom sentido. Os humoristas tratam então de reenquadrar no bom sentido coisas que nele não estão enquadradas. Procuram restituir outro sentido às coisas, ainda que pelo caminho da fuga, do desvio pela metáfora cômica, da incorporação de expressões populares ou da mera supressão das aparências. Porque esses humoristas, esses eternos "engraçados arrependidos", sabiam que só quando conseguimos enquadrar as coisas, as pessoas e nós mesmos no bom sentido, aquele que nos permite a vida num mundo difícil, então — e só então — nós rimos. Tudo indica que esses humoristas tinham apreendido aquela bonomia dos humoristas da Belle Époque, que sonhavam com ideais de uma sociedade mais justa e eqüitativa — mas como mantê-la se tudo conspirava dramaticamente contra aquele ideal próximo de perfectibilidade humana? Mais rara entre os humoristas radiofônicos, aquela atitude do "engraçado arrependido" reaparecia na análise de um articulista da revista *Carioca*, que, captando a graça de Lamartine Babo, revelava-nos a outra faceta deste humorista:

> O broadcasting de nossa grande cidade tem o seu "tony" irresistível e sombrio: Lamartine Babo. Nas pilhérias desse humorista sente-se aquela imensa dor dos que procuram esquecer a si mesmos. Sua voz abafada e rouca, dizendo anedotas e quadrinhas picarescas, deve custar-lhe um sofrimento qualquer, deve doer-lhe, deve subir-lhe da garganta como um soluço. Reparem como não há notas agudas nas canções desse admirável e profundo *Tribulet do microphone*. Suas graças são surdas e quase que se poderia dizer que são graves. Ele um dia me disse: "Eu não canto de dentro pra fora, como os outros; canto de fora pra dentro". Estaria fazendo uma "blague"? Não: revelava o mistério de sua técnica. Técnica dolorosa como o do estranho Gwynplaine, o "homem que ri...".[60]

A impossibilidade de rir sempre e os limites sociais estabelecidos para o riso transferiam-se, neste caso, para a identidade dos próprios humoristas com a referência direta ao sinistro herói Gwynplaine, de *O homem que ri*, de Victor Hugo. Atitude de velado arrependimento, pela incoercível incapacidade de reprimir o chiste ou pela impertinência corrosiva inerente à sátira, também era perceptível na quadrinha musical com a qual, invariavelmente, Alvarenga e Ranchinho encerravam suas apresentações humorísticas:

> *Nessa moda de viola*
> *nóis deve se desculpar*
> *é tudo uma brincadêra*
> *não queremos falar mar*[61]

A situação era instável deste que, como para o músico e os outros artistas, equilibrava-se ainda num semiprofissionalismo muito rarefeito. Ganhando, não raro, nos primeiros tempos do rádio, os epítetos do "mau gosto" ou do "vulgar", impotente para aparar os conflitos, o humorista procurava suprimir as aparências brincando com a morte, elidindo a violência, fazendo lirismo com a fome e a pobreza, seguindo afinal a incoercível lição de Zeca do Patrocínio, "colocando guizos nas idéias mais graves".

Mais do que os escritores ou outros artistas, os humoristas, estreitamente dependentes das páginas dos jornais, dos periódicos ilustrados, dos teatros de revista, pareciam forçados a acompanhar, de maneira muito mais próxima, o ritmo rápido das linguagens dos emergentes meios de comunicação da época. Com certeza viveram mais intensamente do que aqueles escritores ligados ao circuito monumental do livro ou das revistas culturais a eclosão das linguagens multifárias do teatro de revista, da música reproduzida fonograficamente, do rádio e do cinema falado. Muitos deles conseguiram captar de forma efêmera, quase simultânea, não raro no momento mesmo da sua aparição, o impacto coletivo da introdução desses novos meios.

Também mais ainda do que os escritores, os humoristas da Belle Époque haviam se acostumado com a instabilidade da língua e sabiam que as palavras — todas elas e em todas as línguas, jargões ou sotaques — estavam sujeitas, como a "moeda nacional", a uma permanente oscilação do seu valor cambial. Nesse sentido, cabe lembrar que o encontro entre as trajetórias de humoristas e músicos que tinham um largo trânsito em práticas culturais um tanto marginais ao circuito da cultura culta, crivada de sincretismos e fusões, ocorreu neste momento de final dos anos 20, em que coincidiam a grande expansão das gravações fonográficas e a entrada do cinema sonoro ou falado.

Em 1929, alguns meses depois da exibição no cine Palácio Teatro do Rio de Janeiro do filme *Broadway Melody* — o primeiro filme falado norte-americano exibido no Brasil —, Bastos Tigre escreve uma paródia (para ser musicada) do famoso poema de Olavo Bilac, que provavelmente serviria para encerrar, como tradicionalmente se fazia ao som de piano, a programação noturna de algumas emissoras. Lembre-se que Bastos Tigre, desde jovem, já nutria uma certa antipatia pela cultura norte-americana, o que, de certa forma, tornava-o disponível para encarar a inolvidável introdução da fala no cinema, até mesmo porque chegara a escrever legendas em versos para filmes mudos em 1917. Depois de sua primeira experiência com o teatro de revista em 1905, numa espécie de censura familiar, será forçado pelo pai a uma viagem aos Estados Unidos, que ocorrerá no ano seguinte. (Ele foi com uma modesta bolsa para aperfeiçoar estudos de engenharia elétrica. Segundo ele próprio relata, a única "coisa que ele realizou [nos Estados Unidos] de sua vocação foi a capacidade de dar choques!"[62]) Muito ao contrário de certa personagem posterior que, dizem, "voltará americanizada", eis Bastos Tigre escrevendo a um amigo suas impressões a respeito do *American way of life*: "é o país por excelência do mercantilismo, do interesse e do egoísmo brutal. Os maiores homens desta terra, os mais conhecidos e lisonjeados e amados são o Rockefeller, campeão do dólar, e o Jeffrier, campeão do soco. Orgulho do povo ianque como Victor Hugo e Napoleão do povo francês. Por aí concluis o que é esta corja! Povo utilitário e mercantil como é este, bem podes aquilatar o quanto anda a arte de duas cogitações... No Museu Metropolitano as obras-primas da arte francesa, compradas pelo esnobismo dos milionários a peso de ouro, são enquadradas em vidro como *réclames* de biscoitos em porta de mercearia".[63]

De qualquer modo, da paródia ao cinema falado não temos a gravação, temos apenas o texto, que dizia:

Ora direis, ouvir estrelas! Vejo
que estás beirando a maluquice extrema.
No entanto o certo é que não perco o ensejo
de ouvi-las nos programas de cinema.

Não perco fita; e dir-vos-ei sem pejo
Que mais eu gozo se escabroso é o tema.
Uma boca de estrela dando um beijo
É, meu amigo, assunto para um poema.

Direis agora: — Mas enfim, meu caro,
As estrelas que dizem? Que sentido
Têm suas frases de sabor tão raro?

— Amigo, aprende inglês para entendê-las,
Pois só sabendo inglês se tem ouvido
Capaz de ouvir e de entender estrelas.[64]

É o humor expressando, quase que simultaneamente ao advento do cinema falado no Brasil, o desconcerto diante de um modo de falar e de representar já muito pouco sedimentado, que recebia o impacto dissolvente de novas linguagens que incentivavam o esquecimento rápido de comportamentos e perfis culturais ainda não cristalizados. Porque a entrada do som e da fala não apenas desarrumou tudo, fazendo com que os produtores brasileiros levassem tempo para reaprender a fazer cinema, como também desarrumou os poucos padrões já existentes. Como sugeriu um analista, dada a inexistência de uma linguagem apropriada ao cinema, o jeito foi mesmo explorar "comédias de jeca-tatu, melodramas folhetinescos rurais e urbanos e muitas comédias de sucesso nos teatros de revista".[65] A velocidade e a sensação de empilhamento de palavras e imagens aparecem noutro escrito de Lamartine Babo, ainda na seção que escrevia sob o pseudônimo Janeiro Ramos, no qual mistura, de forma inextricável, os termos ingleses do futebol (*foul, penalty, corner, off-side*) com os bigodes afinados de Ronald Colman, a maquiagem das mulheres ao estilo de Janet Gaynor ou de Jean Harlow, ou as costeletas espichadas ao estilo de Fredric March.[66] A crítica à linguagem postiça e vazia, que no caso de João Ribeiro, Laudelino Freire e outros lingüistas da época era feita de forma direta e até agressiva, já que calcada no padrão da língua culta, recebia aqui, em vez do ataque frontal, o tratamento humorístico: sugestões implícitas, alusões oblíquas, sorriso maroto e mobilizador. É o que transparece noutra crônica escrita, não por um humorista, mas por um escritor que elogiava o humorismo no prefácio a um livro de um outro notável praticante da arte do riso, o caricaturista paulista Belmonte:

> Na ponta do viaduto, o sol espia. O sábado está carregado de flores. Fonfonam torpedos nouveaux-riches com pára-lamas reluzentes. Trotam bípedes com pastas. Mas o footing é um dragão de monóculo. Pintos calçudos, coletes fantasia, cinturas efébicas de vespas. Rodolfos Valentinos, Harold Lloyds, Normas Talmadges, Bebés Daniel's, Glorias Swanson: e... Lincoln, Cadillac, Rolls-Royce, Studbaker e... La vie parisienne, l'Illustration, Revue des deux mondes e... Whisky and soda, cocktails, martínis, Pommerys, Clicquots, Lanson e... Fox-trot, one-step, shimmy, charleston e...[67]

O leitor provavelmente não resista à tentação de dizer: "Isto não é crônica, é uma listagem!". De fato, a listagem do referido autor parece infinita, mas também parecia confirmar o que alguns humoristas já intuíam: que a linguagem já nomeava tudo antes mesmo que lhe fixassem quaisquer significados, gerando um clima de vacuidade temporal em que o ritmo do presente comandava alucinadamente toda a percepção e a sensibilidade do cronista. Neste caso, os registros cômicos, pelo seu caráter de simultaneidade, parecem libertar-se de quaisquer resquícios do tempo cronológico, prendendo-se apenas a um tempo sem limites — muito próximo daquele descrito por Bergson como "tempo psicológico" ou *duração*. De qualquer maneira, o tema das duas criações humorísticas citadas foi exemplo da dificuldade de representação do instável e do inorgânico que elas acabavam por canalizar, na sua vocação humorística, para a sátira ou a paródia do linguajar postiço e vazio. Porque, como já apontamos, uma entre as várias formas de representação cultural do cenário da modernidade, e sobretudo da vida cotidiana alterada pelos novos meios de difusão, a paródia humorística aparecia como válvula de escape ou uma reconciliação com o adverso pelo efêmero do riso. Com o advento daquela nova e variegada multidão de falas, sugeridas pelo empilhamento das palavras do cinema falado norte-americano, a paródia anárquica tornava-se quase que natural a toda aquela malta de humoristas, que incluía jornalistas obscuros, caricaturistas, revistógrafos, atores, músicos, *speakers* e outros escreventes, não menos desenraizados do que o resto da população.

Do primeiro, e talvez mais famoso, filme da série baseada em Edgar Rice Burroughs, *Tarzan, the ape man*, de 1932, exibido no Brasil em 1933 com o título *Tarzã, o filho das selvas*, as versões paródicas redundaram num rebatimento triangular: no cinema, na música e no humor radiofônico. W. S. Van Dyke, o diretor do filme norte-americano, escolheu Johnny Weissmuller, um campeão olímpico de natação sem experiência fílmica, para encarnar aquele herói adâmico, mesclando o maravilhoso e o grotesco, a ingenuidade e a surpresa no cenário extasiante de uma selva sensual. O impacto desta série de filmes deve ter sido enorme, dada a sua combinação espúria com um momento de intensas e sucessivas campanhas oficiais ou semi-oficiais, congregando intelectuais, médicos e educadores, para o culto à saúde corporal, à educação física e aos esportes competitivos. Rapazes candidatos a galã-atleta, mas destituídos de predicados físicos, e sobretudo dos ombros largos e bíceps avantajados de Weissmuller, eram forçados a adotar a moda dos paletós com ombreiras, os providenciais enchimentos de algodão confeccionados por prestimosos alfaiates.[68]

A imagem de Tarzan, o filho das selvas, do filme de 1931, foi tão difundida, que rapazes destituídos de predicados físicos chegaram a adotar a moda dos paletós com ombreiras, com providenciais enchimentos de algodão confeccionados por prestimosos alfaiates. Daí o herói das selvas ter se transformado, na criação humorística brasileira, em "Tarzan, o filho do alfaiate". (Foto de Tarzan, *1931.)*

Contrariando, pela ironia e pelo humor, o discurso da disciplina física e do culto ao corpo, é assim que Noel Rosa e Oswaldo Cogliano (Vadico) compõem a hilariante cançao "Tarzã, o filho do alfaiate":

Quem foi que disse que eu era forte?
Nunca pratiquei esporte
Nem conheço futebol.

O meu parceiro sempre foi o travesseiro
E eu passo um ano inteiro
Sem ver um raio de sol.

A minha força bruta reside
Em um clássico cabide
Já cansado de sofrer,

Minha armadura é de casimira dura
Que me dá musculatura
Mas que pesa e faz doer.

Note-se que, apesar de revelar-se um Tarzã falso, quando na presença de vizinhos de nacionalidade indesejável fazia-se imperiosa a exibição e a auto-afirmação nacional, como se percebe na seqüência:

Eu poso pros fotógrafos
E distribuo autógrafos
A todas as pequenas lá da praia de manhã.
Um argentino disse
Me vendo em Copacabana:
No hay fuerza sobre-humana
Que detenga este Tarzan!

Auto-afirmação fugaz e vazia como o enchimento de algodão nos ombros, pois se conclui, com um solavanco de humildade desiludida, derrisória, frente à dura realidade daquele raquitismo crônico:

De lutas não entendo abacate
Pois o meu grande alfaiate
Não faz roupa pra brigar.

Sou incapaz de machucar uma formiga,
Não há homem que consiga
Nos meus músculos pegar.

Cheguei até a ser contratado
Pra subir em um tablado
Pra vencer um campeão,

Mas a empresa, pra evitar assassinato,
Rasgou logo o meu contrato
Quando me viu sem roupão.[69]

Essa canção, introduzida no filme *Cidade Mulher*, de Henrique Pongetti e Humberto Mauro, foi interpretada pelo cômico José Vieira. Mas a paródia não termina aí, já que, como veremos adiante, o Tarzã de pijama receberia uma nova versão na publicidade humorística da dupla Lauro Borges e Castro Barbosa.

O arremate final para esta chave temática, desdobrada do impacto da introdução do cinema falado, virá talvez na mais incrível paródia de Lamartine Babo, composta para a revista humorística *Para inglês ver...*, encenada em julho de 1931 no Teatro República, no Rio de Janeiro. Humor paródico, música, soneto-piada,

A marca Underwood, muito divulgada na época, entrava na paródia maluca de Lamartine Babo apenas para preencher o vazio da ausência de sentido, atingindo, com esta gratuidade prosaica, o limite dos limites da própria paródia. (*Publicidade da máquina de escrever Underwood,* Careta, *10.3.1923.*)

macarronismo e teatro de revista — tudo parece catalisar-se neste famoso "Canção para inglês ver", um fox humorístico. Cabe observar aqui que o fox, gravado com a voz de falsete do próprio Lamartine em 1931, constituiu também uma paródia do gênero musical que estava na ordem do dia, dada a sua divulgação maciça pelos filmes norte-americanos. Como toda composição de revistógrafo, ela é cheia de referências e chaves da época, daí a necessidade de uma análise mais demorada, identificando, na medida do possível, todas as referências feitas:

I love you,
*Forget sclaine**
maine Itapiru
*Morguette five Underwood,***
*I Shell****
no bond Silva Manoel...
*Manoel, Manoel...*****
I love you
to have Steven via Catumby
Independence lá do Paraguai,
*Studebaker Jaceguay!******

* Trata-se, neste caso, de uma deturpação macarrônica de *forget skyline*, talvez no sentido de "esqueça o arranha-céu", isto é, a paisagem de Nova York ou Chicago, tão divulgada nos filmes, talvez querendo dizer: "deixa pra lá este modo de viver".
** Aí temos uma provável oralização de *mine Itapiru* — "meu" Itapiru, um bairro da cidade do Rio de Janeiro; na frase seguinte, temos uma macarronização de *more get five Underwood*, isto é, "melhor comprar cinco Underwood", uma máquina de escrever, muito veiculada nas propagandas da época.
*** *I shall*, provavelmente substituído pelo macarrônico *I Shell*, com a referência à empresa petrolífera norte-americana.
****Neste verso, a palavra *bond* (ações) apenas reflete o uso já costumeiro da palavra para o veículo, *o bonde*.
******para ter Estevão via Catumby* — Catumbi é outro bairro carioca, neste caso escrito com *y* e pronunciado, na interpretação do próprio Lamartine, *ka-tumbai*. *Independence Day* é uma glosa satírica da mania crescente de falar inglês pela influência do cinema falado, apenas com a referência irônica ao Paraguai, único país que o Brasil "venceu" na Guerra. Já *Studebaker* era marca de automóvel americano de alta categoria e em moda na época numa junção *non sense* com *Jaceguay* — que era, a rigor, o nome do barão de Jaceguai, almirante e diplomata brasileiro Artur Silveira da Mota.

Yes, my glass,
Yes, my glass,
salada de alface,
salada de alface
Fly-tox my 'till...
Standard Oil
Forget not me
*Off!...**
Y love you!
abacaxi, whisky of chuchu...
Malacacheta
Independence Day...
*no street-flash me estrepei...***
Elixir de Inhame, réclame de andaime,
Elixir de Inhame,
réclame de andaime,
Mon Paris je t'aime...
*My girl good-night****
Oi!
Double fight
Isto parece uma canção do Oeste,
Coisas horríveis lá do far-west
do Thomas Meighan

**Meu vidro, copo ou óculos* e a contrapartida macarrônica *salada de alface*, apenas para fazer rima musical; *Fly-tox* era uma marca de inseticida, com muitas mensagens publicitárias nas revistas semanais e já também no rádio; *My till* é outra brincadeira com os idiomas, alternando sentidos de "meu até..." com "meu tile" (*tio*, no sentido familiar); *Standard Oil* era o nome de um dos grupos estrangeiros controladores do refino de combustível. Observar que todo o verso termina com uma espécie de sonoro "fora!".

**Malacacheta, silicato de alumínio e de outros metais, um minério já valioso e exportado pelo Brasil, que, neste caso, é significativamente jungido ao *Independence Day*, que, no caso, não é o 7 de setembro, mas, com certeza o 4 de julho, dia da independência dos Estados Unidos; *street-flash* é um termo do jogo de pôquer, provável deturpação de *straigth-flush*.

****Elixir de Inhame* era um dos inúmeros remédios tonificantes, com muitas veiculações publicitárias em 1931; na seqüência o *boa noite, minha garota ou minha querida* — a ironia é feita, eliminando-se a vírgula, possibilitando ler também "*minha garota boa* noite".

*com manteiga...**
My sandwich,
Eu nunca fui Paulo Escrich,
meu nome é Lasky and Claud,
John Philippe Canaud
Light and Power
*& Companhia Limitada...***
Y love you
The boy-scout avec
boi zebu...
Lawrence Tibbett com feijão tutu
trem de cozinha
*não é trem azul...****

Impossível restituir o tom de galhofa expresso na voz em falsete do próprio Lamartine Babo nesta gravação de 1931.[70] A paródia parecia atingir o limite dos limites, estilhaçando-se nos componentes mais grotescos, expressos em rimas anárquicas, como "Independence Day" rimando com "me estrepei". Seria possível multiplicar exemplos desses cruzamentos de trajetórias e temáticas. Os dados

*"Coisas horríveis lá do faroeste", provavelmente uma alusão bem-humorada às canções que vinham nos filmes americanos dos anos 20, pelas vozes de Johnny Mack Brown e Ukelele Ike; Thomas Meighan era ator americano, muito popular na época. Cf. *Cinearte*, 12 de janeiro de 1927; Meighan foi capa da mesma revista, na edição de 27 de abril do mesmo ano, que, noutro número, classificou o ator como uma das inúmeras "expressões faciais *made in USA*", *Cinearte*, 23 de maio de 1928, p.16.
**O *sandwich* abrasileirou-se, na pronúncia, para o *sanduíche*; depois uma provável referência a Enrique Perez Escrich, romancista espanhol cujos folhetins invadiam os jornais brasileiros, pelo menos até os anos 30. Jesse Lasky e J. Cannaud eram produtores cinematográficos, ligados, segundo a revista *Paratodos*, à produtora norte-americana Paramount. Cf. tb. *Cinearte*, 2 de março de 1927, p. 30; a Light, como se sabe, detinha o monopólio, entre outros, da luz elétrica, e era também a empresa na qual Lamartine trabalhou como office-boy na juventude.
***Da sua experiência como office-boy na Light, Lamartine joga neste verso com um composto anárquico juntando *escoteiro* com *menino* (o boy que no Brasil virou "mensageiro"); *Lawrence Tibbet* foi um barítono que, segundo a revista *Paratodos*, apareceu em inúmeras cenas no início do cinema sonoro. *Trem de cozinha* era expressão popular para panelas e outros utensílios de cozinha, enquanto o *trem azul* era a composição ferroviária oficial das viagens do fascista italiano Benito Mussolini.

Thomas Meighan, ator americano muito popular na época, que aparece na paródia de Lamartine Babo, misturado com manteiga e faroeste.

são fragmentados, incompletos e pontuais, mas mostram, ainda assim, que os cruzamentos de trajetórias e os encontros, como os ocorridos entre Bastos Tigre e Lamartine Babo, constituíram uma espécie de último elo nessa tendência de intermediação cultural que praticamente constituirá a base para o humor radiofônico nos anos 30 e 40, com a geração do Capitão Furtado, Nhô Totico (Vital Fernandes da Silva), Adoniram Barbosa, Ademar Casé, Renato Murce, Lauro Borges, Castro Barbosa, Gino Cortopassi e tantos outros.

A LINGUAGEM HUMORÍSTICA: O *RUIM GOSTOSO*

Falou... tá falado![71]

Assim, o rádio brasileiro dos primeiros tempos certamente utilizou a linguagem do humor verbal elaborada no período da Belle Époque. Estas passagens, contudo, não se efetuaram de forma direta e sem mediações. Alguns estudos já mostraram o quanto a música — sobretudo no que se refere aos gêneros mais divulgados como o maxixe, as modinhas e, afinal, o próprio samba — ajudou a criar uma linguagem para o rádio dos primeiros tempos, seja na difusa programação inicial ou mais tarde, com o advento dos programas de auditório, e, logo depois, dos programas de calouros. Ora, o humor provavelmente ocupou um lugar tão importante como a música, no sentido de fornecer ao rádio brasileiro — digamos assim — a sua espécie de língua peculiar.

Na verdade, a música de traços mais populares e o humorismo estiveram estreitamente associados, sobretudo porque, nestes primeiros tempos do rádio, dividiam entre si a maior parte dos horários dos chamados "programas de variedades". Este "desvirtuamento" da função educativa do rádio pelos "programas de variedades" ficou muito pontualmente registrado nas reações de alguns ouvintes que escreveram cartas às revistas que tratavam das programações radiofônicas. "O rádio poderia ser um ótimo professor de português", reclamava um ouvinte desorientado com toda aquela confusão, para corrigir "um povo que fala mal a própria língua". Outro ouvinte, referindo-se provavelmente aos programas "caipiras" ao estilo das gravações de Cornélio Pires (também conhecido, na época, pelo apelido de "Tibúrcio"), enviava os seus protestos: "Ora, lá está o professor Tibúrcio a contar, para a petizada, as anedotas caipiras, que só servem para ensinar-lhes a falar errado".[72] Já noutra carta, as palavras tidas como vulgares eram condenadas, sobretudo aquelas contidas nos versos e refrões dos sambas nos programas musicais ou nos "suplementos musicais" que intercalavam a seriedade do noticiário oficial. Assinando-se "Martha Maria", assim argumentava a radioouvinte:

> Incontestavelmente o "noticiário do Brasil" melhorou muito desde que os seus diretores resolveram intercalar em seu programa o suplemento musical. A meu ver, porém, ainda se faz mister uns reparozinhos ao referido suplemento, isto é, há necessidade de uma pequena censura nos números a serem irradiados.
>
> Que impressão terá o radioouvinte lá dos confins do Amazonas ou das coxilhas altaneiras dos Pampas, ao escritor, vindo da capital do país, que representa o maior centro de cultura de todo o Brasil, palavras como estas: "Meu Deus, que moamba. Macaco me lamba..." e outras semelhantes? Por certo não será lisonjeira, para o brio dos cariocas, a opinião das pessoas cultas. Que pensar então do que podem dizer os que no estrangeiro ouvem o programa nacional?

E atenuando um pouco os seus exemplos mais enfáticos, concluía:

Não sou dos que acham que os sambas devem ser banidos desse programa, pois que muitos deles são bem-feitos, mas sim que deve haver seleção na letra e não se deixar que palavras desconexas ou escabrosas sejam irradiadas, pois em lugar de propaganda do Brasil e de sua cultura, semelhantes irradiações servem exatamente para provar o contrário do objeto visado.[73]

Embora isoladas, tais reações pareciam expressivas do impacto negativo inicial da utilização de uma "língua radiofônica" que naturalmente não poderia ser um mero decalque tanto da língua como da cultura escrita. É o que se perce-

Lauro Borges e Castro Barbosa, já a partir dos primeiros programas humorísticos, surpreendiam os ouvintes com notas de falecimento acompanhadas da "Marcha Fúnebre — só que interpretada com a letra do "Parabéns a você", transformando em "Grudi Naite tuiú" e acompanhada por uma orquestra maluca. (Belmonte, "Quem sabe se no rádio estão tocando música de danças?")

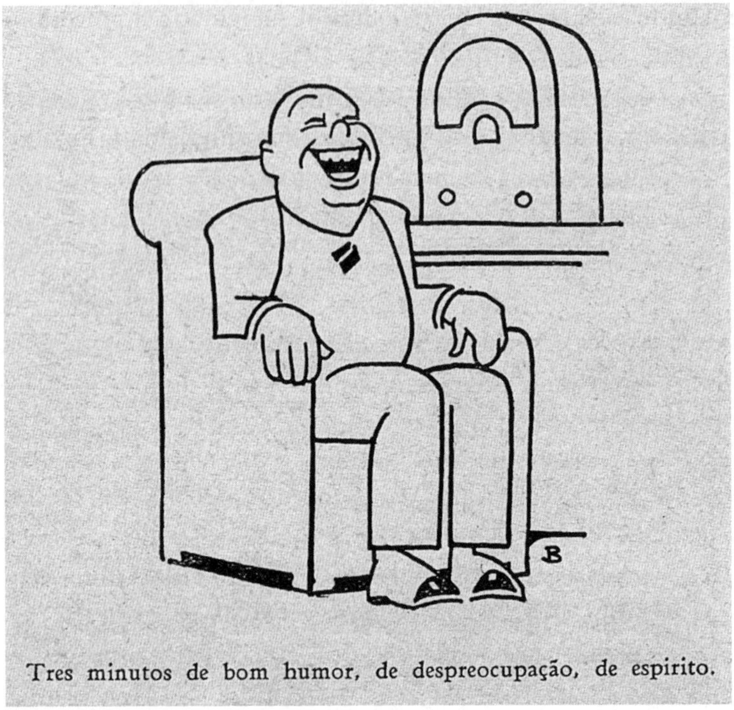

Ninguém admitia publicamente gostar das "piadas de caipiras", de música de danças ou daquele "ruim esquisito" proporcionado pelo humorismo em geral — o que talvez fosse um sintoma de quanto o humorismo fazia parte incontrastável da vida cotidiana. (Belmonte, "Três minutos de bom humor, de despreocupação, de espírito")

be na manifestação perspicaz de um último ouvinte, que já enveredando pela "psicologia" do rádio, escreve:

> Psicologicamente falando, o ouvinte do rádio é um tipo interessante. Se faz parte da alta sociedade, recebe em casa o grã-fino, mantém o receptor na ópera, conversa acerca de Verdi. Mas, quando as visitas se retiram... "No tabuleiro da baiana tem...".[74]

Este último ouvinte-missivista fornecia-nos, enfim, o testemunho mais lúcido não apenas da contribuição do humorismo e da música popular na criação de uma fala peculiar ao rádio brasileiro, mas da existência de uma espécie de cultura tácita, silenciosa — embora hipócrita — de ampla aceitação daquela música ritmada e daquele humorismo impertinente, talvez porque tais elementos já faziam parte da vida cotidiana de cada um. Ninguém admitia publicamente gostar do samba ritmado, herdado do "maxixe desavergonhado", das piadas de caipiras ou das anedotas obscenas, mas dificilmente resistia à sedução de tamborilar com os dedos, chacoalhar os pés ou ouvir e difundir, ao pé de ouvido, a "última piada". Neste caso, parece até que a sociedade delegava aos humoristas, os "palhaços por um dia" ou "engraçados arrependidos", a representação, em relances rápidos e efêmeros, desses desejos sutilmente recalcados ou encobertos.

Até mesmo alguns escritores, ainda que presos a uma concepção negativa que via o humor como gênero menor ou inferior, captaram, como sensíveis sismógrafos, tais possibilidades humorísticas do rádio. É assim que, em 1940, Mário de Andrade caracterizava a linguagem do rádio como uma "linguagem particular, complexa, multifária, mixordiosa, com palavras, ditos, sintaxes de todas as classes, grupos e comunidades".[75] Significativamente, Mário de Andrade escrevia tal comentário a propósito de um inquérito realizado na Argentina, no ano de 1939. Esse inquérito constava de quatro questões, que eram as seguintes:

> a) Devem ser aceitos na transmissão os vícios de pronúncia correntes, ou será necessário impor a pronúncia culta?
> b) Convém difundir comédias dialogadas em linguagem familiar?
> c) Convém difundir teatro rural em linguagem regional?
> d) Convém difundir canções escritas na geringonça arrabaldeira?[76]

O inquérito de 1939, que tanto inquietou Mário de Andrade, expressava, ainda que de forma isolada, uma preocupação dos circuitos cultos da cultura com as possíveis deformações provocadas pela emergência de uma língua radiofônica. Da leitura mais atenta das questões formuladas no inquérito muitas ilações seriam possíveis. Mas elas pareciam resumir, naquele momento, muitas das preocupações da inteligência brasileira com a essência de uma cultura nacional. O que seria, então, esta língua radiofônica? Quais os seus padrões? Seria uma regressão auditiva do público, como caracterizou, de um ângulo mais abstrato, Theodor Adorno, poucos anos depois, ao referir-se às "transmissões culturais" pelo rádio?[77] Ou seria uma degradação da forma lingüística como queriam alguns escritores brasileiros (mas nem todos!) próceres do modernismo? Ou ainda uma multiplicação infinita dos usos criativos e inventivos da cultura das pessoas comuns, forçadas a representar seu cotidiano por meio da linguagem chula e do lirismo anárquico? Nosso longo contato com as fontes humorísticas nos conduziu a pender para a terceira alternativa, num derradeiro esforço de documentar parte daquilo a que Michel de Certeau descreveu como "lógica operatória" das culturas populares que, *mutatis mutandis*, poderia ser transferida para a criação humorística radiofônica. Lógica do avesso e da teimosia, fundada quase que apenas no auditivo e no oral, pois recusava a escrita como espaço da dominação e do controle; lógica do informal, porque utilizava suas táticas conforme as circunstanciais estratégias dos outros; lógica do instável porque, sem qualquer ponto de ancoragem emocional, buscava afinal a própria sobrevivência.[78] Entretanto, isso não quer dizer que a representação humorística brasileira foi essencialmente "popular". Como vimos mostrando até aqui, no rarefeito cenário cultural da época o humorista sustentava-se como uma espécie de malabarista, pois tinha de sobreviver num precário equilíbrio entre os universos heterogêneos, espúrios e fragmentados, nos quais ele se obrigava a haurir a matéria das suas efêmeras criações.[79]

Ainda assim, parece que entre os intelectuais brasileiros, em sua grande maioria, a tendência era por um diagnóstico muito semelhante ao da "regressão auditiva". A primeira questão do inquérito citado também provocou polêmicas, embora para ela talvez fosse mais fácil a resposta, pois se referia a uma das funções mais importantes dos inícios do rádio brasileiro, a função do locutor ou do *speaker*, a "alma da estação de rádio" segundo um testemunho da época. A dicção adequada, certamente inspirada na oratória jurídica — e que encontrou uma espécie de paradigma em César Ladeira —,[80] teria de ser a mais correta possível, educada e "limpa", ou seja, sem o uso de "gírias", termos vulgares ou interjeições de mau gosto — enfim, uma fala "não mixordiosa", na precisa definição de Mário de Andrade. Seja como for, a exigência de uma fala correta e adequada por parte da "alma da estação" de rádio reforçou uma tendência — que se consolidaria ao longo da década de 40, com a implantação de um sistema de radiodifusão — de segregar o humorismo, separando-o do lugar quase santificado do *speaker*, do qual se exigia um falar correto, sonoro, limpo, sem rebarbas.

Quaisquer que fossem as respostas dos escritores mais notáveis às urgentes quatro questões do inquérito argentino, pelo menos às três últimas o rádio, ao menos até o ano de 1940, já dava respostas afirmativas, pois, como procuramos mostrar, era o humor, com toda a sua miscelânea herdada da Belle Époque, que dava o tom para grande parte da linguagem do rádio. Cabe lembrar ainda que num período de quase sete anos, de 1939 a 1946, 40% da programação da Rádio

Nacional era de programas humorísticos, sem contar que muitos dos programas musicais (cerca de 48%) eram tidos como programas mistos, rotulados então de "Humor/Musical".[81]

Claro que o humor veiculado nestes programas trazia não apenas a linguagem multifária do teatro de revista, as gírias incorporadas nos sonetos-piadas, os trocadilhos "infames" ou os nós acústicos nos quais eram mestres os humoristas da Belle Époque, mas também e sobretudo parte daquelas rebarbas de preconceito que afloravam sem as sutilezas ou ornamentos da fala culta, sob a forma de piadas obscenas ou gaiatas, destilando um humor considerado interdito ou de, no mínimo, "mau gosto" pela crítica literária e jornalística em geral.

Nos programas radiofônicos humorísticos, o macarronismo cosmopolita volta a ficar intenso, assumindo contudo outras cores, não raro cheias de rebarbas de preconceitos e ressentimentos que o humor, afinal, na chave hiperbólica da paródia, nunca soube ou mesmo mostrou-se incapaz de esconder. Nos primeiros programas humorísticos do rádio brasileiro, realizados ao vivo nos estúdios chamados de "aquários", ou até mesmo em acanhados auditórios, as piadas e paródias não filtravam, como em tempos mais recentes, os preconceitos e os ressentimentos: em muitos casos, o efeito cômico só se produzia pela ausência de quaisquer traços de hipocrisia nos humoristas, que não hesitavam em nomear as coisas pelos seus verdadeiros nomes, sem aquele manto de fingimento, sempre bordado por metáforas e alusões à cor e/ou ao cheiro da população negra brasileira.

Já em 1933 Gino Cortopassi fazia sucesso com um personagem português, com sotaque carregado, o Zé Fidélis. Com inumeráveis participações em programas humorísticos paulistas, como *Cascatinha do Genaro*, *Hora alegre* e *H... ora bolas!*, Zé Fidélis nem sempre conseguiu esconder, por trás da fala lusitana, aquelas rebarbas de ressentimento que restaram dos complicados processos de assimilação na sociedade brasileira. Como em "O perfume da crioila", paródia de um tango famoso na época, no qual se narrava, em formato milongueiro, o casamento dele próprio, Fidélis, com uma mulata brasileira:

Eu namurei uma crioila bem pretinha,
cara dengosa, engraçadinha
Mas ela tinha um cheirinho esquisitu
de pombo assadu, de gato fritu

Alpois de muito, muito tempo aturari,
Eu dissi a iela, vai ti lavaire
I ela me disse, deixa dissu meu amanti
Qui esti cheiro que tu sentes
é extraite di Albigante![82]

Como se percebe, nada se esconde daquilo a que no discurso sério de Rui Barbosa seria chamado, com todas as letras, de "o bodum das senzalas". Com uma diferença: na paródia milongueira de Fidélis tudo era tomado no bom sentido, e a rigidez se desfazia num riso catártico, pois a paródia estapafúrdia visava transmutar o agônico no pitoresco. No final, o Fidélis reaparece, casado há um ano, perfeitamente adaptado ao cheiro do tal "extraite di Albigante" (descrito, afinal, como "muitu bom e delirante") e já procurando um nome para o filho recém-nascido:

Já tenho um filhinho, formosinho,
mulatinho, um quirubim,
I todos dizem qui u gaiato
É o meu retrato, é mesmo um jasmim.

Vou batizá-lo e queru um nomi bunitinho
aprupriadu, engraçadinho.
Nome que fique num gôzo di gostosura,
ioiô gustoso
Té qui encontrei aspois di muito procurare
e eli afinale vai si chamaire:
U Zé Fidélis Piririca
Muchurica di Bruxelas
Potiguara Beira Alta![83]

Segundo consta, a hilaridade nascida do contraste da história com o ritmo quase solene do tango era geral. Mas nem sempre a recolocação e a filtragem das rebarbas de ressentimento e preconceitos para a atmosfera do bom sentido, típica da piada e da paródia, foram compreendidas ou socialmente aceitas. Em 1936, Renato Murce criava o programa humorístico *Cenas escolares*, que imediatamente provocou reações condenatórias de diversas instituições no Rio de

Janeiro. Nas suas memórias, o humorista lembra que as reações teriam sido "dos professores",[84] mas tudo leva a crer que a reação foi provavelmente contra as impertinências grosseiras dos personagens, muitas consideradas obscenas e de mau gosto. Não há como verificar tal coisa, já que não dispomos das gravações sonoras de nenhuma das primeiras versões dos inúmeros programas. Mas num dos trechos que ainda permaneceram gravados, já com o programa ligeiramente modificado com o título *Piadas do Manduca*, ouvimos:

> Dr. Leão (Renato Murce) : Seu Ferramenta, o que quer dizer "escuro" ou "escuridão"?
> Seu Ferramenta (Castro Barbosa): É uma coisa que a gente numnavê...
> Dr. Leão (Renato Murce): Não! Não é esta a definição! Escuridão é a qualidade de ser escuro ou sombrio.
> Manduca (Lauro Borges): Uai! Sê escuro é qualidade, é?
> Sr. Ferramenta (Castro Barbosa): É mesmo, o senhor não viu o Maneco, é escuro...
> Dr. Leão (Renato Murce): Ora, não se trata de Maneco, escuro aqui não é cor de gente, meu amigo. Manduca, dê um exemplo de uma cousa escura.
> Manduca (Lauro Borges): Mas bem escura, mesmo?
> Dr. Leão (Renato Murce): Bem escura, naturalmente escura, vamos!
> Manduca (Lauro Borges): Bem escura... É o Leônidas, conversando com o Maneco, dentro de um túnel, chupando jabuticaba, os dois vestidinhos só com uma tanguinha preta.
> Dr. Leão (Renato Murce): Ora, bolas, quanta asneira![85]

Criado pelo mesmo Renato Murce e lançado na Rádio Clube do Brasil por volta de 1933 será o programa PRK-20 (que dois anos depois irá transferir-se para a Rádio Mayrink Veiga com o nome PRK-30), uma emissora absolutamente anárquica que se apoiava no talento humorístico de Castro Barbosa, o qual fazia a voz do locutor lusitano Megatério Nababo do Alicerce, e do incrível Lauro Borges, que fazia não apenas o locutor da voz "lã-tijolada", Otelo Trigueiro, como também todas as outras vozes do programa, desde *speakers* estrangeiros que davam notícias num inglês completamente intraduzível (o professor de ginástica Oswalter Muniz Magalhães propunha exercícios impossíveis aos ouvintes), até a impagável cantora de fados Maria Joaquina Dobradiça da Port'Abaixo. Em gravações de 1936 ouvimos Megatério Nababo fazendo a clássica apresentação do companheiro:

> E agora, com vocês, o verdadeiro "beguim" de todos os tempos: Otelo Trigueiro, o Chico Landi de nossas fístulas artrusianas. Palmas para o grande ás do micro-infame.

Depois de se ouvirem aplausos, vinha a voz gaiata de Otelo Trigueiro:

> Chega, chega! Meus fanáticos admiradores, grudi-naite! Esta voz que vocês estão tendo o celestial enlevo de ouvir, é a voz suave, aveludada, fossi-negre e sulfanilamídica do maior speakler da presente atualidade, o querido tetélo das morenas inequívocas, das louras inelutáveis e até das morenas ferruginosas. Se os ouvintes me preferem, por que é que a gente vai discutir com os ouvintes![86]

Depois de algum tempo explorando sua locução impagável e a versatilidade quase infinita da sua voz, ele ainda interrompia a si próprio para introduzir um intervalo noticioso, com "notícias de penúltima hora":

> Da Capital e dos Estrados. Pondamanhangaba, 18 — O Sindi-gato de Guardas Noturnos desta capital digeriram ontem uma petição ao sr. Chefe de Polícia Dr. Lumbago da Costa, pedindo para que, em virtude das noites serem agora muito frias — e ainda por causa do perigo dos ladrões, seja lhes permitido trabalhar somente durante o dia.

Ou então para estapafúrdios anúncios publicitários, como este que começava em forma de jingle musical:

> *Creme Solitário*
> *pra limpeza é batatal*
> *limpa a casa da vizinha*
> *limpa o fundo do quintal.*
>
> *Treme, treme, treme*
> *A xujeira ao escutar*
> *É o Creme Solitário*
> *Já chegou para limpar*
> *Plim!!*

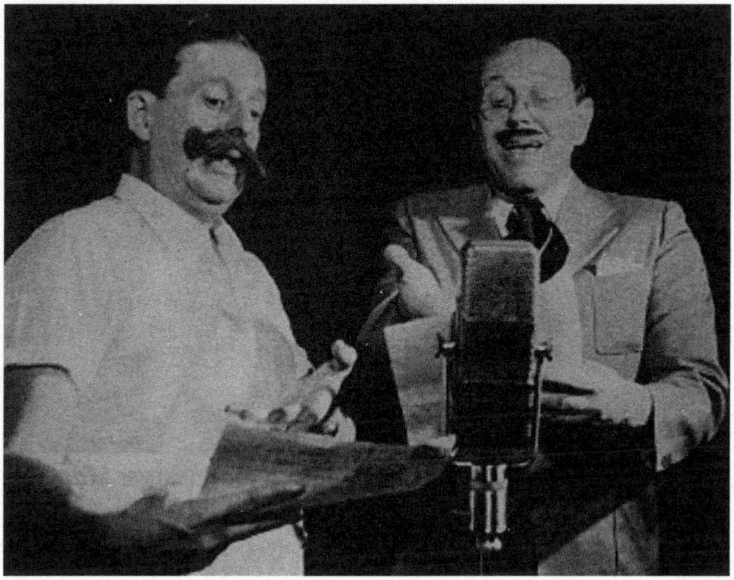

Em programas como "Jornal Humorístico" e "A Buzina", Lauro Borges (à esq.) apresentava notícias com sotaques de várias línguas. Depois, com Castro Barbosa (à dir.), na PRK-20 e na PRK-30, formou-se a dupla que produzirá um humorismo catalisador da imensa variedade dos modos de falar do brasileiro, incluindo modos "menos educados".

E terminava com o hiperbólico testemunho do locutor, enumerando as qualidades do produto:

> Não use solitária. Use o CREME SOLITÁRIO, que evita lombrigas. O Creme Solitário está sozinho para limpar panelas, roupas, portas, marmitas, fundos de pratos rasos e fundos, vidraças da janela, chão de suas casas, puleiro, roupas de cima, de baixo, do meio... cordões de sapato, bico-de-papagaio, olho-de-peixe, mamadeiras, frandinhas e muitas outras fuleragens que não é preciso enumerar tais como talheres, asas de bule, açucareiros, azulejos, vermelhejos, amarelejos, dentaduras, lâmpadas, castiçais, aparelhos para jantar e sanitários, etcétera, etcétera e etcétera!

Já o recurso do trocadilho cômico, típico da Belle Époque, agora transmutado na língua radiofônica, explorava ao máximo as sutis analogias fonéticas, anunciando:

Meu amigo, não sinta frio, use a lã Kardec, a lã Kardec aquece até a alma![87]

Talvez resultante da popularização do espiritismo naqueles anos, o mesmo trocadilho era utilizado por Gino Cortopassi três anos mais tarde na Record paulistana, nos intervalos de *O Repórter Osso: o último a dar as primeiras*:

O cúmulo du espiritismo é algãen fazer tricô com a Lã Kardec.[88]

Ou então, como paródia indigesta em forma de jingle, em completa antítese com a figura hercúlea e saudável do Tarzã Johnny Weissmuller, que Borges e Castro Barbosa cantavam desafinados, num tremendo macarrônico a duas vozes:

Se o senhor fuma cachimbo
prefira o fumo Tarzã!
Fumo Tarzã
o fumo que convém
Fumo Tarzã
Pois não sufoca ninguém
Não provrocra meningripe
Quase não produiz broncrite
Fumo Tarzããããããã!
Quase faz bem
Quase nunca matou ninguém
Fuuuuuummmoooo Tarzãããã Plimmmm!...[89]

Exímio caçador de trocadilhos incríveis, cuja sonoridade — exceto pelo uso anárquico da "geringonça arrabaldeira" — lembrava os de Emílio de Menezes, só que agora perfeitamente adaptados à linguagem do rádio, Lauro Borges parece-nos a figura do humorista que todas aquelas décadas anteriores vinham preparando, demonstrando habilidades com as mais diversas linguagens verbais, além de música, dança, esquetes cômicas e interpretação das criações mais variadas.

Até pelo menos o ano de 1952, quando o programa era animado por Lauro Borges e Castro Barbosa, as duas seqüências radiofônicas de maior sucesso foram a "Canção do Eco" e o "Boa Noite". A primeira canção era interpretada pela dupla, e a segunda por Lauro Borges, que, na maioria das vezes, encerrava o programa, irradiado nas noites de sexta-feira, em cadeia nacional.

A hilária "Canção do Eco", uma paródia mista de "O Ébrio" e outras canções conhecidas da época, numa verdadeira salada mista musical, terminava assim:

Megatério: *Fui falar num lugar que tinha eco.*
Otelo: ... *eco... eco... eco...*
Megatério : *Vejam só o que foi me acontecer.*
Otelo: ... *tecer... tecer... tecer...*
Megatério: *Aldispois eu fiquei muito casmurro.*
Otelo: ... *burro... burro... burro...*
Megatério: *Burro é voss' excelência que há de ser!*
Otelo: ... *você...*
Megatério: ... *você...*
Otelo: ... *você...*
Megatério: *Este eco era um tanto malcriado.*
Otelo: ... *ado... ado... ado...*
Megatério: *E não tinha a minor educação.*
Otelo: ... *cação... cação... cação...*
Megatério: *Que eu vendia o meu peixe estragado.*
Otelo: ... *gado... gado... gado.*
Megatério: *E ainda me chamava bobalhão.*
Otelo: ... *não... não... ladrão... ladrão...*
Megatério: *Mas um dia eu fiquei meio enfezado.*
Otelo: ... *ado... ado... ado...*
Megatério: *E botei a minha mala na cracunda.*
Otelo: ... *cunda... cunda... cunda...*
Megatério: *E, cá comigo, eu então gritei bem alto:*
Otelo:... *alto... alto... alto...*
Megatério: *Eu não fico nesta terra vagabunda!*
Os dois locutores, de forma gaiata,
assobiavam: ... *fiiiifúúúúú... fiiiiifúúúúú... fiiiiiifúúúúúú!*

Pelos poucos testemunhos que restaram, a hilaridade era geral. Otelo e Megatério apresentavam inúmeras paródias musicais no "Programa de Música Grossa", que talvez não fosse, como eles apregoavam, "o maior do bodecastro nacional", mas era, sem dúvida, o mais anárquico, acompanhado de uma orquestra biruta, que parecia estar em crônico e desafinado ensaio; cantores gagos, interpretando canções como "Cólicas do Destino", descrita como "rapsódia-vienense-metida-a-fox-tango-argentino-da-Guatemala-Européia"; um "Jambalaio" cantado a duas vozes em ritmo de nota de falecimento; e até mesmo uma "Casinha Graudinha", a única "com um pé de jaca ao lado/ e que só dava fruto aguado". No final do programa, a ficha técnica, almejando uma legitimidade erudita, ironizava o excessivo culto à língua, dizendo:

Esquece tudo o que a mula antiga espanta,
que outro bolor mais baixo se alevanta...
O programa que acabaram de ouvir foi olhado, espiado, suprevisionado, indireitado e escrito à máquina pelo ini-gualável dramatungo Otelo Trigueiro, com vírgulas de Olemário Gariano, reticências de Otávio Manga-Teira, exclamações de Pinotti Del Michia, parentes do Linhares e travessões de Megatério Nababo do Alicerce.[90]

Será o próprio Lauro Borges quem assumirá, como *speaker*, uma das mais notáveis paródias do rádio brasileiro que chegaram até nós. É a paródia do costumeiro "boa-noite" do famoso César Ladeira, de pronúncia irreprochável, que, ao som etéreo do piano, fazia a despedida sonora da emissora no final das transmissões.[91] A distância do humorista em relação à "alma da estação", o paradigmático *speaker* César Ladeira, com voz de bacharel, encontra aqui um dos seus momentos paródicos mais expressivos. Na versão de Lauro Borges, os sons do piano eram os mesmos, mas os ouvintes divertiam-se com a seguinte paródia do "Boa-noite":

Já é noite queridas fanzocas
(vocês não acreditam, vão espiar lá fora!)
Eu espero.
A sombra já desceu sobre a ABÓBORA celeste
E vocês, XUXUZINHOS
terão que nanar, terão que ninir daqui a pouco.
Quem me dera poder roubar-lhes um beijo agora
para mais tarde ir REPOLHO
nas ALFACES delicadas dos teus rostos.
Neste momento, AGRIÃO de aparecer lágrimas nos seus olhos
Mas, por que chorais?
O que é COUVE?

Se é por saudade minhas
Eu digo como o poeta NABOlitano
PEPINO RABANETE
dizia naquele trecho da ópera Los QUIABOS:
TOMATE, questo cuori,
ESPINAFRATE la alma mia
ma non chorate piu
Oh CHICÓRIA ingrata !
SALSA manolita
o speakleer BATATA
vai se despedir de vocês
e até a roupa de BRINGELA no meu corpo de tanta saudade!
Aqui termina mais um dia de BERTALHA
BRÓCOLIS EST ASPARGUS AIPINIS MANDIOCATUS EST
adiós, CENOURITAS! adiós![92]

Uma das paródias mais criativas do humor brasileiro no rádio talvez tenha sido a que Lauro Borges fazia do famoso "Boa-noite", do paradigmático locutor César Ladeira. O trocadilho — o "espirro da mente" — funcionava como aquele clássico solavanco mental da piada e resumia o momento rápido e epifânico do riso. (Fotomontagem de César Ladeira entrevistando César Ladeira, Pranove, *nº 2, julho de 1938, p. 14.)*

Este "boa-noite", com texto literalmente macarrônico já que o próprio Castro Barbosa chamava-o ironicamente na sua apreciação posterior de "cozido à espanhola", era dito pelo versátil Lauro Borges, com voz séria e sentimental, mas também de um exímio milongueiro, arrancando gargalhadas da pequena platéia que assistia pelo vidro dos improvisados estúdios o programa da dupla de humoristas. Aí tínhamos uma forma de humor verbal, mais propriamente de humor radiofônico que, tal como o chiste, MacLuhan definiu como o "espirro da mente": duas cadeias discrepantes de pensamento unidas por uma espécie de nó acústico.

A difusa transferência da linguagem do humor, disseminada nos semanários ilustrados ou no teatro de revista, para a radiofonia — na qual o trocadilho, o "espirro da mente", funcionava como o solavanco mental da piada na criação de uma peculiar fala cômica — foi muito mais acentuada nos primeiros tempos do rádio, quando não se dispunha ainda dos meios técnicos de gravação e tudo era feito ao vivo. É notável como a conhecida frase "Falou... tá falado!", que acabou por se incorporar à fala popular brasileira, tenha aparecido nestes mesmos anos. Mais que isso, a frase, tão simples na sua banalidade, captava como nenhuma outra aquele momento mais espontâneo, rápido e epifânico da piada, sob forma do "espirro da mente", breque, síncope melódica ou solavanco mental.

De fato, o trocadilho pode não ser mais do que "um espirro da mente", mas os mestres do trocadilho da Belle Époque, como Emílio de Menezes e Raul Pederneiras, provavelmente sorririam da arte de mais um dos seus confrades, daqueles que não resistiam a pendurar sinos nas idéias mais graves, daqueles em que uma irresistível vocação cômica minava, na origem, quaisquer esforços sérios.

Não se trata aqui apenas de indicar as relações mais diretas e óbvias, mas sim de documentar as passagens e os cruzamentos temáticos mais sutis do humorismo nas versáteis trajetórias de todos aqueles que o praticaram. Com estes exemplos é possível verificar como aquele humor de traços pesados, anárquicos, no limite do mau gosto, e em muitos casos veiculado naquilo que Mário de Andrade chamou de a "mixórdia da língua", transformou-se, bem ou mal, numa espécie de idioma radiofônico com o advento das gravações sonoras, da radiofonia e, depois, com as primeiras produções brasileiras de cinema sonoro, que chamaríamos pejorativamente de *chanchadas*.[93]

O que estes poucos registros nos mostram é que quando o rádio começa a se popularizar nacionalmente no final da década de 30, ele já dispõe de uma linguagem, de um estratagema de representação e de criação de significados que, afinal, fora do circuito da literatura culta, acabará por transformar-se numa espécie de idioma nacional. Já vimos como Mário de Andrade, numa crônica, em atitude de humildade desiludida, mal disfarçava seu desprezo por esta fala radiofônica, caracterizando-a depreciativamente como uma "linguagem multifária e mixordiosa, com sintaxe e ditos de todas as classes". Mas para além da forte caracterização algo pejorativa de Mário de Andrade e independentemente dela, não teríamos já aí a tal "língua popular" que o mesmo autor da *Gramatiquinha* tanto lutara para encontrar na sua vasta obra? Não teríamos aí a marca daquele "ruim gostoso" que segundo ele próprio seria a marca musical e popular da brasilidade?

Seja como for, a história do humor brasileiro, percebido nos seus traços mais obscuros, produzido por gente completamente deslocada dos circuitos consagrados da produção jornalística e do livro, e eivado dos sincretismos mais surpreendentes, já nos dava, afinal, a resposta.

Porque, enfim, menos do que uma forma de representação do que eixo e guia para uma ética emotiva, o humor brasileiro perpassava o próprio campo da ação, diluindo-se no repetitivo mundo do cotidiano, soldando os agentes históricos num tempo individual, episódico, efêmero, não monumental. Refúgio emocional naqueles momentos em que se monumentalizava a história brasileira, ou quando a representação racional, sob a forma dos discursos presuntivos de identidade nacional, pesava como um fardo sobre os ombros dos homens, manietando-lhes o futuro. A representação humorística constituía um esforço para tornar transparente, em lampejos fugazes e rápidos, um mundo não apenas caótico, como disse tão bem Bakhtin, mas também um mundo aberto, inovador, cheio de surpresas, potencialidade e liberdade. Daí a sua difícil percepção pelo historiador, pois funcionava quase como uma espécie de idéia reguladora, em toda a sua opacidade e em toda a sua impermanência.

Os humoristas da Belle Époque e seus poucos sucessores nos inícios do rádio brasileiro foram talentosos em criar aquele solavanco mental das piadas que todos nós acabamos por incorporar em nossas vidas. O solavanco da piada, fugaz como bolha de sabão, volátil como notícia do jornal, espetáculo ligeiro ou programa de rádio, transformava-se assim, silenciosamente, numa experiência epifânica das nossas próprias emoções. Epifânica porque, como disse tão bem Marcos Victoria, o humor captava, como nenhum outro, aquele "ouro do instante".[94] Paralisada a gargalhada, estancado o riso, restava como eco o espanto de perceber-se ainda humano, ainda vivo, porque ainda possuidor da sua vida e dos destinos da sua própria história. Porque — e parodiando o que disse Lucien Febvre a respeito do humorista Rabelais —, para os brasileiros perceberem o quanto o cômico perpassava suas vidas, foi necessário que antes eles se espantassem... É desse espanto, dessa perplexidade e desta minha inquietação de historiador — leitor de longas horas e de tantas fontes alegres e risíveis — que nasceu esta pesquisa, que procurei partilhar um pouco com os leitores deste livro.

Epílogo

Raízes do riso

Porque a essência do riso está toda ela na ação e no fazer, como já disseram os filósofos: como são também a voz, o som, a paixão, que não têm nenhuma permanência ou estabilidade, mas são enquanto são somente.

Laurent Joubert, *Traité du ris, suivi d'un dialogue sur la cacographie française*, 1579

Momento crítico da crise de representação inaugurada pela modernidade, a Belle Époque, em toda a sua fértil ebulição cultural frente às vertiginosas mudanças ocorridas, expressou uma forte ansiedade, talvez maior do que noutras épocas, por encontrar-se consigo mesma. Foi também um momento histórico no qual a reflexão sobre o riso, revelando o desafio que impregnava toda a cultura fin-de-siècle, transformou-se, a rigor, numa reflexão sobre a linguagem, sobre seus limites, suas funções cognitivas e sua destinação pública. Sintomas de uma crise da racionalidade cognitiva e, num aspecto mais extenso, das próprias formas subjetivas de representação, as concepções de Bergson, Freud e Pirandello não mais buscavam a "essência" do riso e do humor. Opondo-se aos "sistemas" e às grandes "teorias" do riso, as três concepções associaram o cômico ao inconsciente coletivo e revelaram, cada uma à sua maneira, o lado recôndito, obscuro e ambivalente do humor acabando, afinal, por relativizar e historicizar todas as inúmeras formas de representação humorística.

No interior desta crise geral da racionalidade cognitiva e das formas de pensamento, o estudo da representação humorística da história brasileira se articula de uma maneira muito peculiar, pois justamente neste período observamos uma nova e renitente preocupação da cultura brasileira em encontrar-se consigo própria, definindo seu *ethos* e sua identidade. Na Belle Époque brasileira, que difusamente coincidiu com a transição para o regime republicano, surgiram aquelas perguntas cruciais, envoltas no oxigênio mental da época, muitas das quais, contudo, nos incomodam até hoje: como construir uma nação se não tínhamos uma população definida ou um tipo definido? Frente àquele amálgama de passado e futuro, alimentado e realimentado pela República, quem era o *brasileiro*? O que poderia definir o Brasil como aquela "comunidade imaginada"?

Inúmeras tentativas de respostas a todas estas questões mobilizaram os intelectuais brasileiros durante várias décadas. Dotados de um equipamento intelectual herdado das linhagens ideológicas positivistas e evolucionistas — equipamento este já originado de uma situação de crise da racionalidade cognitiva naquele fin-de-siècle —, tais pensadores acabariam oscilando entre a adoção de modelos deterministas e a reflexão sobre suas implicações; entre a exaltação de uma "modernidade nacional" e a verificação de que o país, como tal, era inviável. Talvez tenha sido por tudo isso que, espremida de um lado pelos rarefeitos circuitos da cultura do livro e, de outro, pelos circuitos mal definidos e instáveis do periodismo semanal e dos espetáculos ligeiros do teatro de revista, a representação humorística tenha ocupado um espaço importante, particularmente neste período crítico da história brasileira e mundial que foram as três primeiras décadas do século XX. Este espaço não foi apenas o da cultura letrada, pois, como procuramos mostrar, a produção humorística mostrou-se capaz de entabular mediações com os mais variados setores, forjando procedimentos, recursos e estratégias de linguagem que acabaram se incorporando numa anárquica fala radiofônica. A sobrevivência e os possíveis desdobramentos posteriores desta representação humorística, sob todas as suas formas no cinema falado, na música, na televisão, mas também na imprensa diária e nas revistas semanais, é um tema que escapa aos objetivos deste estudo.

Ainda que limitada nesta pesquisa pelo exame de um amplo espectro de fontes restritas ao Rio de Janeiro e a São Paulo, a representação humorística parece ter ocupado uma dimensão importante da cultura brasileira naquele período. Afinal, como representar aquela "comunidade imaginada" utilizando esquemas sérios ou categorias racionais se a história mostrava que apenas pela mediação do riso, esta epifania da emoção, se podia sobreviver ou mesmo continuar acreditando em estereótipos coletivos? As formas de representação cômica também não pareciam, por suas próprias características intrínsecas de concisão, brevidade, circunstancialidade e subitaneidade, instrumentos privilegiados para a intelligentsia brasileira conectar-se ao cosmopolitismo e respirar o oxigênio mental da modernidade?

Os capítulos deste livro procuraram, na medida do possível, configurar e ilustrar as muitas e diferentes respostas a estas questões. Procuraram ilustrar ainda, através dos seus mais variados procedimentos, como a representação humorística brasileira, talvez em maior grau que em outros países, apresentou um forte conteúdo emocional. E isso talvez pela persistência de algumas raízes, representadas, no caso do humorismo, pela ainda arraigada concentração de significados da sociabilidade no universo individual. Neste sentido, a representação humorística e a saída pelo riso pareciam compensar aquilo que Sérgio Buarque de Holanda chamou de "horror às distâncias que parecia constituir o traço mais específico da sociedade brasileira — aquela atitude que não suporta os trâmites e abstrações sociais, desconhecendo qualquer forma de convívio que não fosse ditada por uma ética emotiva".[1] Do ângulo desse investimento emocional, o humorismo, em todas as suas formas, articulou uma dimensão de narrativa da história do país extremamente disseminada no imaginário coletivo. Tão disseminada quanto raras vezes percebida de maneira explícita, talvez mais no plano do agir do que no de conceber o mundo, transformando-se, não raro, num instrumento para atenuar, pelas contagiantes emoções descarregadas no riso, aquele "horror às distâncias" e às "abstrações sociais".

O humor ocupou um significativo espaço de representação na sociedade brasileira, mas foi — ou ainda é — um espaço peculiar misturado à prática da vida, e que por isso regride sempre à ética individual, desmascarando as morais sociais dos interesses privados, explorando ou acentuando seus contrastes com o impessoal e o público. Foi entre o universo hierárquico das relações sociais, regidas por regras de racionalidade e igualdade — e a dimensão informal e tácita da convivência personalista e da vida cotidiana —, que, particularmente neste período, construiu-se e inventou-se uma narrativa humorística da sociedade brasileira. Nos seus inúmeros procedimentos, variantes e dispositivos cômicos peculiares — analisados neste livro —, a narrativa humorística trabalhou ardilosamente com o contraste súbito entre estes dois contextos mutuamente incompatíveis, provocando o efeito do inusitado e do surpreendente naquele "solavanco mental" característico das anedotas, chistes e piadas. Ao jogar com o contraste abrupto, rápido, efêmero e conciso de dois sistemas de significados, o humor escancarava as diferenças entre a espontaneidade da vida cotidiana e o formalismo das instituições sociais, deixando transparecer os vícios do personalismo crônico nas relações humanas. Por outro lado, ao introjetar a imagem do "palhaço por um dia" ou o juízo de que o que fazia era secundário ou degradante, o próprio humorista, experimentando a mesma sensação de estranhamento, parecia incorporar tudo isso na sua eterna auto-imagem de "engraçado arrependido". Talvez por isso, pelo menos no período analisado, o humorista tenha sido sempre reconhecido num grau menor que o próprio escritor ou homem de letras. Situação ambígua de *ratés* dos circuitos da alta cultura que começavam a experimentar, contudo, uma relativa aceitação noutros circuitos culturais, já marcados pela difusão radiofônica.

A representação da sociedade e da história brasileiras pela dimensão humorística também criava, por assim dizer, um espaço para o indivíduo afirmar-se perante aquela espécie de vazio moral que se abria cada vez que a aceleração da história reforçava, por estruturas mais gerais e vastas temporalidades, os redutos da racionalidade. O humor permitia, assim, tanto na vida cotidiana como nas situações coletivas, livrar-se, pela irreverência, de autoridades e gestos incômodos, de si mesmo ou de outros, dando ao indivíduo, por efêmeros momentos, a sensação de pertencimento que o nível público lhe subtraíra e que, lentamente, ele tentava conquistar.

Borges escreveu que "Maomé estava tranqüilo, sabia que podia ser árabe sem camelos". Em honra aos humoristas aqui estudados, e parodiando Borges, perguntaríamos: "E os brasileiros, estavam tranqüilos, sabiam que podiam ser brasileiros sem humor?". Dizer que o Brasil é o país do Carnaval — alguns anos atrás diziam que também era o país do futebol — é um lugar-comum que se transformou em estereótipo. Estereótipos que se tornaram tão familiares quanto incapazes de provocar estranheza. Num sedimento mais profundo, perceptível apenas naquela rara atitude de estranhamento, não seria a visão humorística da vida e do mundo que estaria por trás destes mesmos estereótipos?

"Uma anedota é como um fósforo: riscado, deflagrada, foi-se a serventia", escreveu Guimarães Rosa,[2] apontando sucintamente para o caráter intrinsecamente efêmero das narrativas humorísticas na história brasileira. Afetadas pelos fluxos da vida e pelos movimentos da história, tais narrativas, contudo, só conseguiram revelar o impensado e o indizível ao surpreendê-lo naquele seu momento supremo de estranhamento que se realizava num átimo, porque depois a história se movimentava novamente, o sentido do novo se desvanecia, o riso se esgarçava, retraindo-se — e se ele insistia em prosseguir, começava a repetir-se, a perceber-se caduco e senil, a representar apenas o universo entrópico da redundância e do arquiconhecido. Por isso, no caso brasileiro, a representação humorística, mais do que percepção e sentimento da ruptura e da contrariedade, foi também uma ética emotiva, uma epifania da emoção que se diluía na vida cotidiana, e só de vez em quando, tal como um breve intervalo de alegria e de riso, brilhava e iluminava a rotina dos ritmos repetitivos e diários. Ética do descompromisso, do divertimento, da sublimação, mas também da liberdade.

Recorria-se ao humor naqueles momentos críticos, mas ele nem sempre se mostrava capaz de construir identidades, de fornecer razões estáveis — no máximo servia de esteio àquela ética emocional e descompromissada, reforçando raízes personalistas e individualistas da sociedade, mas também provocando — e nisto ele se mostrou privilegiado pela aparência de inocente vinculação ao divertimento — aquela sensação de estranhamento e de reconhecimento. André Bazin, olhando para o público que assistia aos filmes do Carlitos, captou tal estranhamento com apurada sensibilidade quando percebeu surgir uma segunda onda de riso coletivo, diferente da primeira, à maneira de "vários ecos repercutidos no espírito dos espectadores como nas paredes invisíveis de um despenhadeiro".[3] Era como se o sujeito da comicidade se percebesse, no efêmero do riso, também como objeto: *Então, vejo-me ali mesmo, eu mesmo, e meus escusos interesses, como o objeto da chacota e da piada, mas vejo também o meu próprio riso!* Sujeito e objeto da piada, ainda que por momentos, aparentemente se reencontravam naqueles "ecos de riso" que sempre ajudaram a manter as mentes abertas e mobilizadas. Nosso contato com as inúmeras fontes desta representação humorística nos conduziu, afinal, a concluir que aquela mesma explosão do riso, aquela contração coordenada de quinze músculos faciais, quaisquer que fossem as situações, também mobilizou a consciência dos brasileiros em face do inusitado e do surpreendente. Não seria neste momento epifânico, talvez, que a representação humorística ajudaria, no fundo, a arrancar as raízes, libertando-nos das amarras do passado?

Qualquer que seja a resposta, a representação humorística do mundo e da vida parece de tal forma entranhada na cultura brasileira que o riso jamais se esgotará. Porque o brasileiro rirá sempre — até porque, na famosa lição de Rabelais, "o riso é próprio do homem" —, mas no dia em que sua história mudar, eliminando as raízes desta ética emotiva que o aprisionam ao passado, serão outros os móveis do seu riso — e este significará não mais uma epifania, e sim, muito provavelmente, uma libertação.

Notas

PRÓLOGO: O HUMOR COMO FORMA DE REPRESENTAÇÃO NA HISTÓRIA BRASILEIRA [PP. 15-36]

1. Reproduzida da revista *Le Pèlerin*, Paris, 1º de setembro de 1929, p. 13.

2. *O escritor argentino e a tradição*, em *Obras completas*, I, p. 292.

3. Benjamin Costallat, *Cock-Tail (continuação das crônicas de Mutt & Jeff)*, Rio de Janeiro, Livraria Leite Ribeiro, 1923, p. 160.

4. As raízes desta distinção são ancestrais: no semitismo antigo, *sâkhaq*, o riso alegre, que deu seu nome a Isaac; e *lâag*, o riso cínico e satírico, e depois entre os gregos (*gêlum* e *KatagelÛn*) e entre os romanos e os cristãos (*risus* e *subrisus*). Cf. M. A. Screech, *Laughter at the foot of the cross*, NovaYork, Penguim Press, 1998, pp. 69-78 ; Jacques Le Goff, *Une enquête sur le rire. Annales. Histoire. Sciences Sociales*, Paris, maio-jun. 1997, pp. 449-53; Jan Bremmer e Herman Roodenburg (orgs.), *A cultural history of humour*, Nova York, Polity Press, 1997.

5. H. Bergson, *Le rire: essai sur la signification du comique*, Paris, PUF., 1978, pp.14-27 e 34-6, respectivamente.

6. A mais interessante discussão das clássicas posições de Henri Bergson sobre o riso está em Patrick Hutchings, "Bergson's laughter: a master code?", em David Roberts e outros (orgs.), *Comic relations; studies in the comic, satire and parody*, Berna/NovaYork/Frankfurt, Peter Lang, 1985, pp. 51-8. O leitor também pode recorrer ao mais completo livro brasileiro sobre as teorias cômicas: Verena Alberti, *O riso e o risível na história do pensamento*, Rio de Janeiro, Zahar/ Editora da FGV, 1999.

7. H. Bergson, op. cit., pp. 26-7.

8. Utilizamos aqui *El chiste y su relación con lo inconciente*, em *Obras completas*, vol. 8. Org. e notas James Strachey, trad. José Etcheverry. Buenos Aires, Amorrortu, 1976.

9. S. Freud, op. cit., pp.137-41.

10. Idem, pp.14-5 e pp. 66-8.

11. A expressão "piadas sérias", de Freud, foi provavelmente retirada de uma carta de Goethe a Wilhelm von Humboldt. Com isso, Freud talvez revelasse aquela preocupação legítima de que o excesso de análise poderia "matar o riso": neste caso, não seria melhor simplesmente rir e desistir de descobrir o porquê? Sobre este tema, a melhor explanação é a de Peter Gay, "Piadas sérias", em *Lendo Freud: investigações e entretenimentos.* Trad. André Cardoso. Rio de Janeiro, Imago, 1992, pp. 187-210.

12. Luigi Pirandello, *O humorismo*, em *Pirandello. Do teatro ao teatro.* Org. e trad. J. Guinsburg. São Paulo, Perspectiva, 1999, pp. 41-178; utilizamos, ainda, os prefácios, acréscimos e notas contidas na edição organizada por Ildefonso Grande, *El humorismo*, Madri, Aguillar, 1956.

13. Pirandello, op. cit., pp.149-50.

14. Entre inúmeros, talvez o melhor exemplo deste procedimento cômico nos tenha sido dado, sob outros ângulos, pela análise que Roland Barthes fez dos filmes de Chaplin e do teatro de marionetes em *Mitologias.* Trad. Rita Buongermino e Pedro de Souza. São Paulo, Difel, 1972, pp. 31-2. A análise mais inspiradora do tema do estranhamento em Pirandello está em Umberto Eco, *Pirandello Ridens*, em *Sobre os espelhos e outros ensaios.* Trad. Maria de Lourdes P. Brito. Rio de Janeiro, Nova Fronteira, 1989, pp. 250-8. Uma das mais importantes tentativas de exploração das possibilidades cognitivas do humor, especialmente para a antropologia, é o ensaio de Mary Douglas, *Jokes*, em *Implicit meanings: essays in anthropology*, Londres, Routledge, 1975, pp. 90-114.

15. L. Pirandello, idem, p.175.

16. Idem, p.171.

17. Idem, p.170.

18. Não tratamos de inúmeras outras importantes concepções da mesma época, como a de Theodor Lipps, *Comicidad y humor*, 1899 (trad. Rafael Ballesteros, Barcelona, Paidós, 1954). Lipps via a essência do humor no contraste entre o sentido e o desatino, distinguindo o contraste das representações — surgidas dos deslocamentos de significados — e os seus desdobramentos no desconcerto, na perplexidade ou, ainda, no esclarecimento e no reconhecimento. Naturalmente, tais questões serão retomadas por Freud alguns anos depois, no seu livro sobre o cômico.Os filósofos que dedicaram parte de suas reflexões ao enigma do riso e do risível esforçaram-se por buscar uma essência do risível, enquadrando-o numa teoria ou sistema de pensamento. Kant, por exemplo, escreveu que o que causava o riso era "a repentina transformação de uma expectativa tensa em nada". Aquela incongruência subitamente introduzida na ordem habitual ou lógica dos fatos foi unanimemente apontada pelas teorias clássicas como motivadora essencial do riso e do cômico. Este elemento implicava uma degradação do objeto risível e uma superioridade daquele que ria: para rirmos de um erro, de uma incongruência ou de uma anedota, era necessário nos colocarmos em posição de superioridade e distanciamento. É a partir daí que nossa cultura também criou uma oposição entre o riso e o não-riso, estabelecendo uma distinção, nem sempre explícita, entre um universo do sério, do não-riso ou da "gravidade" — universo que coincidiria com a verdade ou, pelo menos, com a busca da verdade cognitiva e o universo do cômico e do humorístico, incapaz de ascender ao campo cognitivo do sentido e da significação. Baudelaire, numa reflexão famosa sobre o cômico, em 1855 ("Da essência do riso e, de um modo geral, do cômico nas artes plásticas", em *Escritos sobre arte*, trad. Plínio Augusto Coelho, S. Paulo, Edusp/ Imaginário,

1991), retomou esta condição de superioridade e de distanciamento do risível, designando-a como algo diabólico, já que, segundo ele, a segurança que nos fazia rir da desgraça do inferior é que seria diabólica. Assim como na história da ficção literária, também no campo das concepções sobre o humor a reflexão de Baudelaire pode ser vista como a síntese e o fastígio de muitas das reflexões clássicas sobre o riso. É a partir deste momento que a reflexão sobre o humor começa a incorporar a crise da linguagem como transparência do sujeito. "O riso é satânico, portanto, profundamente humano e essencialmente contraditório", diagnosticava Baudelaire, que, parodiando o célebre tema dos "dois infinitos" de Pascal, dizia que "o cômico é um signo de infinita grandeza e de infinita miséria; é a perpétua colisão destes dois infinitos que libera o riso" (op. cit., p. 35). Neste texto clássico sobre o cômico, de 1855, Baudelaire já passava em revista, de forma sutil e enviesada, as concepções clássicas do humor, introduzindo a dúvida e a interrogação num campo conceitual muito complexo, uma vez que, como dissemos, dizia respeito a um rol de experiências humanas muito diversificadas. Esta percepção já desencantada da modernidade rompia com as reflexões clássicas sobre o cômico, pois conduziu à percepção de que aquelas duas modalidades de riso, o bom e o mau, tornadas quase que estereótipos na cultura filosófica tradicional, mostravam-se, agora, embaralhadas, distorcidas e, cada vez mais, indistinguíveis. Sob um prisma diferente, tal reflexão já se encontra também no provocador "Saindo do Teatro após a apresentação de uma nova Comédia", de Nicolai V. Gógol, escrito em 1839 (*Oeuvres complètes*, Paris, La Pléiade, 1987, pp. 233-301). Para uma exposição mais detalhada, ver Elias Thomé Saliba, *Raízes do riso: a representação humorística do dilema brasileiro*, tese de livre-docência em Teoria da História, São Paulo, FFLCH-USP, 2000.

19. "Qu'est-ce qu'une nation?", em Philippe Forest (org.), *Litérature et identité nationale*, Paris, Bordas, 1991, pp. 31-46.

20. Benedict Anderson, *Imagined communities: reflections on the origin and spread of nationalism*, 2ª ed. revista, Londres/Nova York, Verso, 1991, passim.

21. Cf. Homi Bhabha, "DissemiNation: time, narrative and the margins of the modern nation", em H. Bhabha (org.), *Nation and Narration*, Nova York, Routledge, 1995, pp. 295-6.

22. Inspirado na frase de Marx, a interpretação mais conhecida da modernidade é a que dá título ao livro de Marshall Berman, *Tudo que é sólido desmancha no ar: a aventura da modernida de*. Trad. Carlos Felipe Moisés e Ana Maria Ioratti. São Paulo, Companhia das Letras, 1986.

23. A expressão é constantemente empregada por José Simão, em sua coluna diária na *Folha de S.Paulo*.

24. Mendes Fradique (pseudônimo de José Madeira de Freitas), prefácio à 2ª ed. de Graciano Neves, *A doutrina do engrossamento*, Vitória, s.c.p., 1935, p.12.

25. "O Barão no jogo da verdade", *Manchete*, Rio de Janeiro, 18.9.1965, p. 119.

26. Cf., respectivamente, Nicolau Sevcenko, *Literatura como missão: tensões sociais e criação cultural na Primeira República*, São Paulo, Brasilense, 1983, cap. 1; Lilia Moritz Schwarcz, *O espetáculo das raças: cientistas, instituições e questão racial no Brasil do século XIX*, São Paulo, Companhia das Letras, 1995, p. 245; José Murilo Carvalho, *A formação das almas: o imaginário da República no Brasil*, São Paulo, Companhia das Letras, 1990.

27. Respectivamente, Sílvio Romero, *Realidades e ilusões no Brasil* (1907), introdução, Petrópolis, Vozes, 1979, p. 57; Alberto Torres, *A organização nacional* (1918), São Paulo, Companhia Editora Nacional, 1965, p. 297.

28. *Carta a Capistrano de Abreu*, Bordeaux, Imprimeries Gounovilhou, 1917. Sem indicação de páginas.

29. Cf. Elias T. Saliba, "A dimensão cômica da vida privada na República", em *História da vida privada no Brasil*, vol. 3: *República: da Belle Époque à era do rádio.* Org. Nicolau Sevcenko. São Paulo, Companhia das Letras, 1999, pp. 290-303.

1. PREPARANDO O ESPÍRITO PARA A BELLE ÉPOQUE [PP. 37-65]

1. A referência a Camilo está nos seguintes trabalhos brasileiros sobre o humor: Afrânio Peixoto, *Humour: ensaio de breviário nacional de humorismo* (1ª ed. 1932), 3ª ed., Rio de Janeiro, Jackson, 1944, pp. 23-8; Sud Menucci, *Humour*, São Paulo, Vanorden, 1931; Alcides Maya, *Machado de Assis: algumas notas sobre o humour*, Rio de Janeiro, Livraria Leite Ribeiro, 1912; já o famoso conto de Machado de Assis está em Domício Proença Filho (org.), *Contos de Machado de Assis*, São Paulo, Global, pp. 26-9. Um outro expressivo exemplo de tal procura difusa pode ser encontrado numa das "cartas devolvidas" de João Ribeiro, de 1926, quando este, considerando o Brasil "um Portugal amplificado e rarefeito", destaca dois textos do humorismo nacional — a figura de Aldrovando Cantagalo, de um conto de Monteiro Lobato, e o personagem José Cigarreiro, de um conto de Mário Brant —, como "expressões humorísticas e os melhores documentos da psicologia nacional", concluindo: "Prefiro a lição dos humoristas à da história, porque dificilmente deletreio as coisas graves, e sou por natural melancolia inclinado às joviais anedotas". João Ribeiro, "Humour *versus* vernaculismo", em *Cartas devolvidas*, Porto, Chardron, 1926.

2. Entrevista de Bilac a João do Rio em *O momento literário* (1908), 2ª ed., Rio de Janeiro, Fundação Biblioteca Nacional, 1994, pp. 10-8.

3. Cf. Luis Guilherme Sodré Teixeira, *O traço como texto: a história da charge no Rio de Janeiro de 1860 a 1930*, Rio de Janeiro, FCRB, 2001, pp. 7 e ss.; Hermann Lima, *História da caricatura no Brasil*, Rio de Janeiro, José Olympio, 1963, vol. 1, pp. 131 e ss.

4. Cf. Brito Broca, *A vida literária no Brasil — 1900*, 3ª ed., Rio de Janeiro, José Olympio, 1975; Plínio Doyle, *História de revistas e jornais literários*, Rio de Janeiro, Fundação Casa de Rui Barbosa, 1984; Gondim da Fonseca, *Biografia do jornalismo carioca (1808-1908)*, Rio de Janeiro, Quaresma, 1941; Nelson Werneck Sodré, *História da imprensa no Brasil*, 3ª ed., São Paulo, Martins Fontes, 1983; Juarez Bahia, *História da imprensa brasileira*, vol. 1, 4ª ed., São Paulo, Ática, 1990.

5. *Estatística da imprensa periódica no Brasil*, pp. II-VII.

6. Cf. *Estatística da imprensa no Brasil*, p. IV; Afonso de Freitas, "A imprensa periodística de São Paulo", 1823-1918, *Revista do Instituto Histórico e Geográfico de São Paulo*, vol. 82, São Paulo, 1917; cf. também Ana Luiza M. C. de Oliveira, *Revistas em revista... imprensa e práticas culturais em tempos de República, 1890-1922*, tese de doutorado, São Paulo, USP, 1997.

7. O restante dos periódicos, em porcentagens inferiores, apresentavam-se formalmente classificados em "artes, almanaques, atualidades, automobilismo, carnaval, ciclismo, científico, cinema, divulgação comercial, escolar, esportes, feminino, infantil, militar, moda, música, política e teatro". Cf. Heloísa de Faria Cruz (org.), *São Paulo em revista. Catálogo de publicações da imprensa cultural e de variedades paulistana (1870-1930)*, São Paulo, Arquivo do Estado/Cedic-PUC-SP, 1997.

8. Bernardo Guimarães, *Poesia erótica e satírica*. Org. Duda Machado. Rio de Janeiro, Imago, 1982.

9. "Poética sincrônica", em *A arte no horizonte do provável*, São Paulo, Perspectiva, 1969, pp. 211 e ss.

10. Bernardo Guimarães, op. cit., p. 143.

11. Idem, p. 144.

12. Idem, p. 145.

13. Qorpo-Santo, *As relações naturais: três comédias de Qorpo Santo*, Porto Alegre, Mercado Aberto, 1998; ver ainda o estudo de Flávio Aguiar, *Os homens precários: inovação e convenção na dramaturgia de Qorpo Santo*, Porto Alegre, A Nação, 1975.

14. *Museo pittoresco e litterario ou livro recreativo das famílias*, Rio de Janeiro, Eduardo e Henrique Laemmert, 1949.

15. *Encyclopedia do riso e da galhofa em prosa e verso, ilustrada com caricaturas e oferecida aos inimigos da tristeza por Pafúncio Semicúpio Pechincha, patusco jubilado*, Rio de Janeiro, Eduardo e Henrique Laemmert, 1863. Esta publicação, praticamente desconhecida, já estaria por merecer, no mínimo, uma edição crítica. Como outras publicações humorísticas e satíricas do mesmo período: *O Cabrião*, semanário humorístico de 1866-67, org. Délio Freire dos Santos, São Paulo, Editora da Unesp/ Imprensa Oficial, 2001, e *Poesias da Pacotilha (1851-1854)*, org. de Mamede M. Jarouche, São Paulo, Martins Fontes, 2001. Sobre o *Cabrião*, ver Elias Thomé Saliba, "*Cabrião*: humor e paródia política", *Comunicação e Educação*, nº 22, ano VII, São Paulo, ECA-USP/ Fapesp/ Editora Segmento, 2001, pp. 88-92.

16. Cf. L. Hallewell, *O livro no Brasil (sua história)*, São Paulo, T. A. Queiroz/Edusp, 1985, pp. 157-76; Brito Broca, *Românticos, pré-românticos, ultra-românticos*, São Paulo, Pólis; Brasília, INL/MEC, 1979, pp. 63-5. Eduardo Laemmert foi, junto com seu irmão Henrique, o principal mentor da editora Laemmert, em certa época a maior concorrente do famoso Garnier, pelo menos até a morte de Eduardo, em 1880. A editora foi a responsável pela edição de grandes autores como Euclides da Cunha, e até mesmo o conde Afonso Celso. A referida *Encyclopedia*, assim como todas as outras publicações de Laemmert, tornaram-se raras, já que a biblioteca que a empresa mantinha com um exemplar de cada livro publicado desde a sua fundação foi totalmente destruída por um incêndio em 1909; após esse episódio a livraria nunca mais foi reaberta.

17. *Encyclopedia*, op. cit., texto contido no subtítulo.

18. Aliás, a mais enfática troça dos hábitos culturais classificatórios herdados do Iluminismo é a famosa menção de Jorge Luis Borges a "uma certa enciclopédia chinesa", cuja citação já se tornou comum desde que Michel Foucault tomou-a como inspiração para o seu livro *As palavras e as coisas* (trad. Salma Tannus Muchail, 2ª ed., São Paulo, Martins Fontes, 1981); Robert Darnton utilizou-a em seu ensaio "Os filósofos podam a árvore do conhecimento; a estratégia epistemológica da *Encyclopédie*", em *O grande massacre de gatos; e outros episódios da história cultural francesa* (trad. Sonia Coutinho, Rio de Janeiro, Graal, 1986), e tantos outros autores. Ainda assim, pelo seu conteúdo humorístico que perturba todas as familiaridades do pensamento, embaralhando o que se supunha categorizado, vale a pena lembrá-la: "os animais se dividem em: a) pertencentes ao imperador, b) embalsamados, c) domesticados, d) leitões, e) sereias, f) fabulosos, g) cães em liberdade, h) incluídos na presente classificação, i) que se agitam como loucos, j) inumeráveis, k) desenhados com um pincel muito fino com pêlo de camelo, l) *et cetera*, m) que acabam de quebrar a

bilha, n) que de longe parecem moscas". Diga-se de passagem que a própria *Encyclopedia do riso* de Pafúncio Semicúpio Pechincha também constitui um exemplar surpreendente desta taxionomia que faz derrapar todas as taxionomias.

19. Marquês de Maricá, *Máximas, pensamentos e reflexões*, Rio de Janeiro, Laemmert, 1849. Curiosamente, nesta obra, lembrada sempre pelo *aulicismo* e pela retórica de lugares-comuns dos seus aforismos, encontramos, não raro, aforismos que lindam com o humorismo, como "Não há natureza como ser tolo/ O mal sem cura é não ter miolo" ou "Para favor, mil favores/ Para piparote, chicote", pp. 29 e 63.

20. *Encyclopedia*, op. cit., ramalhete 502.

21. Idem, ramalhete 642, p. 83, vol. I.

22. Idem, ramalhete 996, p. 55, vol. II.

23. Idem, ramalhete 883, p. 11, vol. II.

24. Idem, p. I.

25. Idem, ibidem.

26. Idem, p. IX.

27. Idem, ibidem.

28. Idem, pp. X e XI.

29. *As jóias da Coroa*, de Raul Pompéia; *Um roubo no Olimpo*, de Artur Azevedo, e *A ponte do Catete*, de José do Patrocínio, foram reimpressos e reunidos no volume *Um monarca da fuzarca: três versões para um escândalo da Corte*. Org. Sérgio Goes de Paula. Rio de Janeiro, Relume-Dumará, 1993. Foi esta a edição que utilizamos.

30. Victor Leal (pseudônimo de Olavo Bilac e Pardal Mallet), *O esqueleto; mistério da casa de Bragança*, Rio de Janeiro, Casa da Palavra, 2000.

31. *Humorismos da propaganda republicana*, São Paulo, Officinas Tipograficas de Duprat, 1888.

32. Hippolyto da Silva, *Os latifúndios*, São Paulo, J. Lousada, 1887.

33. Idem, pp. 19-20.

34. *Humorismos da propaganda republicana*, op. cit., passim.

35. Idem, p. 16.

36. Idem, p. 17.

37. Idem, p. 29.

38. Idem, pp. 39-40.

39. Juvenal Gavarni (pseudônimo de Lúcio de Mendonça), *Vergastas*, Rio de Janeiro, Gaspar da Silva, 1889; do mesmo autor, *Caricaturas instantâneas*, Rio de Janeiro, A Noite, 1902; de Fontoura Xavier, *O régio saltimbanco*, Rio de Janeiro, s.c.p., 1887.

40. Rio de Janeiro, Tipografia Nacional, 1893.

41. Idem, p. 18.

42. Idem, p. 15.

43. Idem, p. 40.

44. Obviamente cabe ressaltar que a semelhança desses panfletários com gente como Coeurderoy e Castille é apenas pelo processo de esquecimento coletivo a que são submetidos aqueles que se mostram incapazes de se descolar e de se desengajar dos tormentosos eventos. Afora isso, todo o resto é diferente, principalmente porque o evento europeu foi, afinal, constituído pelas revolu-

ções de 1848. Em Coeurderoy e Castille o engajamento generoso, o cinismo impenitente e o distanciamento satírico fizeram deles fortíssimos candidatos à categoria dos escritores ou esquecidos ou completamente ignorados. Esquecemo-nos deles, mas eles jamais se esqueceram de 1848. Incapazes de dominar seu ódio através do pensamento e da escrita, de exorcizar a tragédia por meio da literatura, de sublimar o trauma e transformá-lo, como tantos outros, num projeto de ação política, aporrinham o leitor, repisando infinitamente o episódio, neuroticamente fixados no genocídio social de junho de 1848. Seus escritos são singulares e desconcertantes, pois neles as imagens adquirem vida, as figuras ganham existência independentemente de sua função ideológica, e o leitor é menos doutrinado do que comovido e incitado à lembrança. Cf. Dolf Oehler. *O Velho Mundo desce aos infernos: auto-análise da modernidade após o trauma de junho de 1848 em Paris.* Trad. José Carlos Macedo. São Paulo, Companhia das Letras, 1999.

2. ARTÍFICES DA GRAÇA NACIONAL: HUMORISTAS NO RIO DE JANEIRO [PP. 66-153]

1. "Do Império à República", em *História geral da civilização brasileira,* tomo II, vol. 5. São Paulo, Difel, 1968, p. 63.

2. Cf. Elias T. Saliba, (org.), *Idéias econômicas de Cincinato Braga,* introdução, Rio de Janeiro, Fundação Casa de Rui Barbosa; Brasília, Senado Federal, 1985.

3. Cf. Nicolau Sevcenko, *Literatura como missão,* op. cit., cap. 1; e Jeffrey Needell, *Belle Époque tropical: sociedade e cultura de elite no Rio de Janeiro na virada do século.* Trad. Celso Nogueira. São Paulo, Companhia das Letras, 1993, pp. 39-46.

4. Gilberto Freyre, *Ordem e progresso,* vol. II, Rio de Janeiro, José Olympio, 1959, pp. 612-4.

5. Cf.Elias T. Saliba, "A dimensão cômica da vida privada na República", em *História da vida privada no Brasil,* vol. 3, op. cit., pp. 290-3.

6. Acrescente-se que "representação racial" também constituiu uma forma, embora menos explícita e formal, de falar sobre a sociedade brasileira — neste caso, "a própria nacionalidade como que escapava do plano da cultura para se transformar numa questão da natureza". Cf. Lilia Moritz Schwarcz, *O espetáculo das raças,* op. cit., p. 245.

7. Crônica de 19 de maio de 1888, em *Bons dias.* Org., introdução e notas J. Gledson. São Paulo, Hucitec, 1990, pp. 61-4.

8. Puff & Puck (pseudônimo de Guimarães Passos, que algumas vezes alternava um destes nomes — Puff — com Olavo Bilac), *Pimentões* (*Rimas d'O Filhote*), Rio de Janeiro, Laemmert, 1897, pp.105-6.

9. Citado em Raimundo de Menezes, *Emílio de Menezes, o último boêmio,* 2ª ed. revista, São Paulo, Saraiva, 1949, p. 63.

10. Em *Plebiscito e outros contos de humor,* 6ª ed., Rio de Janeiro, Editora Revan, 1993, p. 29.

11. Cf. Elias T. Saliba, *A dimensão cômica do dilema brasileiro: testemunhos da Belle Époque (1890-1914), Revista de Cultura Vozes,* ano 87, nº1, vol. 90, Petrópolis, Vozes, 1993, pp. 46-51.

12. As primeiras sugestões para este tipo de enfoque aparecem em Brito Broca, *A vida literária no Brasil—1900,* Rio de Janeiro, José Olympio, 1975. Reaparecem depois em inúmeros autores que trataram do tema, tais como A. L. Machado Neto, *Estrutura social da república das letras, 1870-1930,* São Paulo, Grijalbo, 1973; J. Needell, op. cit., caps. 1 e 2.

13. N. Sevcenko, *Literatura como missão*, op. cit., passim.

14. Os casos específicos de Emílio de Menezes e Bastos Tigre serão analisados mais adiante.

15. A idéia de "missão" dos intelectuais frente a uma sociedade predominantemente analfabeta no período foi longamente analisada por Nicolau Sevcenko, em *Literatura como missão*, op. cit.

16. A descrição é de Agrippino Grieco, em *Poetas e prosadores do Brasil*, Rio de Janeiro, Conquista, 1968, p.128.

17. A anedota é narrada em duas diferentes versões, com variantes, em Raimundo de Menezes, *Bastos Tigre e la Belle Époque*, São Paulo, Edart, 1966, pp. 39-40; e Vivaldo Coaracy, *Couves da minha horta*, Rio de Janeiro, José Olympio, 1949, pp. 67-9.

18. Cf. Elias T. Saliba, "Representações do cômico no cinema e na história: anotações pertinentes e digressões impertinentes", em *Estudos de História*, vol. 4, nº 2, Franca, Unesp, 1997, pp. 35-56.

19. Em *Mortalhas — Os deuses em ceroulas*, Rio de Janeiro, s.c.p., 1904, pp. 38-9.

20. R. de Menezes, *Emílio de Menezes, o último boêmio*, op. cit., p. 66.

21. Idem, pp. 64-5.

22. Trecho da crônica de Bastos Tigre, escrita em 1917. Naturalmente, o ambiente geral para a prática do humorismo, incluindo a publicidade, já tinha se modificado um pouco. *D. Quixote*, 30 de maio de 1917.

23. Para todo o parágrafo, cf. R. de Menezes, *Bastos Tigre e la Belle Époque*, op. cit., pp. 39-68; Orígenes Lessa, "De Olavo Bilac a Bastos Tigre: contribuição para a história da propaganda no Brasil", em *Anuário da Imprensa — Rádio e TV*, Rio de Janeiro, s.c.p., 1958; Renato Castelo Branco e outros (orgs.), *História da propaganda no Brasil*, São Paulo, T. A. Queiroz, 1990, pp. 1-39.

24. Cf. R. de Menezes, *Emílio de Menezes, o ultimo boêmio*, op. cit., p. 68; Orígenes Lessa, loc. cit., pp. 32-7.

25. A campanha "As Bromilíadas" foi publicada a partir de 3 de abril de 1908 na revista *D. Quixote*. O primeiro canto da longa paródia em forma de publicidade começava assim:

Os homens de pulmões martirizados
Que, de uma simples tosse renitente,
Por contínuos acessos torturados
Passaram inda além da febre ardente;

Em perigos de vida atormentados,
Mais de quanto é capaz um pobre doente,
Entre vários remédios encontraram
O BROMIL que eles tanto sublimaram.

Cf. tb. R. de Menezes, *Bastos Tigre e la Belle Époque*, op. cit., p.123.

26. Cit. em R. de Menezes, idem, p. 126.

27. Cf. Roberto Ruiz, *O teatro de revista no Brasil: das origens à Primeira Guerra Mundial*, Rio de Janeiro, INACEN, 1988; José Ramos Tinhorão, *Música popular, teatro & cinema*, Petrópolis, Vozes, 1972; Salvyano Cavalcante de Paiva, *Viva o Rebolado! Vida e morte do teatro de revista brasileiro*, Rio de Janeiro, Nova Fronteira, 1991; Neyde Veneziano, *O teatro de revista no Brasil: dramaturgia e convenções*, Campinas, Pontes/Editora da Unicamp, 1991; da mesma autora, *Não adianta chorar; tea-*

tro de revista... oba!, Campinas, Editora da Unicamp, 1996; Flora Sussekind, *As Revistas de Ano e a invenção do Rio de Janeiro*, Rio de Janeiro, Nova Fronteira, 1986; F. Antonio Mencarelli, *Cena aberta: a absolvição de um bilontra e o teatro de revista de Arthur de Azevedo*, Campinas, Editora da Unicamp, 1999. A partir da década final do século XIX, com o aproveitamento de temas mais "populares", a "revista passou a ampliar sua área de interesse no caminho que mais tarde levaria ao show, estabelecendo-se a ligação entre os quadros descosidos através dos diálogos dos *compères*, os compadres em que o crítico de teatro Mário Nunes argutamente enxergava o prolongamento da figura dos palhaços de circo". Clubes carnavalescos, como os Democráticos, os Tenentes do Diabo e os Fenianos, todos do Rio de Janeiro, passaram a se apresentar nas revistas. Esse enfoque popular também apareceu na revista *Cá e Lá*, de Tito Martins e Bandeira de Gouveia, em 1904, e na apoteose de *O maxixe*, de Bastos Tigre, em 1906, quando a atriz Maria Lino lança o tango-chula "Vem cá, mulata", de Arquimedes de Oliveira. Cf. J. Ramos Tinhorão, op. cit., pp. 15-7. Embora seja difícil documentá-la pela carência de fontes, esta tendência prossegue no início do século com gente do teatro de revista, das burletas e das cortinas cômicas que, não raro, se confundiam com espetáculos circenses, como Arlindo Leal, Pepa Ruiz ou Francisco Correa Vasquez. Aliás, é de Francisco Correa Vasquez, revistógrafo e ator, a criação talvez da primeira versão do que seria o protótipo da malandragem na burleta, *Ai, Caradura!*, representada em 1891. Segundo o texto da peça, "O Caradura era a expressão genuína daquele que, quer na alta, quer na baixa sociedade, aproveita todas as situações e não deixa passar camarão por malha [...] Caradura é filho ilegítimo da Ilustríssima Excelentíssima Senhora Dona Sem-Vergonha e do célebre espanhol Dom Descarado Sin Ninguma Pinga de las Ditas, aquele que sabe tirar partido de tudo e sabe levar água ao seu moinho". É deste último que temos o famoso bordão, cantado ao ritmo do maxixe: "No maxixe requebrado/ nada perde o maganão/ Ou aperta a pobre moça/ ou lhe arruma um beliscão", que depois prossegue, bem mais apimentado: "O marido desta força/ O sossego jamais logra/ Ou apanha da mulher/ ou então chucha da sogra". Mas no segundo verso o olhar do cantor dirige-se para a figura da Mulher-República, em sutil referência aos políticos republicanos: "Assim vive muita gente/ assim passa por honrado/ Caradura no presente/ sem-vergonha no passado". Cf. Procópio Ferreira, *O ator Vasquez*, 2ª ed., Rio de Janeiro, Funarte, 1979, passim.

28. Cit. em Antonio Martins, *Artur Azevedo: a palavra e o riso; uma introdução aos processos lingüísticos de comicidade no teatro e na sátira de Artur Azevedo*. São Paulo, Perspectiva; Rio de Janeiro, Editora da UFRJ, 1988, p. 123.

29. Cf. A. Herculano Lopes, *O teatro de revista e a identidade carioca*, em A. H. Lopes (org.), *Entre a Europa e África: a invenção do carioca*. Rio de Janeiro, Toopbooks/FCRB, 2000, pp. 13-32.

30. Cf. N. Veneziano, *Não adianta chorar...*, op. cit., passim; Salvyano C. de Paula, op. cit., pp. 223-9; Roberto Ruiz, op. cit., passim; J. R. Tinhorão, op. cit., pp.19-38.

31. É interessante ainda notar o quanto o humor ocupou um importante lugar nos primeiros tempos do cinema. Talvez pela estranheza e pelo desconcerto provocados pela exibição pública das primeiras imagens em movimento, poderíamos dizer que o cinema, como típica arte de diversão, já nasceu sob o signo da comicidade. Herança dos espetáculos de circos, pantomimas, vaudevilles ou de music-hall, cenas de perseguições e corridas tresloucadas foram comuns nos primeiros tempos do cinema; a técnica da câmera rápida permitiu criar efeitos cômicos, depois transformados em recursos francamente humorísticos, sobretudo nos filmes mudos de Max Linder, Buster Keaton ou Charlie Chaplin. "O cinema não inventou o riso, mas sistematizou sua fabrica-

ção, explorando todos os efeitos baseados na surpresa, na acumulação, no contraste e no grotesco", diagnosticou Jacques Chevalier (citado em J. L. Schefer, *L'homme ordinaire du cinéma,* Paris, Gallimard, 1980, p. 23). Em face dos limites deste trabalho, fica difícil tratar do impacto deste cinema cômico entre os humoristas brasileiros. Veja-se, por exemplo, como Benjamin Costallat justificou o seu entusiasmo por Mutt e Jeff, ressaltando a essência cômica (e grotesca) do primeiro cinema: "Assim é o cinema. Belo nas suas realizações, grotesco em sua essência. Daí minha paixão por Mutt e Jeff. Caricaturas animadas, humorismo movimentado, eles conseguem no cinema uma absoluta novidade e uma imensa variação do resto de seus colegas de carne e osso. Se são ridículos no traçado, com suas silhuetas a nanquim, são verdadeiros na observação e exatos na psicologia. São personagens sinceras, existentes, lógicas; personagens que nós conhecemos na rua e na vida. Feitos de ironia e de fantástico, são eles também feitos de verdade". Em *Mutt & Jeff & Cia.*, op. cit., pp. 5-7.

32. Cf. Raimundo Magalhães Jr., *O fabuloso Patrocínio Filho,* Rio de Janeiro, Civilização Brasileira, 1957; Álvaro Moreyra, *As amargas, não...*, Rio de Janeiro, Editora Lux, 1954, pp.128-31.

33. Cf. R. Magalhães Jr., op. cit., p. 203. É importante acrescentar que tal "musiquinha" era extremamente difundida e geralmente cantada ao som de batuque e muito ritmo. Conforme as lembranças de Mário Lago, sua mãe cantava a mesma cantiga numa outra versão, que dizia: "*Nosso ranchinho tava bom/ gente de fora entrô, trapaiô*". Cf. *Na rolança do tempo,* Rio de Janeiro, Civilização Brasileira, 1976, p. 148.

34. Manuel Bandeira, "Na câmara-ardente de José do Patrocínio Filho" e "O enterro de Sinhô", em *Crônicas da província do Brasil* (1936), *Seleta em prosa,* op. cit., pp. 60-4.

35. *De pernas p'ro ar,* revista, Palace Teatro, Rio de Janeiro, 1916.

36. Grande parte de todas essas referências e "parcerias" estão contempladas, tanto quanto possível, na Tabela 2.

37. O testemunho é de Humberto de Campos, *Diário secreto,* vol. I, Rio de Janeiro, Edições O Cruzeiro, 1954, pp. 28-9. Curiosamente, o próprio Humberto de Campos narrava a reação ambígua das "rodas inteligentes" a estes versos, dizendo: "O prosaísmo destes versos é motivo de hilaridade nas rodas inteligentes de escritores", idem, p. 29.

38. Cf. idem, ibidem, pp. 26-7.

39. Lima Barreto, *Diário íntimo,* 2ª ed., São Paulo, Brasiliense, 1961. Trata-se de uma anotação no diário do escritor, datada de 24 de janeiro de 1905, p. 90.

40. Cf. Elias T. Saliba, "A dimensão cômica da vida privada", loc. cit., pp. 306-7.

41. Cf. Antonio Candido, "Dialética da malandragem", *Revista do Instituto de Estudos Brasileiros,* nº 8, São Paulo, 1970.

42. A expressão é de Paulo Emilio Salles Gomes em *Cinema: trajetória no subdesenvolvimento,* Rio de Janeiro, Paz e Terra, 1980, pp. 77-8.

43. *Versos perversos: poesias satyricas em comentário aos acontecimentos políticos de 1904,* Rio de Janeiro, Livraria Cruz Coutinho, 1905, p. 4.

44. Em *Bolhas de sabão,* Rio de Janeiro, Livraria Leite Ribeiro, 1919, pp. 24-8.

45. *Versos perversos,* op. cit., pp. 50-1.

46. Idem, p. 52.

47. *Bolhas de sabão,* op. cit., p.19.

48. Em *Selecção de poemas.* Org. Múcio Teixeira. Rio de Janeiro, Jackson, 1952, p. 231.

49. *Moinhos de vento,* Rio de Janeiro, Livraria Editora Jacintho Silva, 1913, p.171.

50. Cf. R. Magalhães Jr., *Arthur Azevedo e sua época*. São Paulo, Saraiva, 1953, pp. 26-7.

51. Nossa análise fundamentou-se num exame geral desta coluna na revista *Careta*, entre os anos de 1910 e 1917, embora a coluna "La Carète Économique" tenha sido mais regular nos anos de 1912 e 1913. É difícil identificar o que cada um dos três autores citados escrevia, já que as colunas não eram — salvo muito raramente — assinadas, nem com pseudônimos. O próprio Mário Bhering, apresentado pela revista como redator da "Carète", assinava-se muito raramente como "Cel. Tibúrcio da Annunciação" ou então com o nome bipartido e macarrônico de "Roux-Sô".

52. "La Carète Économique", *Careta*, nº 198, 6 de janeiro de 1912.

53. "La Carète Économique", *Careta*, nº 196, 2 de março de 1912.

54. Idem, ibidem.

55. Idem, ibidem.

56. Cf., respectivamente, as edições de 17 de agosto de 1912; 16 de março de 1913 e 12 de outubro de 1912.

57. Estes exemplos foram colhidos na coluna "La Carète Économique" nos números 201 a 204, e 227 a 239, todos do ano de 1912.

58. Tais expressões foram colhidas em números variados da mesma coluna, nos anos de 1913 e 1914.

59. Raul Pederneiras, *Geringonça carioca; verbetes para um dicionário da gíria*, Rio de Janeiro, Officinas do Jornal do Brasil, 1922.

60. Idem, passim. Acrescente-se a informação que a palavra "urucubaca", pelo menos na sua conjunção de dois sentidos, foi inventada, segundo Herman Lima, pelo caricaturista Yantok. Cf. *História da caricatura no Brasil*, vol. III, Rio de Janeiro, José Olympio, 1963, pp. 1256-60.

61. Idem, ibidem.

62. Orestes Barbosa, *Bambambã!* (1923), 2ª ed., Rio de Janeiro, Secretaria Municipal de Cultura, 1993.

63. *A caricatura e a imprensa brasileira: contribuição para um estudo histórico-social*, Petrópolis, Tipografia das Vozes de Petrópolis, 1911.

64. Idem, pp. 4-5.

65. Idem, p. 104.

66. Idem, pp. 98 e ss. Curiosamente, no mesmo ano de 1911 — fato que se repetiu depois em 1917 — o bispo da Paraíba proibiu a leitura de *O Malho* em toda a sua diocese, justificando que tal revista, "editada no Rio de Janeiro e explorando o gênero humorístico para ganhar popularidade, de há muito vem se fazendo arauto de teorias deletérias e atentatórias contra o princípio divino de autoridade, e preconceitos e inconveniências contra a moral, atirando o ridículo e o desrespeito sobre os depositários do poder público, chasqueando dos dogmas, do culto e dos sacramentos, enxovalhando com o lodo da difamação aos sacerdotes católicos e tudo maculando com o vírus da pornografia". Cf. idem, p. 102.

67. Cf. Peter Gay, *O cultivo do ódio*, op. cit., pp. 385-6.

68. Cf. R. de Menezes, *Bastos Tigre e la Belle Époque*, op. cit., p. 198; narrado também por Antonio Torres em *Verdades indiscretas* (1920), 2ª ed., Rio de Janeiro, Livraria Castilho, 1925, pp. 17-23.

69. Cf. Antonio Torres, idem, ibidem.

70. Cf. Gastão Cruls, *Antonio Torres e seus amigos*, p. 66.

71. *Mortalhas — Os deuses em ceroulas*, op. cit., p. 93.

72. R. de Menezes, op. cit., p. 267.

73. Idem, p. 265.

74. *Moinhos de vento*, op. cit., p. 91; referido também em R. de Menezes, op. cit., p. 268.

75. *Penso, logo... eis isto: humorismos graves, ironias agudas, evidencias paradoxaes*, por D. Xiquote. Rio de Janeiro, Typografia do Coelho, 1923. A citação do prefácio está na p. 12. Acrescente-se que o livro traz ainda a seguinte e erudita epígrafe: "*C'est ici um livre de bom foie, lecteur.* (*Quasi Montaigne*)".

76. Cit. em Raimundo Magalhães Jr., *O fabuloso Patrocínio Filho*, op. cit., pp. 213-4. Acrescente-se que o próprio Zeca do Patrocínio ajudava a fomentar a sua imagem de iconoclasta e imoralista. Em seus livros *A sinistra aventura* e *Mundo, diabo e carne* (os dois publicados no mesmo ano de 1923), mas sobretudo no segundo livro, Zeca chega a descrevê-lo como "estudos sobre a agiotagem, a cocaína, o lenocínio, a feitiçaria, a vida contemporânea de uma grande cidade". Dizia ainda no prefácio tratar-se de "uma peregrinação pelo pecado", e o que queria mostrar aos leitores "[...] era o mal, a infâmia, o crime e a decomposição contaminadora".

77. Cf. R. de Menezes, op. cit., p. 231; cf. também Álvaro Moreyra, *As amargas... não*, op. cit., pp.129-32.

78. Em R. de Menezes, *Bastos Tigre e la Belle Époque*, op. cit., p.129.

79. Para visualizar o amplo uso de pseudônimos, ver Tabela 2.

80. Agrippino Grieco, *Poetas e prosadores do Brasil*, op. cit., p. 89.

81. Em *Mortalhas — Os deuses em ceroulas*, op. cit., p. 36.

82. Em *Poetas e prosadores do Brasil*, op. cit., idem.

83. Antonio Torres, *Pasquinadas cariocas*, 2ª ed., Rio de Janeiro, Livraria Castilho, 1922, prefácio, p. III.

84. O referido concurso, a respeito da criação de um símbolo da nacionalidade brasileira, chegou a ser discutido na Câmara dos Deputados no mesmo ano. *Fon-Fon!*, Rio de Janeiro, ano II, nº 46, 22 de fevereiro de 1908.

85. Idem, nº 47, 29 de fevereiro de 1908.

86. Idem, nº 49, 14 de março de 1908. John Bull foi criado ainda no século XVIII, por J. Gilroad e J. Arbuthnot; já o Tio Sam saiu, em 1834, da pena do desenhista Thomas Nast.

87. São inúmeras as referências a essa utilização nos teatros de revista, burletas e outros registros cômicos. O personagem através do qual Gondim da Fonseca narra a história de publicações do século XIX leva o nome de Tibúrcio. Ver Gondim da Fonseca, *Biografia do jornalismo carioca*, op. cit. Ver ainda Luís Edmundo, *O Rio de Janeiro do meu tempo*, 3ª ed., Rio de Janeiro, Xenon, 1983. Lembre-se também de que Tibúrcio será o apelido e o cognome utilizado por Cornélio Pires.

88. Monteiro Lobato, *Urupês*, 30ª ed., São Paulo, Brasiliense, 1984, pp. 145-9. Sobre a trajetória de Lobato, ver Marisa Lajolo, "Jeca Tatu em três tempos", em Roberto Schwarz (org.), *Os pobres na literatura brasileira*, São Paulo, Brasiliense, 1983, pp. 101-5. Sobre a contraposição com o Mané Xiquexique, criado por Ildelfonso Albano, ver Elias T. Saliba, "A dimensão cômica da vida privada na República", loc. cit., pp. 293-8.

89. Pedro Sinzig, op. cit., pp. 12-3.

90. Cf. *Jornal do Brasil*, Rio de Janeiro, 17 de agosto de 1911.

91. *Diario do Abax'o Piques*, São Paulo, 13 de maio de 1931, p. 2.

92. *História do Brasil* (1932), 2ª ed., Rio de Janeiro, Nova Fronteira, 1982, p. 9.

93. "Crônicas da província do Brasil", em *Seleta em Prosa*, op. cit., pp. 92-5.

94. Manuel Bandeira, idem, ibidem.

95. A melhor referência são os textos do próprio Jarry, principalmente *Gestes et opinions du docteur Faustroll, pataphysicien.* Textos estabelecidos, anotados e organizados por Noel Arnaud e Henri Bordillon, sobre os escritos de Jarry de 1898. Paris, Gallimard, 1980. Outro empreendimento tresloucado do início do século, inclusive de notáveis semelhanças com o famoso *Dictionnaire des idées reçues* de Flaubert, é o *The Devilis Dictionary*, coluna que Ambrose Bierce publicou em semanários humorísticos de 1881 a 1906, depois reunida em livro que, por escrúpulos religiosos do editor, teve o seu título mudado para "O vocabulário do cínico". No que se refere à gnomonia, Bierce era bem mais cáustico ao dizer, por exemplo, que: "Em cada coração humano há um tigre, um porco, um asno e um rouxinol. Das suas diferentes atividades deriva a natural desigualdade de caráter". Cf. Ambrose Bierce, *O dicionário do Diabo.* Trad. Marina Guaspari. São Paulo, Editora Prometeu, 1955.

96. Monteiro Lobato, "O engraçado arrependido", em *Urupês*, op. cit., pp. 25-35. O referido conto foi originalmente publicado na *Revista do Brasil*, de 1917, com o título "A gargalhada do colector". Para exemplo de uma versão contemporânea, explorando com parábolas o mesmo tema, ver o divertido "O macaco que quis ser escritor satírico", do guatemalteco Augusto Monterroso, em *A ovelha negra.* Tradução de Millôr Fernandes, Rio de Janeiro, Record, 1988.

97. Idem, p. 35.

98. Bastos Tigre, poema "A vida e a arte", loc. cit.

99. "Desvantagens do methodo confuso", em *A lógica do absurdo.* Rio de Janeiro, Editora Leite Ribeiro, 1925, p. 122. Elias T. Saliba, "O dilema da América e o dilema nacional: o humor verbal na Belle Époque brasileira (1890-1914)", em Queiroz & Bessane (orgs.), *América Latina: imagens, imaginação e imaginário*, São Paulo, Edusp/Expressão e Cultura, 1997, pp. 391-405. Sobre Mendes Fradique, ver Isabel Lustosa, *História do Brasil pelo método confuso: humor e boemia em Mendes Fradique.* Rio de Janeiro, Bertrand Brasil, 1993.

100. Cf. *Jornal do Brasil*, Rio de Janeiro, 20 de junho de 1911.

101. Raul Pederneiras, *A máscara da face: ensaios de anatomo-physiologia artistica*, Rio de Janeiro, Officinas Graficas do Jornal do Brasil, 1917, p.10.

102. Idem, p.12.

103. A frase foi utilizada por Benjamin Costallat, a propósito da função do escritor e do cronista. *Mutt, Jeff & Cia.* (*Chronicas*), Rio de Janeiro, Livraria Leite Ribeiro, 1922.

104. Cf. R. de Menezes, *Bastos Tigre e la Belle Époque*, op. cit., p. 69; e Francisco de Assis Barbosa, *A vida de Lima Barreto*, 6ª ed., Rio de Janeiro, José Olympio, 1981, pp. 79-86.

105. É a epígrafe do livro *Versos Perversos*, op. cit.; Tigre já havia se utilizado deste mesmo refrão paródico do lema comtiano, alguns anos antes, só que com o final um pouco modificado: "O Riso por princípio e a Troça por base; a Trepação por fim".

106. Episódio narrado por R. de Menezes, *Bastos Tigre e la Belle Époque*, pp.157-68; e tb., do mesmo autor, *Emílio de Menezes o último boêmio*, op. cit., pp. 201-6.

107. Cf. Agrippino Grieco, *Poetas e prosadores do Brasil*, op. cit., p. 98.

108. Afinal, o que pensar de alguém que chegou a "forjar uma entrevista (fictícia) com Anatole France e envia para o Brasil, encerrando com a frase deste (por sinal, muito significativa até):

'Amo a verdade. Mas a humanidade que dela precisa, carece entretanto, ainda mais, da mentira, que a lisonjeia, que a consola, que lhe dá infinitas esperanças. Sem a mentira, a humanidade pereceria de tédio...'. Luis Iglésias conta em seu livro de memórias, *O teatro de minha vida*, como conheceu Zeca em fins de 1926, encontrando-o no teatro da avenida Almirante Barroso: "Encontramos o Zeca, certa tarde, nu em pêlo, com um grande turbante na cabeça, num dos camarins do teatro, transformado em escritório. Quando chegamos, várias 'girls' saíram do escritório, rindo muito. Espalhadas pelo chão, várias almofadas, e sobre a mesa de trabalho do estranho diretor, garrafas contendo licores esquisitos e coloridos. Fomos recebidos com a maior naturalidade: — Entrem, rapazes. Não reparem. Com este calor e estas 'girls', sinto-me 'sheik'...". Cf. R. Magalhães Jr., *O fabuloso Patrocínio Filho*, op. cit., pp. 204-16. E Álvaro Moreyra completava: "José do Patrocínio Filho não mentia. O que contava era sempre verdade: sua verdade. Essa coisa duvidosa varia em cada criatura", *As amargas... não*, op. cit., pp. 129-31.

109. *Careta*, 12 de setembro de 1912, loc. cit.

110. É importante acrescentar que os próprios livros de José do Patrocínio Filho, *Mundo, diabo e carne* e *A sinistra aventura*, assim como os de outros humoristas como Mendes Fradique e Orestes Barbosa, só serão editados por Benjamin Costallat, uma espécie de editor que se interessava "por livros que provocassem certo estardalhaço". A partir de uma polêmica entre o maestro italiano Pietro Mascagni (famoso por apresentações, naqueles anos, da ópera *Il Piccolo Marat*) e Benjamin Costallat, este último acabaria conhecendo o italiano Giácomo Miccolis, que se tornou seu amigo, a lançar a editora Costallat e Miccolis, cujo primeiro livro editado foi *Mlle. Cinéma*. A editora encerraria suas atividades alguns anos depois.

111. Apud R. Magalhães Jr., op. cit., pp. 212-3.

112. Idem, ibidem.

113. *Autobonecografia*, *D. Quixote*, 25 de dezembro de 1918.

114. *Caricatura e caricaturistas*, idem, 16 de agosto de 1926.

115. A primeira vez em que Bastos Tigre concorreu à Academia foi em 1915. Cf. R. de Menezes, *Bastos Tigre e la Belle Époque*, op. cit., p. 215.

116. Em *Obras completas*, vol. 1, op. cit., p. 369.

117. Antonio Torres, *Verdades indiscretas*, op. cit., pp. 37-9; Mendes Fradique, *A lógica do absurdo*, Rio de Janeiro, Livraria Leite Ribeiro, 1925, pp. 99-102.

118. Em Medeiros e Albuquerque, *Quando eu era vivo; memórias*. Ed. póstuma e definitiva. Rio de Janeiro, Record, 1981, p. 39.

119. Cf. R. de Menezes, *Bastos Tigre e la Belle Époque*, op. cit., p. 369.

120. Discurso de posse na ABL, em *Obra reunida*, Rio de Janeiro, José Olympio; Curitiba, Secretaria de Cultura do Estado do Paraná, 1980, p. 386.

121. Idem, p. 390.

122. Idem, p. 391.

123. A edição citada reproduz todas as palavras então censuradas, op. cit., pp. 386-92.

124. Entre estes, Campos acaba por adicionar o que já havia publicado em uma série enorme de compilações, sempre com o subtítulo "crônicas humorísticas", tais como *Gansos do Capitólio*, Rio de Janeiro, Livraria Leite Ribeiro, 1923; *A bacia de Pilatos: crônicas humorísticas de 1922*, Rio de Janeiro, Livraria Leite Ribeiro, 1923; *Tonel de Diógenes: crônicas humorísticas de 1919*,

Rio de Janeiro, Livraria Leite Ribeiro, 1923; *A funda de David: crônicas humorísticas de 1923*, Rio de Janeiro, Livraria Leite Ribeiro, 1924.

125. Em Cassiano Ricardo, *Viagem no tempo e no espaço (memórias)*, Rio de Janeiro, José Olympio, 1970, p.144.

126. Idem, p.145.

127. *L'Homme qui rit*, vol. I, 12ª ed., Paris, Flammarion, 1982, pp. 238-9.

128. *Pasquinadas cariocas*, op. cit., p. 53.

129. Esta versão é contada por Gastão Cruls, *Antonio Torres e seus amigos*, op. cit., pp. 129-32.

130. Agrippino Grieco, *Disparates de todos nós*, vol. I, op. cit., p. 85.

131. Cf. Jorge Nagle, *Educação e sociedade na Primeira República*, São Paulo, EPU/Edusp, 1974, pp. 73-81; Lucia Lippi Oliveira, *A questão nacional na Primeira República*, São Paulo, Brasiliense/CNPq, 1990, pp.145-58; Angela de Castro Gomes, *Essa gente do Rio... Modernismo e nacionalismo*, Rio de Janeiro, Editora da FGV, 1999, pp. 24-7; Nicolau Sevcenko, *Orfeu extático na metrópole*, op. cit., pp. 172-9.

132. "Manifestações de nacionalismo", por Raul M. Andrade, *Revista do Brasil*, set./dez.1919, pp. 220-4.

133. Cf. R. de Menezes, *Bastos Tigre e la Belle Époque*, op. cit., pp. 307-9. O estudo mais amplo e detalhado de Bastos Tigre e de sua revista no contexto de uma produção de características modernistas é de Monica P. Veloso, *Modernismo no Rio de Janeiro; Turunas e Quixotes*, Rio de Janeiro, Editora da FGV, 1996.

134. Cf. *D. Quixote*, 13 de julho de 1917.

135. Raul Pederneiras, *A máscara do riso*, op. cit., p.18.

3. A *MACARRÔNEA* DOS DESENRAIZADOS: HUMORISTAS EM SÃO PAULO [PP. 154-218]

1. Maria Odila da Silva Dias, prefácio, em Maria Inez M. Borges Pinto, *Cotidiano e sobrevivência. A vida do trabalhador pobre na cidade de São Paulo (1890-1914)*, São Paulo, EDUSP/FAPESP, 1994, p.17.

2. Cf. Francisco Foot Hardmann, "Antigos modernistas", em Adauto Novaes (org.), *Tempo e história*, São Paulo, Companhia das Letras/ Secretaria Municipal de Cultura de São Paulo, 1996, p. 290.

3. Cf. *Estatística da imprensa periódica no Brasil*, p. IV; Afonso de Freitas, "A imprensa periodística de São Paulo, 1823-1918", *Revista do Instituto Histórico e Geográfico de São Paulo*, vol. 82, São Paulo, 1917; cf. também Ana Luiza M. C. de Oliveira, *Revistas em revista... imprensa e práticas culturais em tempos de República, 1890-1922*, tese de doutorado, São Paulo, USP, 1997.

4. O termo "pré-modernismo", utilizado inicialmente por Alceu Amoroso Lima (*Primeiros estudos: o pré-modernismo em 1919 e 1920*, Rio de Janeiro, Agir, 1948), foi retomado numa perspectiva mais sistemática por Alfredo Bosi (*O pré-modernismo*, São Paulo, Cultrix, 1969). No debate mais recente, José Paulo Paes, estabelecendo um paralelo entre a literatura e as artes plásticas, designou a produção do período como *art nouveau*, arte típica da Belle Époque, marcada pela "exuberância ornamental" e pelo "pendor à estilização"; enquanto Flora Sussekind tratou a literatura deste período a partir do confronto e da apropriação com uma paisagem tecnoindustrial em

formação no país. Cf. José Paulo Paes, "O *art nouveau* na literatura brasileira", em *Gregos & Baianos*, São Paulo, Brasiliense, 1985, pp. 64-80; Flora Sussekind, *Cinematógrafo de letras: literatura, técnica e modernização no Brasil*, São Paulo, Companhia das Letras, 1987. Uma crítica à ambigüidade e aos limites da designação "pré-modernismo" está em Francisco Foot Hardmann, "Antigos modernistas", em Adauto Novaes (org.), *Tempo e história*, São Paulo, Companhia das Letras, 1996, pp. 289-305.Uma abordagem mais abrangente, nos termos de uma história sociocultural, está em N. Sevcenko, *Literatura como missão*, São Paulo, Brasiliense, 1983.

5. *Gente rica: scenas da vida paulistana*, São Paulo, Typografia O Pensamento,1912.

6. Idem, passim.

7. Idem, pp. 86-8.

8. Cf. Brito Broca, *A vida literária no Brasil — 1900*, op. cit., pp. 201-4; sobre Freitas Vale, ver *A Villa Kirial e o imaginário da Belle Époque paulistana (1900-1930)*, tese de doutorado de Márcia Mascarenhas de Rezende Camargos, Programa de História Social, FFLCH-USP, 1999.

9. Idem, p. 197.

10. Idem, p. 49.

11. José Agudo (José da Costa Sampaio), *Gente audaz: scenas da vida paulistana*, 2ª série, São Paulo, Editora O Pensamento, 1913.

12. Idem, p. 51.

13. José Agudo, *O Dr. Paradol e o seu ajudante*, São Paulo, Typografia O Pensamento, 1913.

14. Idem, p. 62.

15. Idem, passim.

16. José Agudo, *Pobre rico!*, São Paulo, Typografia O Pensamento, 1911.

17. José Agudo, *Cartas d'Oeste*, São Paulo, Typografia O Pensamento, 1913.

18. *A pedra que fala*, São Paulo, Seção de obras de *O Estado de S. Paulo*, 1920.

19. *Juó Bananére*, crônica de 1931, em Francisco de Assis Barbosa (org.), *Antônio de Alcântara Machado — Trechos escolhidos*, Rio de Janeiro, Agir, 1970, p. 77.

20. Quase todo este item do capítulo, com alguns acréscimos e revisões, deve muito aos artigos que vínhamos escrevendo sobre Juó Bananére. O primeiro, em 19 de janeiro de 1991, "Juó Bananére, um testemunho da Belle Époque paulista", *Suplemento Cultura, O Estado de S. Paulo*, nº 545, pp. 9-10; e depois, pela ordem cronológica de publicação: "Juó Bananére e o humor ítalo-caipira", *Revista de Cultura Vozes*, nº 3, maio-jun. 1992, ano 86, vol. LXXXVI, pp. 53-8; "Humor e anarquismo contra a xenofobia e a ditadura", em *O Mundo, Geopolítica internacional*, São Paulo, PANGEA, 1995, set., p. 12; "Bananéres, Briguelas e Brodos: fragmentos do humor paulista na Primeira República", em *Cadernos de História de São Paulo*, nº 6, São Paulo, Museu Paulista, 1997, pp. 31-40; "Juó Bananére, o *raté* do modernismo paulista?", *Revista de História*, nº 137, São Paulo, Departamento de História USP/Editora Humanitas, 1997, pp.113-22; "A língua ferina de Juó Bananére", *Caderno de Sábado, Jornal da Tarde*, 3 de outubro de 1998, p. 2; "Juó Bananére e a literatura macarrônica na Primeira República", em Ria Lemaire e Edgar De Decca (orgs.), *Pelas margens: outros caminhos da História e da Literatura*. Campinas/ Porto Alegre, Editora da Unicamp/ Editora da UFRGS, 2000, pp. 27-54.

21. "O Rigalegio" era uma seção de *O Pirralho*, que surgiu entre março de 1913 e abril de 1914. *O Pirralho*, São Paulo, nº 80, 1º de março de 1913.

22. Essa frase está no artigo "O altruisimu", *O Pirralho*, loc. cit., 1913, p. 21, e diz, por inteiro: "Altruisimu é uma scienza inventada dos intaliano molto primiere do Pietro Caporale indisgobri o Brasile. Tambê Gristo fui uno bunitu altruiste i tanto é virdá, qui eli butô ingoppa a Sagrata Escritura (Tambê chamada a Líbia): Ama u prospero molto maise di vucê". Lembre-se ainda de que a frase é paródica — uma sutil alusão ao "Amar a outrem", de Augusto Comte; será também parodiada por Aparício Torelly em 1927, que a transformará num prosaico "lema para os ferroviários": "Amar o trem".

23. Lembre-se de que no final dos livros de Cornélio Pires, desde o seu *Musa caipira*, de 1910, ele adicionava, sempre de uma forma anárquica e aligeirada, uma pequena listagem de nomes de coisas e pessoas.

24. Amadeu Amaral, *O dialecto caipira: gramática, vocabulário*, São Paulo, Casa Editora O Livro, 1920; utilizamos também Ivan Silva, "O linguajar paulistano", *Planalto*, São Paulo, ano 4, A. M. S. P., 1941.

25. A análise mais sistemática, fundamentada em pesquisa detalhada, está em Benedito Antunes (org.), *Juó Bananére; as Cartas d'Abax'o Piques*, São Paulo, Editora Unesp, 1998. Nesta antologia, Antunes resgata grande parte da produção em prosa do cronista paulistano, possibilitando ao leitor o contato com os divertidos escritos de Juó publicados entre 1911 e 1917. São mais de 330 páginas de crônicas de Bananére, enriquecidas com notas que auxiliam o leitor a entender referências a personagens e lugares muito peculiares da época. Além dessa rigorosa antologia de textos, o autor apresenta, nas páginas iniciais do livro, um estudo crítico da linguagem macarrônica de Juó Bananére. Procurando uma ordem na escrita estapafúrdia de Bananére, Benedito Antunes nos mostra, no estudo introdutório, a consciência lingüística com que Marcondes Machado trabalhava os seus textos, documentando as maneiras por meio das quais o macarrônico, na pena inquieta de Juó Bananére, vai se transformando num princípio de composição e até num recurso para desenvolver seu próprio estilo.

Se Bananére já tinha todas as características formais da produção ficcional modernista, por que ele não se envolveu com o movimento iniciado em 1922? Antunes refere-se ao "mistério" desse não-envolvimento de Bananére com o modernismo. Na verdade temos aí duas coisas distintas que, para nós, não foram muito misteriosas. A primeira, por que Bananére não foi tratado como um autor modernista? Não foi tratado como um autor modernista porque, a rigor, sempre foi visto pela maioria dos críticos como um autor menor, um cronista circunstancial, sem dotes de escritor ou relevante obra ficcional. Do ponto de vista adotado neste trabalho, podemos até simplificar dizendo: *não foi tratado como autor modernista porque era um humorista, não um escritor.* Ora, o estudo de Benedito Antunes tem exatamente o mérito de mostrar a qualidade e a unidade ficcional da incompleta obra de Bananére. A segunda, por que Bananére não participou do famoso evento conhecido como Semana de Arte de 1922? Aqui, o estudo de Benedito Antunes omite alguns dados importantes. Como veremos adiante, *Bananére passa ao largo do evento inaugurador do modernismo paulista porque já havia se indisposto com o círculo de jovens escritores que participariam da Semana*, principalmente Oswald de Andrade e Guilherme de Almeida.

26. Cf. Silveira Peixoto, *Falam os escritores...* (entrevistas realizadas no ano de 1939), São Paulo, Edições Cultura Brasileira, 1940, pp. 218-9. É curioso notar, no exemplo de Pires, os processos, comuns a todos os humoristas, de elaboração rápida, circunstancial, típicos de processos de filtragem da oralidade no caso específico de Pires, como no seguinte diálogo com o seu entrevistador:

"— Faz rascunho quando escreve?

— Não. Nunca fiz. Creio que é por isso que sinto acanhamento de tudo que escrevo...

— Precisa de ambiente para escrever?

— Não, não! Qualquer ambiente me serve".

Já os processos humorísticos de composição e concisão são claramente associados à prática do jornalismo, como nas respostas de um outro humorista, Galeão Coutinho; quando perguntado se precisava de ambiente propício para escrever, disse: "— Tampouco. Quem se habituou a escrever na redação de jornais — e os meus próprios romances aí os compus, como você sabe — não precisa de lugar adequado para escrever". E depois de apontar *Vovô Morungaba* e *Aventuras de Simão, o caolho* como seus livros de maior êxito, o humorista acrescenta: "Em todo caso, um e outro indicam que devo ficar cá embaixo, estudando a gente vulgar, em vez de atirar-me aos temas refinados, a tratar de gente que não conheço bem e de ambientes que apenas conheço de passagem". Cf. idem, p. 243.

27. Em *La divina increnca* (1ª ed. 1924), 2ª ed., São Paulo, Folco Masucci, 1966, pp. 71-100.

28. Bastos Tigre, *A ceia dos coronéis: parodia em um acto, em verso*, Rio de Janeiro, Typographia Coelho, 1924.

29. J. Bananére, *La divina increnca*, op. cit., p. 99. Já a paródia de Tigre termina com a fala do coronel Moreira, que diz: "De certo! O 'coronel' completo, e *comm'il faut*,/ Ele foi, de nós três, o que melhor bancou!". A paródia de Bastos Tigre chegou a ser apresentada, pela primeira vez, no Theatro Trianon, em 20 de julho de 1923, com os atores Attila de Moraes, Jayme Costa e Procópio Ferreira. Naturalmente, ao que se sabe, a paródia de Bananére nunca chegou a ser encenada.

30. Em *La divina increnca*, op. cit., respectivamente, pp. 129, 61 e 60.

31. Idem, pp.115-7.

32. Idem, pp. 19-20.

33. *La divina increnca*, op. cit., passim.

34. Cf. J. Severiano e Zuza H. de Mello, *A canção no tempo: 85 anos de músicas brasileira, vol. 1: 1901-1957*, São Paulo, Editora 34, 1998; Renato Almeida, *História da música brasileira*, 2ª ed., Rio de Janeiro, F. Briguiet, 1942; J. Ramos Tinhorão, *Música popular: os sons que vêm da rua*, Rio de Janeiro, Ed. particular, 1976.

35. Cf. N. Sevcenko, *Orfeu extático na metrópole: São Paulo, sociedade e cultura nos frementes anos 20*, São Paulo, Companhia das Letras, 1997, pp. 242-50; e Hermano Vianna, *O mistério do samba*, Rio de Janeiro, Jorge Zahar Editores, 1995, pp. 96-9.

36. Monteiro Lobato, *A barca de Gleyre*, São Paulo, Brasiliense, 1950, vol. 1, pp. 173-5.

37. É curioso lembrar que a opção pela forma verbal do latim *macarrônico* por Teófilo Folengo, no mundo renascentista, também foi o resultado da busca de uma alternativa, uma *linguagem de transição* que expressou a forte antinomia da tradição pagã e da cristã. Cf. Ernest Robert Curtius, *Literatura européia e Idade Média latina*. Trad. Paulo Rónai e Teodoro Cabral. São Paulo, EDUSP/Hucitec, 1996, pp. 306-7. Sem referir-se ao conjunto da produção cultural paulista desse período (como nos esforçamos por realizar, neste capítulo), Otto Maria Carpeaux já havia utilizado o termo "literatura macarrônica" para designar especialmente a literatura de Juó Bananére (Alexandre Ribeiro M. Machado), "Uma voz na democracia paulista", em *Presenças*, Rio de Janeiro, Instituto Nacional do Livro, 1958, pp. 200-4.

38. Cf. Richard M. Morse, *Formação histórica de São Paulo (De comunidade à metrópole)*, São Paulo, Difel, p. 268.

39. Cf. Elias T. Saliba, "A dimensão cômica da vida privada na República", em *História da vida privada no Brasil*, vol. 3. Org. Nicolau Sevcenko. São Paulo, Companhia das Letras, 1988, pp. 289-366; "Bananéres, Briguelas e Brodos: fragmentos do humor paulista na Primeira República", em *Cadernos de História de São Paulo*, nº 6, São Paulo, Museu Paulista, 1997, pp. 31-40.

40. Ver, por exemplo, Vera Chalmers, *Três linhas e quatro verdades: jornalismo de Oswald de Andrade*, São Paulo, Duas Cidades, 1976; Regina Aída Crespo, *Crônicas e outros registros: flagrantes do pré-modernismo*, dissertação de mestrado, Instituto de Letras da Unicamp, 1990; também de Vera Chalmers, "A correspondência do Piques", *Boletim Bibliográfico Biblioteca Mário de Andrade*, v. 46, nº 1-4, jan./ dez. 1985, pp. 107-15.

41. Cf. Joffre Martins Veiga, *A vida pitoresca de Cornélio Pires*, São Paulo, Edições O Livreiro, 1961, passim; Macedo Dantas, *Cornélio Pires, criação e riso*, São Paulo, Duas Cidades/Secretaria de Cultura, Ciência e Tecnologia, 1976, passim; J. L. Ferrete, *Capitão Furtado: viola caipira ou sertaneja*, Rio de Janeiro, Funarte, 1985.

42. Cf. Carlo Prina (org.), *Trilussa e o Brasil*, São Paulo, União Cultural Brasil-EUA, 1945, pp. 93-8.

43. Sud Menucci, *Humor*, 2ª ed. remanejada, São Paulo, Piratininga, 1934, p. 181.

44. Apud Carlo Prina, op. cit., p. 101.

45. Cornélio Pires, *Musa caipira*, São Paulo, Typografia Cupolo, 1910, p. 21.

46. Idem, ibidem, p. 39.

47. *Tarrafadas: contos, anedotas e variedades*, 2ª ed., São Paulo, Companhia Editora Nacional, 1932, p. 112.

48. A frase, expressiva das misturas macarrônicas, é utilizada a propósito do humorismo do tipo *fait divers* por Agrippino Grieco, em *Zeros à esquerda*, Rio de Janeiro, Editora Civilização, 1958, p. 56.

49. Todos os personagens, autores e obras aí arrolados podem ser mais bem visualizados na Tabela 3.

50. Oduvaldo Vianna, *O Castagnaro da festa*, *Revista de Teatro*, Rio de Janeiro, SBAT, nº 361, jan./fev., 1968, pp. 41-64.

51. Cornélio Pires, *As estrambóticas aventuras do Joaquim Bentinho (o queima-campo)*, São Paulo, Imprensa Methodista, 1924, p. 10.

52. Idem, pp. 57-9.

53. José Agudo, *O Dr. Paradol e o seu ajudante*, op. cit., pp. 7-8.

54. Paulo Cursino de Moura, *São Paulo de outrora*, 2ª ed., Belo Horizonte, Itatiaia, 1988, pp. 24-5.

55. José Agudo, *Gente rica*, op. cit., p. 89.

56. Iago Joé (pseudônimo de David Antunes), *Briguela: um romance de maus costumes*, São Paulo, Saraiva, 1931.

57. Juó Bananére, em *Diario do Abax'o Piques*, São Paulo, 1933, p. 1.

58. *Ilha dos Prontos*, ou seja, ilha dos *duros*, das "pessoas sem dinheiro". Conta-se que a origem da expressão viria do boêmio Clímaco Barreto, do Rio de Janeiro, que por volta dos anos 1905-6, nos seus *raids* alcoólicos, bebia muito sem ter dinheiro e, na hora de pagar, levantava os braços, dizendo

aos caixeiros que o cobravam: "Pronto! Revistem-me e vejam se descobrem, por aí, em qualquer bolso, um único níquel...". Cf. R. de Menezes, *Bastos Tigre e la Belle Époque*, op. cit., pp.178-81.

59. José Agudo, loc. cit., idem, pp.33-4.

60. Silvio Floreal, *Ronda da meia-noite: vícios, misérias e esplendores das noites paulistanas*, São Paulo, Typografia Cupolo, 1923, p. 23.

61. José Agudo, *Gente rica: scenas da vida paulistana*, São Paulo, Editora O Pensamento, 1912, pp.136 e ss.

62. Oduvaldo Vianna, em *A ilustração paulista, semanário popular*. São Paulo, 22 de outubro de 1910, nº 1.

63. Godofredo Emerson Barnsley, *São Paulo no ano 2000 ou regeneração moral: crônica da sociedade brasileira futura*, São Paulo, Rothschild Editor, 1909, pp.156-9.

64. Cf. Leo Vaz, *Páginas vadias*, Rio de Janeiro, José Olympio, 1937, pp.38-9.

65. Parte deste item foi apresentada numa outra versão, mais abreviada, no *Congresso Profetas de um Nuevo Mundo*, realizado na Universidad de San Marcos, em Lima, Peru, em julho de 1999. Agradeço a Jorge Bracamonte Allain, da Universidad San Marcos; a Elisa Speckmann, da UNAN, México, e a Maurício Tenorio, da Universidade do Texas (Austin) que, na ocasião, discutiram e comentaram o texto, ajudando-me a reforçar, por comparação, algumas das colocações centrais. Elias T. Saliba, *Los olvidados de la modernidad: cronistas marginales de la Belle Époque em São Paulo*, em Burga & Allain (orgs.), *Profetas de um nuevo mundo: vida urbana, modernidad y alteridad en America Latina, 1890-1920*, Lima, Ediciones de la Universidad Mayor de San Marcos, 2001 (no prelo).

66. Brito Broca, *Teatro das letras*, Campinas, Editora da Unicamp, 1993, p.14.

67. José Agudo. Parte da polêmica com Joachin da Terra (Oswald de Andrade) está reproduzida em anexo no livro de Agudo, *Gente audaz*, op. cit., anexo.

68. *O Pirralho*, 14 de novembro de 1912, p. 4.

69. José Agudo, idem, ibidem, anexo.

70. Cf. José Agudo, op. cit., idem, anexo.

71. Cf. Elias T. Saliba, "Juó Bananére, um *raté* do modernismo paulista?", loc. cit., passim.

72. Cf. Elias T. Saliba, idem, ibidem.

73. Mário Guastini, *Na caravana da vida*, Rio de Janeiro, Irmãos Pongetti, 1939, pp.126-7.

74. Idem, ibidem, p.128.

75. Bilac, citado em Brito Broca, *Teatro de letras*, op. cit., pp. 57-9.

76. Cit. em Elias T. Saliba, "Juó Bananére, um *raté* do modernismo paulista?", op. cit., p. 131.

77. Idem, p. 59.

78. "Em marcha". Discurso pronunciado aos estudantes da Faculdade de Direito em São Paulo, 9 de outubro de 1915, em Vilmar P. Nunes Galvão (org.), *Antologia de famosos discursos brasileiros*, 6ª ed. São Paulo, Logos, 1964, pp. 27-31.

79. "A vesta du Billacco", *O Pirralho*, 17 de outubro de 1915, p. 4; acrescente-se que *cotuba* ou *corruscuba* significava "coisa que nos agrada plenamente", derivando depois para a palavra "batuta".

80. Idem, *O Pirralho*, 30 de outubro de 1915, p.12.

81. *O Estado de S. Paulo*, 12 e 18 de outubro de 1915. Para uma análise mais detalhada das relações de Juó Bananére com o modernismo de 1922, ver Elias T. Saliba, "Juó Bananére, um *raté* do modernismo paulista?", *Revista de História*, loc. cit., pp.113-22.

82. José Agudo, *Gente audaz*, op. cit., p. 42. Acrescente-se que Sarah Bernhardt apresentou-se em São Paulo em outubro de 1905 no Teatro Politeama, situado no início da avenida São João, representando peças variadas do teatro francês.

83. Mário Guastini, *Na caravana da vida*, op. cit., pp. 170-4.

84. Cf. Mário Guastini, op. cit., idem; Vivaldo Coaracy, *Couves da minha horta*. Rio de Janeiro, José Olympio, 1949, pp. 93-6.

85. Mário Guastini, op. cit., pp. 174-5.

86. Oswald de Andrade e Guilherme de Almeida, *Mon Coeur balance/Leur âme*, Rio de Janeiro, Globo, 1991, p. 20.

87. *O Queixoso*, São Paulo, 11 de janeiro de 1916, p. 2.

88. Citado em M. Eugenia Boaventura, *O salão e a selva: uma biografia ilustrada de Oswald de Andrade*. São Paulo, Ex-Libris; Campinas, Editora da Unicamp, 1995, p. 43.

89. Cf Salvyano C. de Paiva, *Viva o Rebolado! Vida e morte do teatro de revista brasileiro*, Rio de Janeiro, Nova Fronteira, 1991, passim; e Roberto Ruiz, *Teatro de revista no Brasil: do início à Primeira Guerra Mundial*. Rio de Janeiro, MINC-INACEM, 1988, pp.108-15.

90. Para uma análise detalhada da conjuntura política da época, ver Edgard Carone, "Madame Pommery & Cia. Ltda.", em *Da Esquerda à Direita*, Belo Horizonte, Oficina de Livros, 1991, pp. 123-55.

91. Juó Bananére e Moacyr Piza, *Galabaro: libro di saniamento suciali*, São Paulo, s.c.p., 1917, pp. 6-7.

92. *Galabaro*, op. cit., p. 5.

93. Leo Vaz, *O professor Jeremias*, São Paulo, Saraiva, 1959, p. 46.

94. Brito Broca, *Teatro de letras*, op. cit., pp. 48-53.

95. Cf. Francisco Foot Hardmann, "Antigos modernistas", em *Tempo e história*, op. cit., pp. 290-2; Eduardo J. de Moraes, *A brasilidade modernista: sua dimensão filosófica*, Rio de Janeiro, Graal, 1986, passim, que analisa a retomada da tradição pelos modernistas paulistas a partir da obra de Graça Aranha; a retomada do diálogo com uma certa tradição, começando pelo exemplo do barroco mineiro, é discutida por Silvino Santiago, "A permanência do discurso na tradição do modernismo", em *Nas malhas da letra: ensaios*, São Paulo, Companhia das Letras, 1989, pp. 94-123; para uma análise das clivagens regionalistas, no caso de Pernambuco, ver Joaquim Inojosa, *O movimento modernista em Pernambuco*, Rio de Janeiro, Tupy Editora, 1968, vol. 1, pp. 26-34; ainda para as clivagens regionalistas do modernismo, nos casos, respectivamente, de Minas Gerais e do Rio de Janeiro, ver Humberto Werneck, *O desatino da rapaziada*, São Paulo, Companhia das Letras, 1992, passim; Monica Pimenta Veloso, *Modernismo no Rio de Janeiro: Turunas e Quixotes*, op. cit., passim, e ainda, da mesma autora, "A brasilidade verde-amarela: nacionalismo e regionalismo paulista", em *Estudos Históricos*, 6 (11), Rio de Janeiro, Editora da FGV, 1993; ver, ainda, Nicolau Sevcenko, "Transformações da linguagem e advento da cultura modernista no Brasil", em *Estudos Históricos*, nº 11, Rio de Janeiro, Editora da FGV, 1993, pp. 81-93. Sobre o regionalismo preterido e os diferentes projetos em conflito no interior do modernismo paulista, incluindo a figura-chave de Monteiro Lobato, ver Tania Regina de Luca, *A Revista do Brasil: um diagnóstico para a (N)Ação*, São Paulo, Editora da UNESP, 1999, pp. 260-91. Do ponto de vista das ambigüidades modernistas de uma reinvenção da história e rearticulação com a tradição, discutimos a questão em Elias T. Saliba, "Rein-

venção da história", em *Olhares modernistas* (*Catálogo da Exposição no Museu do Chiado*), Lisboa, Comissão Nacional para as Comemorações dos Descobrimentos Portugueses, 2000, pp. 43-50.

96. Cf. Elias T. Saliba, "Cultura modernista em São Paulo", em *Estudos Históricos*, nº 11, Rio de Janeiro, Editora da FGV, 1993, pp. 128-31; Nicolau Sevcenko, *Orfeu extático na metrópole: São Paulo, sociedade e cultura nos frementes anos 20*, op. cit., passim.

97. *O Pirralho*, 1913, p. 4.

98. Brito Broca, *Memórias*. Texto organizado e anotado por Francisco de Assis Barbosa. Rio de Janeiro, José Olympio, 1968, pp. 44-51.

99. Sérgio Buarque de Holanda, "Cavaquinho & Saxofone", *Diário de Notícia*, RJ, 6 de abril de 1941, apud *O espírito e a letra: estudos de crítica literária*, I —1920-1947. Org. Antonio Arnoni Prado. São Paulo, Companhia das Letras, pp. 344-9. Lembre-se que o próprio Sérgio Buarque, então um jovem de 21 anos, chegou a escrever artigos para a revista humorística *A Banana*, em 1923: "Desilusão", de 12.4.1923, narrava as aventuras jocosas de um amante enganado; e "Alerta, banqueiros!", de 19.4.1923, fazia troça das manias especulativas de um investidor financista. Assinando seus artigos com o pseudônimo de "Sérgio Buarque dos Países Baixos", é nesta época que ele também anunciava os títulos dos seus futuros livros: "O automóvel adormecido nos bosques", "A vida íntima de Jesus Cristo" ou "Rui Barbosa nunca existiu". O humor, já naquele momento crítico, parecia não apenas o único recurso capaz de quebrar com a monumentalidade intelectualista da cultura brasileira como também mais um recurso iconoclasta para o jovem modernista.

100. Idem, p. 349. Aliás, pouco antes de sua morte, Antônio de Alcântara Machado revelaria seu entusiasmo pela produção popular de São Paulo, descrevendo "a crônica verídica e rimada da cidade em modinhas e lundus: o comentário rimado do povo. A canção da rua. O poema do cortiço. O lirismo dos salões de engraxate. [...] Versalhada pitoresca que conta a história da cidade. Mas que a cidade não conhece". Significativamente, ele reconhecia também aí a presença intrínseca, embora fragmentada, da representação humorística: "A crônica da vida política e social feita pela canção é em toda parte satírica. O cançonetista de Montmartre é impiedoso e canalha: ridiculariza os homens e cousas. É a revista que consagra os ares e os estribilhos", em "Rapsodos do Tietê", *Revista do Arquivo Municipal*, vol. XVIII, São Paulo, nov./dez. 1935, pp. 238-9.

101. José Paulo Paes, em *Gregos & Bahianos: ensaios*, São Paulo, Brasiliense, 1985, p. 264.

102. Em *O mundo literário*, Rio de Janeiro, Typografia Nacional, vol. 25, maio de 1924, pp. 27-9.

103. Francesco Pettinati, *Vita, gloria e miracoli del "Fanfulla" di ieri e di oggi. Gli umoristi, Fanfulla*, São Paulo, 4 de outubro de 1964, p. 3.

104. Cf. Ana Maria de M. Belluzzo, *Voltolino e as raízes do modernismo*, São Paulo, Marco Zero, CNPq, 1992, pp. 252-3.

105. Idem, ibidem, pp. 254 e ss. CAVV. UFFS. é uma abreviatura irônica do título italiano de proximidade com a realeza: "Cavvaliere(s) Ufficiale(s)".

106. Iago Joé, *Briguela*, op. cit., passim, a citação está nas pp. 85-6.

107. *Diario do Abax'o Piques*, São Paulo, 15 de junho de 1933, p. 2.

108. Galeão Coutinho, entrevista a Silveira Peixoto, em 1939. loc. cit., pp. 243-4.

109. Silveira Peixoto, idem, pp.179-80.

110. Idem, op. cit., p. 39.

111. Publicado em *La divina increnca*, 1924, 1ª ed., p. 32.

112. Publicado originalmente em *A Manha, jornal hebdromedário*, 13.11.1926, p. 2.
113. *Antologia poética*, Rio de Janeiro, Francisco Alves, 1982, vol. 2, p. 391.
114. "Ubire as istrelas", publicado originalmente em *A Manha, jornal hebdromedário*, 1927.

4. A FALA CÔMICA BRASILEIRA: A PASSAGEM PARA O HUMOR RADIOFÔNICO [PP. 219-300]

1. Cf. Renato Murce, *Bastidores do rádio: fragmentos do rádio de ontem e de hoje*, Rio de Janeiro, Imago Editora, 1976, pp. 23-37; Almirante, *No tempo de Noel Rosa: a verdade definitiva sobre Noel e a música popular*, São Paulo, Francisco Alves, s.d., pp. 21-9; J. Ramos Tinhorão, *Música popular — do gramofone ao rádio e TV*, São Paulo, Ática, 1981, pp. 31-64.

2. Até 1931, as emissoras de rádio — as "radioclubes" como eram então chamadas — eram regidas pela mesma legislação da telefonia e da telegrafia sem fios. O Decreto nº 20.047, de maio de 1931, praticamente definiu o papel do Estado na radiofonia e o Decreto nº 21.111, de março do ano seguinte, definiu a veiculação de mensagens comerciais pelas emissoras. Cf. Ricardo Ramos, *Do* réclame *à comunicação*, 3ª ed., São Paulo, Atual, 1985, pp. 38-47; Fernando L. Gurgueira, *A integração nacional pelas ondas: o rádio no Estado Novo*, dissertação de mestrado, São Paulo, USP, 1995.

3. Cf. Rafael Casé, *Programa Casé: o rádio começou aqui*, Rio de Janeiro, Mauad, 1995, p. 47.

4. Cf. para todo este parágrafo, Renato Murce, op. cit., pp.16-26; Saint-Clair Lopes, *Radiodifusão hoje*, Rio de Janeiro, Temário, 1970, passim; Miriam Goldfeder, *Por trás das ondas da Rádio Nacional*, Rio de Janeiro, Paz e Terra, 1980, pp. 35-40; Mario Ferraz Sampaio, *História do rádio e da televisão no Brasil e no mundo (memórias de um pioneiro)*, Rio de Janeiro, Achiamé, pp. 94-110; Alcir Lenharo, *Cantores do rádio: a trajetória de Nora Nei e Jorge Goulart e o meio artístico do seu tempo*, Campinas, Editora da Unicamp, 1995, pp.135-9; Renato Ortiz, *A moderna tradição brasileira: cultura brasileira e indústria cultural*, 2ª ed., São Paulo, Brasiliense, 1989, 1ª parte.

5. Cf. Sergio Cabral, *No tempo de Almirante*, Rio de Janeiro, Francisco Alves, 1990, pp. 36-8, que, cabe remarcar, também ressalta a semelhança das posições do pioneiro do rádio brasileiro com J. C. W. Reith, o primeiro diretor de programação da BBC de Londres, que, bem menos sutil, declarava: "Acredito que todos admitirão que explorar uma descoberta científica (o rádio) tão importante apenas para fins de entretenimento corresponderia a prostituir suas potencialidades e insultar o caráter e a inteligência do povo". Obviamente tais posições apresentavam-se em contraste reiterado com aquelas que, como indicaremos adiante, já irão ressaltar o caráter interativo desse veículo de comunicação.

6. Citado em L. C. Saroldi e Sonia V. Moreira, *Rádio Nacional, o Brasil em sintonia*, op. cit., pp.15-6.

7. Cf. Fernando L. Gurgueira, op. cit.; Renato Murce, op. cit., pp. 39-45; Reinaldo C. Tavares, *Histórias que o rádio não contou: do galena ao digital, desvendando a radiodifusão no Brasil*, São Paulo, Negócio Editora, 1997, pp. 47 e ss.; N. Jhar Garcia, *Estado Novo: ideologia e propaganda política*, São Paulo, Loyola, 1982.

8. Cf. Arnaldo Contier, "Modernismos e brasilidade: música, utopia e tradição", in Adauto Novaes (org.), *Tempo e história*, op. cit., p. 280. Para os propósitos específicos deste trabalho, Contier também resume as importantes posições de Luciano Gallet, em 1930, que "em face da crise da

música culta no Brasil, apontava três razões: 1) as radiossociedades, "que entram pelas portas do Brasil inteiro e espalham música ruim, sem o menor critério de seleção"; 2) os editores de música... "as emissoras lançaram ainda os 'artistas populares': compositores de assobio, executantes de ouvido, cantores-ignorantes"; 3) o editor de disco, "que só vê que o samba tal garante uma tiragem imediata de 70 mil discos...".

9. As duas posições exemplares dos intelectuais a respeito do rádio e de suas funções sociais são de Rudol Arheim, *Estética radiofónica*, Barcelona, Edit. Gustavo Gili, 1936, e de Bertold Brecht, *Radio as a means of communication — a talk on the function of radio* (trad. para o inglês Stuart Hood), em *Screen*, vol. 20, Londres, nº 314, pp. 24-8; as discussões sobre o caráter bidirecional do rádio e seus efeitos sociais, sugeridos no texto de Brecht em contraposição às colocações de Arheim, assim como as posições de Adorno, às quais nos referimos adiante, estão em Neil Strauss (org.), *Radiotext* (*e*), Nova York, Semiotexte, 1993, passim.

10. Cf. Elias T. Saliba, "A dimensão cômica da vida privada na República", loc. cit., pp. 349-50.

11. Cf. Cláudio Figueiredo, *As duas vidas de Aparício Torelly: o Barão de Itararé*, Rio de Janeiro, Record, 1987, pp. 11-36.

12. Vamos considerar, dados os limites desta pesquisa, apenas a produção de Aporelly até 1933. Para tanto, utilizamos as edições de *A Manha, jornal hebdromedário*, de 1926 a 1933, com interrupções em alguns meses nos anos de 1929, 1930 e 1931.

13. *A Manha*, 13 de novembro de 1926, p. 2.

14. Publicado originalmente na coluna de Aporelly em *A Manhã*, novembro de 1924, apud Suetônio Soares Valença, *Tra-lá-lá*, Rio de Janeiro, Funarte, 1981, pp. 34-9.

15. *A Manha*, 7 de novembro de 1929.

16. *A Manha*, 1927, passim.

17. Idem, 27 de outubro de 1927.

18. Idem, 16 de outubro de 1928.

19. Idem, 2 de outubro de 1931.

20. Idem, 16 de janeiro de 1932.

21. Em *Máximas e mínimas do Barão de Itararé*. Org. Afonso Félix de Sousa. 4ª ed., Rio de Janeiro, Record, 1987, passim.

22. Esta era a frase que acompanhava o desenho de um bebê, compondo o cabeçalho do jornal *A Manha*, desde 1926.

23. "O Barão no jogo da verdade", *Manchete*, Rio de Janeiro, 18.9.1965, pp. 118-9.

24. *A Manha*, Rio de Janeiro, 12 de agosto de 1932. Quanto ao "escudo heráldico", ele vem reproduzido em quase todas as edições do mesmo semanário humorístico. Aparício Torelly chegou a parodiar o lema integralista, enunciado em 1932 por Plínio Salgado, com o estratagema cômico de simples deslocamento da pontuação. "(Honra) A Deus, Pátria e Família" do Manifesto Integralista daquele ano seria transformado, na paródia de Torelly, em "Adeus, Pátria e Família!". Cf. *A Manha*, 17.4.1932.

25. Cf. Joffre Martins Veiga, *A vida pitoresca de Cornélio Pires*, São Paulo, Edições O Livreiro, 1961, pp.123-45; Macedo Dantas, *Cornélio Pires. Criação e riso*, op. cit., passim.

26. Em 1929, o sucesso dos seus discos parece ser grande, já que ele chega a organizar um grupo artístico chamado "Turma Caipira Cornélio Pires", com muitos artistas como Genésio

Arruda, Jararaca etc. Para além dos exageros dos biógrafos, no catálogo da Colúmbia, para o ano de 1929, contavam-se, entre os discos desta "turma", os seguintes:

20000-B — *Entre alemão e italiano* (anedotas)

20001-B — *Astúcia de negro velho* (rebatidas de caipira — anedotas)

20002-B — *Simplicidade de caipira — Numa escola sertaneja* (anedotas)

20003-B — *Coisas de caipira — Batizado de sapinho* (anedotas)

20004-B — *Desafios de caipiras —Verdadeiro samba paulista* (turma de Cornélio Pires)

20005-B — *Anedotas cariocas e danças regionais paulistas* (turma caipira de Cornélio Pires)

20006-B — *Como cantam algumas aves* (pios) — *Jorginho do Sertão, moda de viola*

20007-B — *A fala de nossos bichos* (pios) — *Moda de pião* (moda de viola)

20008-B — *Os cariocas e os portugueses* (anedotas) — *Mecê diz que vai casá* (moda de viola)

20009-B — *No mercado dos caipiras* (anedotas) — *Triste abandonado* (moda de viola)

20010-B — *Agitação política em São Paulo — Cavando votos* (atualidades)

20011-B — *Uma lição complicada* (humorismo, com o ator Genésio Arruda) — *Um baile na roça* (humorismo)

20012-B — *As treze lágrimas* (declamação, com o ator Genésio Arruda) — *Puxando a brasa* (anedotas)

20013-B — *Vida apertada* (anedotas, com o ator Genésio Arruda) — *Moda da Revolução* (moda de viola)

20014-B — *Nitinho Soares* (moda de viola) — *Cateretê paulista* (Ponteados)

20015-B — *O bonde Camarão* (moda de viola) — *Sô cabroco brasileiro* (moda de viola)

Cf. BBC — British Broadcasting Corporation, *O rádio no Brasil*, Londres, Serv. Brasileiro da BBC, 1988, série de dez programas gravados; Joffre M. da Veiga, op. cit., pp. 144-5.

27. Em Joffre M. da Veiga, op. cit., p. 62.

28. Cf. respectivamente para as duas gravações, Reynaldo C. Tavares, *Histórias que o rádio não contou*, op. cit., CD que acompanha o livro; *BBC — O rádio no Brasil*, loc. cit., programa nº 5; gravação em fita cassete do disco 20009 — *No mercado dos caipiras*. Rio de Janeiro, Collector's Editora, fita nº 3.

29. *Chorando e rindo: episódios e anecdotas da guerra paulista*, São Paulo, Companhia Editora Nacional, 1933. Entre inúmeros, destaque-se "Transmissão radiofônica" que conta o caso de um soldado que imitava a PRAX do Rio de Janeiro e que fazia rir não apenas seus companheiros mas também os soldados adversários "que o ouviam da outra margem do rio". Na parte dos anúncios e *réclames*, ele parodiava: — "Respeitáveis mineiros! Usem e abusem de 'Getuliana', um maravilhoso preparado à base de 'tenentina' que derruba seus cabelos e conserva por muitos anos suas caspas!", p.74.

30. Cf. J. Martins da Veiga, op. cit., p. 12. Há uma versão gravada desta passagem, em *O rádio no Brasil*, loc. cit., fita nº 5.

31. Cf. Elias T. Saliba, "Juó Bananére, o *raté* do modernismo paulista", em *Revista de História*, loc. cit., pp.118-9.

32. *Diario do Abax'o Piques*, 3 de maio de 1933.

33. Antônio de Alcântara Machado, *Juó Bananére*, em Francisco de Assis Barbosa (org.), *Trechos escolhidos*, op. cit., p. 46.

34. *Diario do Abax'o Piques*, 15 de março de 1933.

35. Idem, 27 de julho de 1933.

36. Idem, 20 de julho de 1933.

37. Cf. N. Sevcenko, *Orfeu extático na metrópole*, op. cit., passim.

38. *Diario do Abax'o Piques*, 3 de março de 1933.

39. Idem, 20 de abril de 1933.

40. Colúmbia, nº 38052, *Non fui ista a inrevoluçó que io sugné*, 1931 (fita cassete).

41. Colúmbia, nº 381031, *U Cavagnac*, 1931 (fita cassete).

42. *Diario do Abax'o Piques*, 26 de abril de 1933.

43. A polêmica que Mário de Andrade mantém, nas páginas do *Diário Nacional*, sobre os conteúdos da programação radiofônica — à qual aludiremos mais adiante —, foi exatamente com o antigo parceiro de Bananére, na elaboração de algumas peças de teatro de revista, Danton Vampré.

44. Apud Elias T. Saliba, "A dimensão cômica da vida privada na República", loc. cit., pp. 360-1.

45. Cf. Mario Nunes, *40 anos de teatro*. Rio de Janeiro, Serviço Nacional de Teatro, 1956; J. Ramos Tinhorão, *Música popular, teatro e cinema*, op. cit., passim; Raimundo de Menezes, *Bastos Tigre e la Belle Époque*, op. cit., pp. 201 e ss.; Mário Lago, *Na rolança do tempo*, Rio de Janeiro, Civilização Brasileira, 1976; este último destaca os relacionamentos entre os músicos e alguns humoristas do rádio desde as festas da Penha (pp.136-8) e ao lamentar, já nos anos 40, a decadência do gênero *revista*, destaca a sua popularidade e a sua ligação íntima com o humorismo: "Era o gênero de maior empatia popular, a revista. Seus freqüentadores, fossem da platéia ou das torrinhas, se viam a cada instante retratados nos tipos colocados no palco, vibrando como se vissem suas próprias imagens num espelho. E levados sempre num tom para fazer rir, alcançavam facilmente o objetivo do autor, pois não casualmente os antigos inventaram a história do *ridendo castigat mores*", p. 177.

46. Procuramos concentrar tais dados e relações na Tabela 4, já que todas as inúmeras referências encontram-se numa formidável dispersão.

47. O efeito cômico da marchinha "Os calças-largas" (de Lamartine em parceria com Francisco Gonçalves de Oliveira), de 1926, era proveniente da sátira à "moda das calças de boca larga e paletós curtos e cintados, lançada na Inglaterra pelo príncipe de Gales [...] logo adotada no Brasil pelos almofadinhas da Avenida Central". Observar que a marchinha fará tanto sucesso já em 1926, que servirá de inspiração para o título da referida revista em 1927. Cf. Suetônio S. Valença, *Tra-lá-lá*, op. cit., pp. 46 e 89-93; R. de Menezes, *Bastos Tigre e la Belle Époque*, op. cit., p. 223.; Salvyano C. de Paula, *Viva o Rebolado!*, op. cit., pp. 238-40.

48. Bastos Tigre, *Fonte da Carioca*, Rio de Janeiro, Livraria Leite Ribeiro, 1922, p. 38.

49. Lamartine de Azevedo Babo, *Pindaíba*, Rio de Janeiro, F. Barreto, 1931, p. 69.

50. Bastos Tigre, *Penso, logo... eis isto*, op. cit., pp. 47 e 247-9.

51. Idem, *Antologia poética*, vol. 2, p. 392.

52. Apud S. S. Valença, *Tra-lá-lá*, op. cit., p. 94.

53. Samba "epistolar" gravado por Noel Rosa na Parlophon em 1931; utilizamos a gravação original, restaurada no CD *Coisas nossas*. Série Revivendo. Curitiba, CEDAR, 1995. Para as questões ligadas à execução da música no rádio, ver Almirante, *No tempo de Noel Rosa*, op. cit., pp. 98-101. Um dos motivos para a não-execução desta parte da canção é que ela era uma gravação de "prova", que o próprio Noel teria rejeitado. Cf. *A voz do rádio*, Rio de Janeiro, 28 de fevereiro de 1935, p. 4; Ary Vasconcellos, *Panorama da música popular brasileira*, São Paulo, Martins, 1964, vol. 2, pp. 102 e ss.

54. Gravação com Noel Rosa e Orquestra Copacabana, julho de 1932, *Noel pela primeira vez*, CD nº 4, organização de Omar Jubran, loc. cit. A revista *Café com música*, de Eratósthenes Frazão, Maciel Pereira e Leo Grim, foi encenada do Teatro Recreio, no Rio de Janeiro, e seu tema girava em

torno do preço do cafezinho, tabelado pelo interventor naquele ano em cem réis. Alguns bares da cidade cobravam o dobro dessa quantia, alegando que ofereciam música aos fregueses.

55. Lamartine Babo, *Pindaíba*, op. cit., p. 79.

56. "O que é que você fazia?", de Noel Rosa e Hervê Cordovil. Cit. em J. Máximo e Carlos Didier, *Noel Rosa, uma biografia*, Rio de Janeiro, Linha Gráfica; Brasília, Editora da UNB, 1990, p.357. Esta música foi gravada em janeiro de 1936 por Carmem Miranda e o Grupo Odeon, e faz parte da coletânea *Noel pela primeira vez*, organizada por Omar Jubran, loc. cit., CD nº 9.

57. Discos Odeon 03457-B — 1940 — Gravação em fita cassete, Arquivo Miguel Ângelo de Azevedo (Nirez), Fortaleza, fita cassete; para a letra completa, ver Rosa Nepomuceno, *Música caipira: da roça ao rodeio*, São Paulo, Editora 34, 1999, pp. 287-8.

58. *BBC — O rádio no Brasil*, fita cassete, nº 6, faixa 3.

59. PRK-30 nº 11, fita cassete, Rio de Janeiro, Collector's/MIS, s. d.

60. *Carioca*, Rio de Janeiro, 28 de dezembro de 1935, p. 6.

61. *Alvarenga e Ranchinho*, fita cassete, nº 3, Rio de Janeiro, Collector's/MIS, s. d.

62. Cit. por R. de Menezes, op. cit., pp. 47-9.

63. Idem, ibidem.

64. Bastos Tigre, *Antologia poética*, vol. 2, Rio de Janeiro, Francisco Alves, 1982, pp. 391-2.

65. Cf. Salvyano C. de Paula, *História ilustrada dos filmes brasileiros, 1929-1988*, Rio de Janeiro, 1989, pp.16-7.

66. Cf. Suetônio S. Valença, op. cit., pp. 104-6.

67. Belmonte, *Meu amor! adoro-te: o amor através dos séculos*, São Paulo, Frou-Frou, 1926, pp. 11-25.

68. Cf. René Olivier Veillon, *Le Cinéma americain, les années 30*, Paris, Le Seuil, 1988, capítulo sobre W. S. van Dyke; J. Máximo e C. Didier, *Noel Rosa, uma biografia*, op. cit., pp. 425-6.

69. Cf. Gravação Victor, 34086-A, Almirante com conjunto regional RCA Victor, gravação de agosto de 1936.

70. Utilizamos a gravação original "Canção para inglês ver, fox humorístico". Gravação de Lamartine Babo com Mário Travassos ao piano. Odeon, nº 10804-A, 1931, Arquivo Miguel Ângelo de Azevedo (Nirez), Fortaleza, CE (fita cassete). Utilizamos este fox de Lamartine pela sua expressividade humorística, pelas ligações deste com um humorista da Belle Époque, como Bastos Tigre, e, afinal, por ter sido *a primeira paródia nesta chave temática da entrada das vozes do cinema falado*. Depois desta, foram muitas as paródias musicais humorísticas elaboradas no mesmo clima de entrada do cinema falado, tais como "Não tem tradução", 1933, de Noel Rosa; "Yes, nós temos bananas", 1938, de João de Barro e Alberto Ribeiro; "Brasil Pandeiro", 1941, de Assis Valente etc. Acrescente-se que a música "Yes, nós temos bananas" parodiava a canção norte-americana, que já era cômica, "Yes, we have no bananas" (de Frank Silver e Irving Cohn), cantada pelo cômico Eddie Cantor, de 1923. Na mesma chave temática do prestamista e do cobrador de dívidas pecuniárias, temos ainda a divertidíssima paródia de "Tell me tonight" (de Mischa Spolianski), transformado por Noel Rosa, no ano de 1934, em "Paga-me esta noite".

71. Frase sem autoria definida, muito utilizada nos meios radiofônicos nos anos 1930 para recomendar cuidado aos *speakers* e artistas do rádio, sobretudo humoristas, já que a quase totalidade dos programas era feita ao vivo, sem gravações. Cf. *Carioca*, números de 1935 e 1936; *Fon-Fon!*, 1933 e 1934; *Pranove*, 1938.

72. *Carioca*, Rio de Janeiro, 1935, nº 4, 11 de outubro de 1935.

73. Idem, nº 7, 7 de dezembro de 1935.

74. Idem, "O que pensam os radioouvintes — escreva a sua opinião", nº 5, 16 de novembro de 1935.

75. Em *O empalhador de passarinho*, 3ª ed., São Paulo, Martins; Brasília, INL/MEC, 1972, p. 210.

76. Cit. pelo próprio Mário de Andrade em *O empalhador de passarinho*, loc. cit., p. 205. Cf. tb. Angel F. Belau, *La radio: introducción a un medio desconocido*, Madri, Editorial Lima, 1981, pp. 39-56.

77. Adorno escreveu: "O ouvinte suspende toda a atividade intelectual quando se relaciona com a música e se satisfaz consumindo e avaliando suas qualidades gustativas, como se a música com melhor gosto fosse também a melhor música possível. [por tudo isto] [...] sob a égide do rádio acontece uma regressão do público". Theodor Adorno, "The social critique of Radio Music", em Neil Strauss (org.), *Radiotext(e)*, op. cit., pp. 274-6.

78. Cf. Michel de Certeau, *A invenção do cotidiano I — As artes de fazer*. Trad. Ephraim Alves. Petrópolis, Vozes, 1995, passim. Também sugerimos tal análise na resenha que fizemos do mesmo livro, "A improvisação de Carlitos", em *Jornal de Resenhas*, 3 de abril de 1995, *Folha de S.Paulo*, p. 7-A. José Geraldo Vinci de Moraes captou algo semelhante com relação à música paulista, ao ressaltar que o rádio, "mesmo no início de sua formação, como meio de comunicação de massa em meados da década de 30, conseguiu determinar modas e criar gostos, impondo gêneros e uma certa estandardização na música popular, como quer Adorno, 'regredindo a audição das massas'. Contudo, de um modo totalmente diverso do que afirmou e imaginou o filósofo, o rádio no Brasil abriu espaço para que gêneros e estilos regionais urbanos originários nas camadas mais pobres emergissem para um quadro cultural mais amplo, como ocorreu com o samba, canções sertanejas e choros. Esse fato notável permitiu a diversificação e o alargamento das possibilidades de escolha dos artistas e dos simples ouvintes, certamente ampliando e desenvolvendo seu universo de escuta ao invés de regredi-lo". *Metrópole em sinfonia: história, cultura e música popular em São Paulo nos anos 30*, São Paulo, Estação Liberdade/ FAPESP, 2000, p. 331.

79. A posição do humorista, particularmente neste período, semelhante a um malabarista ou a um equilibrista, é muito semelhante à do músico. Tatit associou a figura do cancionista brasileiro ao malabarista: um artista improvisador, rápido e espontâneo, pois deles se exigia equilibrar, aparentemente sem esforço, mas "com manha, habilidade e improviso, a melodia no texto e o texto na melodia", respondendo às exigências difusas de um público completamente heterogêneo e sempre sujeito às modas e aos gostos mutáveis. Cf. Luiz Tatit, *O cancionista, composição de canções no Brasil*, São Paulo, EDUSP, 1996, pp. 127-8. Neste mesmo sentido, o "popular" deve ser encarado com reservas, já que, da mesma maneira que os músicos, os humoristas misturavam as linguagens do cotidiano e as referências conhecidas por todos com um semi-eruditismo não raro empolado, embora esta recorrência tenha sido mais comum em músicos como Catulo da Paixão Cearense (ridicularizado várias vezes por Bastos Tigre) e Cândido das Neves. Cf. Luiz Tatit, op. cit., pp. 30-6; cf. tb. José Miguel Wisnik, "Getúlio da Paixão Cearense", em *Música (O nacional e o popular na cultura brasileira)*, São Paulo, Brasiliense, 1983, passim.

80. Cf. Renato Murce, *Bastidores do rádio*, op. cit., pp. 116-8.

81. Cf. L. Carlos Saroldi e Sonia Virginia Moreira, *Rádio Nacional: o Brasil em sintonia*, 2ª ed., Rio de Janeiro, Martins Fontes, Funarte/ Instituto Nacional de Música, 1988, vide anexos.

82. A referência aqui, provavelmente, é ao perfume Ideal, de Houbigant, muito conhecido na época, a julgar pelas inúmeras referências nos jornais e revistas semanais.

83. "O Perfume da Crioila", Gino Cortopassi, Zé Fidélis. *BBC — O rádio no Brasil*, fita nº 5, faixa 2.

84. Renato Murce, *Bastidores do rádio*, op. cit., pp. 59-64.

85. *BBC — O rádio no Brasil*, programa nº 5, (fita cassete). Cabe lembrar que tanto Leônidas como Maneco eram negros, além de conhecidos jogadores de futebol na época.

86. Idem, ibidem. A expressão "ás do micro-infame" era paródia do cognome sério de César Ladeira, conhecido como "ás do microphone", sobretudo entre os anos de 1933 e 1939. Cf. *Carioca*, 16 de novembro de 1935; *Pranove*, 19 de dezembro de 1938.

87. *BBC — O rádio no Brasil*, programa nº 5; PRK-20, fita cassete nº 8. Rio de Janeiro, Collector's Editora/MIS, s.d.

88. *BBC — O rádio no Brasil*, programa nº 5.

89. Fita cassete gravada, Rádio Mayrink Veiga, 1938-52.

90. Idem, fita cassete.

91. Cf. Renato Murce, *Bastidores do rádio*, op. cit., pp. 101-16; Elias T. Saliba, "A dimensão cômica da vida privada na República", loc. cit., p. 350. Nos concursos radiofônicos, que se multiplicam a partir de fins da década de 1930 e nos quais se indicavam, dentre as preferências do público, "o melhor cantor", "a melhor cantora" e o "melhor compositor", no quesito "o melhor *speaker*" César Ladeira foi quase sempre o mais votado, seguido por outros nomes do rádio como Oduvaldo Cozzi, Celso Guimarães, Dilo Guardia, Saint-Clair Lopes e outros. *Fon-Fon!*, nº 36, 3 de setembro de 1938; *Pranove*, 11 de novembro de1938.

92. BBC, documento sonoro citado, idem. Para o exemplo da "Voz do Eco", gravações de 30.5.1947 e 25.7.1947, fita cassete, volume 4. Rio de Janeiro, Collector's Editora. O "Boa Noite" de Lauro Borges foi apresentado em inúmeras variações paródicas: em 4.12.1951, um "Boa noite" só com nomes de pássaros, jogando com surpreendentes trocadilhos da riquíssima ornitologia brasileira; em 25.8.1953, um "boa noite" em clima platônico e etéreo mas totalmente crivado de termos de açougue, frigoríficos e partes da carne bovina; e, finalmente, em 17.3.1955, um "Boa noite" jogando com nomes de políticos e personagens do momento político — este último só compreensível na época.

93. A palavra tem proximidade com *chancho*, sinônimo de "porco" e "sujo" nos países ibero-americanos; "em sua infância etimológica significou 'porcaria, depois peça teatral sem valor, destinada apenas a produzir gargalhadas'". Noutros países europeus, Itália e Espanha, expandiu-se depois a *chanza*, "modalidade de fala caricata feita para recrear o espírito e exercitar a criatividade, baseada na falsidade e na mentira. Também viria de *chanzo*, a expressão portenha *chancero* (*trocista, gozador*)". Cf. Sérgio Augusto, *Este mundo é um pandeiro: a chanchada de Getúlio a JK*, São Paulo, Companhia das Letras, 1989, p. 17. Como se vê, a história do vocabulário não é o que se poderia chamar de esplêndida.

94. Marcos Victoria, *Ensayo preliminar sobre lo cómico*, op. cit., p. 36.

EPÍLOGO: RAÍZES DO RISO [PP. 301-6]

1. *Raízes do Brasil*, p. 140.

2. *Tutaméia. Terceiras histórias*, 3ª ed., Rio de Janeiro, José Olympio, 1969, p. 3.

3. André Bazin, *Charlie Chaplin*, Paris, Les Éditions du Cerf, 1972, p. 46.

Referências bibliográficas

1. PERIÓDICOS

A Estação Teatral. Rio de Janeiro, 1902-5.
A Manha. Rio de Janeiro, 1926-35.
A Vespa. São Paulo, 1916.
A Voz do Rádio. Rio de Janeiro, 1935-6.
Almanaque dos Teatros. Rio de Janeiro, 1909.
Almanaque Ilustrado Mequetrefe. Rio de Janeiro, I, 1878.
Ba-Ta-Clan. Chinoiserie Franco-Brésilienne. Rio de Janeiro, 1867-8.
A Banana. Rio de Janeiro, 1923.
Cara Dura. São Paulo, 1904-5.
Careta. Rio de Janeiro, 1908-26.
Carioca. Rio de Janeiro, 1935-9.
Cine-rádio-jornal. Rio de Janeiro, 1938-9.
Diario do Abax'o Piques. São Paulo, 1933.
D. Quixote. Rio de Janeiro, 1917-27.
Fon-Fon!. Rio de Janeiro, 1907-42.
A Gargalhada. São Paulo, 1914.
Gargalhada. São Paulo, 1909.
O Gato. Rio de Janeiro, 1912.
Jornal do Brasil. Rio de Janeiro, 1910-7.
O Filhote. Rio de Janeiro, 1909-10.
O Malho. Rio de Janeiro, 1912 (522), 1913 (541 a 583).
O Parafuso. São Paulo, 1910-9.

O Pirralho. São Paulo, 1909-16.
O Queixoso. São Paulo, 1915-6.
O Rio Nu. Rio de Janeiro, 1901.
Psit!!!: Hebdomanadário Cômico e Illustrado. Rio de Janeiro, 1877.
Revista Rádio-Entrevista. Rio de Janeiro, 1950.
O Sacy. São Paulo, 1926.
O Speculum: sciencia, literatura, humorismo. São Paulo, 1916-7.
Pranove. Rio de Janeiro, 1938-40.
Revista da Rádio Nacional. Rio de Janeiro, 1949-50.
Revista do Brasil. São Paulo, 1916-29.
Revista do Rádio. Rio de Janeiro, 1944-52.
Tagarela. Rio de Janeiro, 1902-5.
*** *Vamos Ler!* Rio de Janeiro, 1951-4.
*** *Vamos Cantar?* Rio de Janeiro, 1951.
Encyclopedia do riso e da galhofa em prosa e verso, ilustrada com caricaturas e oferecida aos inimigos da tristeza por Pafúncio Semicúpio Pechincha, patusco jubilado. Rio de Janeiro, Eduardo e Henrique Laemmert, 1863.
Espelho Fluminense. Rio de Janeiro, Eduardo e Henrique Laemmert, julho a dezembro de 1843.
Museo pittoresco, historico e litterario ou livro recreativo das famílias. Tomos 1 e 2. Rio de Janeiro, Eduardo e Henrique Laemmert, 1848.
Sobre a picaresca viagem do imperador de Rasilb pela Europa, apontamentos de Raphael Bordalo Pinheiro. Lisboa, 1872; São Paulo, Pinacoteca do Estado, 1996, edição fac-similar.

2. DISCOS E GRAVAÇÕES

Adolfito Matamoros (*A los toros*) de João de Barro e Alberto Ribeiro. Interpretada por Orlando Silva e Chiquinho e seu conjunto. Columbia 55.395-A . 17.1942.
Alvarenga e Ranchinho. Programas humorísticos. Quatro fitas cassete. Rio de Janeiro/Teresópolis, Collector's Editora, s. d.
Ao Capitão Furtado — Marvada viola. Funarte, Atração Fonográfica, ATR 32019 (gravações dos anos 1930 e 40), 1997. CD.
Aquela Casa de Família. Rádio Tupi do Rio de Janeiro, Programa de 20.3.1952. Rio de Janeiro, Fundação Museu da Imagem e do Som, s.d.
Barca da Cantareira/Rapsódia de risos. Programas humorísticos da Rádio Nacional. Fita cassete AER 372. Rio de Janeiro/Teresópolis, Collector's Editora, s. d.
BBC — British Broadcasting Corporation. O rádio no Brasil. Texto e pesquisa de Valvenio Martins; narração de Jader de Oliveira; roteiro de Luis Carlos Saroldi; produção de Luiz Alfredo Abblitzell. Londres, Serviço Brasileiro da BBC, 1988. Série de dez programas gravados em fitas cassete.
Carnaval antigo. Vols. 1 e 2. Programas radiofônicos da Rádio Tupi, 1946. Produção de Henrique Foréis Domingues. Duas fitas cassete. Rio de Janeiro, Collector's/MIS, s. d.
Coisas nossas. Noel Rosa. Série Revivendo. Curitiba, CEDAR, 1995. CD.

Dicionário Toddy. Trechos de programas radiofônicos da Rádio Nacional. Produção de Fernando Lobo, 1947. Rio de Janeiro, Collector's/MIS, s. d.

Hotel da Pimpinela e *Teatro Pulgueiro.* Programas humorísticos de Silvino Neto. Três fitas cassete. Rio de Janeiro/Teresópolis, Collector's Editora, s. d.

Instantâneos sonoros do Brasil. Programas de rádio produzidos por Henrique Foréis Domingues (Almirante) e José Mauro, 1940. Quatro fitas cassete. Rio de Janeiro, Collector's Editora/ Fundação MIS/RJ, s. d.

Jararaca e Ratinho. Acervo da Funarte, Atração Fonográfica, ATR 32057. Rio de Janeiro, 1998. CD.

Manolita (*valsa*). Paródia de Ariovaldo Pires (Capitão Furtado) sobre o original de Léo Daniderff. Interpretada por Alvarenga e Ranchinho com Abel Ferreira e conjunto. Odeon 12.357-B, 6.8.1943.

O Momento Atuá (*Conferência Humorística*). José Luiz Calasans (Jararaca). Outubro de 1930. Columbia. 39. 366-A

A Muié e a Guerra (*humorismo*). Jararaca e Ratinho com Dante Santoro e seu conjunto. Odeon 12.192-a, 12.7.1942.

No tempo de Noel Rosa. Rádio Tupi, 1951. Produção de Henrique Foréis Domingues. Oito fitas cassete. Rio de Janeiro, Collector's/MIS, s. d.

Noel pela primeira vez. Discografia completa (1910-37). Organização de Omar Jubran. Catorze CDs. Rio de Janeiro, Funarte/Velas, 2000.

Nosso século. Documentos sonoros. São Paulo, Abril Cultural, 1980. LP.

PRK-30. Programas humorísticos. Fitas cassete n°s 1 a 4. Rio de Janeiro/Teresópolis, Collector's Editora, s. d.

PRK-30, Rádio Tupi de São Paulo, Rádio Nacional de São Paulo e Rádio Tupi Difusora de São Paulo. Programas de 31.5.1952, 25.3.1953, 11.8.1953, 16.2.1954, 18.5.1954, 8.6.1954, 16.11.1954. Fitas cassetes. Fundação Museu da Imagem e do Som do Rio de Janeiro, s.d.

PRK-30, Rádio Nacional do Rio de Janeiro e Rádio Nacional de São Paulo, Programas de 21.2.1947, 28.2.1947, 23.5.1947, 30.5.1947, 6.6.1947, 7.10.1952, 21.10.1952, 22.6.1953, 25.8.1953, 16.5.1957. Fitas cassetes. Fundação Museu da Imagem e do Som do Rio de Janeiro, s.d.

Uma pulga na camisola — Radio Tupi, 3.6.1954; *Piadas do Manduca*, Rádio Nacional, 8.3.1947; *Pausa que Refresca*, Rádio Nacional, 6.8.1957. Fita cassete. Fundação Museu da Imagem e do Som do Rio de Janeiro, AER 365.

Rádio Mayrink Veiga. PRK-30. Rio de Janeiro, Collector's Editora, 1936-52. Fita cassete.

Rua da Alegria. Rádio Tupi do Rio de Janeiro, Programa de 17.3.1952. Rio de Janeiro, Fundação Museu da Imagem e do Som, s.d.

Salada Política (*Humorismo*). Alvarenga e Ranchinho com Rogério Guimarães e conjunto. Odeon 33.358-B. 1947.

Tancredo e Trancado. Programas humorísticos. Cinco fitas cassete. Rio de Janeiro/Teresópolis, Collector's Editora, s. d.

Umorístico. No estúdio da rádio. Luis Dias da Silva. Disco Art-Fone, 4025-A, 1930. Fita cassete.

3. OBRAS DE REFERÊNCIA, DICIONÁRIOS, CATÁLOGOS E REPERTÓRIOS BIOBIBLIOGRÁFICOS

A caricatura na imprensa do Rio de Janeiro. Rio de Janeiro, Biblioteca Nacional, 1954.

Caricaturas e caricaturados. Mendez. Rio de Janeiro, Ediouro, 1986.

Catálogo do acervo sonoro da Agência Nacional. Organização de Nilda Barbosa e Laura Guedes. Rio de Janeiro, Biblioteca Nacional, 1987.

Célébrités a l'affiche. 100 anas de personnages célèbres dans la publicité.
Organização de Anne-Claude Lellier e Raymond Bachollet. Lausanne, Conti, 1989.

Dicionário biobibliográfico brasileiro, de Sacramento Blake. Rio de Janeiro, Briguiet, 1912.

Dicionário de autores paulistas, de Luís Corrêa de Melo. São Paulo, Comissão do IV Centenário da Cidade de São Paulo, 1954.

Dicionário de pseudônimos e anônimos portugueses e brasileiros, de A. Teixeira de Melo. Rio de Janeiro, Garnier, 1916.

Dicionário literário brasileiro, de Raimundo de Menezes. São Paulo, Saraiva, 1969.

Dicionário pantagruélico, chistoso, popular e de contradições curiosas, de Antonio de Castro Lopes. Rio de Janeiro, Cia. Impressora, 1894.

Do Guarani ao Guaraná. 500 anos de humor na história do Brasil. Catálogo de exposição. Rio de Janeiro, Fundação Casa de Rui Barbosa, 2001.

Enciclopédia da música brasileira: popular, erudita e folclórica. 2ª ed. São Paulo, Art Editora/Publi-Folha, 1998.

Enciclopédia de literatura brasileira. Direção de Afrânio Coutinho e J. Galante de Souza. Rio de Janeiro, FAE, 1989.

Enciclopédia do cinema brasileiro. Organização de Fernão Ramos e Luiz Felipe Miranda. São Paulo, Editora Senac, 2000.

Guia dos documentos históricos na cidade de São Paulo, 1554-1954. Organização de Paula Porta S. Fernandes. São Paulo, Hucitec/NEPS, 1998.

Mugnaini, Ayrton (Jr.). *Enciclopédia das músicas sertanejas*. São Paulo, Letras & Letras, 2001.

O teatro no Brasil, de José Galante de Sousa. Tomo II. Rio de Janeiro, MEC-INL, 1960.

O traço da história. Catálogo de exposição. Rio de Janeiro, Fundação Casa de Rui Barbosa, 1983.

Quando o Brasil era moderno. Artes plásticas no Rio de Janeiro, 1905-1960. Organização de Lauro Cavalcanti. Rio de Janeiro, Paço Imperial/Editora Aeroplano, 2001.

Quem é quem na história do Brasil. São Paulo, Editora Abril, 2000.

São Paulo em revista. Catálogo de publicações da imprensa cultural e de variedades paulistana (1870-1930). Organização de Heloisa de Faria Cruz. São Paulo, Arquivo do Estado/Cedic-PUC-SP, 1997.

Zé Povinho. Rio de Janeiro, Fundação Casa de Rui Barbosa, 1990.

4. OBRAS DE HUMORISTAS, CRONISTAS, MEMORIALISTAS E REPERTÓRIOS DE ANEDOTÁRIOS

AGUDO, José (José da Costa Sampaio). *Gente audaz; scenas da vida paulistana*. São Paulo, Typografia O Pensamento, 1913.

AGUDO, José (José da Costa Sampaio). *Pobre rico!* São Paulo, Typografia O Pensamento, 1911.

______. *Cartas d'Oeste.* São Paulo, Typografia O Pensamento, 1912.

______. *Gente pobre: scenas da vida paulistana.* São Paulo, Typografia O Pensamento, 1917.

______. *Gente rica: scenas da vida paulistana.* São Paulo, Typografia O Pensamento, 1912.

______. *O Dr. Paradol e o seu ajudante: romance.* São Paulo, Typografia O Pensamento, 1913.

______. *A pedra que fala.* São Paulo, O Estado de S. Paulo, 1920.

ALBUQUERQUE, Medeiros e. *Quando eu era vivo: memórias.* Edição póstuma e definitiva. Rio de Janeiro, Record, 1981.

ALMEIDA, Guilherme de. *Cosmópolis.* São Paulo, Companhia Editora Nacional, 1962.

ALMIRANTE (Henrique Foréis Domingues). *No tempo de Noel Rosa.* Rio de Janeiro, Francisco Alves, 1966.

AMARAL, Amadeu (Amadeu Ataliba Arruda Amaral Penteado [Felício Trancoso]). *Memorial de um passageiro de bonde.* 2ª ed. São Paulo, Hucitec, 1982.

AMARAL, Antonio Barreto do. *História dos velhos teatros de São Paulo.* São Paulo, Governo do Estado de São Paulo, 1979.

AMERICANO, Jorge. *São Paulo naquele tempo (1895-1915).* São Paulo, Saraiva, 1957.

______. *São Paulo nesse tempo (1915-1935).* São Paulo, Melhoramentos, 1970.

ANTUNES, David (Iago Joé). *Briguela: romance de maus costumes em três tempos.* São Paulo, Edalit, 1945.

______. *Bagunça.* São Paulo, Companhia Editora Nacional, 1938.

BANANÉRE, Juó (Alexandre Ribeiro Marcondes Machado). *La divina increnca.* 2ª ed. São Paulo, Folco Masucci, 1966.

______ e PIZA, Moacir. *Galabaro: libro di saniamento suciali.* São Paulo, s. c. p., 1917.

BANDEIRA, Manuel. *Crônicas da Província do Brasil (1936). Seleta em prosa.* Rio de Janeiro, Nova Fronteira, 1981.

______ e ANDRADE, Carlos Drummond de (orgs.). *Rio de Janeiro em prosa & verso.* Rio de Janeiro, José Olympio, 1965.

BARBOSA, Orestes. *Bambambã!* (1923). 2ª ed. Rio de Janeiro, Secretaria Municipal de Cultura, 1993.

BARNSLEY, Godofredo Emerson. *São Paulo no ano 2000; ou regeneração nacional: crônica da sociedade brasileira futura.* São Paulo, Rothschild, 1909.

BARRETO, Afonso Henriques de Lima. *Correspondência.* 2ª ed. Vols. 1 e 2. São Paulo, Brasiliense, 1961.

______. *Os Bruzundangas.* São Paulo, Brasiliense, 1956.

______. *Diário íntimo.* São Paulo, Brasiliense, 1956.

BEIRCE, Ambrose. *Dicionário do Diabo (1881-1906).* Tradução de Marina Guaspari. São Paulo, Editora Prometeu, 1953.

BELMONTE (Benedito Carneiro Bastos Barreto). *Assim falou Juca Pato: aspectos divertidos e uma confusão dramática.* São Paulo, Companhia Editora Nacional, 1953.

______. *Meu amor! adoro-te: o amor através dos séculos.* São Paulo, Frou-Frou, 1926.

______. *No tempo dos bandeirantes.* 2ª ed. São Paulo, Departamento de Cultura, 1940.

______. *Idéias de João Ninguém.* Rio de Janeiro, José Olympio, s. d.

BROCA, Brito. *Memórias.* Organização de Francisco de Assis Barbosa. Rio de Janeiro, José Olympio, 1968.

BRUNO, Ernani da Silva. *História e tradições da cidade de São Paulo.* Rio de Janeiro, José Olympio, 1954. 3 vols.

_____. *Memória da cidade de São Paulo: depoimentos de moradores e visitantes (1953-1958).* São Paulo, Secretaria Municipal de Cultura, 1981.

_____. *Viagem ao país dos paulistas.* Rio de Janeiro, José Olympio, 1966 (Coleção Documentos Brasileiros, 123).

CALMON, Pedro. *Memórias.* Rio de Janeiro, Nova Fronteira, 1995.

CAMPOS (Veras), Humberto de. *Diário secreto.* Rio de Janeiro, Edições O Cruzeiro, 1954. 2 vols.

_____. *Gansos do Capitólio.* Rio de Janeiro, Livraria Leite Ribeiro, 1923.

_____. *A bacia de Pilatos: crônicas humorísticas de 1922.* Rio de Janeiro, Livraria Leite Ribeiro, 1923.

_____. *Tonel de Diógenes: crônicas humorísticas de 1919.* Rio de Janeiro, Livraria Leite Ribeiro, 1923.

_____. *A funda de Davi: crônicas humorísticas de 1923.* Rio de Janeiro, Livraria Leite Ribeiro, 1924.

CARQUEJA, Ulpiano Fuentes e. *O anedoctista: ou leituras para rir.* Rio de Janeiro, Typ. Vapor dos Reis, 1888.

CERQUEIRA, Paulo de O. *Um século de ópera em São Paulo.* São Paulo, Editora Guia Fiscal, 1954.

CORTOPASSI, Gino (Zé Fidélis). *Seleção Canalhinha.* 2ª ed. São Paulo, Folco Masucci, 1968.

_____. *Lira arreventada.* São Paulo, Edart, 1953.

_____. *História do mundo.* 4ª ed. São Paulo, Edart, 1961.

COSME VELHO (pseudônimo de Araripe Jr.). *Diálogos das novas grandezas do Brazil.* Rio de Janeiro, Tip. do Jornal do Commercio, 1909.

COSTALLAT, Benjamin. *Katucha.* Rio de Janeiro, Costallat & Micollis, s. d.

_____. *Arranha-céo: chronicas.* São Paulo, Companhia Editora Nacional, 1929.

_____. *Cock-Tail: continuação das chronicas de Mutt, Jeff & Cia.* Rio de Janeiro, Livraria Leite Ribeiro, 1923.

_____. *Depois da meia-noite: as novellas nocturnas.* 3ª ed. Rio de Janeiro, Flores e Mano, s. d.

_____. *Fitas...* Rio de Janeiro, Costallat e Miccolis, 1924.

_____. *O marido de Mlle. Cinéma: romance.* 2ª ed. Rio de Janeiro, Antunes, 1931.

_____. *Mademoiselle Cinéma.* Rio de Janeiro, Costallat & Micollis, 1921.

_____. *Mutt, Jeff & Cia.* Rio de Janeiro, Livraria Leite Ribeiro, 1922.

CRULS, Gastão. *Antonio Torres e seus amigos.* São Paulo, Companhia Editora Nacional.

EDMUNDO, Luis. *O Rio de Janeiro do meu tempo.* 2ª ed. Rio de Janeiro, Xenon Editora, 1189.

ESTRADA, Luiz de Gonzaga Duque. *Graves e frívolos (por assuntos de arte).* Lisboa, Livraria Clássica, 1910.

FLEIUSS, Max. *Recordando... (casos e perfis).* Rio de Janeiro, Imprensa Nacional-IHGB, 1941.

FLOREAL, Silvio (pseudônimo de Domingos Alexandre). *Ronda da meia-noite: vícios, misérias e esplendores da cidade de São Paulo.* São Paulo, Apolo, 1925.

_____. *Attitudes.* São Paulo, Casa Duprat, 1922.

FONSECA, Gondim da. *Biografia do jornalismo carioca (1808-1908).* Rio de Janeiro, Quaresma, 1941.

FONTES, Martins. *Nós, as abelhas: reminiscências da época de Bilac.* São Paulo, J. Fagundes Editora, s. d.

FONTOURA XAVIER. *O régio saltimbanco.* Rio de Janeiro, s. c. p., 1887.

FRANCHESCHINI, Luiz. "As sátiras de Juó Bananére não o pouparam do esquecimento", *Paulistania,* São Paulo, (72): 29-31, outubro de 1966.

FREITAS, Afonso de. "Folganças populares do velho São Paulo". *Revista do Instituto Histórico e Geográfico de São Paulo*, vol. XXI.

FREITAS, José Madeira de. *A lógica do absurdo*. Rio de Janeiro, Livraria Leite Ribeiro, 1925.

______. *História do Brasil pelo methodo confuso*. Rio de Janeiro, Livraria Leite Ribeiro, 1922.

______. *Grammatica portuguesa pelo methodo confuso* (1928). 4ª ed. Rio de Janeiro, Rocco; Vitória, UFES, 1985.

FREITAS, Raul de (Antonio Lavrador). *Sonetaços*. São Paulo, Monteiro Lobato, 1923.

GOMES JR., Pedro Antonio (Ignotus Vindex). *A Florianeida: poema heróico-cômico*. s. c. p., s. d.

GRIECO, Agrippino. *Poetas e prosadores do Brasil (de Gregório de Matos a Guimarães Rosa)*. Rio de Janeiro, Conquista, 1969.

______. *Disparates de todos nós*. Rio de Janeiro, Conquista, 1968. 2 vols.

______. *Pérolas*... Rio de Janeiro, A Noite, 1937.

GUASTINI, Mário. *A hora futurista que passou*. São Paulo, Mayença Editora, 1926.

______. *Na caravana da vida*. São Paulo, s. c. p., s. d.

______. *Tempos idos e vividos*. São Paulo, Editora Universitária, 1945.

LAET, Carlos de. *O frade estrangeiro e outros escritos*. Organização e prefácio de Múcio Leão. Rio de Janeiro, Academia de Letras, 1953.

LAGO, Mário. *Na rolança do tempo*. Rio de Janeiro, Civilização Brasileira, 1976.

LOPES, Antonio Herculano (org.). *Entre Europa e África: a invenção do carioca*. Rio de Janeiro, Topbooks/Fundação Casa de Rui Barbosa, 2000.

MACHADO, Antônio de Alcântara. "Rapsodos do Tietê". *Revista do Arquivo Municipal*, ano II, vol. XVIII, São Paulo, 1935, pp. 235-9.

______. *Cavaquinho & saxofone*. 2ª ed. Rio de Janeiro, Civilização Brasileira, 1965.

MAGALHÃES JÚNIOR, R. *O fabuloso Patrocínio Filho*. Rio de Janeiro, Civilização Brasileira, 1957.

______. *As mil e uma vidas de Leopoldo Fróes*. Rio de Janeiro, Civilização Brasileira, 1966.

MARQUES, Cícero. *De pastora a rainha (memórias)*. São Paulo, Ed. Rádio Panamericana, 1944.

______. *Tempos passados*. São Paulo, Moema, 1942 (Coleção Flama, 3).

MAYA, Alcides. *Machado de Assis (algumas notas sobre o* humour*)*. (1ª ed. 1912) 2ª ed. Rio de Janeiro, Academia de Letras, 1942.

MENDONÇA, Lúcio de (Juvenal Gavarni). *Caricaturas instantâneas: Prudente de Morais, Ubaldino do Amaral, José do Patrocínio, Quintino Bocaiúva, Afonso Celso*... Rio de Janeiro, A Noite, 1893.

______. *Esboços e perfis*. Rio de Janeiro, Laemmert, 1889.

______. *Horas de bom tempo*. Rio de Janeiro, Laemmert, 1901.

______. *O escândalo: crítica de letras, artes, política e costumes*. Rio de Janeiro, s. c. p., 1888.

______. *Vergastas*. Rio de Janeiro, Gaspar da Silva, 1889.

MENEZES, Raimundo A. de. *Histórias da história de São Paulo*. São Paulo, Melhoramentos, 1954.

______. *Bastos Tigre e la Belle Époque*. São Paulo, Edart, 1966.

______. *História pitoresca de quarenta cadeiras: anedotário da Academia Paulista de Letras*. São Paulo, Hucitec, 1976.

MESQUITA, Alfredo. *Notas para a história do teatro*. São Paulo, Revista dos Tribunais, 1951.

MORAES, Rubens Borba de. *Domingo dos séculos*. Rio de Janeiro, Edição da Candeia Azul, 1922.

MOREYRA, Álvaro. *As amargas, não*. Rio de Janeiro, Lux Editora, 1954.

______. *Boneca vestida de arlequim*. Rio de Janeiro, Pimenta de Mello Ed., 1927.

MOREYRA, Álvaro. *Outro lado da vida*. Rio de Janeiro, Pimenta de Mello Ed., 1921.

_____. *Adão, Eva e outros membros da família*. Rio de Janeiro, Pimenta de Mello Ed., 1927.

NASCENTES, Antenor. *A gíria brasileira*. Rio de Janeiro, Livraria Acadêmica, 1953.

NEVES, Eduardo das. *Trovador da malandragem*. Rio de Janeiro, Quaresma Editor, 1926.

NUNES, Mário. *40 anos de teatro no Brasil*. Rio de Janeiro, Serviço Nacional de Teatro, 1956.

PECHINCHA, Pafúncio Semicúpio (pseudônimo de Eduardo Laemmert). *Folhinha da linguagem das flores para o ano de 1865*. Rio de Janeiro, Eduardo e Henrique Laemmert, 1865.

PEDERNEIRAS, Raul. *Cenas da vida carioca*. Rio de Janeiro, Editora Jornal do Brasil, 1924.

_____. *Geringonça carioca: verbetes para um dicionário da gíria*. Rio de Janeiro, Officinas Graficas do Jornal do Brasil, 1922.

_____. *Chá de sabugueiro*. Rio de Janeiro, Sbat, 1931.

_____. *A máscara do riso: ensaios de anatomo-physiologia*. Rio de Janeiro, Officinas Gráficas do Jornal do Brasil, 1917.

PENTEADO, Jacob. *Belenzinho, 1910, retrato de uma época*. São Paulo, Martins, 1962.

_____. *Martins Fontes, uma alma livre*. São Paulo, Martins, 1968.

_____. *Memórias de um postalista*. São Paulo, Martins, 1963.

PETTINATTI, Francesco. *O elemento italiano na formação do Brasil: de Américo Vespucci a Líbero Badaró*. São Paulo, Elvino Pocaí, 1946.

PIRES, Cornélio. *Musa caipira (contendo algumas produções em dialeto paulista)*. São Paulo, Livraria Magalhães, 1910.

_____. *O monturo: poemeto*. São Paulo, Pocaí Weiss Editores, 1911.

_____. *Conversas ao pé do fogo*. São Paulo, Tipografia Piratininga, 1921.

_____. *As estrambóticas aventuras de Joaquim Bentinho (o queima-campo)*. São Paulo, Imprensa Metodista, 1924.

_____. *Patacoadas: anedotas, simplicidades e astúcia de caipiras*. São Paulo, Livraria Alves, 1926.

_____. *Mixórdia: anedotas e caipiradas*. São Paulo, Companhia Editora Nacional, 1927.

_____. *Meu samburá: anedotas e caipiradas*. São Paulo, Companhia Editora Nacional, 1928.

_____. *Continuação das estrambóticas aventuras do Joaquim Bentinho (o queima-campo)*. São Paulo, Companhia Editora Nacional, 1929.

_____. *Tarrafadas: contos, anedotas e variedades*. São Paulo, Companhia Editora Nacional, 1932.

_____. *Só rindo: anedotas e pilhérias*. Rio de Janeiro, Civilização Brasileira, 1934.

_____. *Chorando e rindo: episódios e anedoctas da guerra paulista*. São Paulo, Companhia Editora Nacional, 1933.

PITIGRILLI (Dino Segri). *Os vegetarianos do amor*. Tradução de Elias Davidovich. Rio de Janeiro, Arturo Vecchi e Freitas Bastos, 1932.

PIZA, Moacir de Toledo (Antonio Paes). *Vespeira*. São Paulo, Vieira Santos, 1923.

Poesias da pacotilha (1851-1854). Organização de Mamede Mustafa Jarouche. São Paulo, Martins Fontes, 2001.

PONTES, Elói. *A vida exuberante de Olavo Bilac*. Rio de Janeiro, José Olympio, 1944.

PRADO, Yan de Almeida (João Fernando de Almeida Prado). *Circo de cavalinhos (crônica paulistana de 1929)*. São Paulo, Typographia Nilson, 1931.

PRINA, Carlo (org.). *Trilussa e o Brasil*. São Paulo, Biblioteca Th. Jefferson/União Cultural Brasil-Estados Unidos, 1945.

QORPO-SANTO. *As relações naturais: três comédias de Qorpo Santo.* Porto Alegre, Mercado Aberto, 1998.

RIBEIRO, João. *Cartas devolvidas.* Porto, Chardron, 1926.

RICARDO, Cassiano. *Viagem no tempo e no espaço (memórias).* Rio de Janeiro, José Olympio, 1970.

RIO, João do. *A alma encantada das ruas.* Rio de Janeiro/Paris, Garnier, 1910.

_____. *Cinematógrafo.* Porto, Chardron, 1909.

_____ (org.). *O momento literário (1908).* 2ª ed. Rio de Janeiro, Fundação Biblioteca Nacional, 1994.

SALES, Joaquim de. *Se não me falha a memória.* Rio de Janeiro, Livraria São José, 1961.

SAMPAIO, Mario Ferraz. *História do rádio e da televisão no Brasil e no mundo (memórias de um pioneiro).* Rio de Janeiro, Achiamé, 1984.

SCHMIDT, Afonso. *São Paulo de meus amores.* São Paulo, Clube do Livro, 1954.

SETUBAL, Paulo. *Alma cabocla.* São Paulo, Editora da Revista do Brasil, 1920.

_____. *Confiteor.* 3ª ed. São Paulo, Editora Nacional, 1937.

SOLDON, Renato. *Musa gaiata,* 1 e 2. São Paulo, Editora Empresa O Papel, 1949.

TÁCITO, Hilário (José Maria de Toledo Malta). *Madame Pommery.* São Paulo, Academia Paulista de Letras, 1977.

TEÓFILO, Rodolfo. *O reino de Kiato: no país da verdade.* São Paulo, Monteiro Lobato, 1922.

TIGRE, Bastos. *Penso, logo... eis isto: humorismos graves, ironias agudas, evidencias paradoxaes,* por D. Xiquote. Rio de Janeiro, Typografia do Coelho, 1923.

_____. *Versos perversos: poesias satyricas em comentário aos acontecimentos de 1904.* Rio de Janeiro, Livraria Cruz Coutinho, 1905.

_____. *Bolhas de sabão; Filosofia de táxi; Bíblia profana; Amorismo; Teatro miúdo.* Rio de Janeiro, Livraria Leite Ribeiro, 1919.

_____. *Reminiscências: a alegre roda da Colombo e algumas figuras do tempo de antigamente.* Brasília, Thesaurus, 1992.

_____. *Entardecer.* Rio de Janeiro, Lithotyp Fluminense Ltda., 1935.

_____. *Moinhos de vento,* por D. Xiquote. Rio de Janeiro, Livraria Editora J. Silva, 1913.

_____. *Musa gaiata: antologia da poesia cômica brasileira.* Rio de Janeiro, Ed. Unidade, 1949.

_____. *Arlequim.* Rio de Janeiro, Tip. Fluminense, 1922.

_____. *Fonte da Carioca.* Rio de Janeiro, Livraria Leite Ribeiro, 1922.

_____. *Poesias humorísticas.* Rio de Janeiro, Flores & Mário, 1933.

_____. *Li-vi-ouvi.* Rio de Janeiro, José Olympio, 1938.

TRAVASSOS, Nelson Palma. *Nos bastidores da literatura.* São Paulo, Brasiliense, 1944.

_____. *No meu tempo de mocinho.* São Paulo, Edart, 1966.

VAREJÃO, Lucilo. *De que morreu João Feital: romance.* São Paulo, Monteiro Lobato, 1922.

VAZ, Leo. *Páginas vadias.* Rio de Janeiro, José Olympio, 1957.

_____. *O professor Jeremias.* São Paulo, Editora Revista do Brasil, 1920.

_____. *Ritinha; contos.* São Paulo, Monteiro Lobato, 1923.

VEIGA, J. M. *A vida pitoresca de Cornélio Pires.* São Paulo, O Livreiro Edições, 1961.

VIEIRA, João Lellis. *Fatos e fitas... idéias velhas com roupas novas: coisas sabidas ditas de outro jeito.* São Paulo, Mayença Editora, 1922.

5. BIBLIOGRAFIA TEÓRICO-CONCEITUAL DA COMICIDADE

AMOSSY, Ruth. *Les Idées reçues: semiologie du stéréotype.* Paris, Nathan, 1991.

BAKHTIN, Mikhail. *The dialogic imagination: epic and novel; toward a methodology for the study of the novel.* 5ª ed. Austin, University of Texas Press, 1987.

_____. *A cultura popular na Idade Média e no Renascimento: o contexto de François Rabelais.* Tradução de Yara Frateschi Vieira. São Paulo, Hucitec; Brasília, Editora da UNB, 1987.

BOOTH, Wayne C. *Retórica de la ironia.* Tradução de Jesus Fernandez Zulaica. Madri, Taurus, 1985.

BOUZA, F. *Locos, enanos y hombres de placer en la corte de los Austrias. Oficio de burlas.* Madri, Editorial Canzian, 1991.

BRANDES, Stanley (org.). *Humor in cross-cultural perspective: a select bibliography.* Berkeley, University of California, s. d. (mimeo.)

BREMMER, Jan e ROODENBURG, Herman (orgs.). *A cultural history of humor.* Nova York, Polity Press, 1997.

DELEUZE, Gilles. *Logique du sens.* Paris, Minuit, 1969.

DOUGLAS, Mary. *Implicit meanings: essays in anthropology.* Londres, Routledge, 1975.

DUVIGNAUD, Jean. *Le propre de l'homme. Histories du comique et de la dérision.* Paris, Hachette, 1985.

ECO, Umberto. *Sobre os espelhos e outros ensaios.* Tradução de Maria de Lourdes P. Brito. Rio de Janeiro, Nova Fronteira, 1989.

ESCARPIT, R. *L'Humour.* Paris, PUF, 1960.

FOURASTIÉ, Jean. "Reflexão sobre o riso". In: *Diógenes*, 9, Brasília, Editora da UNB, 1985, pp. 35-48.

FREUD, Sigmund. *El chiste y su relación con lo inconsciente.* Buenos Aires, Santiago Rueda Editor, 1953. (Obras completas, vol. 3.)

FUMAROLLI, Marc. *Trois institutions littéraires.* Paris, Gallimard, 1994.

GAY, Peter. *Lendo Freud: investigações e entretenimentos.* Tradução de André Cardoso. Rio de Janeiro, Imago, 1992.

GOGOL, Nicolai. *Oeuvres complètes.* Paris, Pléiade, 1987.

HARLAN, David. "Intellectual History and the return of literature". *American Historical Review*, vol. 94, nº 3, jun. 1989, pp. 581-609.

HAZLITT, William. "On wit and humour". In: ALLEN, G. W. e CLARCK, H. HAYDE, (eds.). *Literary criticism. Pope to Croce.* Nova York, American Book, 1941, pp. 258-81.

JOUBERT, Laurent. *Traité du ris; suivi d'un dialogue sur la Cacographie Française (1579).* Genebra, Slatkine Reprints, 1973.

KOESTLER, Arthur. "Humour". In: *Encyclopedia Britannica.* 15ª ed. Londres, 1959.

KOSSELLECK, Reinhart. *L'Expérience de l'Histoire.* Tradução de Alexandre Escudier. Paris, Gallimard, 1997.

LA CAPRA, Dominick. *Rethinking intellectual history: texts, contexts, language.* Ithaca, Cornell University Press, 1983.

LALO, Charles. *Esthétique du rire.* Paris, Flammarion, 1949.

LE GOFF, Jacques. *Une enquête sur le rire. Annales, Histoire, Sciences Sociales.* Paris, École des Hautes Études en Sciences Sociales, 52(3), maio/jun. 1997, pp. 449-55.

LEIGHTEN, Patricia. "La propagande par le rire: satire et subversion in Apollinaire, Jarry and Picasso". *Gazette des beaux arts*, 30, vol. 112. Paris, 6 out. 1988, pp. 163-72.

LÉVI-STRAUSS, Claude. *L'homme nu*. Paris, Plon, 1971.

LUCIANO. *Diálogos dos mortos*. Edição bilíngüe grego/port. Tradução, introdução e notas de Henrique G. Murachco. São Paulo, Palas Athena/Edusp, 1996.

MAURON, Ch. *Psychocritique du genre comique*. Paris, Corti, 1964.

MCLUHAN, Marshall. *Os meios de comunicação como extensões do homem*. Tradução de Antonio B. Cenendes. São Paulo, Cultrix, 1964.

MORREALL, John. *Talkink laughter seriously*. Albany, State University of New York Press, 1983.

PIRANDELLO, Luigi. "El humorismo". In: Ildelfonso Grande (org.). *Ensayos*. Madri, Ediciones Gadarrama, 1968.

______. "O humorismo". In: *Do teatro ao teatro*. Organização e tradução de Jacob Guinsburg. São Paulo, Perspectiva, 1999.

RENOUVIER, Charles. *Uchronie (L'Utopie dans l'Histoire): esquisse historique aprocryphe du développement de la civilisation européenne tel qu'il n'a pas été, tel qu'il aurait pu etre*. (1ª ed. 1857) Paris, Fayard, 1988.

RICOEUR, Paul. *De l'interpretation; essai sur Freud*. Paris, Éditions Du Seuil, 1965.

ROBERTS, David e outros (orgs.). *Comic relations: studies in the comic, satire and parody*. Nova York, Peter Lang, 1985.

ROURKE, Constance. *American humor: a study of the national character*. Nova York, Harcourt Brace & Co., 1931.

RUBIN, Joan Shelley. *Constance Rourke and American Culture*. Chapell Hill, University of North Caroline Press, 1988.

SMADJA, Eric. *Le Rire*. Paris, PUF, 1993.

STRAUSS, Neil (org.). *Radiotext(e)*. Nova York, Semiotexte, 1993.

TIMMS, E. *Karl Kraus apocalyptic satirist, culture and catastrophe in Habsburg Vienna*. Londres, Yale University Press, 1986.

VICTORIA, Marcos. *Ensayo preliminar sobre lo cómico*. Buenos Aires, Losada, 1941.

WITTGENSTEIN, Ludwig. *Aforismos: cultura y valor*. Tradução de Elsa Cecilia Frost. Madri, Espasa Calpe, 1995.

6. BIBLIOGRAFIA GERAL

AGUIAR, Flávio. *Os homens precários: inovação e convenção na dramaturgia de Qorpo Santo*. Porto Alegre, A Nação, 1975.

AGUILLON, Maurice. *Marianne au combat: l'imagerie et la symbolique républicaines de 1789 a 1880*. Paris, Flammarion, 1979.

ALBERT, Pierre e TUDESQ, André-Jean. *Historia de la radio y de la televisión*. México, FCE, 1982.

AMÂNCIO, Moacir. *Dois palhaços e uma alcachofra: uma leitura do romance* A ressurreição de Adam Stein, de Yoram Kaniuk. São Paulo, Nankin Editorial, 2001.

ANDERSON, Benedict. *Imagine communities; reflections on the origin and spread of Nationalism*. 2ª ed. revista. Londres/Nova York, 1991.

ANSART, P. *La gestion des passions politiques.* Lausanne, Éditions L'Age d'Homme, 1983.

ARAÚJO, Vicente de Paula. *A bela época do cinema brasileiro.* São Paulo, Perspectiva, 1985.

ARMSTRONG, J. A. *Nations before nationalism.* Chapel Hill, The University of North Carolina Press, 1982.

AUGUSTO, Sérgio. *Este mundo é um pandeiro: a chanchada de Getúlio a JK.* São Paulo, Companhia das Letras, 1989.

BAHIA, Juarez. *História da imprensa brasileira.* Vol. 1, 4ª ed. São Paulo, Ática, 1990.

BALABAN, Marcelo. *Musa travessa: Bastos Tigre e a literatura da Belle Époque carioca.* Dissertação de mestrado. Departamento de História da PUC-RJ, 2000.

BARBOSA, Francisco de Assis. *Retratos de família.* Rio de Janeiro, José Olympio, 1973.

BAUMEISTER, R. *Identity: Cultural change and the struggle for self.* Oxford, Oxford University Press, 1986.

BELLUZZO, Ana Maria de M. *Voltolino e as raízes do modernismo.* São Paulo, Marco Zero; Brasília, CNPq, 1992.

BHABHA, Homi K. (org.). *Nation and narration.* Londres/Nova York, Routledge, 1990.

BRESCIANI, Maria Stella (org.). *Imagens da cidade, séculos XIX e XX.* São Paulo, ANPUH/ Marco Zero/ FAPESP, 1994.

_____. *Londres e Paris no século XIX: um espetáculo de pobreza.* São Paulo, Brasiliense, 1990.

BROCA, Brito. *A vida literária no Brasil: 1900.* 3ª ed. Rio de Janeiro, José Olympio, 1975.

_____. *Naturalistas, parnasianos e decadistas: vida literária do realismo ao pré-modernismo.* Campinas, Editora da Unicamp, 1991.

_____. *Escrita e vivência.* Campinas, Editora da Unicamp, 1993.

_____. *Teatro das letras.* Campinas, Editora da Unicamp, 1992.

CABRAL, Sérgio. *A MPB na era do rádio.* São Paulo, Editora Moderna, 1996.

_____. *No tempo de Almirante.* Rio de Janeiro, Lumiar, 1992.

CAMARGOS, Márcia. *Nos tempos de Villa Kyrial: crônica da Belle Époque paulistana.* São Paulo, Editora Senac, 2001.

CANDIDO, Antonio. "Dialética da malandragem". *Revista do Instituto de Estudos Brasileiros,* nº 8. São Paulo, IEB/USP, 1970.

CANETTI, Elias. *Massa e poder.* Tradução de Sérgio Tellarolli. São Paulo, Companhia das Letras, 1995.

CAPELATO, Maria Helena R. *Multidões em cena; propaganda política no varguismo e no peronismo.* São Paulo, FAPESP; Campinas, Papirus, 1998.

_____. *Os arautos do liberalismo: imprensa paulista, 1920-1945.* São Paulo, Brasiliense, 1989.

CARELLI, Mário. *Carcamanos e comendadores: os italianos em São Paulo, da realidade ficção, 1919-1930.* São Paulo, Ática, 1985.

CARNEIRO, Maria Luiza Tucci. *O anti-semitismo na era Vargas: fantasmas de uma geração.* São Paulo, Brasiliense, 1994.

_____. *Livros proibidos, idéias malditas: o DEOPS e as minorias silenciadas.* São Paulo, Estação Liberdade, 1997.

CARVALHO, Castelar e ARAÚJO, Antonio M. *Noel Rosa; língua e estilo.* Rio de Janeiro, Thex Editora/ Universidade Estácio de Sá, 1999.

CARVALHO, José Murilo de. "Aspectos históricos do pré-modernismo brasileiro". *Sobre o pré-modernismo.* Rio de Janeiro, Fundação Casa de Rui Barbosa, 1988.

_____. *Os bestializados: o Rio de Janeiro e a República que não foi.* São Paulo, Companhia das Letras, 1987.

_____. *A formação das almas: o imaginário da República no Brasil.* São Paulo, Companhia das Letras, 1990.

CASÉ, Rafael. *Programa Casé: o rádio começou aqui.* Rio de Janeiro, Mauad, 1995.

CONTIER, Arnaldo D. "Modernismos e brasilidade: música, utopia e tradição". *Tempo e história.* São Paulo, Companhia das Letras/Secretaria Municipal de Cultura, 1992,

_____. "Música no Brasil: história e interdisciplinaridade. Algumas interpretações (1926-1980)". *Revista da ANPUH,* 1993.

CORVISIERI, Silverio. *Maria Baderna: a bailarina de dois mundos.* Tradução de Eliana Aguiar. Rio de Janeiro, Record, 2001.

COTRIM, Álvaro (Alvarus). *J. Carlos: época, vida, obra.* Rio de Janeiro, Nova Fronteira, 1985.

_____. *Pedro Américo e a caricatura.* Rio de Janeiro, Pinakotheke, 1983.

DANTAS, Macedo. *Cornélio Pires: criação e riso.* São Paulo, Duas Cidades/Secretaria de Cultura, Ciência e Tecnologia, 1976.

DARNTON, Robert. *Os best-sellers proibidos na França pré-revolucionária.* São Paulo, Companhia das Letras, 1998.

DIAS, Maria Odila da Silva. *Quotidiano e poder em São Paulo no século XIX.* São Paulo, Brasiliense, 1983.

_____. "Hermenêutica do cotidiano na historiografia contemporânea". *Trabalhos da Memória. Projeto História,* nº 17. São Paulo, Educ/PUC-SP, 1998, pp. 223-57.

DIMAS, Antonio. *Tempos eufóricos; análise da revista* Kosmos. São Paulo, Ática, 1983.

DOYLE, Plínio. *História de revistas e jornais literários.* Rio de Janeiro, Fundação Casa de Rui Barbosa, 1984.

EFEGÊ, Jota (pseudônimo de João Ferreira Gomes). *Figuras e coisas da música popular brasileira.* Rio de Janeiro, Funarte, 1979.

FERREIRA, Procópio. *O ator Vasquez,* 2ª ed. Rio de Janeiro, Funarte, 1979.

FIGUEIREDO, Cláudio. *As duas vidas de Aparício Torelly: o Barão de Itararé.* Rio de Janeiro, Record, 1987.

FLEIUSS, Max. "A caricatura no Brasil." *Revista do IHGB,* nº 80. Rio de Janeiro, 1916, pp. 584-609.

FONSECA, Gondim da. *Biografia do jornalismo carioca, 1808-1908.* Rio de Janeiro, Quaresma Editor, 1941.

FREYRE, Gilberto. *Ordem e Progresso,* vol. II. Rio de Janeiro, José Olympio, 1959.

FRIEIRO, Eduardo. *O brasileiro não é um povo triste.* (ed. orig. 1931) Rio de Janeiro, Instituto Nacional do Livro, 1957.

GALVÃO, Maria Rita Eliezer. *Crônica do cinema paulistano.* São Paulo, Ática, 1975.

GLEZER, Raquel. "As transformações da cidade de São Paulo na virada dos séculos XIX e XX". *Cadernos de História de São Paulo,* nºs 3-4, São Paulo, Museu Paulista, 1995, pp. 17-28.

_____. "São Paulo e a elite letrada brasileira no século XIX". *Revista Brasileira de História,* São Paulo, Anpuh/Marco Zero/ CNPq, 23/24, 1992, pp. 19-30.

GOMES, Angela de Castro. *Essa gente do Rio...: modernismo e nacionalismo.* Rio de Janeiro, Editora da FGV, 1999.

______. *História e historiadores; a política cultural no Estado Novo.* Rio de Janeiro, Editora da FGV, 1996.

GUILBERNAU, Montserrat. *Nationalisms: the nation-state and nationalism in the twentieth century.* Cambridge, Polity Press, 1996 (ed. bras. em preparo pela Zahar).

HANSEN, J. Adolfo. *A sátira e o engenho: Gregório de Matos e a Bahia do século XVII.* São Paulo, Secretaria de Cultura do Estado de São Paulo/Companhia das Letras, 1989.

HARDMANN, Francisco Foot. "Antigos modernistas". In: NOVAES, Adauto (org.). *Tempo e história.* São Paulo, Companhia das Letras, 1992.

______. *Nem pátria, nem patrão: vida operária e cultura anarquista no Brasil.* 2ª ed. São Paulo, Brasiliense, 1984.

______. *Trem fantasma: a modernidade na selva.* São Paulo, Companhia das Letras, 1988.

HOBSBAWM, Eric J. *Nações e nacionalismo desde 1780, programa, mito e realidade.* Tradução de Maria Celia Paoli e Anna Maria Quirino. Rio de Janeiro, Paz e Terra, 1990.

______ e RANGER, T. (orgs.). *A invenção das tradições.* Tradução de Celina Cardim Cavalcante. Rio de Janeiro, Paz e Terra, 1984.

HOLANDA, Sérgio Buarque de. *O espírito e a letra: estudos de crítica literária, I — 1920-1947.* Organizado por Antonio Arnoni Prado. São Paulo, Companhia das Letras, 1996.

______. *Raízes do Brasil.* 7ª ed. Brasília, Editora da UnB, 1969.

______. *Do Império à República: história geral da civilização brasileira,* t. II, vol. 8. São Paulo, Difel, 1983.

IPANEMA, Rogéria Moreira de. *A idade da pedra ilustrada: litografia: um monólito na gráfica e no humor do jornalismo do século XIX no Rio de Janeiro.* Rio de Janeiro, UFRJ, Escola de Belas-Artes, 1995.

LEFEBVRE, Henri. *Le nationalisme contre les nations.* Paris, Méridiens Klincksieck, 1988.

LEMOS, Renato (org.). *Uma história do Brasil através da caricatura, 1840-2001.* Rio de Janeiro, Bom Texto, 2001.

LENHARO, Alcir. *Cantores do rádio: a trajetória de Nora Ney e Jorge Goulart e o meio artístico de seu tempo.* Campinas, Editora da Unicamp, 1995.

LESSA, Orígenes. *De Olavo Bilac a Bastos Tigre: contribuição para a história da propaganda no Brasil. Anuário de imprensa, rádio e TV.* Rio de Janeiro, 1958.

LIMA, Herman. *História da caricatura no Brasil,* 4 vols. Rio de Janeiro, José Olympio, 1963.

LOPEZ, Telê P. Ancona. *Mário de Andrade: ramais e caminho.* São Paulo, Duas Cidades/Secretaria da Cultura do Estado de São Paulo, 1972.

LOREDANO, Cássio. *Nássara desenhista.* Rio de Janeiro, Instituto Nacional de Artes Plásticas, 1985.

LOWENTHAL, David. *The past is a foreign country.* Cambridge, Cambridge University Press, 1985.

LUCA, Tania R. de. *A revista do Brasil: um diagnóstico para a (N) Ação.* São Paulo, Editora da Unesp, 1999.

LUZI, Roque. *Rapsódia caipira: Cornélio Pires, seu mundo, seus seguidores.* São Paulo, Editora Pannartz, 1984.

MACHADO (Neto), A. L. *Estrutura social da República das Letras (sociologia da vida intelectual brasileira, 1870-1930).* São Paulo, Editorial Grijalbo/Edusp, 1973.

MACHADO, Luis Toledo. *Antônio de Alcântara Machado e o Modernismo.* Rio de Janeiro, José Olympio, 1970.

MAGALHÃES JR., R. *Arthur Azevedo e sua época.* São Paulo, Saraiva, 1953.

MARINS, Paulo César Garcez. *Através da rótula: sociedade e arquitetura urbana no Brasil.* São Paulo, Humanitas, 2002.

MARTINS, Antonio. *Artur Azevedo: a palavra e o riso; uma introdução aos processos lingüísticos de comicidade no teatro e na sátira de Artur Azevedo.* São Paulo, Perspectiva; Rio de Janeiro, Editora da UFRJ, 1988.

MARX, Murillo. *Cidade brasileira.* São Paulo, Melhoramentos/Edusp, 1980.

MEDITSCH, Eduardo (org.). *Rádio e pânico: a guerra dos mundos, 60 anos depois.* Porto Alegre, IPEJ/ Editora Insular, 1998.

MORAES, J. Geraldo Vinci de. *As sonoridades paulistanas: a música popular na cidade de São Paulo.* Rio de Janeiro, Funarte; São Paulo, Bienal, 1997.

______. *Metrópole em sinfonia: história, cultura e música popular em São Paulo nos anos 30.* São Paulo, FAPESP/Estação Liberdade, 2000.

MOTA, Carlos Guilherme. *Ideologia da cultura brasileira, 1933-1974.* São Paulo, Ática, 1980.

NEEDELL, Jeffrey. *Belle Époque tropical: sociedade e cultura de elite no Rio de Janeiro na virada do século.* Tradução de Celso Nogueira. São Paulo, Companhia das Letras, 1993, pp. 39-46.

NEPOMUCENO, Rosa. *Música caipira: da roça ao rodeio.* São Paulo, Editora 34, 1999.

NEVES, Luiz F. Baeta. *O paradoxo do coringa.* Rio de Janeiro, Achiamé, 1979.

NEVES, Margarida de Sousa. "Brasil, acertai vossos ponteiros". In: *Brasil, acertai vossos ponteiros.* Rio de Janeiro, MAST, 1991, pp. 53-65.

NOBRE, José de Freitas. *História da imprensa de São Paulo.* São Paulo, Edições Leia, 1950.

NORA, Pierre (org.). *Les Lieux de la mémoire*, vol. I — *La Republique.* Paris, Gallimard, 1984; *La Nation*, 3 vols., Paris, Gallimard, 1986.

NUNES, Max. *Uma pulga na camisola: o máximo de Max Nunes.* Seleção e organização de Ruy Castro. São Paulo, Companhia das Letras, 1996.

OLIVEIRA, Ana Luiza M. C. de. *Revistas em revista: imprensa e práticas culturais em tempos de República, 1890-1922.* Tese de doutorado. São Paulo, USP, 1997.

OLIVEIRA, Lucia Lippi. *A questão nacional na Primeira República.* São Paulo, Brasiliense; Brasília, CNPq, 1991.

ORTIZ, Renato. *A moderna tradição brasileira: cultura brasileira e indústria cultural.* São Paulo, Brasiliense, 1988.

PADILHA, Márcia. *A cidade como espetáculo: publicidade e vida urbana na São Paulo dos anos 20.* São Paulo, Annablume, 2001.

PAIVA, Salvyano Cavalcante de. *Viva o Rebolado! Vida e morte do teatro de revista brasileiro.* Rio de Janeiro, Nova Fronteira, 1991.

PEREIRA, João Baptista Borges. *Cor, profissão e mobilidade: o negro e o rádio em São Paulo.* São Paulo, Livraria Pioneira/Edusp, 1967.

PEREIRA, Leonardo Afonso de M. *O carnaval das letras.* Rio de Janeiro, Secretaria Municipal de Cultura, 1994.

PINTO, Maria Inez M. Borges. *Cotidiano e sobrevivência: a vida do trabalhador pobre na cidade de São Paulo, 1890-1914.* São Paulo, Edusp/FAPESP, 1994.

PRADO, Maria Lígia C. *América Latina no século XIX: tramas, telas e textos.* São Paulo, Edusp; Bauru, Edusc, 1999.

RAFFAINI, Patrícia Tavares. *Esculpindo a cultura na forma Brasil: o departamento de cultura em São Paulo.* São Paulo, Humanitas, 2002.

RUIZ, Roberto. *O teatro de revista no Brasil; das origens à Primeira Guerra Mundial.* Rio de Janeiro, INACEN, 1988.

SAID, Edward W. *Cultura e imperialismo.* Tradução de Denise Bottmann. São Paulo, Companhia das Letras, 1995.

SALIBA, Elias Thomé. "Los olvidados de la modernidad: cronistas marginales de la Belle Époque en São Paulo, 1890-1922". In: BURGA, Manuel e ALLAIN, Jorge Bracamonte (orgs.). *Profetas de un nuevo mundo: vida urbana, modernidad y alteridad en America Latina, 1880-1920.* Lima, Ediciones de La Universidad Mayor de San Marcos, 2002, pp. 126-38. (no prelo)

_____. "História e mobilidade em *Central do Brasil*". In: FERREIRA, Jorge e SOARES, Mariza de Carvalho (orgs.). *A História vai ao Cinema.* Rio de Janeiro, Record, 2001.

_____. "Humor romântico e utopias: reflexões sobre alguns registros cômicos na época do *Manifesto comunista* (1814-1957)". In: *Ontem & hoje: Manifesto comunista.* São Paulo, Xamã Editora/Departamento de História da USP, 1999, pp. 145-58.

_____. "A dimensão cômica da vida privada na República". In: SEVCENKO, Nicolau (org.). *História da vida privada no Brasil, vol. 3: República: da Belle Époque à era do rádio.* São Paulo, Companhia das Letras, 1998, pp. 289-366.

_____. "Gramsci e a literatura popular: uma heurística da fragmentação da cultura". In: COGGIOLA, Osvaldo (org.). *História e revolução.* São Paulo, Xamã Editora/FFLCH, 1998, pp. 81-8.

_____. "O dilema da América e o dilema nacional: o humor verbal na Belle Époque brasileira (1890-1914)". In: BESSONE, Tânia T. e QUEIROZ, Tereza Aline P. (orgs.). *América Latina: imagens, imaginação e imaginário.* São Paulo, Edusp; Rio de Janeiro, Expressão e Cultura, 1997, pp. 391-406.

_____. "Reinvenção da história". In: *Olhares modernistas.* Catálogo da Exposição *Brasil/Brasis: cousas notáveis e espantosas*, realizada no Museu do Chiado, 2000. Lisboa, Comissão Nacional para as Comemorações dos Descobrimentos Portugueses, 2000, pp. 43-50.

SALIBA, Maria Eneida Fachini. *Cinema contra cinema: uma paixão de juventude de Canuto Mendes (1922-1931).* Dissertação de mestrado. Departamento de História Social da USP, São Paulo, 2001.

SANDRONI, Carlos. *Feitiço decente: transformações do samba no Rio de Janeiro, 1917-1933.* Rio de Janeiro, Jorge Zahar/Editora da UFRJ, 2001.

SANTIAGO, Silviano. *Nas malhas da letra: ensaios.* São Paulo, Companhia das Letras, 1989.

SCARPARO, Silvana Matos. *A voz amiga em seu lar: análise das formas de relacionamento entre os ouvintes e radionovelas em São Paulo nas décadas de 40 e 50.* Dissertação de mestrado, Departamento de História, IFCH, Unicamp, Campinas, 1994.

SCHWARCZ, Lilia M. *As barbas do imperador: d. Pedro II, um monarca nos trópicos.* São Paulo, Companhia das Letras, 1998.

_____. (org.). *História da vida privada no Brasil*; vol. 4: *Contrastes da intimidade contemporânea.* São Paulo, Companhia das Letras, 1998.

SCHWARCZ, Lilia M. e COSTA, Angela Marques da. *No tempo das certezas, 1890-1914*. São Paulo, Companhia das Letras, 2000.

SEVCENKO, Nicolau. *Literatura como missão: tensões sociais e criação cultural na Primeira República*. São Paulo, Brasiliense, 1983.

_____. *Orfeu extático na metrópole: São Paulo, sociedade e cultura nos frementes anos 20*. São Paulo, Companhia das Letras, 1992.

SEVERIANO, Jairo. *Getúlio Vargas e a música popular*. Rio de Janeiro, Editora da FGV, 1983.

SEVERIANO, Jairo e MELLO, Zuza H. de. *A canção no tempo: 85 anos de músicas brasileiras*, vol. 1: 1901-1957. São Paulo, Editora 34, 1997.

SILVEIRA, Joel. "Vendedores de humor". *Diretrizes*, Rio de Janeiro, 26.6.1941.

SILVEIRA, Miroel. *A contribuição italiana ao teatro brasileiro*. São Paulo, Quiron; Brasília, INL-MEC, 1976.

SOARES, Jô. *O Xangô de Baker Street*. São Paulo, Companhia das Letras, 1998.

SODRÉ, Nelson Werneck. *História da imprensa no Brasil*. 3ª ed. São Paulo, Martins Fontes, 1983.

SOIHET, Rachel. *A subversão pelo riso: estudos sobre o carnaval carioca da Belle Époque ao tempo de Vargas*. Rio de Janeiro, Editora da FGV, 1998.

SUSSEKIND, Flora. *As revistas do ano e a invenção do Rio de Janeiro*. Rio de Janeiro, Nova Fronteira, 1986.

_____. *Cinematógrafo de letras: literatura, técnica e modernização no Brasil*. São Paulo, Companhia das Letras, 1984.

TATIT, Luiz. *O cancionista: composição de canções no Brasil*. São Paulo, Edusp, 1996.

TAVARES, Reynaldo C. *Histórias que o rádio não contou: do galena ao digital desvendando a radiodifusão no Brasil e no mundo*. São Paulo, Negócio Editora, 1997.

TEIXEIRA, Luiz Guilherme Sodré. *O traço como texto: história da charge no Rio de Janeiro de 1860 a 1930*. Rio de Janeiro, Fundação Casa de Rui Barbosa, 2001. (Papéis Avulsos, 38)

TINHORÃO, José Ramos. *Música Popular. Teatro & Cinema*. Petrópolis, Vozes.

_____. *Música popular: do gramofone ao rádio e TV*. São Paulo, Editora Ática, 1981.

TOTA, Antonio Pedro. *A locomotiva no ar: rádio e modernidade em São Paulo (1924-1934)*. São Paulo, Editora PW/Secretaria Estadual da Cultura, 1990.

VALENÇA, Suetônio Soares. *Tra-lá-lá*. Rio de Janeiro, Funarte, 1981.

VASCONCELLOS, Ary. *Panorama da música popular brasileira na Belle Époque*. Rio de Janeiro, Edart/Cruzeiro, 1962.

VEILLON, Olivier-René. *Le cinéma americain: les anées trente*. Paris, Éditions du Seuil, 1988.

VELLOSO, Monica Pimenta. *Modernismo no Rio de Janeiro: Turunas e Quixotes*. Rio de Janeiro, Editora da FGV, 1996.

VENEZIANO, Neyde. *O teatro de revista no Brasil; dramaturgia e convenções*. Campinas, Pontes/Editora da Unicamp, 1991.

_____. *Não adianta chorar: teatro de revista... oba!* Campinas, Editora da Unicamp, 1996.

Lista de tabelas

Créditos das ilustrações

p. 18: Acervo da Biblioteca da PUC-SP

p. 20: Ilustração reproduzida de Álvaro Cotrim, *J. Carlos: Época, vida e obra*, Rio de Janeiro, Nova Fronteira, p. 20.

p. 25: Ilustração reproduzida de Ernst Hans Gombrich, *Meditações sobre um cavalinho de pau e outros ensaios sobre a teoria da arte*, São Paulo, Edusp, 1999.

p. 26: Ilustração reproduzida do catálogo *Daumier, 1808-1879*, Otawa/ Paris/ Washington, National Gallery of Canada, Réunion des Musées Nationaux, The Phillips Collection, 1999.

p. 39: Acervo pessoal do autor. O autor agradece a Maria Isabel Machado Sarti, que gentilmente lhe cedeu alguns exemplares de *A Platea*.

p. 41: Acervo da Fundação Casa de Rui Barbosa (FCRB).

p. 47: Acervo do Instituto de Estudos Brasileiros (IEB) da USP.

p. 56: Reproduzidas de *Cabrião: seminário humorístico editado por Ângelo Agostini, Américo de Campos e Antonio Manoel dos Reis: 1866-1867*, 2. ed. ver. e ampl., São Paulo, Editora da Unesp/ Imprensa Oficial do Estado, 2000.

p. 68: Acervo da FCRB. Ilustração reproduzida de Herman Lima, *História da caricatura no Brasil*, vol. 3, Rio de Janeiro, José Olympio Editora, 1963, p. 1021.

p. 71: Acervo do IEB-USP.

p. 72: Guimarães Pimentões Passos, *Rimas d'*O Filhote, Rio de Janeiro/ São Paulo/ Recife, Laemmert & Cia. Editores Proprietários, 1897. Acervo do IEB-USP.

p.82: Acervo da Biblioteca Mário de Andrade (BMA), São Paulo.

p. 85: Acervo da Fundação Biblioteca Nacional (FBN), Rio de Janeiro.

p. 86: Acervo da FBN.

p. 90: Acervo da FBN. Ilustração reproduzida de Pedro Corrêa do Lago, *Caricaturistas brasileiros: 1836-2001*, Rio de Janeiro, Sextante, 1999, p. 111.
p. 106: Acervo pessoal de Paula Janovith.
p. 110: Acervo da FBN. Ilustração reproduzida de Herman Lima, op. cit., vol. 3, p. 1258.
p. 121: Acervo do IEB-USP./ Ilustração reproduzida de R. Magalhães, *O fabuloso Patrocínio Filho*, p. 233.
p. 123: Ilustração reproduzida de Herman Lima, op. cit., vol. 4, p. 1474.
p. 126: Ilustrações 1, 2 e 3 reproduzidas de Joaquim da Fonseca, *Caricatura: a imagem gráfica do humor*, Porto Alegre, Artes e Ofícios, 1999, pp. 21 e 203. Ilustração 4: *Fon-Fon!*, 11.4.1908, p. 32, acervo da BMA. Ilustração 5: *D. Quixote*, 18.11.1925.
p. 129: Museu do Louvre, Paris./ Acervo da BMA.
p. 137: Acervo da FCRB.
p. 138: Ilustração reproduzida de R. Magalhães, *O fabuloso Patrocínio Filho*, p. 187.
p. 142: Acervo da FCRB. Ilustração reproduzida de Herman Lima, op. cit., vol. 3, p. 1252.
p. 149: Acervo da FCRB. Ilustração reproduzida de Herman Lima, op. cit., vol. 3, p. 1227.
p. 152: *Álbum de caricatura de Seth e Hugo Leal*, nº 1, ano MCMXI. Ilustração reproduzida de Pedro Corrêa do Lago, op. cit., p. 94.
p. 161: Acervo pessoal de Paula Janovith.
p. 162: Acervo do Instituto Histórico e Geográfico de São Paulo (IHGSP).
p. 164: Acervo do IHGSP.
p. 168: Acervo do IEB-USP.
p. 172: Acervo pessoal do autor.
p. 178: Acervo da BMA.
p. 182: Ilustração reproduzida de Marcelo Amat e Rêgo Monteiro (comp.), *Guia cardápio de alimentação*, São Paulo, Columbus, 1989, p. 106.
p. 183, 195, 196: Acervo da BMA.
pp. 185, 187: Acervo do IHGSP.
p. 204: Ilustração reproduzida de Renato Lemos (org.), *Uma história do Brasil através da caricatura: 1840-2001*, Bom Texto/ Letras & Expressões Editora, p. 57.
p. 213: Acervo da BMA.
pp. 224, 226: Acervo da FBN.
p. 227: Acervo do IEB-USP.
p. 229: Acervo da FCRB. Ilustração reproduzida de Herman Lima, op. cit., vol. 2, p. 674.
p. 237: Ilustração reproduzida de Afonso Félix Sousa (org.), *Máximas e mínimas do Barão de Itararé*, Rio de Janeiro, Record, 1987, p. 104.
p. 232: Ilustração reproduzida de *Almanaque d'*A Manha, p. 161.
p. 239: Acervo do IHGSP.
pp. 243, 244, 247: Acervo da BMA.
p. 255: Acervo pessoal de Paula Janovith.
p. 257: Acervo da FCRB.
pp. 269, 271: Ilustração reproduzida de Reynaldo C. Tavares, *Histórias que o rádio não contou*, Negócio Editora, 1998, pp. 87 e 86.
p. 277: Copyright © Hulton Getty.

p. 279: Acervo pessoal de Paula Janovith.
p. 283: Copyright © Hulton Getty.
pp. 285, 286: Ilustrações reproduzidas de César Ladeira, *Acabaram de ouvir*, São Paulo, Cia. Editora Nacional, 1933, pp. 91 e 17. Acervo do IEB-USP.
p. 293: Ilustração reproduzida de Reynaldo C. Tavares, op. cit., p. 86.
p. 297: *Pranove*, nº 2, julho de 1938. Acervo do IEB-USP.

CADERNO DE FOTOS

1. Acervo do IEB-USP.
2. Acervo da FBN. Ilustração reproduzida de Pedro Corrêa do Lago, op. cit., p. 61.
3. Acervo da FBN.
4. Ilustração reproduzida de Cássio Loredano (org.), Zuenir Ventura (texto), *O Rio de Janeiro de J. Carlos*, Rio de Janeiro, Lacerda Editores, 1998, p. 166.
5. Acervo pessoal do autor.
6. Acervo da FBN. Ilustração reproduzida de Pedro Corrêa do Lago, op. cit., p. 99.
7. Acervo da FBN. Ilustração reproduzida de Pedro Corrêa do Lago, op. cit., p. 63.
8. Ilustração reproduzida de Cássio Loredano (org.), op. cit., p. 79.
9. Ilustração reproduzida de Herman Lima, op. cit., vol. 3, p. 1031.
10. Coleção César Aché, Rio de Janeiro.
11. Acervo do IEB-USP.
12. Ilustração reproduzida de Cássio Loredano (org.), op. cit., p. 182.
13. Acervo pessoal do autor.
14. Ilustração reproduzida de Cássio Loredano (org.), op. cit., p. 217.

Índice onomástico

ESTA OBRA FOI COMPOSTA EM MINION PELA SPRESS E IMPRESSA
PELA GEOGRÁFICA EM OFF-SET SOBRE PAPEL PÓLEN SOFT DA
COMPANHIA SUZANO PARA A EDITORA SCHWARCZ EM JULHO DE 2002